W0364958

UTB FÜR WISSENSCHAFT

UTB **1079**

Eine Arbeitsgemeinschaft der Verlage

Wilhelm Fink Verlag München
A. Francke Verlag Tübingen und Basel
Paul Haupt Verlag Bern · Stuttgart · Wien
Hüthig Fachverlage Heidelberg
Verlag Leske + Budrich GmbH Opladen
Lucius & Lucius Verlagsgesellschaft Stuttgart
Mohr Siebeck Tübingen
Quelle & Meyer Verlag Wiesbaden
Ernst Reinhardt Verlag München und Basel
Schäffer-Poeschel Verlag Stuttgart
Ferdinand Schöningh Verlag Paderborn · München · Wien · Zürich
Eugen Ulmer Verlag Stuttgart
Vandenhoeck & Ruprecht Göttingen und Zürich
WUV Wien

Grundwissen der Ökonomik

Betriebswirtschaftslehre

Herausgegeben von

F. X. Bea, Tübingen

E. Dichtl, Mannheim

M. Schweitzer, Tübingen

Produktpolitik

Klaus Brockhoff

4., neubearbeitete und erweiterte Auflage

117 Abbildungen
31 Tabellen
56 Aufgaben

Lucius & Lucius · Stuttgart

Anschrift des Autors:

Professor Dr. Klaus Brockhoff
WHU Koblenz
Otto Beisheim Hochschule
Burgplatz 2
56179 Vallendar

Die Deutsche Bibliothek – CIP-Einheitsaufnahme

Brockhoff, Klaus:
Produktpolitik / Klaus Brockhoff. – 4., neubearb. und erw. Aufl. –
Stuttgart : Lucius und Lucius, 1999
(UTB für Wissenschaft : Uni-Taschenbücher ; 1079)
(Grundwissen der Ökonomik : Betriebswirtschaftslehre)
ISBN 3-8252-1079-0 (UTB)
ISBN 3-8282-0103-2 (Lucius & Lucius)

Druck und Einband: Druckhaus Thomas Müntzer, Bad Langensalza

Printed in Germany

Vorwort

Seit dem Erscheinen der ersten Auflage im Jahre 1981 ist nicht nur einfach Zeit vergangen, es hat sich auch die wirtschaftliche und soziale Umwelt erheblich verändert. Der PC war 1981 kaum bekannt, eine Nutzung des Internet war nicht möglich, die Sensibilität großer Bevölkerungsteile für Umweltprobleme begann erst zu wachsen, an die Deregulierung von Kommunikationsmärkten war kaum zu denken. Alle diese und viele andere Einflüsse haben Anregungen für neue Produkte gegeben, sie haben aber auch das Management neuer Produkte verändert. Die aus heutiger Sicht geradezu beschauliche Langsamkeit der Entwicklung vieler Produkte in den siebziger Jahren ist nur ein Beispiel dafür. In einem Übersichtsartikel wird festgestellt, daß demgegenüber die Methoden zur Neuproduktplanung und -durchsetzung weniger rapiden Wandlungen unterworfen waren (Wind, Mahajan [Issues]). Wie dies gemessen werden könnte, sei dahingestellt. Trifft die Beobachtung aber zu, so könnte es mithelfen zu begründen, warum auch heute noch viele Produkte am Markt scheitern. Allerdings ließe sich darauf hinweisen, daß inhaltlich neue Fragen nicht in jedem Falle eine neue Theorie erfordern, wenn diese von den herkömmlichen Theorien erfaßt sind. Beispielsweise ist es für den gewinnmaximierenden Ausgleich von Grenzerlösen und Grenzkosten unbedeutend, welche Variablen im einzelnen diese Größen bestimmen. Immerhin zeigt aber schon ein Vergleich der Literaturverzeichnisse dieser und der ersten Auflage, daß eine Fülle neuer Ansätze das Management neuer Produkte zu bereichern gestattet. Die Einbeziehung dieser neuen Ansätze rechtfertigt in erster Linie die vollständige Überarbeitung des Buches. Wind und Mahajan machen aber auch darauf aufmerksam, daß in der Literatur dargestellte Methoden nicht in wünschenswertem Maße in der Praxis genutzt werden. Durch Hinweise auf Anwendungen und Anwendungspotentiale wurde hier versucht, für den Praxiseinsatz neuer Methoden den Boden zu bereiten. Fälle wurden eingefügt und sind an kursivem Satz erkennbar.

Die Hauptgliederungspunkte der früheren Auflagen wurden beibehalten. Nach den einführenden Abschnitten zur Klärung von Begriffen und der Abklärung strategischer Möglichkeiten der Produktpolitik folgt die Darstellung einem Phasenmodell, nach dem wesentliche Entwicklungsschritte von der Ideenfindung bis zur Elimination eines Produktes durchlaufen werden und zu jedem Schritt die wichtig erscheinenden Erkenntnisse zusammengestellt werden. Den

Abschluß bildet die Darstellung organisatorischer Rahmenbedingungen, die grundsätzlich in jeder der vorangehenden Phasen wirken können. Inhaltlich ist der Text vollständig überarbeitet worden, was sich nicht auf Hinweise auf Neuerscheinungen beschränkt. Es wurde ein neues Produkt geschaffen und nicht nur ein "facelifting" vorgenommen.

Alternativ hätten die nach heutiger Kenntnis wichtigsten Einflußgrößen auf den Produkterfolg ein Gliederungsmuster ergeben können. Allerdings sind inzwischen so viele unterschiedliche Einflußgrößen untersucht worden, daß eine geschlossene Darstellung nach diesem Vorgehen kaum mehr möglich erscheint, zumal viele dieser Größen interdependent in ihren Wirkungen und situativ beeinflußt sind.

Die Lehre von der Produktpolitik wird nicht allein durch Lehrbücher oder Aufsätze in Fachzeitschriften unterstützt. Darstellungen von Produkterfolgen oder -mißerfolgen in Praktikerzeitschriften und -magazinen (trade journals), in Sachbüchern und in Firmenvideos sind zahlreich. So erfährt man beispielsweise in dem Video FLING 35 von Kodak, wie eine teamorientierte, durch computer aided design gestützte Planung und Entwicklung einer neuen Kamera zu Kosten- und Zeitersparnissen führte; von 3M kann man erfahren, wie die Idee für Post-it Notes aus der Notwendigkeit erwuchs, Liedertexte im Gesangbuch festzuhalten, und der Erfinder die Möglichkeit nutzte, einen Kleber mit geringer Klebekraft verfügbar zu haben. Auf manche solcher Fallgeschichten wird im Text verwiesen. Fallstudien sind darüber hinaus heute in großem Umfang verfügbar. Einzelne Buchveröffentlichungen (Trommsdorff [Fallstudien]; Brockhoff [Fallstudien]) oder die Sammlungen des European Case Clearing House oder der Harvard Business School sind als Quellen zu nennen. Schließlich lassen sich fast alle Schritte der Neuproduktentwicklung durch Software unterstützen (Rangaswamy, Lilien [Software]). Es hat sich als unmöglich erwiesen, den vorliegenden Text kurz zu halten und zugleich alle diese ergänzenden Materialen aufzunehmen. Die Hinweise erfolgen hier, weil sie Anregungen für ergänzendes Lernen und Lehren geben.

In den letzten Jahren ist gefordert worden, daß Methoden zur Unterstützung der Entwicklung, Bewertung und Marktdurchsetzung radikal neuer Produkte bereitgestellt werden sollten, für Produkte, durch die völlig neue Märkte geschaffen werden. Die Forderungen gehen so weit, daß Methoden zur Behandlung unvorhersehbarer Marktentwicklungen und diskontinuierlichen Wechsels von Präferenzen gesucht werden sollen (Wind, Mahajan [Issues]). Hier stoßen die möglichen Entwicklungen an ihre Grenzen. Deshalb kann auch im vorliegenden Text keine Lösung für das Unmögliche angeboten werden.

Die Überarbeitung des Buches erfolgte aus den Erfahrungen seiner Nutzung in der Lehre heraus. Studierende haben auf Schwierigkeiten und Fehler hingewiesen, wofür ihnen gedankt sei. Die fortlaufende Sichtung der Literatur lag weitgehend in den Händen von Frau Anje Wickede, M.B.A. Herr cand.sc.pol. Heino Schnoor hat die PC-Grundversion erstellt. Frau Dörte Jensen hat mit größter Umsicht, kritischem Textverständnis und sicherem Gefühl für das Layout die camera ready copy erstellt. Allen Mitarbeitern sei für ihren Einsatz sehr herzlich gedankt. Wie üblich, übernimmt der Verfasser selbst die Verantwortung für die verbliebenen Fehler und Schwächen.

April 1999 Klaus Brockhoff

Inhaltsverzeichnis

1. Grundlagen der Produktpolitik

1.1 Bedeutung neuer Produkte

Das Management vieler Unternehmen ist heute stärker als früher davon überzeugt, daß die Einführung neuer Produkte das Unternehmenswachstum fördert und die Renditesituation verbessert. Einen Beleg dafür finden schon Booz, Allen & Hamilton ([New Products] 4): In ihrer Befragung von mehr als 700 amerikanischen Unternehmen wurde im Jahre 1980 im Unterschied zum Jahre 1975 ein um 40% höherer Wachstumsbeitrag und ein um 33% höherer Gewinnbeitrag durch die Einführung neuer Produkte für die jeweils folgenden fünf Jahre erwartet. Ähnliche Ergebnisse können anderen Untersuchungen entnommen werden. Seither sind Weiterbildungskurse über die Sicherung von Produkterfolgen kaum mehr wegzudenken. Die Literatur zu diesem Themenbereich ist enorm angewachsen. Es haben sich Spezialzeitschriften etabliert (z. B. Journal of Product Innovation Management seit 1983).

Viele neue Produkte werden in jedem Jahr auf verschiedenen Teilmärkten in der Bundesrepublik Deutschland neu eingeführt oder verändert. Neue Produkte gelten als eine wesentliche Voraussetzung für die Erhaltung der Wettbewerbsfähigkeit von Unternehmen.

Einige Beispiele illustrieren die Häufigkeit und Bedeutung neuer Produkte. Dem Lebensmittelhandel werden jährlich etwa 1200 "neue" Produkte, über 300 geänderte Produkte und etwa 100 geänderte Packungsgrößen angeboten. Von 1949 bis 1980 wurden 641 neue Zigarettenmarken eingeführt, von denen 1983 schon 70% nicht mehr angeboten wurden. Investitionsgüterhersteller, wie die Siemens AG, verweisen in ihren Geschäftsberichten auf den Umsatzanteil "neuer" Produkte. Selbst in scheinbar "klassischen" Märkten werden häufig neue Produkte eingeführt. Der Baustoffhersteller Lafarge berichtet im Geschäftsbericht 1995 von 30 neuen Produkten, darunter ein widerstandsfähiger, heller Zement, ein sich selbst verdichtender Beton und mehrere neue Gipsprodukte. Die Marktforschungsgesellschaft A.C. Nielsen und die Lebensmittel-Zeitung veröffentlichten 1997 eine Liste erfolgreicher neuer Konsumgüter. Daraus seien einige Beispiele in Tab. 1.1 genannt.

Neuigkeitsgrade sind nur schwer meßbar und werden unterschiedlich wahrgenommen. Verschiedene Vorstellungen darüber, was als neues Produkt anzusehen ist, sind aus Tab. 1.2 ersichtlich. In der Süßwarenindustrie wurde auf die Frage, was als einer von vier Typen von Produktneuheit (Produktinnovation) angesehen werde, sehr unterschiedlich geantwortet. Es verwundert nicht, daß das Schwergewicht der Neuprodukteinführungen nicht bei den Marktneuheiten liegt, sondern bei den Variationen bekannter Produkte. Das gilt im übrigen auch für andere Länder, wie etwa die USA (Mahajan, Wind [Product] 130). Allerdings ist ein hoher technischer Neuigkeitsgrad noch keine Garantie für hohe Umsätze, Unternehmenswachstum oder Gewinne, weil nicht jede angebotene Neuheit akzeptiert wird. Außerdem ist zu berücksichtigen, daß der Neueinführung von Produkten erhebliche Investitionen vorausgehen, die eine sehr sorgfältige Analyse der Erfolgserwartungen nahelegen.

Tab. 1.1: Beispiele erfolgreicher Konsumgüter

Produkt (Einführungsjahr)	**Besonderheit**	**Marktanteil (1997)**
Clausthaler (1979)	Alkoholfreies Bier	30 %
Maggi 5-Minuten Terrine (1980)	Verpackung als Eßgeschirr verwendbar	18 %
Erdal Frosch (1986)	Umweltaspekte im Haushaltreiniger	13 %
Red Bull (1994)	Neue Getränkekategorie	62 %
Calgonit Tabs 2 Phasen (1995)	Kalkbelag-Blocker	27 %

Quelle: A.C. Nielsen / Lebensmittel-Zeitung, 1997.

Der Naßrasierapparat "Mach3" von Gilette erforderte eine sechsjährige Entwicklungs- und Erprobungszeit und währenddessen 750 Mio. US $ an Aufwand. Allein die Anpassung eines fertig entwickelten Produktes an die Kundenbedürfnisse und Auflagen eines neuen Marktes kann hohen Aufwand verursachen. Um den PKW "Cavalier" unter der Toyota-Marke in Japan zu verkaufen, lieh sich der Hersteller General Motors 42 Mio. US $ von der "Export-Import Bank of Japan"; damit wurde die Steuerung von Rechts- auf Linksverkehr umgestellt, das Gaspedal zur Anpassung an japanische Körpermaße verlegt sowie weitere etwa 150 Änderungen vorgenommen. Gleichwohl wurde der geplante Jahresabsatz von 20.000 Fahrzeugen weit unterschritten (Updike, Kerwin [Cavalier]).

Die Aufwendungen für die Entwicklung und Markteinführung neuer Produkte erstrecken sich über mehrere Phasen (vgl. Kapitel 4), die erhebliche Zeit in Anspruch nehmen können (Albach, de Pay, Rojas [Innovationen]; Urban, Hauser [Design] 47 ff.; Adler [Lag]). Während dieser Zeit ist unbekannt, ob das künftige Produkt die an seine Markteinführung geknüpften Erwartungen erfüllen kann oder nicht. Um diese Unsicherheit zu reduzieren, wird eine Verkürzung der Entwicklungs- und Einführungsphasen (cycle time) angestrebt. Hierzu sind insbesondere in den letzten Jahren viele methodische und organisatorische Änderungen vorgeschlagen und vorgenommen worden.

Tab. 1.2: Vorstellung von Produktinnovationen in der Süßwarenindustrie und durchschnittliche Häufigkeit von Innovationen 1987-1989

Art	Als Innovation wird von . . . % der Befragten angesehen	Durchschnittliche Häufigkeit über drei Jahre
(1) Marktneuheit (Produkt mit völlig neuer Verzehridee)	93	2,4
(2) Unternehmensneuheit (Produkte mit bekannter Verzehridee, neu im Absatzprogramm des befragten Unternehmens)	35	5,6
(3) Line Extension (Einführung weiterer Geschmacksrichtungen eines eingeführten Produktes)	31	8,3
(4) Relaunch (Geschmacks- bzw. Packungsänderung eines eingeführten Produktes)	18	5,5

Quelle: Dürr [Alt].

Trotz erheblicher Anstrengungen und wichtiger Verbesserungen zeigt sich in verschiedenen Erhebungen, daß ein hoher Anteil der neuen Produkte nicht die erhofften Zielbeiträge erwirtschaftet. Es gibt viele Berichte (z. B. o. V. [Zeitschriften] für Zeitschriften in der BRD) und Studien (z. B. Voigt [Diagnose] für den Erfolg neuer Produkte im Handel; Booz, Allen & Hamilton [New Products] für Investitions- und Konsumgüter; Crawford [Marketing Research]; Crawford [Product] mit Hinweisen auf weitere Studien), in denen *Mißerfolgs- oder Flopraten* neuer Produkte angegeben werden. Diese Raten liegen in jedem Falle beachtenswert hoch (Green, Barcley, Ryans [Strategy] 1), zumal auch nicht alle "überlebenden" Produkte die Gewinnzone erreichen. Dies zeigt sich in Abb. 1.1. Mit der Einführung neuer Produkte sind also erhebliche Risiken verbunden. Einzelne Beispiele für "Flops" mit ihren Gründen zeigt Abb. 1.2.

Auf die Berichte und Studien über Produktmißerfolge soll hier jedoch aus mehreren Gründen nicht im einzelnen eingegangen werden. Erstens ist es nämlich nicht sicher, daß in allen Fällen die gleiche Definition für einen Mißerfolg verwendet wird. Relativ eindeutig ist eine Definition, die am Rückzug eines Produktes aus dem Markt anknüpft. So sind von 1134 im Jahre 1980 eingefügten Konsumgütern in den Stamm-Ordersätzen von großen Handelsunternehmen Ende 1984 nur noch 15% übrig geblieben (o. V. [Tod] 7), was praktisch einem Ausscheiden aus dem Markt entspricht. Weniger eindeutig - und in einer externen Analyse kaum überprüfbar - ist es, wenn die Verfehlung unternehmensintern gesetzter Ziele als Mißerfolg angesehen wird. Griffin und Page [Report] haben 75 Maßgrößen für Produkterfolg aus der Literatur und durch Berücksichtigung von Praktikerbräuchen ermittelt, von denen immerhin noch 16 als Hauptmaßgrößen bezeichnet werden. Cooper und Kleinschmidt [Benchmarking] haben 48 Erfolgseinflußgrößen zur Unterscheidung von erfolgreich und nicht erfolgreich verlaufenen Produktinnovationsprozessen festgestellt, aus denen 32 Variablen und neun Erfolgskonstrukte gebildet wurden. Damit konnten vier Erfolgskategorien von Produkten gebildet werden. Die Eignung solcher Konstrukte für die Messung von Produkterfolgen variiert nach Meinung der Praxis vor allem danach, ob die Erfolgsgröße auf den Anfang des gesamten Produktlebens beschränkt ist oder dessen größeren Teil umfassen soll (Hultink, Robben [Success]). Schon diese Hinweise zeigen, wie schwierig Aussagen zum Produkterfolg sind.

Zweitens greifen Mißerfolgsquoten notwendigerweise auf eine Bezugsgröße in ihrem Nenner zurück. Offensichtlich erhält man unterschiedliche Ergebnisse, wenn man alle Mißerfolge auf die Anzahl der Markteinführungen, die Anzahl der technisch erfolgreich abgeschlossenen Produktentwicklungen, die begonnenen Produktentwicklungen oder die Produktideen bezieht. Auch in dieser Hinsicht sind die statistischen Ergebnisse nicht normiert; in einzelnen Fällen läßt sich die Bezugsgröße nicht einmal erkennen. Wegen dieser Interpretationsprobleme sollte man auch vorsichtig sein, wenn man die Mißerfolge eines Unternehmens mit denen der Branche vergleicht.

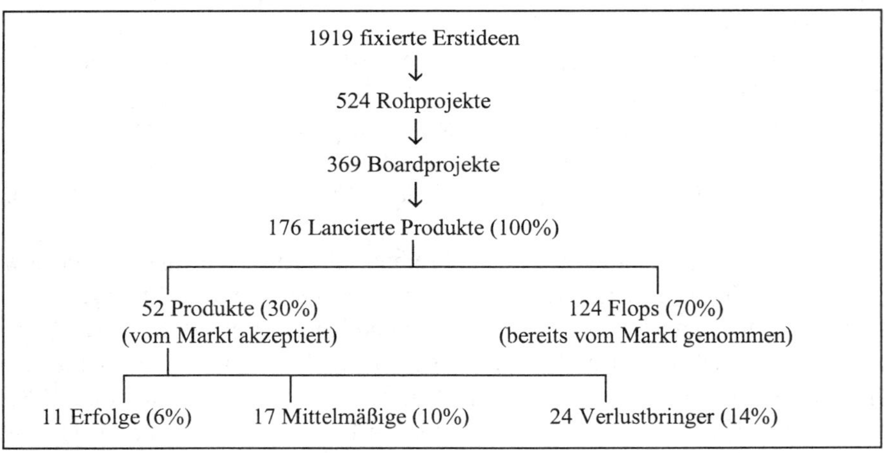

Abb. 1.1: Häufigkeit von Produktfehlschlägen (Kienbaum, vgl. Manager Magazin, 4/29.3.1993, S. 217)

Produkt	Gründe
La Choy Frozen Egg Rolls (1988)	Schwierigkeiten in der Mikrowelle.
Fresh and Lite Frozen Chinese Entrées	Namensimage weckt Assoziationen mit Hygiene-Artikel, "Frozen" und "Fresh" passen nicht zusammen.
Ford Edsel (1959)	Qualitätsmängel, Verlustschätzung: 250 Mio. $.
RCA Videodisc	Keine Aufnahmemöglichkeit für Fernsehshows, Verlustschätzung: 500 Mio. $.
Du Pont Corfam	Kunstleder, das Eigenschaften natürlichen Leders nicht erreicht, Verlustschätzung: 80-100 Mio. $.
Time TV Cable Week	Zu hohe Kosten mit steigender Anzahl von Kabelprogrammen, Verlustschätzung: 47 Mio. $.
Cadillac Allanté (1987)	Qualitätsmängel, wenig unterscheidbare Karosserie, Antriebsleistung zu gering. Nachträgliche Verbesserungen kommen zu spät.
NeXT desktop computers	Zu spät am Markt, reine Kompatibilitätsprobleme des Speichermediums mit Disketten, wenig Software, langsame Datenverarbeitung, Verlustschätzung: 200 Mio. $.
Dry Beer (1992)	Mangelnde Kommunikation der Produkteigenschaften.

Abb. 1.2: Beispiele für spektakuläre Flops im US-amerikanischen Markt (Power [Flops])

Drittens ist die gemessene Erfolgsrate vom Messzeitpunkt nach einer Produkteinführung abhängig und viertens von den jeweiligen Vergleichsstandards.

Am Beispiel der Messung von Innovationserfolgen ist die Vieldimensionalität des Messproblems, durch die die Vergleichbarkeit vieler empirischer Untersuchungen gestört wird, ausführlich beschrieben worden (Hauschildt [Innovationsmanagement]). Aus der Vielzahl von *Erklärungen für den Erfolg oder Mißerfolg neuer Produkte* hat Crawford ([Product] 24) den pessimistischen Schluß gezogen, daß man wohl für jede Fehlerursache in irgendeiner Studie einen Beleg finden könne. Übersichtsartikel und sogenannte Meta-Analysen, die eine statistische Auswertung mehrerer empirischer Einzeluntersuchungen anstreben (Balachandra, Friar [Analysis]), bestätigen dies. Lee und Kim [Determinants] nennen z. B. den Planungsprozeß für neue Produkte, die Markteinführungsstrategie, den Charakter des Produktes selbst (z. B. seine Komplexität und seinen Neuigkeitsgrad), die organisatorischen Bedingungen des Trägers der Produktneueinführung sowie die Markt- und Umweltbedingungen als Einflußfaktoren, die sich selbst wiederum aus verschiedenen Variablen zusammensetzen. Peters und Waterman [Search] glauben aufgrund von Interviews die *"Sieben S" einer erfolgreichen Produktpolitik* identifiziert zu haben, wobei dieser Anfangsbuchstabe nur im Amerikanischen für die sieben Aspekte durchzuhalten ist. Damit sind gemeint:

SKILLS:	The distinctive capabilities of key personnel.
STRATEGY:	The plan leading to the allocation of resources.
STRUCTURE:	The characteristics of the organization chart.
SHARED VALUES:	The goals shared by organizational members.
STYLE:	The cultural style of the organization.
STAFF:	The type of functional specialists employed.
SYSTEMS:	The nature of proceduralized control processes.

Johne und Snelson [Factors] haben eine Vielzahl von Untersuchungen zusammengestellt, die - trotz ihrer Allgemeinheit - im wesentlichen die "Sieben S" bestätigen. Dwyer [Factors] hat die Häufigkeit der Beachtung der "Sieben S" bei 12 britischen Unternehmen erhoben. Es zeigt sich dabei auch, daß es nicht gleichgültig ist, wie die sieben Begriffe im empirischen Test operationalisiert werden.

An der Operationalisierung der Variablen und an der Methodik der Untersuchung von Peters und Waterman [Search] ist Kritik erfolgt. Zunächst wird darauf hingewiesen, daß die Studie den Unternehmenserfolg im allgemeinen untersuche, nicht speziell den Erfolg neuer Produkte. Allerdings wird Unternehmenserfolg unter anderem auch durch die Einführung neuer Produkte beeinflußt, vor allem dann, wenn man bloße Imitationen ohne einen Vorteil gegenüber dem Wettbewerbsprodukt für den Käufer ("Me too"-Produkte) vermeidet. Weitere Detailkritik wird in einer großen Zahl von Studien zur sogenannten "Erfolgsfaktorenforschung" aufgenommen, die sich teilweise auf ganze Unternehmen, teilweise auf Geschäftsbereiche und teilweise eben auch auf einzelne Projekte oder Produkte bezieht. Überblicke über die wichtigsten Arbeiten haben Jacobs ([Erfolgsfaktoren] 23-86) sowie Montoya-Weiss und Calantone ([Determinants] 397-417) zusammengestellt. Cooper und Kleinschmidt [Benchmarking] weisen Einflußgrößen auf den Produkterfolg in fünf Variablenblöcken nach. Diese sind:

1. Gestaltung des Produktentwicklungsprozesses,
2. Organisation der Produktentwicklung,
3. Einbettung der Produktentwicklung in die Unternehmensstrategie,
4. Existenz einer neuerungsfreundlichen Unternehmenskultur sowie
5. Unterstützung durch Manager höherer Führungsebenen.

Erfolgreiche Produktentwicklung ist also ein multivariabler, komplexer Prozeß, der sich nur unvollkommen durch einfache Kennzahlen erfassen oder abbilden läßt. Ein Beispiel (Abb. 1.3) für die mehrstufige, ausgefeilte Vorgehensweise in der Erfolgsfaktorenforschung zeigt eine Studie von Zirger [Innovation] (wobei heute die Diskriminanzanalyse durch eine Logitanalyse ersetzt würde).

Empirisches Feld: Unternehmen der Elektronikindustrie in den USA.
Vorgehensweise: Befragung von hochrangigen Managern in vier "Befragungswellen".

Ergebnisse:

1. Identifizierung von 271 potentiellen Erfolgsvariablen und von 208 Mißerfolgsvariablen und der Häufigkeit ihrer Nennung.

2. Binomialtest von 60 Einflußgrößen auf signifikante Verknüpfung mit Erfolgen bzw. Mißerfolgen.

3. Hypothesenentwicklung und -test auf dieser Grundlage.
   Ermittlung von 23 Variablen mit signifikanten Mittelwertunterschieden bei erfolgreichen und erfolglosen Produkten.

4. Verdichtung der Variablen zu 8 Faktoren. Diskriminanzanalyse für Erfolge und Mißerfolge zur Klärung der relativen Bedeutung der Faktoren. 83,6% der Produkte werden durch folgende Faktoren richtig klassifiziert:

   - Forschungs- und Entwicklungs-Kompetenz,
   - überdurchschnittliche technische Leistung,
   - hoher Produktnutzen für den Kunden,
   - Synergieeffekte im Unternehmen,
   - Unterstützung durch das Management,
   - Koordination zwischen Marketing und Forschung und Entwicklung,
   - geringe Wettbewerbsintensität,
   - früher Markteintritt.

Abb. 1.3: Beispiel für eine Analyse von Produkterfolgsfaktoren (Zirger [Innovation])

Die Erfolgsfaktorenforschung geht auf verschiedene Weisen vor. Eine Möglichkeit besteht darin, verantwortliche Manager nach ihrem Urteil über Erfolgs- und Mißerfolgsgründe zu fragen. Es ist allerdings bekannt, daß die Antworten der für das Marketing verantwortlichen Personen anders ausfallen als derjenigen, die Verantwortung für Forschung und Entwicklung oder Produktion in denselben Unternehmen tragen. Es kommt bei der Ergebnisinterpretation darauf an, wer im Einzelfall befragt wurde. Auch Manager, die auf Produkterfolge zurückblicken können, reagieren in solchen Befragungen offenbar anders als solche, die mit Mißerfolgen zu kämpfen haben (Ernst, Teichert [Bias]).

Eine andere Vorgehensweise besteht darin, Daten über erfolgreiche und nicht erfolgreiche Produkte zu sammeln, wobei der Mißerfolg regelmäßig als Rückzug vom Markt definiert ist. Dann werden die Daten daraufhin untersucht, ob sie für die beiden Gruppen von Produkten unterschiedliche Ausprägungen zeigen. Die Daten können auf der Grundlage von Produkttests gewonnen werden (Davidson [Consumer Brands]) oder durch Fragebogenerhebungen. Als Beispiel für die Ergebnisse wird auf die Untersuchung von Calantone, Cooper [Scenarios] (auch: Cooper [Dimensions]) verwiesen, die in einer komprimierten Form der Tab. 1.3 zu entnehmen sind.

Tab. 1.3: Erfolgscharakteristika neuer Produkte

Produkttyp	Anteil an den untersuchten Neueinführungen	Erfolgsrate im Vergleich zur durchschnittl. Erfolgshäufigkeit	Erkennbare Gründe
1. Innovationen ohne neue Nutzenkomponenten für den Nachfrager in kleinen, stagnierenden Märkten mit vielen Wettbewerbern und homogenen Produkten.	10%	0%	Wenig Verständnis für Kundenwünsche, kaum Markttests. Häufig in Großunternehmen: Kommunikationsmängel vermutet.
2. Imitationen ohne neue Nutzenkomponenten für den Nachfrager in Märkten mit starkem Wettbewerb und zufriedenen Kunden.	11%	27%	Keine synergetischen Verbundenheiten mit den übrigen Hersteller-Aktivitäten.

Tab. 1.3: (Fortsetzung)

3. Innovationen in wachsenden Märkten mit scharfem Wettbewerb.	7%	69%	Fehlende Management- und Marketing-Leistungen (und Synergien) verhindern die Wahrnehmung der Produkte, die oft aus kleinen Unternehmen kommen.
4. Reine Imitationen ("Me too"-Produkte) in stationären Märkten mit wenig Wettbewerb.	8%	108%	Fertigungsstarke Unternehmen mit schwachem Marketing, trotz Kenntnis der Marktprobleme.
5. Hochtechnologie-Innovationen für Anbieter und Markt mit neuen Nutzenkomponenten für die Nachfrager, mit hohen Preisen eingeführt.	14%	123%	Marketing, insbesondere seine Führung und die Werbung, sind stark.
6. Neue Produkte mit starken Herstellersynergien.	11%	129%	Starkes Produktmarketing, eher unterdurchschnittliche Entwicklungstätigkeit; das Angebot erlaubt die breite Ausnutzung synergetischer Effekte.
7. Einfache Produkte, die Einsparungen für den Nachfrager ermöglichen, in wettbewerbsstarken Märkten.	15%	135%	Synergetische Effekte in der Produktion.
8. Hochtechnologie-Innovationen mit neuen Nutzenkomponenten für die Nachfrager in Märkten mit schwachem Wettbewerb und unzufriedenen Kunden.	10%	135%	Erfolg durch Ausnutzung der Unzufriedenheit und der wenig handlungsfreudigen Konkurrenz. Keine Synergieeffekte.
9. Nicht allzu neue Produkte mit neuen Nutzenkomponenten für die Nachfrager in wachsenden, wettbewerblichen Märkten.	13%	139%	Hohe Synergieeffekte mit "allen" anderen Herstelleraktivitäten. Starke Forschung und Entwicklung, ausreichend starkes Marketing.

Quelle: In Anlehnung an: Calantone, Cooper [Scenarios].

Generell kann den Untersuchungen entnommen werden:

- Wirtschaftliche und gesellschaftliche Umweltbedingungen sind von großem Einfluß auf den Produkterfolg. Diese Bedingungen können aber in aller Regel nicht von einzelnen Unternehmen beeinflußt oder gestaltet werden. Sie sind nicht "manageable" und interessieren deshalb hier nicht.
- Eine verbesserte Planung in den Frühphasen der Produktentwicklung trägt zur Vermeidung von Fehlern in den späteren Phasen bei. Eine Untersuchung in der amerikanischen Autoindustrie bestätigt, daß Flops vermutlich auch daraus resultieren, daß das Management sich mit seinen Aktivitäten zu wenig auf die frühen Phasen der Produktentwicklung konzentriert, wo stärkere Möglichkeiten der Ergebnisbeeinflussung bestehen als in späteren Phasen. Abb. 1.4 stellt Ergebnisse der Untersuchung schematisch dar. Ebenso läßt sich aus einem Vergleich erfolgreicher und nicht erfolgreicher Neuprodukteinführungen der Investitionsgüterindustrie erkennen, daß die ersten Phasen der Analyse und Marktbeurteilung bei den erfolgreichen Produkten wesentlich mehr Aufmerksamkeit erhalten als bei den fehlgeschlagenen Produkten (Cooper [Predevelopment]). Ein gleichartiger Gesichtspunkt wird aus der Gegenüberstellung erfolgreicher und weniger erfolgreicher Produktentwickler in den USA und in Großbritannien deutlich (Johne, Snelson [Development] 3, 46 ff.). Den oben erwähnten "Sieben S" sollte deshalb bei einer Übertragung auf einzelne Produkte als achtes "(early) Support" hinzugefügt werden, weil so die Chance steigt, an neunter Stelle "Success" erreichen zu können.
- Weder reine Imitation vorhandener Produkte noch technisch ganz besonders fortschrittliche Produkte sind überdurchschnittlich erfolgreich. Im ersten Fall werden dem potentiellen Kunden nämlich keine Anlässe zum Wechsel seines ihm bisher vertrauten Anbieters geboten. Diese Erkenntnis ist freilich schon über 160 Jahre alt. Charles Babbage formulierte 1832: "Der erste Schritt zu einer Erfindung ist, sich ihrer Neuheit zu vergewissern . . . Wer Reichtum und Ruhm durch Neuerungen erwerben will, sollte sorgfältig das Wissen seiner Zeitgenossen prüfen, wenn er nicht seine Anstrengungen darauf verschwenden will, etwas zu erfinden, für das es - wie er wahrscheinlich feststellen wird - schon bessere Lösungen gibt" (Babbage [Economy] 212). Im zweiten Fall sind Bedürfnisse für das Produkt noch nicht erkannt oder die Furcht vor "Kinderkrankheiten" hält von einem Kauf ab.

Die beiden letztgenannten Gruppen von Variablen sind Beispiele für solche, die "manageable" sind. Auf solche Variablen richtet sich das betriebswirtschaftliche Interesse.

Natürlich wird die Erfolgsfaktorenforschung nicht nur generell, sondern auch branchenweise spezialisiert (Zirger [Innovation] für Produkte der Elektroindustrie; Cooper, Kleinschmidt [Products] für solche der Chemie-Industrie; Cooper et al. [Products] für Finanzdienstleistungen), national (Song, Parry [Japanese]) oder auf Produktgruppen (Schmalen, Wiedemann [Erfolgsdeterminanten]) sowie auf einzelne Unternehmen ausgerichtet. Hierbei wird die Vorgehensweise des Unternehmens mit der von besonders erfolgreichen Unternehmen verglichen und geprüft, ob sie damit übereinstimmt oder nicht (benchmarking).

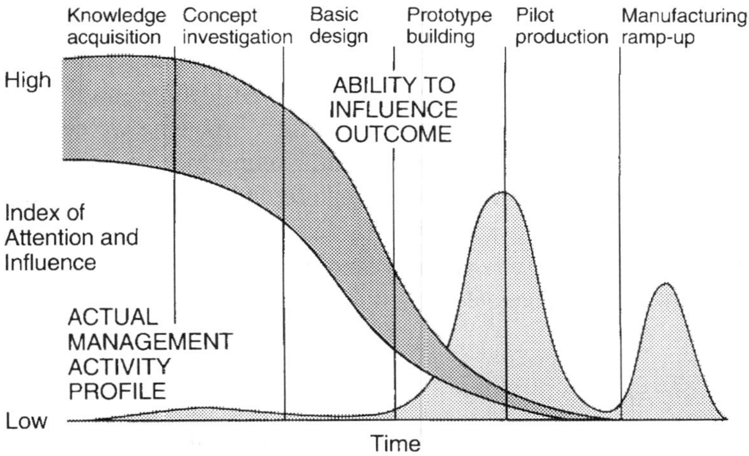

Abb. 1.4: Vorstellungen über die Einflußmöglichkeiten und die Aktivitäten des Managements in verschiedenen Phasen der Produktentwicklung (Hayes, Wheelwright, Clark, [Dynamic] 279)

> *Die Einführung neuer Produkte ist allein noch keine Gewähr für ihren Markterfolg. Die Erforschung der Erfolgsfaktoren hat eine große Vielzahl von Einflußgrößen identifiziert. Ihre Kenntnis bildet den Ansatzpunkt für das Produktmanagement.*

1.2 Produkte als Eigenschaftsbündel

Zur Erreichung ihrer Ziele müssen Unternehmen Erlöse aus dem Absatz von Leistungen erwirtschaften. Dazu betreiben sie *Marketing Management* oder *Absatzpolitik*. Diese stützen sich auf absatzpolitische Instrumente, für die unterschiedliche Gruppierungen und Namen vorgeschlagen werden.

Es ist gebräuchlich, den geplanten Einsatz absatzpolitischer Instrumente als Preispolitik, Distributionspolitik, Kommunikationspolitik und *Produktpolitik* oder *Produktmanagement* zu bezeichnen. Der Einsatz der Instrumente soll im Marketing-Mix koordiniert werden, weil zwischen ihnen Interdependenzen oder Wirkungszusammenhänge bestehen. Wenn nur eines der Instrumente betrachtet wird, wie dies hier geschieht, so kann damit nur eine partiell optimale Marketingpolitik konzipiert werden. Die partiellen Optima müssen aufeinander abgestimmt werden. Die damit verbundenen Probleme werden hier nicht behandelt. Die Optimierungsaufgabe des Marketing-Mix ist dadurch wesentlich erweitert worden, daß die Einflüsse externer Geschäftspartner explizit berücksichtigt werden. Eine schematische Darstellung der Entwicklung zeigt Abb. 1.5. Je nach dem Entwicklungsstand des Marketing-Mix wird auch die Produktpolitik unterschiedlich definiert werden.

Ansatz	Charakteristik
Marketing-Mix Ansatz	Aktions-Reaktions-Mechanismus
↓	(Beispiel: Preis-Absatz-Funktion, Marketingmix-Wirkungsfunktion)
Interaktions-Ansatz	Interaktionen
↓	(Beispiel: Käufer-Verkäufer-Interaktionen im Investitionsgüter-Marketing für einzelne Geschäfte)
Beziehungsansatz	Langfristige Beziehungen
↓	(Beispiel: Aufbau von Variablen wie Atmosphäre oder Vertrauen sowie Bedeutung für andauernde Geschäftsbeziehungen)
Netzwerkansatz	Einfluß von Drittparteien
	(Beispiel: Regulierungsbehörden, Normausschüsse, Wettbewerber, Kunden etc.)

Abb. 1.5: Entwicklung von Marketing-Ansätzen

> *Produktpolitik umfaßt alle Maßnahmen, bei denen eines oder mehrere Produkte als absatzwirtschaftliche Instrumente eingesetzt werden (Sabel [Produktpolitik] 47).*

Diese Definition ist zweckmäßig, weil sie auf eine Enumeration der die Produktpolitik bildenden Aktivitäten verzichtet, den Handlungszweck absatzwirtschaftlich bestimmt und Interdependenzen zwischen den Produkten als Handlungsgegenstände nicht ausschließt.

Die Definition von Produktpolitik erfordert aber noch eine *Klärung des Begriffs Produkt.* Produkte interessieren uns als Träger akquisitorischer Eigenschaften, d. h. von Eigenschaften, die vom Verwender wahrgenommen werden und in die Kaufentscheidung eingehen. Es interessiert hier nicht, wenn der Hersteller durch Wertanalyse z. B. die Anzahl der Teile eines Aggregats ohne Leistungsveränderung reduziert. Darin zeigt sich beispielhaft der Unterschied zwischen technischen und absatzwirtschaftlichen Tatbeständen (Gutenberg [Absatz] 508). Zu den produktionstechnischen Problemen nimmt z. B. Chmielewicz ([Grundlagen] 126 ff.) aus betriebswirtschaftlicher Sicht Stellung.

> *Ein Produkt ist eine im Hinblick auf eine erwartete Bedürfnisbefriedigung beim bekannten oder unbekannten Verwender von einem Anbieter gebündelte Menge von Eigenschaften, die zum Gegenstand eines Tauschs werden soll, um mit der im Tausch erlangten Gegenleistung zur Erfüllung der Anbieterziele beizutragen.*

Diese Definition erscheint aus den folgenden Gründen zweckmäßig:

(1) Das Produkt als Menge von Eigenschaften ist nicht auf physische Gegenstände oder Sachgüter eingeschränkt. Eigenschaften werden als sehr allgemein angesehen, so daß es besonderer Erwähnung etwa des Produktäußeren, der Markenbildung oder des Kundendienstes hier nicht bedarf.

(a) Allerdings kann es praktische Gründe geben, die für solche Gruppenbildungen von Eigenschaften sprechen. So können etwa den von Koppelmann ([Produktmarketing] 28 ff.) systematisierten Verwenderansprüchen auch plausibel Mittel der Produktpolitik zugeordnet werden (vgl. Abb. 1.6). Allerdings kann nicht ohne weiteres gesichert sein, daß solche Aufzählungen vollständig und zeitstabil sind. So zeigt Koppelmann später ([Produktmarketing, 2. A.] 110 ff.) eine andere Systematik. Böcker ([Marketing] 199) läßt erkennen, daß

Sachansprüche der Befriedigung funktionaler Bedürfnisse dienen, Anmutungsansprüche individuale Bedürfnisse (ästhetische Bedürfnisse, Selbstverwirklichung, Sicherheit, Gesundheit) und soziale Bedürfnisse (soziale Integration und Anerkennung) befriedigen helfen. Die Aufzählungen zeigen aber weder Vollständigkeit noch Überschneidungsfreiheit und sind so nur beispielhaft zu verstehen. In noch stärker abstrahierenden Überlegungen wird ein *substantieller*, ein *erweiterter* und ein *generischer Produktbegriff* unterschieden (Kotler [Management] 424). Der erste Fall umfaßt ein abgrenzbares, physisches Kaufobjekt. Damit sind z. B. substanzbezogene Dienstleistungen ausgeschlossen. Der substantielle Produktbegriff verliert dann an absatzpolitischer Bedeutung, wenn sich konkurrierende Produkte in substantieller Hinsicht angleichen. Man spricht auch von *Homogenisierung*. Der zweite Fall umschließt alle Kundendienstleistungen, die mit dem Produkt verbunden sind. Man spricht auch vom "totalen Produkt" (Sabel [Produktpolitik] 25).

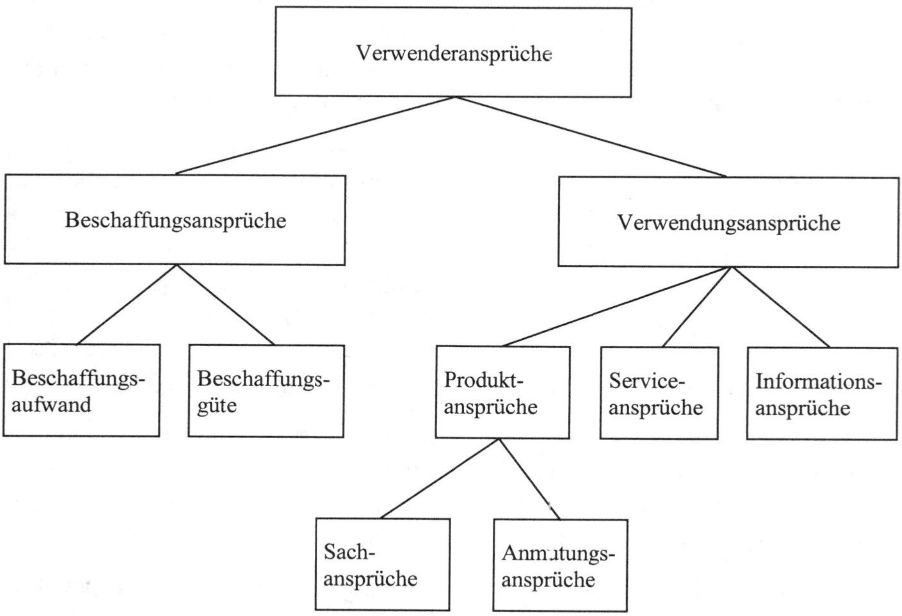

Abb. 1.6: Beispiel für eine Systematik von Verwenderansprüchen (Koppelmann [Produktmarketing] 28 ff.)

Folgende Fälle erläutern den erweiterten Produktbegriff:

Vom Computermarkt wird berichtet (o. V. [Software] 60), daß Hewlett-Packard Co. "was one of the first major computer makers to recognize that to keep its equipment sales growing, it would have to move strongly into software . . . Like most established hardware makers, the . . . Company until five years ago had provided the basic operating-system software to run its machines - but little more than that". Aber der General Manager, E. R. McCracken, vermutet, "that software will eventually become a bigger - and profitable - part of HP business. In fact, jokes McCracken: 'It's possible one day we could end up giving away the hardware to sell the software'". Die Homogenisierung der Hardware verlagert die Produktvorteile auf die Software.

LKW-Hersteller prüfen, wie sie der Entwicklung zu sogenannten Contract Hire-Unternehmen begegnen können, die Spediteuren ein umfangreiches Dienstleistungsangebot von Finanzierungen, Wartungs- und Servicearbeiten, Bereitstellung von Fahrzeugen und Ersatzfahrzeugen, Terminüberwachungssystemen und sogar Fahrern anbieten. Da diese Unternehmen sich mit hoher Marktmacht zwischen Hersteller und "herkömmlichem" Abnehmer plazieren, können sie den Fahrzeugverkauf entscheidend beeinflussen. Deshalb müssen Hersteller prüfen, inwieweit sie selbst den Letztabnehmern solche Funktionen anbieten können (Hanssen, Schneider [Integration] 112).

Der internationale Wettbewerbsdruck bewegt Anbieter aus diversen Branchen dazu, Finanzdienstleistungen vertraglich mit dem eigentlichen Kaufobjekt zu verbinden. So bieten im Bereich des Schiffbaus europäische Werften Finanzierungsleistungen an, um der starken Konkurrenz aus Japan und Südkorea entgegenhalten zu können. Zum Beispiel besorgte die Howaldtswerke-Deutsche Werft AG (HDW), Kiel, bei einem im Juni 1992 von der Hongkong-Schweizer Reederei "Norasia Lines" erteilten Großauftrag über vier Containerschiffe bei den ersten zwei Schiffen die Finanzierung, indem sie durch Übernahme eines Eigenkapitalanteils von 36,5% der Gesamtinvestition von 122 Millionen DM je Schiff Miteigentümer wurde (o. V. [HDW] 16).

Für seine Gabelstapler und Kommissionierer bietet Jungheinrich den Kunden die Kombination von vier Möglichkeiten der Außen- und Innenfinanzierung - Teilzahlung, Mietkauf, Leasing und Rental (Langzeitmiete mit kompletter Betreuung der Fahrzeuge durch Jungheinrich) - in einem Vertrag an. Der Kunde hat die Möglichkeit, im Verlauf des Vertrages zwischen den Finanzierungsformen zu wechseln (o. V. [Jungheinrich] 20).

Aus der Geschichte der Photographie ist ein Beispiel für den Erfolg eines "erweiterten" Produktes bekannt: "Die erste Kodak war eine 8 x 9 x 16 cm große Box-Kamera mit einem Fixfocusobjektiv von 27 mm Brennweite und einer Lichtstärke von f/9. Sie war mit einem raffinierten Zylinder- oder Walzenverschluß ausgestattet. Von der Mehrzahl ihrer Konkurrentinnen unterschied sie sich durch die Verwendung eines Rollfilms, auf dem 100 kreisförmige Negative von jeweils 65 mm Durchmesser Platz hatten. Dabei handelte es sich zunächst um einen sogenannten "stripping-film" auf einer Papierunterlage, die mit reiner Gelatine und dann noch mit einer lichtempfindlichen Gelatineemulsion überzogen wurde; nach dem Entwickeln wurde die gehärtete Gelatine, die das Bild trug, von der Papierunterlage auf eine Glasplatte übertragen oder "gestrippt". Diese etwas heikle Operation wurde 1891 mit der Einführung des "amerikanischen Films", eines Transparentfilms auf einer durchsichtigen Zelluloidunterlage, überflüssig. Eastmans wichtigster Beitrag bestand jedoch nicht in der Konstruktion dieser Kamera, sondern darin, daß er seinen Kunden einen Photo-Service zur Verfügung stellte. Wenn man die Kamera kaufte, war sie mit einem Film für 100 Aufnahmen geladen; im Preis von 25 Dollar war das Entwickeln und die Herstellung von Abzügen inbegriffen. Von jedem gelungenen Negativ wurde eine Kontaktkopie hergestellt und säuberlich auf einen schokoladenbraunen Karton mit Goldrand geklebt. Der Besitzer einer Kodak brauchte nichts weiter zu tun, als die Kamera auf das Motiv zu richten, durch Knopfdruck den Auslöser zu betätigen, den Film für die nächste Aufnahme weiterzudrehen und den Uhrwerkmechanismus des Verschlusses mit einem Schnurzug neu zu spannen. Eastmans Werbespruch: 'You Press the Button, We Do the Rest' war völlig zutreffend, und er kam beim Publikum an" (Newhall [Geschichte] 133).

Der erweiterte Produktbegriff hat vor allem Bedeutung für das Marketing von Produkten der Spitzentechnik. Solche Produkte sind dadurch gekennzeichnet, daß ihre substantiellen Eigenschaften stark erklärungsbedürftig sind (Davidow [Marketing] 33). Das erfordert, daß die "erweiterten" Eigenschaften deutlich hervortreten, um Markterfolge zu erzielen. Auch bei Investitionsgütern ist der erweiterte Produktbegriff von großer Bedeutung, um Marketing-Aktionen besser zu verstehen. Hier kann man z. B. Anlagen-, Systemgeschäft und Generalunternehmerschaft vom Produktgeschäft danach unterscheiden, welche "erweiterten" Eigenschaften zusätzlich zu den substantiellen Produkteigenschaften durch einen Anbieter zusammengefaßt werden. In Abb. 1.7 wird dies schematisch dargestellt.
Im dritten Fall, dem generischen Produktbegriff, werden alle Nutzen für den Käufer erfaßt. Vershofen ([Handbuch] 69 ff.) spricht von Grund- und Zusatznutzen, die ein Produkt haben kann. Wenn die substantiellen, u. U. auch die nach dem erweiterten Produktbegriff denkbaren, produktspezifischen Verbrauchervorteile sich in einer Branche so weit angeglichen haben, daß die Unterschiede unter der Wahrnehmungsschwelle der meisten Käufer liegen, können nur noch psychologische Zusatznutzen zur Differenzierung herangezogen werden. Deshalb werden diese Produkte auch als "imagery products" bezeichnet.

	Leistungen			
	Produktion	Entwicklungsleistungen	Softwareleistungen	Verantwortl. Koordination mehrerer Anbieter
Produktgeschäft (product selling)	x			
Anlagengeschäft	x	x		
Systemgeschäft	x	x	x	
Generalunternehmerschaft	x	x	x	x

Abb. 1.7: Alternative Geschäftstypen im Investitionsgüter-Marketing

Beispiele können Pils-Biere, Virginia-Zigaretten usw. sein, für die häufig auch überzeugte Produktanhänger im sogenannten Blindtest, d. h. ohne Kenntnis der Marke, die Produkte nicht richtig unterscheiden können. Die Produkte selbst können zum Träger imagebestimmender Eigenschaften werden, indem sie Vermutungen über ihre Qualität, ihren Preis oder sogar soziales Prestige begründen.

In einer Fülle von Beispielen beschreibt Dichtl [Dimensionen], wie Wettbewerbsvorteile dadurch erlangt werden können, daß bisher unbefriedigte Kundenbedürfnisse aufgespürt und durch Produkteigenschaften befriedigt werden. Dabei sind diese Eigenschaften nicht selten allein unter dem generischen Produktbegriff zu erfassen.

Die Unterscheidung von Grund- und Zusatznutzen, Haupt- und Nebenzwekken usw. kann allenfalls aus der Sicht *eines* Verwenders getroffen werden. Immerhin machen solche Unterscheidungen aber darauf aufmerksam, daß Produkte auch die "Fähigkeit und Aufgabe" haben, "Informationen über sich selbst in die Marktsphäre auszustrahlen" (Ellinger [Informationsfunktion] 259). Nach Art und Umfang dieser Information kann es sich um den Nachweis der bloßen Existenz des Produktes, seiner Herkunft und seiner vermuteten Qualität handeln. Diese Informationen werden über Zeiträume hin wirksam, die von dem Zeitraum des Besitzes oder Gebrauchs der Produkte verschieden sein können. Außerdem ist plausibel, daß verschiedene Arten von Produkten für ihre Verwender oder die potentiellen Verwender ein unterschiedlich reiches "Informationspotential" tragen können.

Die *Informationsfunktion der Produkte* ist nicht scharf von ihren "originären" Bedürfnisbefriedigungen zu trennen. Man beobachtet z. B., daß Hersteller- oder Lizenzgebernamen bekannter Modeschöpfer von den Innenetiketten von Oberbekleidung auf die Außenseite gebracht werden, was die Bereitschaft zum Kauf dieser Stücke insgesamt offenbar fördert. Man muß annehmen, daß diese Etiketten den Verwendern einen Nutzen vermitteln, insbesondere wenn sie auch leicht zu entfernen sind, gleichwohl aber erhalten bleiben. Unter Umständen werden die Auswahlentscheidungen zwischen verschiedenen Bekleidungsstücken stärker durch die sichtbaren Etiketten beeinflußt als durch andere Eigenschaften. Nach einer gewissen Durchsetzung dieser Angebots- und Nachfragemuster kann es dazu kommen, daß namenlose oder markenlose Ware (no name products) wieder bevorzugt und verstärkt angeboten wird.

(b) Ein anderer Gesichtspukt verknüpft die Wahrnehmbarkeit oder den Wahrnehmungszeitpunkt von Produkteigenschaften mit den für den Absatz wichtigen Marketingmaßnahmen. Hierbei sind unmittelbar erkennbare *Such-*

eigenschaften, im Laufe der Nutzung beobachtete *Erfahrungseigenschaften* und im Normalfall nie zu beobachtende *Vertrauenseigenschaften* zu unterscheiden (vgl. hierzu Abschn. 2.5.4).

In Abb. 1.8 wird gezeigt, durch welche Maßnahmen die verschiedenen Arten von Gütereigenschaften besonders gut kommuniziert werden können. Es wird deutlich, daß Sucheigenschaften durch das Produkt selbst, also seine Informationsfunktion, die Erfahrungs- und Vertrauenseigenschaften aber in der Regel auf anderem Wege durch den Anbieter glaubhaft gemacht werden müssen.

Eigenschaftstyp	**Transaktionserleichterung durch:**
Sucheigenschaft	direkte Qualitätsinformation
Erfahrungseigenschaft	Signale: "Contingent Contracts" (Garantie, Selbstbindung)
Vertrauenseigenschaft	Reputation

Abb. 1.8: Erweiterung des physischen Produktes durch transaktionserleichternde Eigenschaften

(2) Die betrachtete Menge von Eigenschaften wird durch den Anbieter gebündelt. Wer eine Pizza backen möchte, kann sie tiefgefroren und backfertig kaufen oder aber alle gewünschten Zutaten als einzelne Produkte. Im letzteren Falle nimmt nicht der Anbieter, sondern der Verwender die Bündelung von Eigenschaften vor. Die tiefgefrorene Pizza wird dagegen mit ihrer Verpackung und den aufgedruckten Zubereitungshinweisen vom Verwender als ganzheitliches Gebilde erlebt (Wiswede [Motivation] 141). In diesem Sinne erfüllt sie ein Definitionsmerkmal des Produktes.

(3) Bündelung bedeutet, daß die Menge der Eigenschaften keine Elemente enthalten darf, die einander wechselseitig ausschließen. Zugleich wird ausgedrückt, daß das Bündel von Eigenschaften gemeinsam dem Tausch unterliegt. Wer einen PKW erwerben möchte, wird häufig mit einer Tabelle vertraut gemacht, in der Ausstattungsdetails eines Grundmodells und die darüber hinausgehenden Ausstattungsmöglichkeiten (options) weiterer Modelle dargestellt werden (vgl. Abb. 1.9). Das Grundmodell und jede zulässige Kombination von Wahlmöglichkeiten bilden jeweils ein Produkt.

(4) Die Bündelung erfolgt zweckgerichtet auf die Erfüllung von erwarteten Verwenderbedürfnissen hin. Diese können ausnahmsweise auch bekannt oder weitgehend bekannt sein, z. B. bei auftragsgebundenen Fertigungen oder bei der Beantwortung von Ausschreibungen. Häufig werden die Verwenderbedürfnisse nur vermutet werden können, so daß das Produkt am Markt scheitern kann, wenn sich die Vermutungen als unzutreffend erweisen. Die Definition hat damit dynamischen Charakter, was besonders für die Verwendung in der Zusammensetzung "Produktpolitik" von Bedeutung ist. In der Definition wird also bewußt offen gelassen, ob der Hersteller zunächst Eigenschaften bündelt und dann dafür interessierte Bedürfnisträger sucht, oder ob aus der Erwartung unbefriedigter Bedürfnisse heraus die Zusammenstellung von Eigenschaften zu Produkten erfolgt. Nur die zweite Sichtweise stimmt mit dem heute allgemein vertretenen Marketing-Konzept überein und ist nach vielen verfügbaren Anzeichen in Massenmärkten erfolgreicher für die Erwirtschaftung von Erlösen als die erste.

Die Ermittlung der gewünschten Eigenschaftsbündel kann auf der Grundlage von Kundenpräferenzen erfolgen oder durch Analyse von Beschwerden (dazu: Meffert [Marketing] 356 ff.).

(5) Die für die Bedürfnisbefriedigung vom Verwender als relevant angesehenen Eigenschaften, d. h. die "subjektiven" Eigenschaften, sind nicht notwendig identisch mit den Merkmalen oder eindeutig abzuleiten aus den Merkmalen, die z. B. in technisch-konstruktiver Sicht das Produkt "objektiv" beschreiben. Allerdings wird durch Veränderung dieser Merkmale auf die für den Verwender bedeutsamen Eigenschaften Einfluß genommen.

Es ist auch möglich, daß der Hersteller objektiv einer vom Verwender geforderten Eigenschaft entgegenkommt, dies aber subjektiv vom Verwender gegenteilig interpretiert wird. Der Ersatz gewisser Metallteile durch Kunststoffteile zur Erhöhung der Lebensdauer von dauerhaften Gebrauchsgütern bietet ein Beispiel hierfür.

(6) Absatzwirtschaftliche Bedeutsamkeit erlangt ein Produkt nur, wenn seine Fähigkeit zur Bedürfnisbefriedigung als knappe Leistung empfunden wird, für die der mit dem Verwender identische oder in seinem Auftrag handelnde Käufer Gegenleistungen zu erbringen bereit ist, die der Anbieter annimmt. Das Produkt muß dazu wahrgenommen und bewertet werden. Die Gegenleistungen sollen Anbieterziele erfüllen helfen. Diese können sehr vielfältig sein (Meffert [Marketing] 321). Unser Interesse richtet sich insbesondere auf wirtschaftliche Ziele und dabei vor allem auf die Erzielung von Gewinnen oder zumindestens Erlösen durch Produkte.

Außenausstattung	**Steilheck**			**Stadtlieferwagen**	**Coupé**				**Stufenheck**	
	Fox	**Polo**	**CL**		**Fox**	**Polo**	**CL**	**GT**	**Polo**	**CL**
Verbundglas-Windschutzscheibe	●	●	●	●	●	●	●	●	●	●
Integrierter Frontspoiler	●	●	●	●						
Schwarz abgesetzter, integrierter Frontspoiler					●	●	●	●	●	●
Kunststoffummantelte Stoßfänger mit Zierleiste	●	●	●	●	●	●	●	●	●	●
Roter Zierstreifen ober- oder unterhalb des Kühlergrills								●		
Schwarze Kotflügel-/Schwellerverbreiterungen					●	●	●	●	●	●
Blanke Radvollblenden			●				●			●
In Wagenfarbe lackierte Radvollblenden mit weiß (bzw. schwarz bei Außenfarbe »Alpinweiß«) ausgelegtem Innenring und Querrippen	●				●					
Breite seitliche Stoßprofilleiste mit schwarzer Zierleiste			●				●			●
Dreifach-Dekorstreifen auf der Gürtellinie mit integriertem «Fox»-Schriftzug	●				●					
Spezieller roter GT-Schriftzug am Kühlergrill und auf der Heckklappe								●		
Nach außen verlegte Türdreieckfenster					●	●	●	●		
Blanker Zierrahmen um Windschutz- u. Heckscheibe										●
Schwarze Abdeckung der mittleren Dachpfosten			●				●	●		●
Blechverkleidung anstelle der hinteren Seitenfenster[1]				●						
Schwarze Umrahmung des Heckfensters sowie des hinteren Kennzeichenbereichs								●		
Heckspoiler					●	●	●	●		
Innenausstattung										
Griffig umschäumtes Komfortlenkrad		●	●	●		●	●		●	●
Dreispeichen-Sportlenkrad								●		
Abblendbarer Sicherheitsinnenspiegel	●	●	●	●	●	●	●	●	●	●
Klapp- und schwenkbare Sonnenblenden mit Make-up-Spiegel auf der Beifahrerseite		●	●	●		●	●	●	●	●
Roter Zierrahmen um Instrumenteneinsatz								●		
Ablagefach auf Fahrerseite mit Parkmünzspeicher	●	●	●	●	●	●	●	●	●	●
Ablagekasten auf der Beifahrerseite	●				●					
Ablagekasten auf der Beifahrerseite mit Klappe		●	●	●		●	●	●	●	●
Beifahrerhaltegriff			●				●	●		●
Lederbezogener Schalthebelknopf								●		
Mittelkonsole mit integrierten Fußraumausströmern			●				●	●		●
Ein Ascher vorn	●			●	●					
Ein Ascher vorn, ein Ascher hinten rechts		●	●	●		●	●	●	●	●
Liegesitzeinrichtung für Fahrer und Beifahrer	●	●	●	●	●	●	●	●	●	●
Sportsitze vorn								●		
Höhenverstellbarer Fahrersitz								●		
Höheneinstellbare Kopfstütze für die Vordersitze		●	●	●		●	●		●	●

Abb. 1.9: Produktalternativen bei PKW (Ausschnitt aus einem Verkaufsprospekt der Volkswagen AG)

(7) Die Definition spricht von einem Eigenschaftsbündel, das Gegenstand *eines* Tauschs werden soll. Das kann selbstverständlich wiederholt erfolgen. Es wird auch nicht ausgeschlossen, daß gewöhnlich als Produkte bezeichnete Gegenstände einzeln oder gemeinsam angeboten werden. So kann ein Unterneh-

men der Nahrungsmittelindustrie einerseits fertigen Mürbekuchenteig anbieten, andererseits aber auch Mehl, Zucker, Backfette usw., aus denen der Verwender selbst einen solchen Teig herstellt. Jedes dieser Güter ist dann Gegenstand eines Tauschs.

Natürlich kann die Anbieterleistung auch darin bestehen, allein das Konzept der Bündelung von Eigenschaften bereitzustellen, die selbst wieder von "Subunternehmen" erstellt werden. Beim Verkauf von Großprojekten der Industrie sind solche Vorgehensweisen üblich (Günter [Großanlagen]).

(8) Die Definition spricht von einem Eigenschaftsbündel, das Gegenstand eines *Tauschs* werden soll. Die Bündelung erfolgt, um Realgüter (das sind Sachgüter oder Dienstleistungen) anbieten zu können, die gegen Nominalgüter (Geld) oder andere Realgüter ausgetauscht werden. Damit können nicht nur Bargeschäfte, sondern z. B. auch sog. Gegengeschäfte (Schuster [Gegengeschäfte]; Verzarin [Countertrade]) durch die Definition gedeckt werden.

(9) Die Definition läßt offen, ob die Gesamtheit der potentiellen oder aktuellen Verwender in Gruppen oder Segmente partitioniert wird oder nicht. Der erste Fall muß zugelassen werden, um eine bestimmte produktpolitische Alternative, die Produktdifferenzierung, rechtfertigen zu können.

Definitionen können nicht für alle Verwendungen zweckmäßig sein. Ändert man die Betrachtungsebene, die implizit oder die explizit unterstellten Rahmenbedingungen (z. B. hinsichtlich der Nutzenbestimmung), so können daraus Unzweckmäßigkeiten entstehen. Sie würden dann eine Veränderung der Definition erfordern. Wir geben hierfür zwei Beispiele:

1. Die Definition läßt die Berücksichtigung von Anforderungen aller am Übergang der Produkte vom Hersteller zum Verwender beteiligten Unternehmen explizit unbeachtet. Schnürsenkel können z. B. wegen der im Selbstbedienungsgeschäft notwendigen Kontrollmöglichkeiten heute nicht mehr so angeboten werden wie vor der Ausbreitung dieser Betriebsform. Die Erfüllung der vielfältigen Lager-, Transport-, Kontrollansprüche usw. kann über Erfolg oder Mißerfolg von Produkten entscheiden. Gleichwohl sollen hier solche Überlegungen nicht verfolgt werden.

   So kann der Handel erheblichen Einfluß auf den Erfolg von Produkten haben. Es wird berichtet, daß der kleine, leistungsstarke Handstaubsauger "Progress" wegen seines Erklärungsbedarfs vom Handel abgelehnt wurde und der Anbieter deshalb erfolgreich zum Direktvertrieb an Letztverwender überging. Es wird aber auch berichtet, daß der Handel im Vertrauen auf den frühen Erfolg von "Pritt"-Klebestiften z. B. auch die unter demselben Namen eingeführten Alleskleber aufzunehmen bereit war, die Letztverwender aber das Produkt ablehnten, weil ihm ein erkennbarer Vorteil gegenüber "Uhu" fehlte (Dolan [Henkel]). In beiden Fällen zeigt sich die Bedeutung des Handels für die Produktpolitik. Zu den "Absatzmittlerbedürfnissen" im Rahmen der Produktpolitik sind umfangreiche Übersichten zusammengestellt worden (Meffert [Marketing] 350 f.).

2. Unzweckmäßig ist die Definition auch, weil durch sie nicht explizit die Berücksichtigung derjenigen Situation gefordert wird, in der die Nutzung eines Produktes nur gemeinsam mit einem oder mehreren anderen Produkten erfolgen kann, auf deren Angebotsgestaltung aber kein Einfluß genommen werden kann. Die Beeinflussung des Elektrogeräteabsatzes durch den Strompreis ist ein Beispiel dafür. In einem anderen Fall wurde vermutet, daß Preise für Superbenzin den Autoabsatz beeinflussen (Hess [Autoindustrie]). Das zeigt, daß die Definition einen bestimmten Umweltrahmen unterstellt.

Produkte sind Eigenschaftsbündel. Produktpolitik versucht, durch Gestaltung der Eigenschaftsbündel absatzwirtschaftliche Ziele zu erreichen. Die Eigenschaften können und sollten weit definiert werden. Nicht alle Eigenschaften sind beim Erwerb des Produktes zu erkennen. Deshalb erfordert ihre Glaubhaftmachung über das einzelne Produkt hinausgehende Maßnahmen.

Aufgaben zu Abschnitt 1

Aufgabe 1.1

Lesen Sie folgende Zeitungsmeldung:

Gillette hat ehrgeizige Ziele und eigenwillige Grundsätze

Deutschland als zweitwichtigster Produktionsstandort / Gute Entwicklung der Aktie

The Gillette Co., Boston. Mit seinen Rasiergeräten beherrscht der diversifizierte Markenartikelproduzent den Weltmarkt und erwirtschaftet satte Gewinne. Mit seinen übrigen Produkten, von der Zahnbürste bis zur Kaffeemaschine, strebt er Ähnliches an: "Wir engagieren uns nur bei Produkten, bei denen wir am Weltmarkt führend sind, beziehungsweise einen Plan haben, wie wir die Führungsposition erringen können", beschreibt Gillette-Chef Alfred M. Zeien die Geschäftsphilosophie des Konzerns.

Um dieses hochgesteckte Ziel zu erreichen, hat sich das Unternehmen einige eigenwillige Prinzipien zu eigen gemacht. So schert Gillette die ganze Welt über einen Kamm: Anders als "multinationale" Konzerne, die jedes Land mit einer speziellen Strategie angehen, arbeitet Gillette nach Zeiens Worten rund um den Globus mit den exakt gleichen Produktionsprozessen, fertigt für alle Märkte die gleichen Produkte, benutzt überall gleiche Markennamen. Gillette sei damit ein wahrhaft "globales" Unternehmen - vermutlich das einzige überhaupt, meint Zeien.

Als weitere Besonderheit nennt Zeien, daß bei Gillette das Marketing vergleichsweise weniger wichtig sei als bei anderen Produzenten von Markenartikeln. Gillette setze vielmehr vor allem darauf, seine Produkte durch technischen Vorsprung von der Konkurrenz abzuheben. So beschäftigt Gillette Hunderte von Ingenieuren, die austüfteln, wie sich selbst so simple Dinge wie Rasierschaum und Kugelschreiber verbessern lassen. Maßstab ist, ob in anonymen Tests eine Mehrheit der Verbraucher ein Produkt bevorzugt. "Neue Produkte sind unser Wachstumsmotor", erläutert Zeien. Denn nichts sei besser geeignet, die Verbraucher zum Kaufen zu bringen. Eigenart des 1901 gegründeten Unternehmens ist, daß Gillette einen Großteil seiner Produktionsanlagen selber entwickelt und baut. Ziel dieser extremen vertikalen Integration sei nicht zuletzt, in den Jahrzehnten gewonnene Erfahrung nicht in die Hände von Dritten gelangen zu lassen, erläutert Zeien.

Der Gillette-Umsatz ist in den vergangenen zehn Jahren kontinuierlich gestiegen, von 2,1 auf 5,4 Milliarden Dollar (9,2 Milliarden DM). Auch der Gewinn hat fast immer zugenommen. Hauptgewinnquelle ist das Geschäft mit Rasiergeräten. Nach Angaben von Fachleuten hatte Gillette in Europa und Nordamerika einen Marktanteil von 55 Prozent. Der Weltmarktanteil betrug 33 Prozent - mehr als doppelt soviel wie die nächsten vier Wettbewerber zusammen. Das zahlt sich aus: So betrug in dieser Sparte der Gewinn aus dem laufenden Geschäft (vor allen ehemaligen Belastungen und Steuern) 797 Millionen Dollar - bei einem Umsatz von 2,1 Milliarden Dollar. Die übrigen Sparten haben 3,3 Milliarden Dollar umgesetzt, aber zusammen aus dem laufenden Geschäft nur 334 Millionen Dollar Gewinn gebracht. Dennoch wird, wie Zeien sagt, nicht daran gedacht, die "fußlahmen" Sparten abzustoßen. Vielmehr wolle man sie weiter aufbauen.

Allerdings will Gillette weiter expandieren. So drängt der Konzern zum Beispiel seit einiger Zeit mit Naßrasierern, Braun-Trockenrasierern sowie Zahnbürsten auf den chinesischen Markt und baut dazu in China Produktionsstätten auf. Seine Naßrasierer vertreibe Gillette in allen Ländern der Erde, sagt Zeien. Die übrigen Produkte folgen sukzessive. Akquisitionen werden nicht völlig ausgeschlossen. 1993 ist Gillette durch die Akquisition von "Parker Pen" bereits zum weltführenden Produzenten von Schreibgeräten aufgestiegen. Diese Position soll nun gefestigt werden.

Außerdem wird Gillette dieses Jahr 25 neue Produktlinien auf den Markt bringen, mehr als je zuvor.

Quelle: Frankfurter Allgemeine, 25.3.1994, S. 23.

1. Versuchen Sie, die Produktpolitik des Unternehmens zu charakterisieren.
2. Überlegen Sie sich, welche Alternativen zu den beschriebenen Vorgehensweisen verfügbar sind.
3. Versuchen Sie, das gesamte Produktspektrum in einer allgemeinen Form zu beschreiben.

Aufgabe 1.2

Stellen Sie sich vor, Sie seien Arbeitnehmer oder Anteilseigner einer Brauerei. Das Unternehmen braut allein Bier Pilsener Art. Sie machen sich Gedanken über das langfristige Überleben des Unternehmens und versuchen deshalb, sich über das Produkt klar zu werden.

Geben Sie möglichst konkrete und zutreffende Produkterklärungen

(a) auf substantieller,

(b) auf erweiterter und

(c) auf generischer Ebene.

Aufgabe 1.3

Stellen Sie für einen PC eine Liste von Such-, Erfahrungs- und Vertrauenseigenschaften zusammen. Überlegen Sie, wie Sie deren Erfüllung einem Kaufinteressenten glaubhaft machen können.

2. Produktpolitische Alternativen

2.1 Alternativen im Raum "objektiver" Eigenschaften

Unternehmenspolitisches Handeln besteht in der Auswahl zielentsprechender Alternativen unter Beachtung von Beschränkungen. Nach der Definition von Produktpolitik müssen die möglichen Alternativen im einzelnen festgelegt werden. Sie beziehen sich in erster Linie auf die Gestaltung von Produkteigenschaften.

Zur Darstellung der Alternativen gehen wir von einem *Eigenschaftsraum* aus. Das ist ein durch ein Koordinatensystem aufgespannter, beliebig dimensionierter Raum, auf dessen Achsen diskontinuierlich oder kontinuierlich aus der Sicht des Herstellers für die Kaufentscheidung wesentliche, "objektive" Produkteigenschaften (oder technische Leistungsangebote, deshalb: technical performance space) abgetragen werden. Ohne Beschränkung der Allgemeinheit benutzen wir in den folgenden Darstellungen nur zweidimensionale Räume. Das als Produkt realisierte Bündel von Eigenschaften erlaubt es, dieses Produkt als Punkt im Raum darzustellen. Das Ausmaß der Realisierung der Eigenschaften wird durch die Koordinatenwerte des Punktes bestimmt. Die Abb. 2.1 zeigt einen Eigenschaftsraum für ausgewählte Beispiele aus dem Markt für Kleinwagen. Der Pkw-Markt oder einzelne seiner Segmente sind häufig zur Bildung von Beispielen und Anwendungen herangezogen worden (Smith [Identifikation] 64 ff.).

In dieser Betrachtungsweise sind fünf *produktpolitische Alternativen* darstellbar (vgl. Abb. 2.2):

- die Einführung eines neuen Produktes, durch Hinzufügung eines weiteren Produktpunktes in die Abbildung; hierbei sind zwei Unterfälle denkbar:
  = der Hersteller ist noch nicht auf diesem Teilmarkt vertreten (*Produktentwicklung; Innovation*).
  = der Hersteller ist bereits mit einem Produkt auf diesem Teilmarkt vertreten (*Produktdifferenzierung*); die Rücknahme dieser Alternative kann *Produktvereinheitlichung* genannt werden;
- die Veränderung der Eigenschaften eines Produktes und damit seiner Position im Eigenschaftsraum (*Produktvariation*),

– die Herausnahme eines Produktes aus dem Markt (*Produktelimination*).

Die Produktdifferenzierung erlaubt den Aufbau einer *Produktlinie.* Das ist eine Menge von Produkten, die gleichartige Sachansprüche (vgl. Abb. 1.6) erfüllen (weitergehend: Meffert [Marketing] 325). Produktlinien bilden den Übergang zwischen einzelnen Produkten und Produktprogrammen (vgl. Kapitel 3).

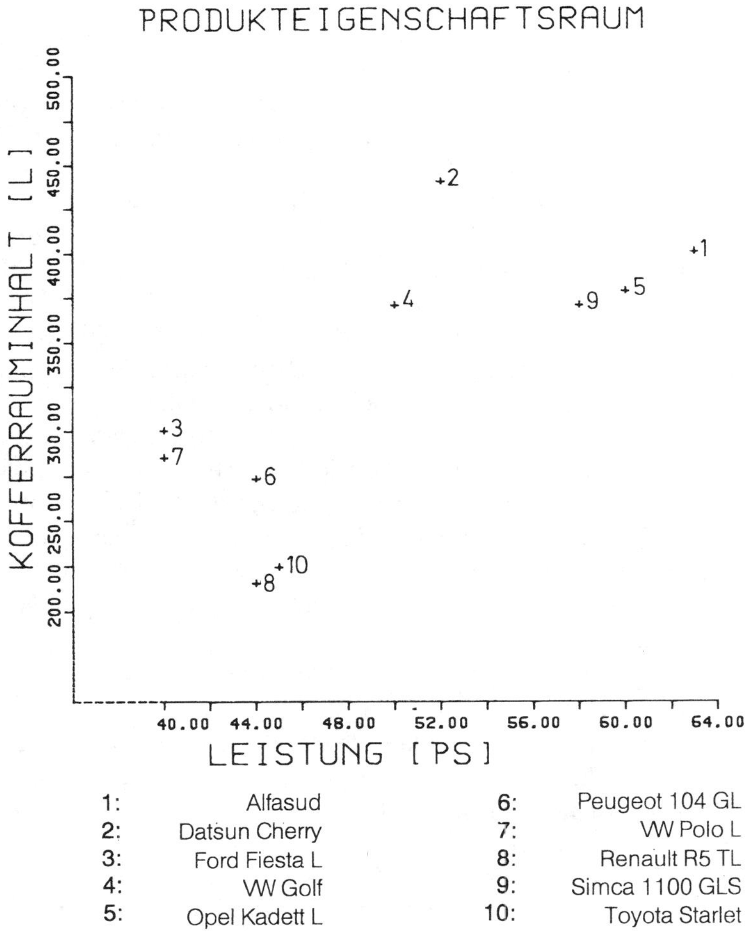

Abb. 2.1: Beispiel für einen Raum "objektiver" Produkteigenschaften in zwei Dimensionen

		Vorgehensweise		
		Einführung	Rückzug	Einführung und Rückzug gleichzeitig
Position des Unternehmens auf dem Markt	vertreten	Produkt-differenzierung	Produkt-vereinheitlichung	Produkt-variation
	nicht vertreten	Produkt-entwicklung	Produkt-elimination	-

mit Sortimentsveränderung (morphologisch)

Abb. 2.2: Produktpolitische Alternativen

Der statische Charakter der Abb. 2.1 läßt zwei zeitlich bestimmte Alternativen nicht deutlich hervortreten: Die Innovation als erstmalige Produkteinführung und die Nachahmung (Chmielewicz [Grundlagen] 106 ff.).

Die *Innovation* kann als eine solche Produktentwicklung angesehen werden, bei der zugleich mit der Einführung eines neuen Produktes am Markt ein völlig neuer Eigenschaftsraum oder eine Erweiterung der Anzahl der Dimensionen eines bereits bekannten Eigenschaftsraumes entsteht. Es werden neue Eigenschaften und nicht nur neue Ausprägungen bekannter Eigenschaften präsentiert. Allerdings ist zuzugestehen, daß diese Abgrenzung der Innovation von anderen, danach eben imitativen Produkten, in der Praxis Schwierigkeiten bereitet (Hauschildt [Innovationsmanagement]). Es kommt auch vor, daß derart bedeutende Änderungen von bekannten Eigenschaften angeboten werden, daß sich für ein Produkt völlig neue Käuferschichten oder Verwendungsweisen erschließen. Dann wird auch ein solches Produkt häufig als Innovation angesehen werden. Produktpolitik für Innovationen stellt Anforderungen, die über die Anforderungen aus einer Produktpolitik für Imitationen hinausgehen. Man spricht hier von einem Innovationsmanagement. Die besonderen Anforderungen resultieren aus dem Neuigkeitscharakter der Innovation. Er kann erhebliche Akzeptanzbarrieren begründen. Die Mehrzahl der Produktentwicklungen allerdings hat diesen speziellen Aspekt nicht zu beachten. Bei ihnen kommt es eher darauf an, zumindest für ein Marktsegment von Käufern gegenüber konkurrierenden Angeboten überlegen zu sein. Wir werden sehen, daß unter diesen Gesichtspunkten die Betrachtung von Eigenschaftsräumen objektiver Produkteigenschaften nicht ausreicht.

Es ist natürlich nicht erforderlich, sich auf eine statische Betrachtungsweise zu beschränken. Schobert [Dynamisierung] hat verschiedene Wege gewiesen, wie Produktmärkte (ähnlich Abb. 2.1) zu verschiedenen Zeitpunkten in einer Abbildung integriert dargestellt werden können.

Die produktpolitischen Alternativen, mit Ausnahme der Produktelimination, werden meistens unter der Bezeichnung *Produktgestaltung* zusammengefaßt. Für die einzelnen Alternativen werden keine einheitlichen Bezeichnungen verwendet, teilweise werden zu den hier gegebenen Bezeichnungen einschränkende Zusätze (wie: horizontal, vertikal, temporal) gemacht, teilweise werden einzelne Bezeichnungen als Oberbegriffe benutzt. Die Bedeutung der Produktvariation in einzelnen Branchen kann sogar dazu führen, daß der Begriff weiter differenziert und durch spezielle Sprachgebräuche ersetzt wird. So spricht man in der Automobilindustrie vom "face lifting" eingeführter Modelle dann, wenn diese äußerlich verändert werden (vgl. unten: Abschn. 2.4).

Die exakte Messung der unternehmensstrategischen Bedeutung produktpolitischer Alternativen stellt schwierige Forschungsaufgaben. Bei der Entwicklung neuer Produkte kann teilweise auf technische Komponenten, Produktteile oder Module zurückgegriffen werden, die für Vorläuferprodukte oder andere Produkte entwickelt wurden. Man kann dies Konstruktionstransfer (Designtransfer, Plattformstrategie) nennen. Damit können die in Abb. 2.3 genannten Situationen auftreten. Für die Automobilindustrie ist gezeigt worden, daß

- Unternehmen mit relativ mehr Neuentwicklungen ein größeres Wachstum (Brockhoff [Unternehmenswachstum]) oder einen größeren Marktanteilszuwachs aufweisen (Nobeoka, Cusumano [Strategy]) als ihre Wettbewerber,
- dies vor allem von Unternehmen erreicht wird, denen simultane Konstruktionstransfers von einem auf weitere Produkte gelingen (Nobeoka, Cusumano [Strategy]), weil damit Synergieeffekte und Marktneuheit gleichzeitig ermöglicht werden (in manchen Branchen spricht man vom Konzept der Produktplattform, auf der man unterschiedliche Modelle aufbaut),
- während Produktdifferenzierung negative und sequentieller, langsamer Konstruktionstransfer keine signifikanten Marktanteilsveränderungen auszulösen scheinen (Nobeoka, Cusumano [Strategy]).

Das zeigt die erhebliche strategische Bedeutung verschiedener Alternativen der Produktpolitik, aber auch ihre Interaktion mit den Entwicklungsbedingungen der Produkte. Konstruktionstransfers können zu neuen Produkten, zu differenzierten oder zu variierten Produkten führen. Dies wird im Interesse schnellen Marktzugangs oder niedriger Entwicklungsaufwendungen auch empfohlen, obwohl damit eine Einschränkung der Neuheit verbunden ist.

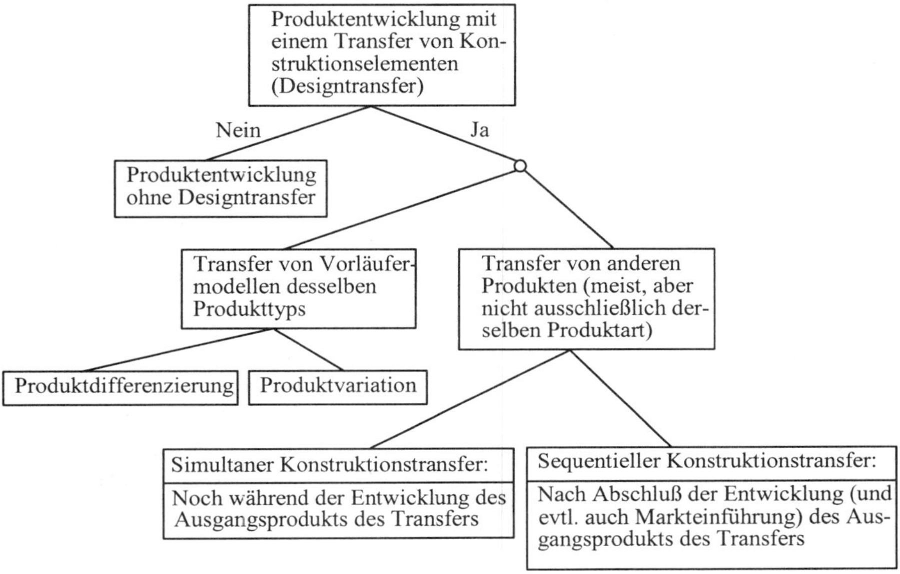

Abb. 2.3: Typen der Produktentwicklung

Die Anlässe für produktpolitische Maßnahmen, besonders Produktvariation und Produktelimination, können - außer in den in der Definition von Produkten nahegelegten Absatzüberlegungen - in der *Erfüllung staatlicher Auflagen* liegen. Diese Auflagen wirken im dargestellten Eigenschaftsraum wie *Beschränkungen*. Sie können sich, wie die von Kalifornien ausgehende Gesetzgebung über den Benzinverbrauch und die Abgasbelastung bei neu zugelassenen Autos, im Laufe der Zeit auch verschieben (Gerstenfeld [Regulations] 184; eine Klassifikation staatlicher Einwirkungen auf die Entwicklung neuer Produkte geben Abernathy, Chakravarthy [Intervention]). Ein Beispiel wird in Abb. 2.4 gezeigt. Ähnliche Beschränkungen können z. B. durch bestehende Schutzrechte Dritter oder Industrie-Normen definiert werden. Auch die *Produktdifferenzierung* kann durch nationale Vorschriften und Normen bestimmt sein.

Der Leiter der Sparte Konsumelektronik der Philips GmbH berichtete darüber 1989: "So gebe Philips bisher jährlich 35 Millionen DM aus, um seine Fernsehgeräte an die sieben verschiedenen Normen anzupassen, die in Europa gültig sind . . . Deshalb sei ein europäischer Konsens auch bei den scheinbar nebensächlichen Dingen ebenso wichtig wie in der großen Politik, handele es sich um die Standardisierung von Steckverbindungen oder um den Anschluß von Videorecordern an das Fernsehgerät" (o. V. [Philips 1989]).

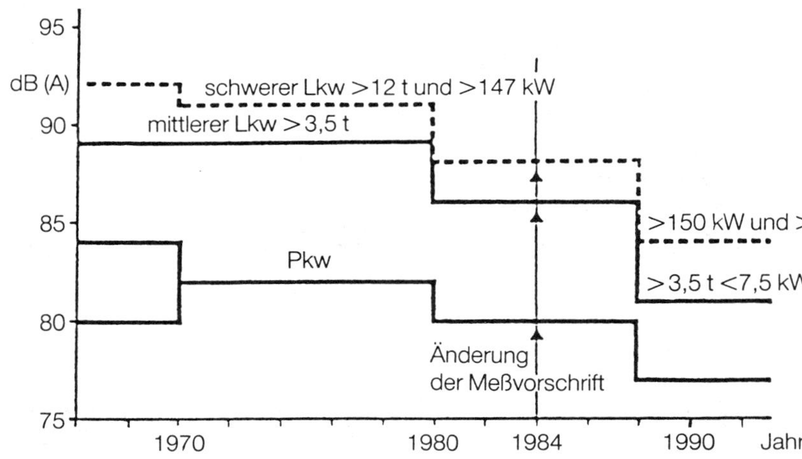

Quelle: Volkswagen AG (1986)

Abb. 2.4: Maximal zulässige Lärmpegel in EG-Ländern (Volkswagen AG, 1986)

Weiterhin formulieren Unternehmen Beschränkungen für die Produktentwicklung, um Anforderungen des *Umweltschutzes* zu entsprechen, auch ohne daß dies durch staatliche Regelungen erzwungen wird. Freilich ist zu erkennen, daß Beurteilungen durch das Umweltbundesamt (wie bei dem Waschverstärker Top Job: Raithel [Small]), Verbrauchergruppen oder Umweltschutzgruppen inzwischen so weite Kreise mobilisieren können, daß deren verändertes Kaufverhalten eine spürbare aktuelle oder potentielle Einflußnahme auf den Absatz bewirken kann. Ökologiebezogene Aufkleber und Plaketten sollen immer häufiger Verbraucher bei der Auswahl von Produkten beeinflussen (Hansen, Kull [Öko-Label] 265). Die Berücksichtigung von Umweltschutzkriterien erfolgt dann ebenso aus wirtschaftlichen Gründen wie die von anderen Verbraucherbedürfnissen. Fallbeispiele (Hopfenbeck [Management]; o. V. [Umweltmanagement]) und unterschiedlich begründete konzeptionelle Anregungen (Albach [Umweltmanagement]; Kreikebaum [Kehrtwende] 118 ff.) liegen vor. Die unternehmensstrategischen Auswirkungen der Berücksichtigung von Umweltschutzzielen werden von ihrem Management bisher widersprüchlich beurteilt (Coenenberg [Umweltschutz]), da es letztlich negative Wirkungen auf die kurzfristigen Gewinne auslöst (Fritz [Umweltschutz]).

Schließlich kann ein hoher Druck auf den Produktpreis zu Vereinfachungen von Produkten zwingen, um dadurch Kosten einzusparen. Insbesondere die Verwendung identischer, vom Kunden meist nicht wahrgenommener Teile von Produkten ist in den letzten Jahren verstärkt worden. Man spricht dann von modularem Produktaufbau (z. B. im Spezialmaschinenbau) oder der schon erwähnten Verwendung gemeinsamer Plattformen (z. B. in der Autoindustrie).

Räume "objektiver" Produkteigenschaften können zum *Ausgangspunkt von sog. "What if"-Analysen* der wirtschaftlichen Folgen produktpolitischer Entscheidungen gemacht werden (Jackson, Shapiro [Product Line]). Es ist zweifellos wertvoll, wenn die Angebote eines Unternehmens und seiner Konkurrenten in einem Raum objektiver Eigenschaften dargestellt werden und unter Berücksichtigung angenommener und historischer Ertrags- und Kostenverläufe eine Gewinnprognose bei Veränderung der Produktpolitik abgeleitet wird. Kritik erfordern vor allem zwei Punkte:

(1) Der Ansatz setzt notwendig zweidimensionale Räume von Produkteigenschaften voraus und bietet kein Konzept für die Berücksichtigung von mehr als zwei Dimensionen.

(2) Der Ansatz setzt die Schätzung von Marktreaktionen (oder die Fortsetzung früherer Reaktionen) voraus, ohne daß die Wirkung einer Veränderung "objektiver" Produkteigenschaften bei den potentiellen Verwendern geprüft wird.

Der zweite Punkt wird im folgenden erörtert.

> *Produkte als Eigenschaftsbündel können in Eigenschaftsräumen dargestellt werden. Die Räume zeigen zugleich wesentliche produktpolitische Handlungsalternativen: Einführung, Variation, Differenzierung, Vereinheitlichung, Elimination.*

2.2 Bestimmung von Produktmarkträumen

Produktpolitik spielt sich auf *Produktmärkten* ab. In *strategischer Sicht* ist zu bedenken, daß jedes Produkt über die Abgrenzung des Produktmarktes mitbestimmt. Ein Produktmarkt kann sich ändern, wenn ein neues Produkt eingeführt wird. Produktmärkte sind aus Sicht von Käufern zu bestimmen.

Nach dem sogenannten Konzept des totalen Wettbewerbs konkurriert jedes Produkt mit jedem anderen um die knappe Kaufkraft. Der geschäftsführende Gesellschafter der Obi Heimwerker- und Freizeitbedarf-Handels GmbH & Co.

KG sagt, die größten Wettbewerber seiner Branche seien die Reiseveranstalter. Deshalb laute sein Appell an die Kunden der Baumärkte: "Bleibt zu Hause und tapeziert" (o. V. [Hause]). Es kann aber kaum bestritten werden, daß es unterschiedlich intensiven Wettbewerb zwischen Produktangeboten gibt, der zur Abgrenzung von Märkten oder Teilmärkten herangezogen werden kann. Das setzen auch traditionelle Abgrenzungen von Produktmärkten voraus, wie sie durch Branchengliederungen für Produktions- oder Umsatzstatistiken gegeben werden. Sie sind für die Produktpolitik meist zu grob, zu starr und zu wenig geeignet.

Neben einer Vielzahl heuristischer Überlegungen zur Abgrenzung von Produktmärkten (Haedrich, Tomaczak [Markenführung]; Karger, Murdick [Product] 75; Pessemier [Product] 102 ff.) sind nach der Art der verwendeten Daten und Meßmethoden unterschiedene empirische Vorgehensweisen entwickelt worden. Dabei muß es gleichzeitig darum gehen zu erkennen, welche Produkte sich hinsichtlich bestimmter Verwendungszwecke gegenseitig ersetzen können und welche Verwendungszwecke für eine Gruppe von Produkten identifiziert werden. Beispiele dafür zeigen Dichtl und Schobert ([Skalierung] 89 ff.) für den Markt der Beruhigungsmittel sowie Bauer und Herrmann ([Methode]) für Fruchtsäfte. Dabei wird mit graduell abgestuften Vorstellungen gearbeitet, wie etwa dem Grad der gegenseitigen Ersetzbarkeit von Produkten. Wegen der käuferbezogenen Sicht gilt: "Ultimately, all product-market boundaries are arbitrary" (Day, Shocker, Srivastava [Approaches] 9). In Abb. 2.5 zeigen wir einen Überblick über mögliche Vorgehensweisen zur Abgrenzung von Produktmärkten.

Eine Vorgehensweise beruht auf *Auswertungen behavioristischer Daten.* Das sind zum Beispiel Beobachtungen tatsächlichen Kaufverhaltens, des Markenwechsels oder der Ähnlichkeiten in der Verwendung von Produkten (Day, Shocker, Srivastava [Approaches] 11 ff.). Die Ansätze haben durch die Verfügbarkeit von Daten aus Scanner-Kassen und Konsumenten-Panels in den letzten Jahren viel Aufmerksamkeit auf sich gezogen (Grover, Srinivasan [Approach]; Shugan [Brand]; Elrod [Choice]). Vorteile dieser Vorgehensweisen liegen darin, daß die Daten auf einem hohen Skalenniveau und fast "nebenbei" anfallen. Nachteilig ist,

(1) daß die Beobachtung schon die Kenntnis einer Marktstruktur voraussetzt; man muß die zu berücksichtigenden Produkte vorweg bestimmt haben,

(2) daß die vermuteten Kaufursachen nicht direkt aufgedeckt werden,

(3) daß eine Kundensegmentierung nicht möglich ist,

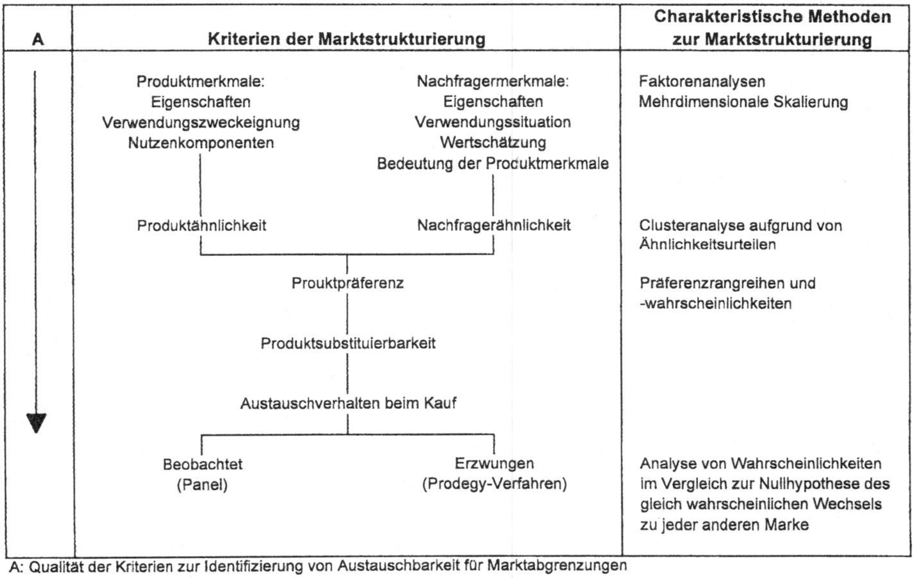

Abb. 2.5: Kriterien und Verfahren zur Marktstrukturierung

(4) Käufer und Verwender als möglicherweise voneinander verschiedene Personen nicht identifiziert werden und

(5) Prognosen aus den Daten vor allem beim Auftreten neuer Produkte sehr schwer fallen. Die Ansätze richten sich deshalb eher auf etablierte Produktmärkte und operative oder taktische Fragestellungen.

Weiterhin werden nicht unmittelbar beobachtbare Käufe oder davon abgeleitete Daten, sondern *Kaufabsichten* (DeSarbo, Hoffmann [Spaces]), *Wahrnehmungen oder Präferenzen* (zusammenfassend berichten darüber Day, Shocker, Srivastava [Approaches] 13 ff.)] benutzt, um Märkte abzugrenzen. Diese Daten werden durch Befragungen ermittelt. Die Vorgehensweise ist experimentell. Der Produktverwender wird nach demjenigen Produkt befragt, welches er kaufen würde, wenn das bisher präferierte Produkt nicht verfügbar wäre. Die Marktabgrenzung erfolgt aufgrund des Vergleichs der real genannten Alternativen mit der Annahme des gleichmäßigen Wechsels zu allen alternativen Produkten. Häufig geht man davon aus, daß Produkte von verschiedenen Befragten praktisch gleich (homogen) wahrgenommen werden, während die Präferenzen der Befragten unterschiedlich (heterogen) sind. Die Befragungsdaten erreichen zwar nicht das hohe Skalenniveau der ersten Vorgehensweise, doch können ihnen stärker zur strategischen Planung nutzbare Prognoseinformationen entnommen werden. Außerdem sind Beziehungen zu den verhaltensrelevanten Produkteigenschaften zu erkennen. Die Daten müssen allerdings in aller Regel speziell für den Zweck der Untersuchung (primär) erhoben werden. *Produktmärkte* werden dadurch abgegrenzt, daß hinsichtlich ihrer instrumentellen (d. h. Wahrnehmung, Kaufabsicht oder Präferenz beeinflussenden) Produkteigenschaften als ausreichend ähnlich wahrgenommene Produkte zusammengefaßt werden.

Hinsichtlich der *Produkteigenschaften* wird verlangt, daß diese möglichst *unabhängig voneinander, wahrnehmbar* und *kaufrelevant* sein sollen; sie sollen *zwischen den Produkten differieren*, also nicht bei allen Produkten völlig identisch ausgeprägt sein. Schließlich sollen individuelle Daten und daraus abgeleitete Ergebnisse über mehrere Befragte aggregierbar sein, wobei es störend sein kann, daß nicht alle befragten Personen über dieselben Produktkenntnisse verfügen, so daß sie unterschiedlich verläßliche Wahrnehmungen äußern. Um alle diese Bedingungen zu erfüllen, sind viele Vorschläge und Verfahren entwickelt worden (Rehder [Produktmarktstrukturierung]; Herrmann [Produktwahlverhalten]), um die für die Darstellung eines Produktmarktraumes relevanten Eigenschaften zu identifizieren.

Zunächst ist zwischen *kompositionellen und dekompositionellen Verfahren* zu unterscheiden. Bei *kompositionellen Verfahren* wird den Befragten eine Liste von Produkteigenschaften vorgegeben, deren wahrgenommene Ausprägung bei einzelnen Produkten zu beurteilen ist. Die Unabhängigkeit der weiter verwendeten Informationen wird dann durch Faktorenanalyse herbeigeführt. Die Faktoren bilden die Achsen eines Produktmarktraumes und die Faktorwerte stellen die Position der Produkte im Raum dar. Zusätzlich muß erhoben werden, ob die Faktoren präferenzbildende und kaufrelevante Eigenschaften wiedergeben.

In *dekompositionellen Verfahren* werden den Befragten Produkte als Ganze zur Beurteilung vorgelegt. Aus den Ähnlichkeits- oder Präferenzurteilen werden dann Produktmarkträume abgeleitet. Dekompositionelle Verfahren können auf verschiedene Arten von Daten zurückgreifen. Aufgrund individueller Befragung sind relevant (Waldeck [Sensitivity]):

(1) *Wahrnehmungsdaten* und *Präferenzdaten* (vgl. Abschn. 2.3). Wahrnehmungsdaten werden durch Fragen nach der Distanz, der Ähnlichkeit oder der Unähnlichkeit von Produkten ermittelt. Das reicht zur Aufstellung eines Pro-

duktmarktraums (vgl. Abschn. 2.4) aus. Aus Ähnlichkeitsurteilen wird ein Raum konstruiert, dessen Achsen als Eigenschaften interpretiert werden und in dem Produkte so angeordnet werden, daß ihre Distanzen den Ähnlichkeiten umgekehrt proportional sind. Gelegentlich werden auch zusätzliche, "externe" Informationen in das Verfahren eingebracht. Will man aber auch Aussagen über Kaufwahrscheinlichkeiten oder Marktanteile machen, so muß man entweder die Produkte zusätzlich mit einem Präferenzindex versehen oder ein zusätzliches Idealprodukt ermitteln. Es wird angenommen, daß diejenigen Produkte eine höhere Präferenz genießen, die dem Idealprodukt räumlich näher stehen als andere. Von höherer Präferenz wird auch auf höhere Kaufbereitschaft geschlossen (oder umgekehrt, wenn statt Präferenzen die Kaufbereitschaft für mehrere Produkte erhoben wurde).

Um das Verfahren zu verstehen, kann man sich ein klassisches, häufig wiederholtes Experiment vor Augen führen. Versuchspersonen wird danach die Aufgabe vorgelegt, die wahrgenommene Entfernung zwischen Paaren von Orten in Europa auf einer Rangskala abzuschätzen. Aus diesen Schätzungen wird dann eine Karte der Orte (deren Maßstab unbekannt und beliebig ist) durch ein entsprechendes Verfahren konstruiert. Erhält man zusätzliche Information darüber, daß von den beurteilten Orten Palermo im Süden und Hammerfest im Norden, Moskau und Minsk im Osten sowie Lissabon und Madrid im Westen liegen, so können Achsen als "Nord-Süd-Eigenschaft" und als "Ost-West-Eigenschaft" interpretiert werden. Das Ergebnis ist valide, wenn die konstruierte Karte den geographischen Bedingungen, wie sie ein Atlas aufgrund metrischer Skalierung und Vermessung angibt, möglichst gut entspricht.

Es ist nicht sicher, daß die die Ähnlichkeitswahrnehmung beeinflussenden Eigenschaften mit den präferenzbildenden Eigenschaften identisch sind. Das kann zu Schwierigkeiten bei der Aufstellung sogenannter "joint spaces" führen, in denen Wahrnehmungs- und Präferenzdaten verarbeitet werden. Erstere führen zu Realproduktpositionen, letztere zu Idealproduktpositionen in diesem Raum.

(2) *Interne Daten* sind die in (1) genannten Daten. *Externe Daten* treten zu diesen hinzu, um Achsen des Raumes inhaltlich besser interpretieren zu können, wie etwa im Beispiel der Himmelsrichtungen. Diese Daten setzen Kenntnisse über Eigenschaften der Produkte voraus, die sich allerdings teilweise auch erst erschließen, wenn man eine Gruppe von Produkten im Produktmarktraum eng beieinander liegend findet. Man fragt sich dann, was diese Produkte gemeinsam auszeichnet.

(3) *Vollständige* und *unvollständige Daten* haben in jüngerer Zeit viel Aufmerksamkeit erfahren. Bei der Verfahrensentwicklung wurde häufig mit kleinen Testanordnungen gearbeitet, bei denen die Versuchspersonen alle Produkte beurteilen konnten. Es lagen vollständige Daten vor. Je mehr man die Verfahren nun zur praktischen Anwendung bringt, um so weniger kann diese Art vollständiger Kenntnisse erwartet werden. Das hat zu Bemühungen geführt, Produktmarkträume auch unter diesen realistischen Bedingungen aus unvollständigen Daten abzuleiten (Katahira [Mapping]; Zinnes, McKay [Scaling]). Aus beschreibenden Outputdaten werden in diesen Verfahren inferenzstatistische Daten, d. h. solche, die Rückschlüsse auf die nicht voll erfaßte Gesamtheit zulassen. Deshalb werden probabilistische Modelle zur Ableitung des Produktmarktraumes eingesetzt.

Als Grundgedanke der dekompositionellen Verfahren wurde dargestellt, mit Hilfe eines datenadäquaten Verfahrens eine solche Anordnung der Produkte in einem Raum als Output zu finden, daß die meßbaren Distanzen zwischen ihnen möglichst nicht im Widerspruch zu den Inputdaten, den Ähnlichkeitswahrnehmungen oder den Präferenzen, stehen. Dazu geht man versuchsweise von einem hoch dimensionierten Raum aus und reduziert schrittweise die Zahl der Dimensionen. Bei jeder Reduktion werden sich zunehmend Widersprüche zwischen den Input- und den Outputdaten einstellen. Die Stärke dieser Widersprüche kann als ein Indiz für die Auswahl einer geeigneten Dimensionenzahl betrachtet werden. Dafür liegen Meßgrößen vor, wie das Streßmaß von Kruskal [Scaling] oder das C-Maß von Shocker und Srinivasan [Identification]. So wird die Anzahl der für einen Eigenschaftsraum relevanten Eigenschaften bestimmt.

Die Verfahren werden gemeinsam "Multidimensionale Skalierungsverfahren" (MDS) genannt. Je nach Datenart, Fragestellung und Vorgehensweise können sie in verschiedene Familien eingeteilt werden. Viele Verfahren sind als Standardsoftware verfügbar.

Es ist von großer Bedeutung, daß mit Hilfe der Verfahren auch solche Eigenschaften für die Marktabgrenzung und die Präferenzbildung erkannt werden können, die oft als "emotional" bezeichnet und manchmal in herabwürdigender Weise betrachtet werden. Das gilt auch für Investitionsgütermärkte, in denen es unzutreffend wäre, ausschließlich "rationale" oder "objektive" Eigenschaften und ihre Ausprägungen zu berücksichtigen. Dem berühmten Architekten und Industriedesigner Peter Behrens (von ihm stammen z. B. die Turbinenhalle der AEG AG in Berlin von 1909 und die Kuppelhalle im Technischen Verwaltungsgebäude der Hoechst AG in Frankfurt von 1920/24) soll der damalige AEG-Vorstand Paul Jordan gesagt haben: "Auch ein Fachmann kauft nach dem äußeren Eindruck. Ein Motor muß aussehen wie ein Geburtstagsgeschenk." In einer Untersuchung von Kauftypen bei der Beschaffung von Investitionsgütern werden 18% "imageorientierte" Käufer identifiziert, für die die Reputation des Anbieters kaufentscheidenden Einfluß hat (Backhaus [Investitionsgütermarketing]).

Subjektiv wahrgenommene Produkteigenschaften bestimmen den Grad ihrer Ähnlichkeit und Präferenzen. Diese Informationen können zur Ableitung von Eigenschaftsräumen benutzt werden. Dazu sind Verfahren der Multidimensionalen Skalierung gut geeignet.

2.3 Präferenzen als Grundlage der Kaufentscheidung von Produkten

In manchen Fällen ist der Erwerb (oder die Adoption) eines Produktes zu einem bestimmten Zeitpunkt nicht zwingend, sondern es kann zumindest vorläufig aufgeschoben werden. Ein solcher Aufschub kann durch viele Einflüsse bewirkt werden, z. B. das Fehlen von Mitteln, um den Güterpreis zu finanzieren, ein fehlendes Mangelgefühl (Bedürfnis) oder die durch Erfahrungen bzw. Vorankündigungen genährte Erwartung auf "bessere" Produkte in der Zukunft (vgl. Weiber, Pohl [Leapfrogging]). Hier sei angenommen, daß kein Aufschub der Adoptionsentscheidung erwogen werde. Unter mehreren zur Auswahl stehenden Produkten ist dann wenigstens eines als vorgezogen zu kennzeichnen. Dies erfolgt über komplexe Prozesse, die hier zunächst nicht näher betrachtet werden sollen (vgl. Schmalen, Pechtl [Innovationseigenschaften]).

Wir gehen von der vereinfachten Grundannahme aus, daß ein Käufer dasjenige Produkt erwirbt, für das er die im Kaufzeitpunkt höchste *Präferenz* empfindet. Die Aufgabe besteht nun darin, eine Beziehung zwischen den als Eigenschaftsbündeln definierten Produkten, d. h. ihrer Position im Produktmarktraum (Abschn. 2.2), und dem Konstrukt Präferenz herzustellen. Dazu sind kurze Bemerkungen über wesentliche Erkenntnisse zum Kaufverhalten vorauszuschicken.

Präferenzen können sich nur bilden, wenn *Güter* einem potentiellen Käufer *bekannt* sind. Da der Kenntnisstand sich im Laufe der Zeit verändern kann, wird zur Darstellung der bekannten Güter von einer Zeitpunktbetrachtung ausgegangen. Sie kann wie in Abb. 2.6 verdichtet werden. Für die Produktpolitik ist die Abgrenzung von akzeptablen und unakzeptablen Produkten von großem

Interesse. Um akzeptabel zu werden, müssen die Produkte so bewertet werden, daß diese Bewertungen ein Mindestpräferenzniveau (consideration threshold) nicht unterschreiten. Es wird davon ausgegangen, daß dieses Niveau um so höher liegt, je umfangreicher die Kenntnisse eines potentiellen Käufers über eine Produktart sind ("size and composition of an existing consideration set": Jedidi, Kohli, DeSarbo [Consideration]). Die Veränderbarkeit der Menge akzeptabler Produkte beim Auftauchen neuer Produkte ist ein entscheidender Schritt zu deren Erfolg.

Nur für akzeptable Produkte hat sich ein Käufer bereits Präferenzvorstellungen gebildet, um aus ihnen dasjenige mit der höchsten Präferenz auszuwählen. Allerdings ist die Menge dieser Produkte in einer Produktgruppe erstaunlich klein (etwa 4 bis 8), selbst wenn es sich um relativ häufig gekaufte Produkte handelt (Narayana, Markin [Behavior]; Silk, Urban [Evaluation]). Vor einem Kauf können bei Produkten, zu denen noch keine klaren Bewertungsvorstellungen bestehen, oder bei akzeptablen Produkten Prozesse ablaufen, die nach dem Ausmaß ihrer Prägung durch Denken (Kognition) üblicherweise in vier Gruppen eingeteilt werden:

(1) Weitgehend ohne kognitive Steuerung laufen Prozesse ab, die zu Spontan- oder Impulskäufen führen.

(2) Habitualisierte Kaufentscheidungen laufen weitgehend automatisiert ab, indem bereits gelernte und erprobte Verhaltensweisen angewendet werden. So kommt es zu hoher Markentreue.

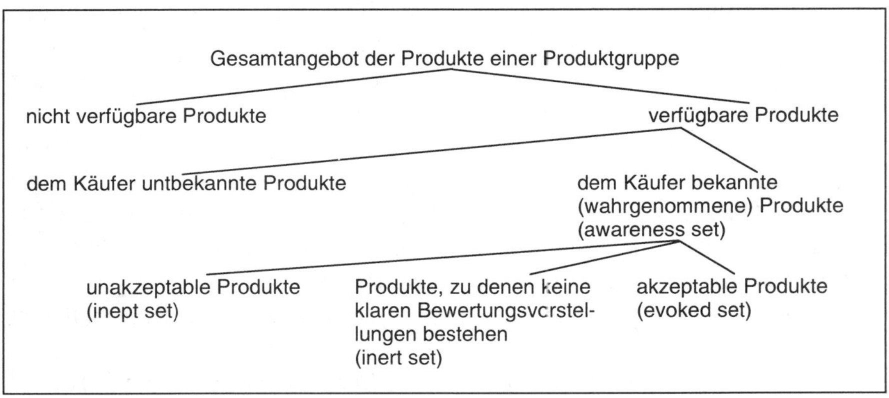

Abb. 2.6: Produktalternativen aus Sicht eines potentiellen Käufers

(3) Begrenzte Kaufentscheidungen kommen z. B. ohne Alternativensuche aus, erstrecken sich also auf bekannte Marken, oder beziehen nur vorher bereits gelernte Beurteilungskriterien in die Präferenzbildung mit ein.

(4) Extensive Kaufentscheidungen sind dadurch gekennzeichnet, daß von der Alternativensuche über die Ermittlung relevanter Produkteigenschaften bis zu ihrer Bewertung alle Phasen eines Kaufentscheidungsprozesses durchlaufen werden (Weinberg [Entscheidungsverhalten]). Der Kaufentscheidungsprozeß ist stark kognitiv gesteuert.

Man kann sich vorstellen, daß es eine wechselweise Beziehung zwischen der Art des Kaufentscheidungsprozesses und dem Gegenstand dieses Prozesses, den Produkten, gibt. Das wird aus Abb. 2.7 deutlich.

Es ist ohne weiteres einsichtig, daß nicht alle Produkte aufgrund von Präferenzen erworben werden, die sich ausschließlich aus den Produkteigenschaften ableiten lassen. Viele Einflüsse wirken auf einen Kauf ein. Eine entsprechende Klassifikation von Gütern wird in Abb. 2.8 dargestellt. Allerdings sollte man auch nicht übersehen, daß (wie im Abschnitt 2.4 gezeigt wird) Markträume auch durch subjektiv wahrgenommene Produkteigenschaften gebildet werden, in denen zum Beispiel soziale Bedürfnisse, wie die Vermittlung von Prestige durch ein Produkt, in diesen durchaus erfaßt werden können. Bevor wir Präferenzmodelle darstellen können, soll deshalb noch geklärt werden, wie Präferenzen ermittelt werden können.

	Hoher Kenntnisstand; Denken während des Kaufs durch Markenvergleich.	Geringer Kenntnisstand; Denken schon vor dem Kauf.	
Geringer Anschaffungspreis. Geringe Selbstbetroffenheit. Geringer Einkaufsaufwand.	Güter des täglichen Bedarfs (convenience goods)	Präferenzgüter (preference goods)	*Low Interest Products*
Hoher Anschaffungspreis. Hohe Selbstbetroffenheit. Hoher Einkaufsaufwand.	Gebrauchsgüter (shopping goods)	Spezialgüter (speciality goods)	*High Interest Products*

Abb. 2.7: Ein Klassifikationsschema für Produkte in Abhängigkeit von Eigenschaften der Kaufentscheidung (in Anlehnung an: Wind [Product] 72)

An erster Stelle kann man sich vorstellen, daß *direkte Befragungen* nach wahrgenommenen Eigenschaften und ihren Ausprägungen bei Realprodukten im Vergleich mit gewünschten Eigenschaftskombinationen von Idealprodukten zum Ziele führen. ("Wie wahrscheinlich ist es, daß Produkt x über die Eigenschaft z verfügt?"; "Wie stark weicht die Eigenschaft z bei Produkt x von einer Idealausprägung der Eigenschaft ab?") Direkte Eigenschaftserhebungen werden eher dann erfolgreich sein, wenn sie eine Produktart zum Gegenstand haben, deren Produkte von den Käufern in extensiv ablaufenden, eher rational geplanten Kaufprozessen bewertet und erworben werden. Dieses Vorgehen ist aber bedenklich, weil wechselseitige Einflüsse von Eigenschaften unberücksichtigt bleiben.

ganzheitliche Beschreibung des Kaufentscheidungsprozesses	vorwiegend mikroökonomisch geprägtes Verhaltensmuster	← / →	vorwiegend psychologisch geprägtes Verhaltensmuster
produktbezogene Determinanten der Prozeßbestimmung	Produkte, die anhand ihrer technischen Merkmale beurteilt werden	↔	Produkte, die nur anhand von Schlüsselmerkmalen beurteilt werden
	Produkte, die in sozialer Isolation konsumiert werden	↔	Produkte, die vor allem als Prestige-/Schauprodukte verwendet werden
käuferbezogene Determinanten der Prozeßbestimmung	Produkte, die relativ teuer sind bzw. große Änderungen bedingen	↔	Produkte, die relativ billig sind bzw. deren Ver-/Gebrauch unproblematisch ist
	Personen mit großer Produktkenntnis	↔	Personen ohne große Produktkenntnis

Abb. 2.8: Typen von Kaufentscheidungsprozessen nach Produkten (Böcker ([Marketing] 72)

Deshalb wird zur Zeit gerade der umgekehrte Weg der *indirekten Befragung* im Rahmen dekompositioneller Verfahren bevorzugt. Produktgestaltungsalternativen oder Realprodukte sollen *hinsichtlich* ihrer wechselseitigen *Präferenz* auf ordinalen oder kategorialen Skalen beurteilt werden. Es müssen keine real existierenden Produkte zur Beurteilung vorgelegt werden, sondern es können auch Beschreibungen von Eigenschaftsbündeln virtueller Produkte präsentiert werden. Indirekte Befragungen werden eher dann erfolgreich sein, wenn sie eine Produktart zum Gegenstand haben, deren Produkte von den Käufern in routinisierten Kaufprozessen erworben werden.

Im dekompositionellen Verfahren der *Multidimensionalen Skalierung* müssen keine Produkteigenschaften vorgegeben werden, so daß die Produkte direkt untereinander in eine Präferenzrangordnung gebracht werden können. Dies kann durch unterschiedliche Befragungs-Verfahren unterstützt werden, um zu möglichst zuverlässigen Messungen zu kommen. So ist denkbar, daß

- nach dem *Konstantsummen-Verfahren* vorgegangen wird, wobei eine vorgegebene, konstante Anzahl von Punkten (z. B. 10 oder 100) nach dem Grad der Vorgezogenheit auf die verschiedenen Produkte oder Produktkonzepte zu verteilen sind oder
- es wird im *paarweisen Vergleich* jedes Produkt mit einem anderen verglichen, wobei
  = nur festgestellt wird, ob es diesem anderen vorgezogen oder nicht vorgezogen wird oder
  = der Grad der Vorgezogenheit gegenüber dem anderen Produkt erfragt wird.

Auf die Verfahren muß hier nicht näher eingegangen werden. Entscheidend ist, daß man durch geschickte Verfahrenswahl hohe Skalenniveaus erreichen und Vorkehrungen für zuverlässige Messungen treffen kann. Die hier genannten Verfahren können natürlich auch bei der Erhebung von Ähnlichkeitsurteilen eingesetzt werden. Wie so häufig, muß zunehmende Zuverlässigkeit mit höherem Aufwand der Datenerfassung erkauft werden.

Wenn Eigenschaftsausprägungen für verschiedene Produktalternativen vorgegeben sind und darüber von verschiedenen Personen Präferenzurteile abgegeben werden, so können aus diesen Daten gemeinsam Rückschlüsse auf das Gewicht der einzelnen Eigenschaften und die Lage des Ideals gezogen werden. Hierfür werden Modelle eingesetzt, die unter dem Oberbegriff der *Verbundmessung* (conjoint measurement) zusammengefaßt werden (vgl. auch Abschn. 5.5). Im Unterschied zur Einzelbeurteilung mehr oder weniger langer Zusammenstellungen von Produkteigenschaften werden die Teilurteile hier unter der

Bedingung von Gesamtbeurteilungen gewonnen. Dadurch können vor allem Utopien ausgeschlossen werden. Hier kann nur auf die „klassische“ Verbundmessung eingegangen werden. Inzwischen gibt es eine Vielzahl von Weiterentwicklungen zur Überwindung ihrer Einsatzgrenzen auf Seiten der Versuchspersonen.

Die Vorgehensweise kann durch sechs Schritte gekennzeichnet werden (Green, Srinivasan [Conjoint Analysis] 105):

(1) Auswahl eines Präferenzmodells,

(2) Auswahl einer Datenerhebungsmethode,

(3) Zusammenstellung der Stimulus-Daten,

(4) Präsentation der Stimuli,

(5) Meßverfahren für das Präferenzmaß,

(6) Schätzmethodik für Eigenschaften.

Wir skizzieren diese sechs Schritte auf der Grundlage der Annahme, daß die vom k-ten Käufer beurteilte Präferenz für ein Produktkonzept oder ein Produkt, U_i, $i=1,2,...,I$, von den Gewichtsfaktoren w_j der Eigenschaften $j=1,2,...,J$, und der Ausprägung der Eigenschaften e_{ij}, $i=1,2,...,I$, $j=1,2,...,J$, abhängig ist:

$U_i = f_i\,(w_j, e_{ij} \mid \text{alle } i, j)$,

wobei nur ein Verwender betrachtet wird.

Zu (1): Auswahl des Präferenzmodells

Das *Präferenzmodell* kommt in drei Versionen vor:

(1,1) als *Vektormodell*: $U_i = \sum_{j=1}^{J} w_j e_{ij}$,

(1,2) als *Idealpunktmodell*: $U_i = f_i \left[\sum_{j=1}^{J} w_j (c_j - e_{ij})^2 \right]$,

worin c_j die j-te Koordinatenausprägung einer Idealproduktvorstellung ist, so daß in der eckigen Klammer ein gewichteter euklidischer Abstand steht,

(1,3) als *Teilpräferenzwertmodell*: $U_i = \sum_{j=1}^{J} f_j(e_{ij})$.

Im Teilpräferenzwertmodell kann $f_j(\cdot)$ zwischen wenigen Beobachtungen linearisiert werden (Interpolation); von den Gewichtungsfaktoren wird angenommen, daß sie implizit als Parameter in $f_j(\cdot)$ eingehen. Ein Problem des Ansatzes besteht in der Extrapolation über kleine Beobachtungsbereiche hinaus, wie sie meist durch die real schon vorhandenen Produkte gegeben sind.

Das Teilpräferenzwertmodell wird explizit meist in der Form verwendet, daß mit e_{ijs} = (0 oder 1) das Vorhandensein oder das Fehlen einer Eigenschaftsausprägung gemessen wird, die in s "Stufen" diskret skaliert dargestellt wird. Solche Stufen können z. B. unterschiedliche Formen von Verpackungen (oval, rund, quadratisch, rechteckig) sein. Diese müssen dann mit einem Parameter w_{js} gewichtet werden, der nun den Teilnutzenwert für die Ausprägung s der Eigenschaft j mißt. Der Gesamtnutzen ergibt sich dann aus der Annahme

$$U_i = \sum_j \sum_s w_{js} e_{ijs} .$$

Der Ansatz (1,3) umfaßt (1,2), wenn $f_j(e_{ij}) = w_j(e_{ij}^2 - 2c_j e_{ij} + c_j^2)$. Der Ansatz (1,2) umfaßt (1,1), allerdings um den Preis einer größeren Zahl unbekannter Parameter. Das wurde auch empirisch getestet (Krishnamurthi, Wittink [Value]).

Nur die Teilpräferenzwertfunktion kann kategorial skalierte Daten verarbeiten. Das Vektormodell hat den Nachteil, daß in ihm für jede Eigenschaft die "je mehr, desto besser"-Annahme unterstellt wird, was sicher nicht generell gilt.

Zu (2): Auswahl der Datenerhebungsmethode

Die Präsentation von Produktkonzepten oder Produkten erfolgt durch eine Beschreibung der Ausprägung ausgewählter Eigenschaften. Es ist dabei zunächst offen, ob sich alle ausgewählten Eigenschaften letztlich als präferenzbildend erweisen. Die Präsentation beschränkt sich entweder auf jeweils nur zwei Beschreibungen von Eigenschaftsausprägungen (trade-off-Verfahren) oder umfaßt ein ganzes Bündel (Vollprofil-Verfahren), wobei die beschränkte menschliche Informationsverarbeitungskapazität dieses kaum über fünf bis sieben Eigenschaften (J) auszudehnen erlaubt. In beiden Fällen bleibt unklar, was die Befragten über nicht präsentierte Eigenschaften annehmen. Zwei Eigenschaften je Produktkonzept erfordern mehr, aber einfachere Urteile als die Betrachtung umfangreicherer Eigenschaftsbündel, die zusätzlich "realistischer" erscheinen. Empirische Arbeiten zeigen eine gewisse Überlegenheit des Vollprofil-Verfahrens.

Zu (3): Zusammenstellung der Stimulus-Daten

Wir haben schon erwähnt, wie gering die *Zahl der Produkte* ist, die befragten Verwendern innerhalb eines Produktmarkts bekannt sind. Häufig liegen deren Eigenschaftsausprägungen auch dicht beieinander. Deshalb sind solche Daten zur Schätzung unbekannter Parameter von Präferenzfunktionen der Typen (1,1) bis (1,3) wenig geeignet.

Als ein Ausweg bietet sich die gerade für die Produktplanung interessante *Ergänzung der Befragungen durch hypothetische Produktkonzepte* an, deren Eigenschaftsausprägungen sich von denen bekannter Produkte deutlich unterscheiden. Damit wird allerdings die Zahl der von jedem Befragten erbetenen Urteile sehr stark anwachsen, wenn alle möglichen Zusammenhänge zwischen Ausprägungen unterschiedlicher Produkteigenschaften erkannt werden sollen. Man beschränkt sich deshalb nicht nur auf wenige vorweg gewählte Niveaus der Eigenschaftsausprägungen. Außerdem verzichtet man auf den vollständigen Vergleich aller Eigenschaftsausprägungen untereinander (das wäre im "vollständigen faktoriellen Design" zu erreichen), indem man die nicht explizit erhobenen Beziehungen durch plausible Annahmen oder Vorwissen ersetzt (man arbeitet mit "fraktionierten faktoriellen Designs") (Green, Srinivasan [Conjoint Analysis] 111).

Zu (4): Präsentation der Stimuli

Die *Stimuli*, d. h. den Befragten präsentierte Produktkonzepte, können *stichwortartig oder ausführlich beschrieben* werden oder durch Bilder, Filmmaterial oder sogar Modelle (Stefflre [Products]) dargestellt werden.

Zu (5): Präferenzmessung

Als *Meßverfahren* für das Präferenzmaß kommen zwei Grundalternativen vor: die Messung auf einer nicht-metrischen Skala und die Messung auf einer metrischen Skala. Die erste Alternative kann wieder durch paarweise Vergleiche der Stimuli oder durch Bildung von Rangordnungen erreicht werden. Die zweite Alternative wird realisiert, wenn das Konstantsummen-Verfahren angewendet wird.

Zu (6): Schätzmethodik

Die *Schätzmethodik* zur Bestimmung von Eigenschaftsgewichten und -ausprägungen wird sowohl unter Berücksichtigung der Modellannahmen (1,1) bis (1,3) als auch der Meßverfahren gewählt. Als Beispiele können hier nur Verfahrensnamen genannt werden (einzelne Anwendungen bei Dichtl, Schobert [Skalierung]): Monotone Varianzanalyse für das Modell (1,3) unter dem Namen MONANOVA; Präferenzanalyse durch lineare Programmierung und Regression für das Modell (1,2) unter dem Namen LINMAP; Präferenz-Darstellung für das Modell (1,1) unter dem Namen PREFMAP. Für jedes Modell rivalisieren verschiedene Verfahrensangebote miteinander, ohne daß schon ein voller Überblick gewonnen ist, unter welchen Einsatzbedingungen bestimmte Vorgehensweisen anderen vorzuziehen sind (einen ersten Überblick vermitteln Jain et al. [Comparison]).

Diese Skizze läßt bereits die Operationalität des Konzepts der Produktmarkträume für viele Fälle erkennen. Nur ergänzend werden weitere Entwicklungen angedeutet, die erfolgreich untersucht werden: Stimuli, die sich auf mehrere Produkte gleichzeitig erstrecken sowie mehrstufige Entscheidungen (vgl. Green, Srinivasan [Conjoint Analysis] 117 ff.). Festzuhalten ist, daß in allen diesen Fällen sehr weit disaggregierte, am Raum von Eigenschaften orientierte Produktdarstellungen gewählt werden. Einen Überblick über neuere methodische Entwicklungen, wie den adaptiven Ansatz und die hybride Methode, auf die hier nicht eingegangen werden kann, geben insbesondere Green und Srinivasan [Developments]; Green et al. [Adaptive]; Akaah, Korgaonkar [Empirical]; Carmone [ACA]; Carmone Jr., Schaffer [Review].

Die Verbundmessung gehört zu den am häufigsten eingesetzten neueren Methoden des Marketing. Diese Aussage kann aufgrund empirischer Feststellungen für die USA und Europa, vornehmlich für Deutschland und Großbritannien (Wittink, Cattin [Update]; Wittink, Vriens, Burhenne [Commercial Use]) belegt werden. Insbesondere in den letzten zehn Jahren hat sich die Anzahl der Anwender erheblich erhöht, was wohl auf das kommerzielle Angebot von Computer-Software in dieser Zeit zurückzuführen ist. So scheint das von Richard Johnson im Jahre 1987 (vgl. auch Johnson [Comment]) entwickelte und von der Softwarefirma Sawtooth Software Inc. vertriebene Programm der Adaptiven Conjoint Analyse (ACA) bei europäischen Anwendern weite Verbreitung zu finden (Wittink, Vriens, Burhenne [Commercial Use]). Vor einem schematischen Einsatz der Verbundmessung ist jedoch zu warnen; vielmehr bilden Erfahrungen und Versiertheit die Grundlagen für eine korrekte Anwendung und sachdienliche Auswertung (Bauer, Herrmann, Gutsche [Produktgestaltung]).

> *Durch Multidimensionale Skalierung können Real- und Idealprodukte in Eigenschaftsräumen abgebildet werden. Die kaufrelevanten Präferenzen für Produkte lassen sich insbesondere durch Verbundmessung darstellen. Damit sind die Elemente für die Erstellung von Produktmarkträumen dargestellt.*

2.4 Produktpolitische Alternativen im Produktmarktraum

Der durch Multidimensionale Skalierung ermittelte Raum mit den darin positionierten Real- und Idealprodukten heißt *Produktmarktraum*. In Abb. 2.9 wird das Beispiel eines zweidimensionalen Produktmarktraums für PKW gezeigt.

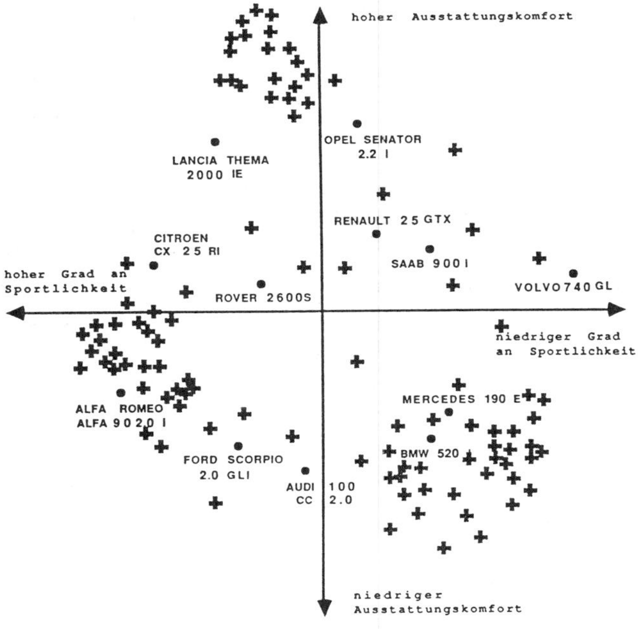

Abb. 2.9: Beispiel für einen zweidimensionalen Produktmarktraum für PKW (Punkte bezeichnen Wahrnehmungen realer Produkte, Kreuze stellen Idealprodukte dar) (Albers [Neuproduktpositionierung] 192)

Die Punkte sind Real- und die Kreuze Idealpositionen für PKW (hier ermittelt unter der Annahme gleicher Preise) aus Sicht von Teilnehmern eines Marketing-Management-Seminars. Die Achsen des Raumes fassen in je einer subjektiv wahrgenommenen Eigenschaft mehrere objektiv gegebene und wahrgenommene Produkteigenschaften zusammen. Typischerweise hat deshalb ein Produktmarktraum auch eine geringere Dimensionierung als ein Eigenschaftsraum. Aus praktischer Sicht ist es akzeptabel, daß für jeden Befragten zwar eine eigene Idealposition ausgewiesen wird, aber für alle Befragten eine gemeinsame Realposition für jeden Fahrzeugtyp. Normalerweise sind nämlich Produktwahrnehmungen relativ homogen (Shocker, Srinivasan [Approaches] 167), während die Idealvorstellungen divergieren. Häufungen von Idealproduktpositionen deuten auf unterschiedliche Marktsegmente hin.

Die neue Darstellung weist formale Ähnlichkeiten mit der Abb. 2.1 auf. Inhaltlich bestehen aber wichtige Unterschiede. In Abb. 2.1 werden objektiv erkennbare und regelmäßig auch kardinal meßbare Produkteigenschaften als Grundlage der Produktdarstellungen genutzt. In Abb. 2.9 werden dagegen subjektive Produktbilder, Wahrnehmungen oder Perzeptionen von Produkten verwendet. Sie sind regelmäßig ordinal meßbar. Im Produktmarktraum können die bereits festgestellten *produktpolitischen Alternativen Produktentwicklung, Produktdifferenzierung, Produktvereinheitlichung, Produktvariation, Produktelimination ebenfalls identifiziert* werden. Für Produktentwicklung und Produktdifferenzierung ist es hier gebräuchlich, von *Positionierung* (positioning) zu sprechen. Für die Produktvariationen werden die Bezeichnungen Repositionierung oder Neupositionierung verwendet.

Die Benennung der Achsen in Abb. 2.9 ist nicht natürlich vorgegeben, sondern erfordert Interpretationen aufgrund externer Variablen. Diese Achsen stellen zusammenfassende, mehrere korrelierte Urteilskategorien umfassende Beschreibungen dar. Selbst wenn für sie zufällig derselbe Begriff benutzt wird wie für die Achsen in Abb. 2.1, so ist damit nicht garantiert, daß es sich um dieselbe, identisch gemessene Eigenschaft handelt. Allerdings ist es wichtig anzunehmen, daß es *Transformationen* zwischen den Abbildungen und den ihnen zugrunde liegenden Konzepten gibt. Die Transformationen können heuristisch erfolgen (vgl. Kapitel 5.6) oder aufgrund von Standardannahmen, die in einzelnen Fällen nachgewiesen sind (Huber [Preferences]). Es gibt darüber aber noch keine allgemeine Theorie.

Die angenommene Transformationsbeziehung läßt aber nun Zusätzliches erkennen. Ein im Produktmarktraum (Abb. 2.1) fixierter Punkt (Produkt) kann im Eigenschaftsraum (Abb. 2.9) seine Lage ändern, sowohl in Abhängigkeit von Variationen im zugrundeliegenden Datenerhebungsplan als auch in Abhängigkeit von der Zeit. Das ist der etwas ungenaue Ausdruck dafür, daß sich Produktperzeptionen mit dem Auftreten neuer Angebote, der Veränderung der Umweltbedingungen, ihrer Nutzung usw., allgemeiner: mit Veränderungen von Referenzpunkten, ebenfalls verändern. Über ein Experiment, bei dem die Veränderung durch Werbung für eine nicht real existierende Seife vorgenommen wurde, berichtet Kroeber-Riel ([Konsumentenverhalten] 137 ff.; ähnlich: Clarke [Advertising]). Umgekehrt können Veränderungen in einer Produktposition der Abb. 2.1 gerade das Festhalten an der Position desselben Produktes in Abb. 2.9 bewirken.

Damit ist wenigstens für die Produktvariation immer die Notwendigkeit gegeben, Angaben über die Sichtweise zu machen, aus der heraus sie beurteilt oder auch nur festgestellt wird. Am Beispiel der Beurteilung von Produktobsoleszenz (Veränderung des Leistungspotentials von Produkten) kann man sich vorstellen, daß solchen Differenzierungen nicht nur eine Möglichkeit der Klärung von Argumenten, sondern auch eine marktpolitische Funktion zukommt.

Weiter wird aus der Betrachtung der *Repositionierung* einerseits und der Transformationsbeziehung andererseits deutlich, daß Repositionierungen nicht allein auf produktpolitische Maßnahmen zurückgehen müssen. Sie können auch durch den Einsatz anderer absatzpolitischer Instrumente, z. B. Werbemaßnahmen, erreicht werden. Die *Kombination der Instrumente* wird in einer als *Relaunch* bezeichneten Maßnahme zusammengefaßt. Beim Relaunch der Zigarette Atika wurde eine neue, achteckige Packung eingeführt, ihre Länge und das Werbekonzept verändert. Bei der Poly-Range von Haarpflegemitteln der Henkel Cosmetics GmbH wurden die Packung, das Werbekonzept und das Sortiment verändert. Ein Relaunch des Waschmittels Ariel von Procter & Gamble wurde dadurch ermöglicht, daß das Produkt im Bereich der Entfernung bleichbarer Flecken verbessert wurde und seine volle Reinigungskraft schon bei 60°C statt erst bei 95°C erreichte; dies wurde ab 1983 auch zum Kern der Werbeaussagen.

Auch bei der Produktentwicklung ist der geometrische Ort eines Produktes im Produktmarktraum nicht allein durch technische Produkteigenschaften bestimmt, sondern zusätzlich durch die Wirkung vielfältiger kommunikativer Einflüsse. Es ist z. B. schwer vorstellbar, daß die Knautschzonen von PKW, ohne kommunikative Unterstützung eingebaut, von Käufern als Vorteil gesehen würden; es könnte das Gegenteil eintreten ("dünnes Blech").

Eine Systematik der aus Änderungen objektiver Produkteigenschaften und sonstiger Marketinginstrumente resultierenden Möglichkeiten zeigt Abb. 2.10.

		Grad der Änderung objektiver Produkteigenschaften		
		Keine Änderung	Modifikation	Neue Technik
Grad der Änderung der übrigen Marketing-Instrumente	Keine Änderung	--	Facelifting	Unauffälliger Produktaustausch
	Modifikation der Instrumente im alten Markt	Remerchandising, Repositionierung	Relaunch	Auffälliger Produktaustausch (Produktentwicklung, Produktdifferenzierung, Produktvariation) (s. Abschn. 9, 10)
	Instrumentenmix für einen neuen Markt	Produktentwicklung im Sinne von Ansoff (s. Abschn. 3.3)	Produktvariation (s. Abschn. 9)	Produktentwicklung (Innovation)

Abb. 2.10: Alternativen produktorientierter Marketing-Programme (In Anlehnung an: Saunders, Jobber [Deletion] 438)

Sie richten sich grob nach dem Ausmaß der Veränderung der objektiven Produkteigenschaften und der übrigen Marketing-Instrumente, durch die subjektive Eigenschaftswahrnehmungen beeinflußt werden. Natürlich könnte die Gliederung jeder Achse der Abbildung verfeinert werden, um weitere Alternativen zu erkennen und zu benennen.

Aufgrund wahrgenommener Produkteigenschaften und von Idealvorstellungen können Produktmarkträume abgeleitet werden. In ihnen werden produktpolitische Maßnahmen aus Käufersicht deutlich gemacht. Sie sind deshalb von ausschlaggebender Bedeutung für die Produktpolitik.

2.5 Produktqualität

Obwohl Produkte als Eigenschaftsbündel definiert wurden, können sie auch ganzheitlich beurteilt werden. Das geschieht, um eine eindimensionale Rangordnung innerhalb einer Produktgruppe herzustellen. Eine solche zusammenfassende Produktbeurteilung wird meist *Produktqualität* genannt. Image, Nutzen, Präferenz werden als verwandte Begriffe angesehen (Böcker [Präferenzforschung] 555). Daraus ergibt sich, daß die oben angestellten Betrachtungen zur Präferenzmessung und die Differenzierung von Produkten als Bündel objektiver oder subjektiver Eigenschaften für die Qualitätsbeurteilung unmittelbar relevant sind. Die Überlegungen können hierher übertragen werden. In diesem Abschnitt werden ergänzend einige spezielle Ansätze der Qualitätsforschung dargestellt, die im Grunde als Anwendungen der bisherigen Überlegungen anzusehen sind. Dabei ist zu berücksichtigen, daß selbstverständlich auch Dienstleistungen einem Qualitätsurteil unterliegen können. Dazu liegen spezifische, wenn auch sehr unterschiedliche Meßverfahren vor (z. B. Benkenstein, Güthoff [Qualitätsdimensionen]; Müller, Lohmann [Dienstleistungsqualität]).

2.5.1 Objektiver Qualitätsbegriff

Zunächst könnte daran gedacht werden, Qualität mit den Koordinatenwerten eines Produktes im Raum "objektiver" Eigenschaften (Abb. 2.1) in Zusammenhang zu bringen. Um die Wertausprägungen eines Produktes auf allen Koordinatenachsen in einem Maß zusammenzufassen, ist erforderlich:

(1) eine Gewichtung der Maßeinheiten auf den Achsen,

(2) eine (mit der Gewichtung in einem Akt festlegbare) Richtungsbestimmung für Qualitätserhöhungen oder -senkungen bei partieller Änderung der Werteausprägung auf einer Achse,

(3) eine Aggregationsregel für die in (1) und (2) bewerteten partiellen Qualitätsänderungen.

Trommsdorff [Imageforschung] diskutiert einen solchen Qualitätsbegriff und grenzt ihn von verschiedenen subjektiven Konzepten ganzheitlicher (Einstellung) oder differenzierter (Image) Beurteilung von Objekten ab. Darauf kommen wir weiter unten zu sprechen.

Insbesondere (1) und (2) erklären, daß ein *"objektiver" Qualitätsbegriff* für wirtschaftliche Betrachtungen unzweckmäßig ist, was schon 1928 durch Lisowsky ([Qualität] 40 f.) festgestellt wird. Aus der Notwendigkeit der Wertung wird verständlich, wenn hier auch von "subjektiver Qualität, vom Produzenten aus gesehen", gesprochen wird (Rieger [Güterbegriff] 79). Ein Beispiel verdeutlicht dies: Nichtalkoholische Erfrischungsgetränke mit Zuckerbeigaben mögen aufwendiger herzustellen sein als solche ohne Zuckerbeigaben. Zukkermenge und Zuckerkosten allein können keinen Anhalt für die Qualität bilden, wenn der eine Verbraucher eine kalorienarme Diät einhalten möchte, der andere aber nicht.

Die vermutete, durch Verbrauchssituation und Konsumenteninformation gebildete Einstellung zu bestimmten Bedürfnissen und Bedürfnisbefriedigungsmitteln erlaubt erst die Wertung unter (1) und die unter (2) geforderte Richtungsangabe. Wertet hier der Produzent, so ist sein Urteil eine Aggregation über die diätbewußten potentiellen Nachfrager, die Indifferenten hinsichtlich dieses Kriteriums und die Liebhaber von Süßigkeiten unter den potentiellen Getränkenachfragern. Es bildet sich eine "Verbrauchsidee" (Wirz [Logik] 3), die nicht zutreffend sein muß. Sie kann sich aber im Marktpreis niederschlagen. Bei der Qualitätsmessung wird häufig der *Preis als Produkteigenschaft* ausgeschlossen. Während dies ursprünglich die für preistheoretische Betrachtungen notwendige Unabhängigkeit von Preis und Qualität sichern sollte (in diesem Sinne ist auch "wirtschaftliche Qualität" als Verhältnis von Preis und Eignungswert für den Nachfrager bei Lisowsky [Qualität] definiert), hat dieses Vorgehen noch eine weitere Bedeutung. Es ist möglich, Qualitätsmessungen durch die Bestimmung qualitätsneutralisierender Preiszu- oder -abschläge zum Preis eines Vergleichsproduktes vorzunehmen bzw. den Geldwert von Produkten untereinander beurteilen zu lassen. Zu- oder Abschläge bestimmen sich in einer solchen Höhe, die gerade einen Wechsel zwischen der Nachfrage nach zwei miteinander verglichenen Produkten bewirken kann. Dieser Ausdruck für die Präferenzstruktur eines Nachfragers wird auch *Geldmetrik* (dollar metric) genannt. Sie kann leicht aggregiert werden. Sie findet auf verschiedene absatzwirtschaftliche Fragestellungen Anwendung (Fischerkoesen [Werbeerfolgsprognose]; Kaas [Verfahren]; Behrens, Schneider, Weinberg [Messung]).

Gelegentlich wird der Preis eines Gutes als Maßstab für seine Qualität herangezogen werden können. Nimmt man an, daß objektive Produkteigenschaften unverzerrt wahrgenommen werden sowie präferenzbestimmend sind und annähernd vollkommener Wettbewerb auf einem Markt herrscht, so wird sich die Präferenz im Preis niederschlagen. Am ehesten können diese Verhältnisse auf lange etablierten Märkten für langlebige Gebrauchsgüter nachgewiesen werden. Erklärungen aus Preisunterschieden aus objektiven Produkteigenschaften nennt man *hedonische Preisfunktionen*.

Im Jahre 1989 ergab sich z. B. für 52 Farbfernsehgeräte die Funktion:

$$\begin{aligned}\text{Preis} = -\underset{(t=-9{,}4)}{2145{,}34} &+ \underset{(t=14{,}0)}{50{,}64} \cdot \text{Bildschirmgröße (in cm)} + \\ &+ \underset{(t=4{,}74)}{678{,}49} \cdot \text{"Bild im Bild-Technik" (0/1-Variable)} + \\ &+ \underset{(t=4{,}58)}{17{,}36} \cdot \text{Programmspeicherplätze (Anzahl).}\end{aligned}$$

Diese Gleichung erklärt 88,3% der Varianz der Preise und erfüllt auch andere statistische Testkriterien hervorragend. Alle Regressionskoeffizienten weichen signifikant von Null ab, wie die t-Werte erkennen lassen. Die Variablen wurden schrittweise aus insgesamt 12 möglichen Variablen nach Kriterium des jeweils höchsten Beitrags zur Varianzerklärung ausgewählt. Die standardisierten Regressionskoeffizienten zeigen, daß der Bildschirmgröße (ß=0,75) eine etwa dreimal höhere Bedeutung für die Erklärung der Preise zukommt als den beiden anderen Variablen (für die jeweils ß=0,24 ermittelt wurde). Es spricht vieles dafür, daß in diesem Fall der Preis als Qualitätsmaß solcher Nachfrager gelten kann, die die ursprünglichen 12 Kriterien bei ihrer Kaufentscheidung berücksichtigen. Die Schätzung hedonischer Preisfunktionen kann auf miteinander korrelierten Produkteigenschaften beruhen. Die damit verbundenen Störungen der Unverzerrtheit der geschätzten Regressionsparameter erfordert unter Umständen eine Transformation in voneinander unabhängige Faktoren und eine Rücktransformation zur Interpretation des Einflusses der ursprünglich betrachteten Produkteigenschaften (Baumgartner [Bewertung]).

2.5.2 Subjektiver Qualitätsbegriff

Um solche Aggregationen von Urteilen über Eigenschaftsausprägungen zu erleichtern, könnte daran gedacht werden, die Koordinatenwerte von Produktperzeptionen im Produktmarktraum (Abb. 2.9) zum Ausgangspunkt der Qualitätsbestimmung zu machen. Objektive Produkteigenschaften werden dann außer acht gelassen. Hierbei sind dieselben formalen Anforderungen (1) bis (3) an ein Qualitätsmaß zu stellen, wie oben genannt (Behrens, Schneider, Weinberg [Messung]). Man spricht hier von einem *subjektiven Qualitätsbegriff* oder von *subjektiver Qualität aus Sicht der potentiellen Nachfrager* (in Anlehnung an Rieger [Güterbegriff] 78).

Wenn *subjektive Qualitätsurteile* Einstellungen von Verbrauchern gegenüber Produkten *oder Images von Produkten gleichgesetzt* werden (Kupsch et al. [Struktur] 3 f.), wird für die Qualitätsmessung das Instrumentarium der Einstellungsforschung relevant. Die Einstellungsforschung (zur Einführung vgl. Nieschlag, Dichtl, Hörschgen [Marketing] 150 ff.) greift auf inhaltlich unterschiedliche Modelle zurück, selbst, wenn sie einen formal gleichen Aufbau haben. Das wird anhand einiger Beispiele in Tab. 2.1 deutlich.

Die meisten Modelle weisen einen kognitiven und einen motivationalen oder affektiven Bestandteil auf. Als Aggregationsregel für die Eigenschaften wird die Summation verwendet. Das unterstellt Unabhängigkeit und wechselseitige Kompensationsmöglichkeiten. Weitere Modelle bauen auf dem "adequacy importance"- oder dem "adequacy value"-Ansatz auf, indem sie den beiden Modellkomponenten je einen zusätzlichen Parameter additiv hinzufügen. Diese Parameter können dann entweder als Mittelwerte der entsprechenden Modellkomponenten interpretiert oder so geschätzt werden, daß das Modell eine möglichst gute Anpassung an getrennt erhobene Einstellungswerte hat (Laberenz, Orth [Einstellungsmodelle]).

Die Komponenten des Einstellungsmodells können Ansatzpunkte für die absatzpolitische Beeinflussung des Qualitätsurteils einer Person über ein Produkt sein. Für die Qualitätsmessung langlebiger Gebrauchsgüter ist z. B. das adequacy-importance-Modell eingesetzt worden (Kupsch et al. [Struktur] 246 ff.).

Der mit der Einstellung korrespondierende Begriff der Qualität gilt zunächst nur für jeweils eine Person. Zusammenfassende Qualitätsurteile erfordern deshalb eine weitere Aggregation, diesmal über verschiedene Personen, was bestimmte Annahmen über deren Wunsch- oder Idealvorstellungen erfordert. Diese Annahmen werden häufig pauschal getroffen.

Die Aggregation wird durch die auch von Kupsch et al. ([Struktur] 256) benutzte Annahme erleichtert, daß alle Nachfrager ihre Idealproduktperzeption analog dem Vektormodell der Nutzenmessung bilden (Je mehr, desto besser!). Diese Annahme gilt aber nicht generell (Süße beim Tee, Milch im Kaffee, Temperatur von Bier). Dann können nur noch relative Häufigkeiten potentieller Nachfrager bestimmt werden, die bestimmte Richtungen von Eigenschaftsänderungen übereinstimmend als Qualitätszu- oder -abnahme beurteilen. Dieser Gedanke ist von Linde [Produktqualität] verfolgt worden.

Unter den Annahmen, daß

(1) jedes Individuum von zwei Produkten dasjenige vorzieht, das seinen Idealproduktvorstellungen am nächsten kommt,

(2) es möglich und sinnvoll ist, einen Schwerpunkt von Idealproduktvorstellungen zu ermitteln,

können Einflußgrößen auf den Anteil übereinstimmender Beurteilungen von Qualitätsänderungen ermittelt werden. Diese Einflußgrößen sind:

(1) der Grad der Ähnlichkeit der Qualitätsbewertungsmaßstäbe,

(2) die Stärke der Eigenschaftsänderung,

(3) die Stärke der Abstandsänderung eines Produktes vom Schwerpunkt des Qualitätsmaximums,

(4) die Entfernung einer Produktposition vom Zentrum des Qualtätsmaximums (Linde [Produktqualität] 56 ff.).

Abgesehen von der Problematik der zweiten Annahme geht in die Folgerungen offenbar sowohl eine subjektive als auch eine objektive Qualitätsauffassung ein. Im Falle der zweiten Einflußgröße etwa wird nicht klar, wie die Stärke einer Eigenschaftsänderung unabhängig von aggregierten subjektiven Urteilen festzustellen ist, die aber erst erklärt werden sollen.

Tab. 2.1: Überblick über Einstellungsmodelle

Name	**Modellaufbau**	**Bedeutung der Modellbestandteile**	
		kognitiver Bestandteil aus Sicht der k-ten Person	motivationaler oder affektiver Bestandteil am i-ten Produkt aus Sicht der k-ten Person
Fishbein	$E_{ik} = \sum_j W_{jk} U_{ijk}$	W_{jk} = Wahrscheinlichkeit für das Auftreten der i-ten Eigenschaft	U_{ijk} = Bewertungs- oder Bedeutungsgewicht der j-ten Eigenschaft
Rosenberg	wie oben	W_{jk} = Wahrgenommene Instrumentalität der j-ten Eigenschaft zur Zielerreichung (Wichtigkeit)	U_{ijk} = Zielbedeutung der j-ten Eigenschaft (Eignung zur Befriedigung des j-ten Motivs)
adequacy importance	wie oben	W_{jk} = Eindruck vom Vorhandensein der j-ten Eigenschaft	U_{ijk} = Empfundene Wichtigkeit der j-ten Eigenschaft
adequacy value	wie oben	wie oben	U_{ijk} = Bewertung der j-ten Eigenschaft
Idealpunkt-Modell	$E_{ik} = \sum_j \lvert I_{jk} - R_{ijk} \rvert$	R_{ijk} = Real wahrgenommene Ausprägung der j-ten Eigenschaft am i-ten Produkt	I_{jk} = Als ideal empfundene Ausprägung der j-ten Eigenschaft

In der Absatzwirtschaft versucht man, entweder

(1) durch Segmentierung von Käufergruppen die zweite Annahme anzunähern und zusätzlich für Realproduktvorstellungen einen Schwerpunkt zu begründen (beide Schwerpunkte können dann wie Individuen behandelt werden) oder

(2) nur mit individuellen Beurteilungen zu arbeiten, die erst in erwarteten Absatzmengen aggregiert werden (vgl. Modelle im Abschn. 5.4).

2.5.3 Verwendungszielorientierter Qualitätsbegriff

Im sogenannten *teleologischen Qualitätsbegriff* wird explizit unterstellt, daß die Eigenschaftsbewertung konkreter Objekte (Produkte) durch Subjekte hinsichtlich bestimmter Verwendungszwecke vorgenommen wird (Kawlath [Qualitätspolitik]; Lücke [Qualitätsprobleme]). Ein Beispiel hierfür ist "fitness for use" durch den Kunden, wobei der Kunde zum Produkt zurückkommt und nicht das Produkt zum Kunden. Die Eigenschaften können objektiv oder subjektiv feststellbar sein. Auch diese Auffassung vom teleologischen Qualitätsbegriff kann vom Produktmarktraum her entwickelt werden. Dazu ist entweder anzunehmen, daß sich die Verwendungsunterschiede der Verbraucher in unterschiedlichen Eigenschaftsdimensionierungen niederschlagen oder in unterschiedlichen Gewichtungen bei der Bildung der Qualitätsurteile, es sei denn, daß aufgrund vorausgehender Segmentierung (Bildung homogener Verbrauchergruppen) nach dem Kriterium des Verwendungszwecks keine Unterschiede in dieser Hinsicht vorliegen.

Eine etwas andere Ausprägung des teleologischen Qualitätsbegriffs liegt in der Annahme, daß Kunden nicht nur bestimmte erwartete Eigenschaftsausprägungen zu einem Qualitätsurteil zusammenfassen, sondern zusätzlich auch die vom Hersteller zu verantwortende Streuung um den Erwartungswert berücksichtigen. Für den Hersteller sind dann zwei, meist kostenträchtige Entscheidungen gemeinsam im Hinblick auf ihre Absatzwirkungen zu optimieren: die Wahl der angebotenen mittleren Eigenschaftsausprägungen und der Streuung um diese Werte (Karmarkar, Pitbladdo [Quality]). Unberücksichtigt sind bisher Modelle, in denen Kunden ausschließlich einseitige Abweichungen von den erwarteten Eigenschaftsausprägungen als Nutzeneinbuße empfinden.

Der teleologische Qualitätsbegriff geht von der Existenz einer Qualitätsnorm aus, die es zu erfüllen gilt. Er läßt unberücksichtigt, daß Normabweichungen für die Kunden jeweils unterschiedliche Bedeutung haben können und deshalb durch entsprechende Preisbereitschaften ausgleichbar sind. Der teleologische Qualitätsbegriff ist Grundlage fertigungswirtschaftlicher Maßnahmen zur Qualitätssicherung. Dazu gehört die Identifikation von Qualitätsarten (Entwurfsqualität, Qualität der Fertigungsanweisungen, des Vormaterials, der Fertigung, der Prüfung, der Montage und des Service), die Ermittlung der Kosten der Qualitätseinhaltung bei verschiedenen Organisationsformen für Qualitätssicherung sowie der Einsatz von Methoden der Qualitätssicherung (quality engineering), die auch vorbeugend sein können (Fehler-Möglichkeits-Analyse). Der nach vorgegebenen Kriterien (Norm ISO 9000, ISO 9001) gegenüber besonderen Zertifizierungsagenturen erbrachte Nachweis lückenloser Qualitätssicherung ist in manchen Branchen Voraussetzung für die Berücksichtigung als Zulieferer. Auch für den Nachweis der Einhaltung von Sorgfaltspflichten im Rahmen der Produkthaftung hat die Zertifizierung oder das quality engineering hohe Bedeutung. Ein eindrucksvolles Beispiel von der Entwicklung eines Qualitätsurteils über die Leistungen von Telefongesellschaften benutzt 38 verschiedene Eigenschaften, die aus unterschiedlichen Sichtweisen zu einem Konsensurteil über die Qualität aggregiert werden (Lynch, Buzas, Berg [Measurement].

Qualität ist ein eindimensionales Urteil über ein Produkt. Qualität kann aus drei Perspektiven betrachtet werden: objektiv, subjektiv, teleologisch oder verwendungszielbezogen. Für das Marketing sind subjektive Qualitätskonzepte deshalb wichtig, weil sie auf Produktwahrnehmungen beruhen. Subjektive Urteile können unter bestimmten Voraussetzungen auch durch Preise abgebildet werden.

2.5.4 Beobachtungen zur Qualitätspolitik

Qualitätspolitik versucht, eine möglichst ertragreiche Qualität anzubieten. Das trifft auf verschiedene spezifische Probleme. Sie treten zu der später zu erörternden Festlegung der Eigenschaftsbündel in der optimalen Produktpositionierung hinzu.

Im Hinblick auf den internationalen Handel ist es von Interesse, ob Qualitätsurteile der Nachfrager in verschiedenen Ländern übereinstimmen oder nicht. Die Alltagserfahrung lehrt, daß diese Frage allenfalls produktspezifisch beantwortet werden kann. Bei Nahrungs- und Genußmitteln sind deutliche Unterschiede festzustellen. Bei elektronischen Gebrauchsgütern, für die hedonische Preisfunktionen gut aufgestellt werden können, gibt es offensichtlich viele Gemeinsamkeiten (Dawar, Parker [Universals]).

Produktvariationen und -differenzierungen erfolgen normalerweise im Zeitablauf und sollen durchaus auch zu unterschiedlichen Qualitätsurteilen führen, um Bedürfnisse unterschiedlicher Marktsegmente zu befriedigen. So werden "Luxus"- und "Spar"-Versionen von Produkten entwickelt. Die Evolution eines Angebotsprogramms kann grafisch dargestellt werden, um eine Diskussionsgrundlage für produktpolitische Maßnahmen zu bilden. Eine solche Grafik zeigt als Abszisse eine Zeitachse und als Ordinate eine Qualitätsachse. Von dieser wird angenommen, daß ihre Ausprägungen mit Kosten und Preisen korrelieren (Wheelwright, Sasser [Map]), also hedonische Preisfunktionen existieren. Die Abbildung zeigt nicht, wie und in welcher Richtung nun Entwicklungsziele für die Produktpolitik gesetzt werden sollen. Später (Kapitel 5) wird sichtbar, daß gerade die Aggregation zu einer eindimensionalen Größe "Qualität" aus Sicht der Planung der Produktpolitik unzweckmäßig ist. Außerdem fehlt der Bezug zum Wettbewerb in der Darstellung.

Die Qualität kann beim Kauf von Gütern nicht immer unmittelbar erkannt werden. Die damit bestehenden Informationsasymmetrien erfordern deshalb faktische oder rechtliche Maßnahmen zu ihrem Ausgleich. Dies verursacht Transaktionskosten, zum Beispiel in der Form von Verifikationskosten zugesicherter Eigenschaften durch Tests. Schon 1832 macht Babbage ([Economy] 101 ff.) darauf aufmerksam, daß beim Kauf von Saatgut oder Strümpfen (die nach der Wäsche einlaufen könnten) solche Kosten zum Preis hinzuzurechnen seien. In jüngerer Zeit haben sich Klassifikationen von Gütern danach herausgebildet, welche Wirkungen eine enttäuschte Qualitätserwartung hat bzw. inwieweit eine solche Erwartung überprüfbar ist. So sind Such-, Erfahrungs- und Vertrauensgüter danach zu unterscheiden, ob die jeweiligen Eigenschaften für die Kaufentscheidung dominant sind (vgl. Abb. 2.11). Damit wird auch deutlich, daß die Höhe der Transaktionskosten davon abhängen kann, ob häufige Wiederholungen eines Kaufes vorkommen. In diesem Fall hat der Anbieter ein Interesse an Kundenbindung durch Bereitstellung von Qualitätsinformationen und damit dem Abbau von Informationsasymmetrien. Etwas weiter differenzierend ist der Gedanke, keine informationsökonomische Unterscheidung auf der Ebene von Gütern vorzunehmen, sondern - wie schon bei der Definition von "Produkt" erwähnt - einzelne Gütereigenschaften zu betrachten. So kann z. B. ein PKW Such- oder Inspektionseigenschaften (Design, Art der Lackierung), Erfahrungseigenschaften (Kurvenverhalten, Fahrkomfort) und Vertraueneigenschaften (Knautschzone, Schadstoffausstoß) haben. Diese Typen von Eigenschaften können bei einzelnen Produkten in verschiedener Gewichtung vorkommen und damit zur informationsökonomischen Kennzeichung der Güter beitragen. Dies kann im Hinblick auf die Adoption von Produkten relevant sein (Weiber, Adler [Typologisierung]). Es kann aber auch der Erkenntnisgewinn über die Erfahrungseigenschaften bei der Produktnutzung und die Interaktion der informationsökonomischen Eigenschaftstypen mit Elementen der Produktgestaltung, z. B. der Benutzung von Markennamen, nachgewiesen werden (Kaas, Busch [Inspektionseigenschaften]). Bei einer Entscheidungsrelevanz der vor einem Kauf schwer überprüfbaren Qualitätseigenschaften sollten Anbieter transaktionserleichternde Maßnahmen ergreifen, also die zum erweiterten Produktbegriff zählenden Eigenschaften ausbauen.

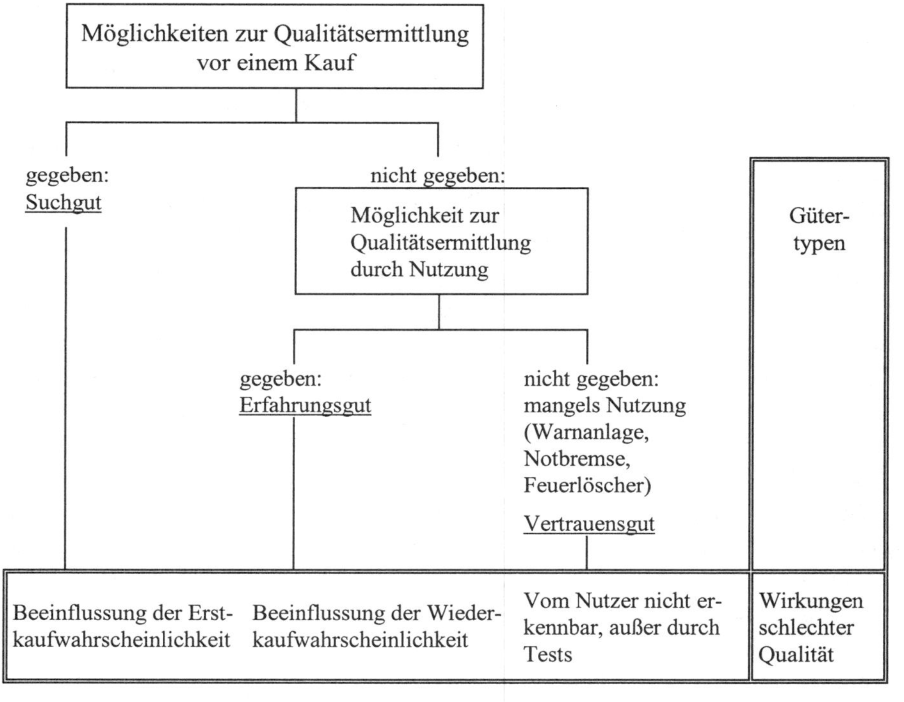

Abb. 2.11: Qualitätsrelevanz für die Bildung von Gütertypologien (Nach Nelson [Information])

Die Problematik der glaubwürdigen Vermittlung der Eigenschaften von Erfahrungsgütern ist Gegenstand einer Vielzahl spieltheoretischer Untersuchungen von Trennungsgleichgewichten in Signalspielen (vgl. z. B. Engers [Signaling]; Spence [Consumer]; Kihlstrom, Riordan [Advertising]; Milgram, Roberts [Price]; Lutz [Warranties]). Von einem Trennungsgleichgewicht spricht man in der Spieltheorie, wenn verschiedene "Typen" von Spielen anhand ihrer Signale unterschieden werden können. Anbieter hoher Qualität können sich nur dann von Anbietern niedrigerer Qualität differenzieren, wenn Unterschiede in den Signalkosten bestehen bzw. bei gleichen Signalkosten Anbieter höherer Qualität einen höheren Ertrag durch ihre Signale erzielen können (Kihlstrom, Riordan [Advertising] 428). Als Signale für Produktqualität können z. B. Garantien, Rücknahmeverpflichtungen, 24-Stunden-Kundendienstleistungen, "hot lines" usw. dienen. Der Aufbau von Reputation für Vertrauensgüter kann im Rahmen der Spieltheorie in Mehrperiodenspielen dargestellt und untersucht werden. Einen Überblick geben Weigelt, Camerer [Reputation].

Die bisherige Darstellung des Qualitätsbegriffs stellt auf die selbständige Nutzung eines einzelnen Produktes ab. Daneben betrachtet Pfeiffer [Qualität] die für die verbundene, gemeinsame Nutzung mehrerer Produkte in einem System zu beachtende *integrale Qualität.* Bei Rechenanlagen und ihren Peripheriegeräten äußert sich diese Produkteigenschaft als Kompatibilität der Anlagen und erfordert die Festlegung von Schnittstellen für die Übergabe von Datenströmen. Chmielewicz ([Grundlagen] 80) gliedert sie in die integrale Funktional-Qualität (Abstimmung von Anlageleistungen aufeinander), Stil-Qualität (Abstimmung dem Modewandel unterliegender Produkte aufeinander) und Dauer-Qualität (Abstimmung der Gebrauchsdauer der im Verbund genutzten Produkte aufeinander).

Mit dem letzten Merkmal wird ein Hinweis auf die mögliche *Dynamik von Qualität* angeregt. In subjektiver Betrachtung ist eine Verschiebung von Qualitätsurteilen über die Zeit selbstverständlich. In der Literatur finden sich weitere Darstellungen über Änderungen der Qualitätsvorstellungen von Konsumenten (vgl. Deschamps, Nayak [Product] 90 f.). Betrachtet man die Nutzungsdauer und den Verlauf der Leistungsabgabekurve eines Produktes über die Zeit als "objektive" Eigenschaften, so wird insbesondere die Frage einer geplanten *Veränderung* dieser *Eigenschaften durch den Hersteller* unter der Überschrift *"geplante Obsoleszenz"* (geplanter Verschleiß) erörtert (eine abwägende Beurteilung widerstreitender deutscher Beiträge zu dieser Frage versuchen Raffée, Wiedmann [Obsoleszenzkontroverse]).

Ohne den Problembereich hier darzustellen, seien die folgenden Bemerkungen angeführt:

(1) Eine auf dem Begriff des Produktes als Bündel "objektiver" Eigenschaften beruhende Diskussion der Obsoleszenz trägt alle Schwächen dieses Produktbegriffs.

(2) Eine "objektive" Veränderung von Eigenschaftsausprägungen muß nicht von Absatzüberlegungen ausgelöst sein. Sie kann auch Reaktion auf eine verschärfte Produzentenhaftung oder andere staatliche Auflagen zur Erhöhung des Gemeinwohls sein (z. B. zum Abbau von Umweltbelastungen), womit auch finanziell wirkende Auflagen gemeint sind.

(3) Eine auf dem Begriff des Produktes als Bündel "subjektiver" Eigenschaftsperzeptionen aufbauende Absatzpolitik muß "Obsoleszenz" wie andere Eigenschaftsänderungen behandeln und stellt insofern also keine Besonderheit dar.

(4) Die in (3) gekennzeichnete Produktpolitik läßt zugleich erkennen, daß eine auf *eine* Produkteigenschaft konzentrierte Behandlung der "Obsoleszenz" dem Problem nicht gerecht wird, weil sie wechselseitige Kompensationsmöglichkeiten von Eigenschaften unbeachtet läßt. Das ergibt sich auch aus den Erörterungen zum Qualitätsbegriff.

(5) Auch die Stellungnahme von Raffée und Wiedmann kann noch nicht als ausgereift betrachtet werden. Sie läßt u. a. einen wesentlichen Aspekt unternehmerischer Entscheidungen außer Betracht, der hier bereits in die Definition des Produktes eingearbeitet ist. Kirzner ([Wettbewerb] 141 ff.) hat ihn durch Gegenüberstellung mit einer Robinsonianischen Produktionsentscheidung verdeutlicht, bei der angenommen wird, daß die Nachfrage unabhängig von der Produktionsentscheidung als gegeben und bekannt angenommen wird. Dagegen ist die unternehmerische Entscheidung dadurch gekennzeichnet, daß simultan die Auswahl des zu produzierenden Produktes und seiner Absatztaktik aufgrund der *Antizipation* derjenigen *Nachfrage* erfolgt, die durch alternative Produktions- und Absatzpläne hervorgerufen wurde. Obsoleszenz kann also die Folge einer falschen Einschätzung von Nachfrageplänen sein.

(6) Die Obsoleszenz-Diskussion wird zweckmäßig in die Lebensdauerplanung eingebettet. Unter ökonomischen und ökologischen Zielaspekten können die Einflußgrößen auf eine optimale Produktlebensdauer nach Gütertypen geordnet und beurteilt werden (Bänsch [Planung]).

Qualitätspolitik hat unter Gesichtspunkten der gemeinsamen Nutzung mehrerer Produkte und der optimalen Gestaltung der Eigenschaftsbündel eine Optimierung der Produktqualität anzustreben.

Aufgaben zu Abschnitt 2

Aufgabe 2.1

In einer Darstellung ihrer Produktpolitik zeigt die Daimler-Benz AG folgende "Angebotslandschaft" vor der Einführung des Typs 190:

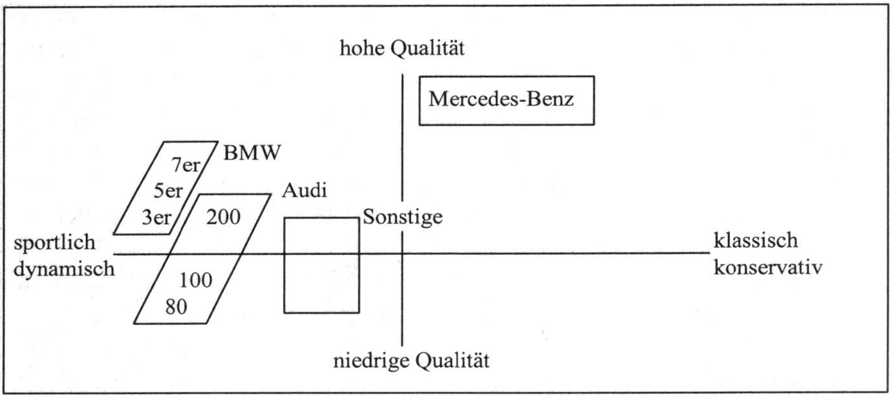

Der Typ 190 war mit den folgenden Eigenschaften konzipiert: Er sollte ein beweglich-aktives Individualfahrzeug mit konzentriertem Gebrauchsnutzen darstellen, konsequent fortschrittlich in Technik, Stil und Wirtschaftlichkeit sein sowie Mercedes-Wert und Mercedes-Funktionalität in ihrer kompaktesten Form darstellen.

(a) Wo ist die Klasse von Fahrzeugen in der dargestellten "Angebotslandschaft" einzuordnen?
(b) Als welche Art von Raum (vgl. Abb. 2.1 und 2.9) interpretieren Sie die hier wiedergegebene Darstellung?
(c) Wie beurteilen Sie "Qualität" als Dimension in der "Angebotslandschaft"?

Aufgabe 2.2

Geräumigkeit und Leistungsstärke seien zwei Merkmale von Personenkraftwagen, die subjektiv als kaufrelevant angesehen werden.

(a) Versuchen Sie, beide Merkmale so zu operationalisieren, daß eine möglichst anspruchsvolle Messung vorgenommen werden kann.

(b) Nennen Sie konstruktive und kommunikative Maßnahmen, die alternativ eingesetzt werden können, um die subjektiven Beurteilungen zu verändern.
(c) Welche Gesichtspunkte müßten berücksichtigt werden, wenn der Einsatz der eben ermittelten Maßnahmen gewinnsteigernd erfolgen soll?

Aufgabe 2.3

Lesen Sie den folgenden Auszug aus einem Test elektrischer Grillgeräte (aus der Zeitschrift "test" 15. Jg., 1980, Heft 5, S. 29, 31, 33) durch die Stiftung Warentest.

(a) Welchem Qualitätsbegriff ist das "test-Qualitätsurteil" zuzuordnen?
(b) Versuchen Sie, eine Formel für das "test-Qualitätsurteil" zu ermitteln.
(c) Begründen Sie Ihren Versuch zur formelmäßigen Behandlung der aggregierten Beurteilung des Kriteriums "Handhabung". Liegt hier auf individueller Ebene eine Einstellungsmessung vor?
(d) Beurteilen Sie die Vorgehensweise der Stiftung Warentest im Lichte alternativer Ansätze der Qualitätsmessung.
(e) Nehmen Sie an, ein von Ihnen hergestelltes Produkt habe im Test eine schlechte Beurteilung erhalten. Welche produktpolitischen Alternativen erscheinen geeignet, um den erwarteten Absatz- und Gewinneinbußen entgegenzuwirken?

(Bewahren Sie die Lösung (b) zum Vergleich mit späteren Aufgaben auf.)

Ausgewählt geprüft bewertet

Im Test: 15 Doppelkontakt-Grillgeräte und fünf Baugleichheiten. Einkauf von drei Prüfmustern je Modell im August/September 1979.

•Preise
Preisumfrage im Januar 1980 (167 Interviews in 20 Städten). Bei den mittleren Preisen handelt es sich um den Medianwert.

•Bewertung
Technische Prüfung 25%, Sicherheitsprüfung 10%, Praktische Prüfung 40%, Handhabung 25%.

•Abwertung
Hohe Oberflächentemperaturen an berührbaren Geräteaußenseiten führten zur Abwertung des Sicherheitsgruppenurteils auf "mangelhaft".

•Technische Prüfung
In den Punkt Oberflächenschutz gingen ein: Korrosionsprüfung nach DIN 50017 und Gitterschnittprüfung nach DIN 53151 an Lackteilen bzw. Kunststoffbeschichtungen. Eine Kunststoff-festigkeitsprüfung analog VDE 0720 §21, reduziert auf 1/4 der Schlagenergie, führte zu keiner Beanstandung. Die Prüfung auf Gleichmäßigkeit der Temperaturverteilung an den

Grill- und Backplatten wurde mit Hilfe von Waffelteig durchgeführt und subjektiv beurteilt. Die maximal einstellbare Temperatur wurde ermittelt sowie die Einhaltung des eingestellten Temperaturbereiches überprüft. Der Energieverbrauch in kWh für das Grillen von zwei 200 g-Steaks wurde während der praktischen Prüfung gemessen. Die Funk-Entstörprüfung wurde nach VDE 0875 vorgenommen.

•Sicherheitsprüfung
Die Prüfung nach dem Gerätesicherheitsgesetz basierte auf VDE 0720 Teil 1 und Teil 2 M. Zusätzlich ermittelten wir die Oberflächentemperaturen an den Geräteaußenflächen, die im normalen Gebrauch oder versehentlich berührt werden können. Werte über 70 °C sahen wir als mangelhaft an.

•Praktische Prüfung
Je nach Einsatzbereich der Geräte wurden zwei Steaks, ca. 200 g, circa 2 cm dick, gegrillt, max. Anzahl Waffeln gebacken und vier Hawaiitoasts überbacken. Unter Anleitung eines Fachmannes beurteilten fünf Personen beim Grillen den Garungsgrad (medium), die Bräunung sowie den Grilleffekt; beim Backen das Ausbacken und die Gleichmäßigkeit der Bräunung und beim Überbacken die Bräunung, die Konsistenz der Käsescheibe und die vollständige Erwärmung des Belages. Ermittlung der benötigten Garzeiten.

•Handhabung
5 Laien beurteilten die Geräte nach folgenden Kriterien: Anzahl, Art und Funktion der Bedienungselemente, Vorhandensein der Kontroll-Leuchte, Beschicken und Entnahme von Speisen, Grill-Auswechselbarkeit, Öffnen und Schließen sowie Rutschfestigkeit, die Reinigung, das Tragen und Abstellen des Gerätes sowie die Gebrauchsanweisung.

Fabrikat	**Adam appetito universal**	**Progress K182 comfort** Nr. 644-00-000
Preis nach Markterhebung in DM		118,-- bis 167,50
Mittlerer Preis in DM	**327,50 [1])**	**148,--**
Baugleichheiten		
test-Qualitätsurteil	**gut**	**zufriedenstellend**

TECHNISCHE MERKMALE/AUSSTATTUNG		
Platzbedarf (H X B X T) in cm	25 X 34 X 42	14 X 28 X 34
Gewicht in kg	5,4	4,8
Zuleitungslänge in m	1,5	1,4
Umklappen des Oberteiles zum "Partygrillen"	möglich	möglich
Abstandvorrichtung zum Überbacken/Grilltoasten	vorhanden	vorhanden
Nutzbare Grillfläche	24,5 X 19,5	27 X 22
Grillflächenabstand min./max. in mm	7 / 200	5 / 55
max. arretierbar in mm	53	stufenlos bis 50
Leistungaufnahme in W	1560	1800
Ausstattung	Grillplatten abnehmbar, Kontrolleuchte, Kabelhalterung	Grillplatten abnehmbar, Waffelplatten als Sonderzubehör (38,-- incl. Dosierkelle), Kontrolleuchte

TECHNISCHE PRÜFUNG	**gut**	**zufriedenstellend**
Oberfächenschutz	zufriedenstellend	zufriedenstellend
Gleichmäßigkeit der Temperaturverteilung	gut	zufriedenstellend
Einhalten der eingestellten Temperatur	gut	gut
Energiebedarf für Grillen von zwei 200-g-Steaks in kWh	0,25	0,22
Funk-Entstörprüfung	bestanden	bestanden

SICHERHEITSPRÜFUNG	**mangelhaft**	**mangelhaft**
Prüfung nach Gerätesicherheitsgesetz	sehr gut	zufriedenstellend
Oberflächentemperaturen an der Geräteaußenseite in °C	bis 205 *)	bis 174 *)

PRAKTISCHE PRÜFUNG	**gut**	**gut**
Grillen von Filetsteaks	gut	gut
Grillzeit in min. ca.	4,25	5,5
Backen von Waffeln	-	zufriedenstellend
Backzeit in min. ca.	-	3,5
Überbacken von Toasts	gut	sehr gut
Backzeit in min. ca.	8	6

HANDHABUNG	**zufriedenstellend**	**zufriedenstellend**
Bemerkungen	aber Überbacken durch Abstandsbügel etwas umständlich	aber Gerät rutscht leicht, ohne Kabelhalterung, Gerät senkrecht abstellbar

*) Führt zur Abwertung [1] Ca.-Preis lt. Anbieter

Aufgabe 2.4

Aus einem Paarvergleich zwischen verschiedenen Marken von Haarspray sowie zwischen Geldbeträgen und Haarspraymarken hat Kaas eine Darstellung gewonnen, die im folgenden auszugsweise wiedergegeben wird (Kaas [Verfahren] 125).

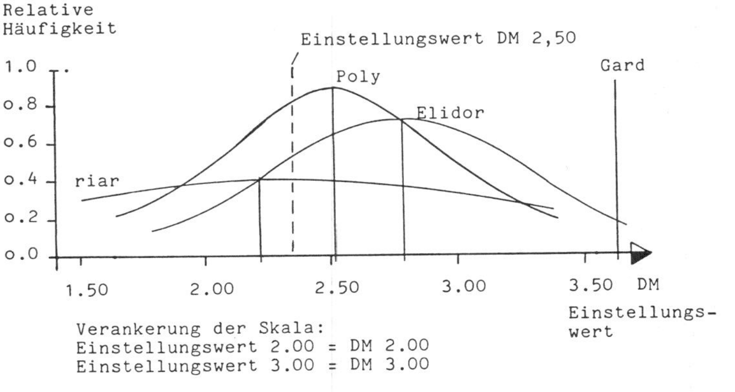

Intervallskala mit Skalenpositionen von Haarspraymarken und Geldbeträgen

(a) Interpretieren Sie die Abbildung, wobei Sie unterstellen, daß die Häufigkeitsverteilungen durch Befragung einer großen Anzahl von Personen zustande gekommen sind.

(b) Interpretieren Sie die Verteilungsmittelwerte der Produkte als Qualitätsmaße.

(c) Lesen Sie den Originalbeitrag. Überlegen Sie, welche Effekte eine Preisänderung bei einer der Marken haben könnte.

(d) Wie wäre die Vorgehensweise zu ändern, wenn ein bisher unbekanntes Produkt in den Vergleich einbezogen werden soll? Überprüfen Sie Ihre Antwort nach der Lektüre des Abschnitts 7. des Lehrbuchtextes.

Aufgabe 2.5

Lesen Sie den Auszug aus dem Artikel "Giant Steps for IBM in Office Systems" (Reprinted from the 6/30/80 issue of Business Week by special permission, ©1980 by McGraw-Hill, Inc., New York, NY10020. All rights reserved.)

Identifizieren Sie unterschiedliche Konzepte von "Qualität" in diesem Text.

Giant steps for IBM in office systems

International Business Machines Corp. flexed its muscles in the automated office market on June 17. The giant computer company introduced a display word processor priced lower than virtually any on the market. And, just as important, in a rare policy statement it gave customers a glimpse of its program for the so-called "office of the future": a plan to make its hitherto unrelated office systems work together so that users will be able to send documents between different machines.

Now IBM is moving to clear up any doubts about its commitment to the office market. "Our intent is to serve customer needs across the board," says J. Richard Young, president of the OPD. To do so, he adds, all IBM divisions will be "very cooperative [with each other] in the marketing thrusts."

Only $ 7,895. The time when all of IBM's office systems will be able to exchange documents could be three to four years off, acknowledges Young. But in the meantime the company is backing up its promises with a strong new product called the Displaywriter, a stand-alone text processor already winning high praise . . .

At a time when most stand-alone display word processors are selling for $12,000 to $15,000, IBM is offering a basic system, including a keyboard, display, logic unit, 15 character-per-second printer, and floppy disks, for $ 7,895. "IBM is exercising its power to use economies of scale in pricing," observes Gideon I. Gartner, president of the Gartner Group Inc., which provides research through Dillon, Read & Co. "This will make a huge dent in the market."

Some of IBM's competitors are not so sure. They point out that the new system cannot be delivered until January, allowing other companies time to adjust. Market leader Wang even claims that the new product's technology is out-moded. "It is a great product for the 1970s, but it does not meet the requirements of the 1980s," scoffs J. Carl Masi, vice-president for marketing support at the Lowell (Mass.) company.

Aufgabe 2.6

Stellen Sie die Unterschiede zwischen dem Raum objektiver und dem Raum subjektiver Eigenschaften tabellarisch gegenüber.
(Eine Lösung ist angegeben).

Aufgabe 2.7

Nivea Creme ist im Warentest 1978 "gut" und 1981 "sehr gut" beurteilt worden. Im ersten Falle wurden folgende Kriterien (mit Gewichten in Klammern) benutzt: Verpackung (10%), Chemisch-Technische Prüfung (10%), Mikrobiologische Prüfung (20%), Praktische Prüfung (30%), Gebrauchstest, durch Beurteilung neutral verpackter Produkte hinsichtlich Anwendung, Geruch, Wirkung, Nebenwirkung, Auftragbarkeit (30%). Im zweiten Falle wurden die Kriterien Verpackung (10%), Chemisch-Technische Prüfung (10%), Mikrobiologische Beurteilung (25%), Hautglättende Wirkung (35%), Beurteilung durch Verwender (20%) verwendet. In den ersten drei Kriterien stimmen die Bewertungen in beiden Tests überein, in den beiden letzten waren sie im zweiten Test günstiger. Im ersten Falle waren 20, im zweiten Falle 120 Verbraucherinnen am Test beteiligt. Beurteilen Sie die Ergebnisse.

Aufgabe 2.8

Ermitteln Sie durch Befragung die Mächtigkeit des awareness set (Anzahl bekannter Marken einer Produktgruppe) und des evoked set (Anzahl der als kaufrelevant angesehenen Marken einer Produktgruppe) für einige Güter des täglichen Bedarfs und für einige Gebrauchsgüter.

Aufgabe 2.9

Der 38jährige Marc Flettner steigt nach Ausbildung zum MBA in Deutschland mit einem von ihm und Kommilitonen erfundenen Gerät in das Geschäft zur Entrostung und Entkalkung von Wasserleitungen in Gebäuden ein. Für ein Einfamilienhaus kostet das Gerät DM 3.000,-- sowie eine Auswechslung der Kartusche alle sieben Jahre zu DM 1.500,--.

Die Verbände von Klempnern, Rohrreinigern, der Verein des Gas- und Wasserfachs sowie Chemieunternehmen sehen in Flettner nach seinem Bericht der Wirtschaftswoche (7.5.1998) einen unliebsamen Wettbewerber und stellen sich seinem Markteintritt entgegen.

Raten Sie Herrn Flettner zu geeigneten produktpolitischen Maßnahmen, um seinen Markteintritt zum Erfolg zu verhelfen! Beachten Sie dabei: Welche Eigenschaften (Such-, Erfahrungs-, Vertrauenseigenschaften) kennzeichnen sein Produkt?
(Ein Lösungshinweis ist angegeben).

Aufgabe 2.10

Lesen Sie den folgenden Ausschnitt aus dem Artikel "Digitales Dallas" von Ch. Deysson (Wirtschaftswoche, 15/6.4.1990, S. 66-71). Analysieren Sie die dargestellten Vorgänge unter Benutzung verschiedener Qualitätsbegriffe.

Fataler war ein anderer Fehler, der vor allem dem jetzt ausscheidenden Entwicklungschef, aber auch Chairman Sculley angelastet wird. Auf der Suche nach einem leichter zu bedienenden, immer leistungsfähigeren Computer entwickelte das Topmanagement bei Apple einen technologischen Perfektionismus, der schon an Sendungsbewußtsein grenzt.

So investiert Apple acht Prozent vom Umsatz in die Entwicklung - doppelt soviel wie etwa der Konkurrent Compaq. Ergebnis: Der Macintosh, den Steve Jobs in den frühen achtziger Jahren als den "Jedermann-Computer" vorgestellt hatte, wurde immer teurer. Heute kostet er fast zweimal soviel wie ein vergleichbarer DOS-Computer.

"Das Management dachte so intensiv über den Computer der Zukunft nach, daß es darüber die Gegenwart vergaß", kritisierte dann auch der Computeranalyst Andrew Neff vom New Yorker Investmenthaus Bear, Stearns & Co. Inc., "die Entwicklung neuer Produkte ist zwar wichtig, aber das befreit niemanden von der Pflicht, sich um die gegenwärtige Produktpalette zu kümmern".

Vor allem das untere Ende der Palette wurde in Cupertino vernachlässigt. Während die Topmanager immer subtilere Computer mit enormem Speicherraum wie den Macintosh II oder die jetzt gerade herausgekommene Workstation "Macintosh IIcx" (US-Preis: über 12000 Dollar) entwickelten, warteten die Apple-Kunden am unteren Ende des Computerspektrums vergeblich auf Neuheiten.

"Apple hat ein paarmal versucht, einen preiswerten neuen Computer auf den Markt zu bringen", sagt der einstige Mitarbeiter Jeff Raskin, der als Ingenieur maßgeblich an der Entwicklung des ersten Macintosh beteiligt war, "aber jedesmal wurde das Projekt so lange perfektioniert, bis es noch teurer war als die Maschine, die es ersetzen sollte."

Was Apple heute anbietet, sind Hochleistungscomputer für die Industrie und für Universitäten, aber nicht die Jedermann-Computer, die Jobs einst versprach. "Der gesunde Ehrgeiz, der Apple einst beflügelte, droht in technologische Arroganz umzuschlagen", meint Raskin.

Apple-Kenner Alsop vermutet, daß die preiswerteren Alternativen an der Kompromißlosigkeit von Entwicklungschef Gassée scheiterten. "Jean-Louis übersah in seinem religiösen Glauben an den perfekten Computer, daß der Preis eines Produktes im Marketing auch eine entsprechende Rolle spielt", stellt Alsop fest, "in diesem Fall war das Ideale wieder einmal ein Feind des Guten."

Auch Mitarbeiter im Konzern sind der Ansicht, daß Gassée letztlich über seine eigene Kompromißlosigkeit stolperte. Chairman Sculley hat inzwischen neue Produkte am unteren Ende der Palette offenbar eingesehen.

3. Programmpolitische Alternativen

3.1 Drei Wirkungsebenen

Nur wenige Unternehmen sind Einprodukt-Anbieter. Mehrere Produkte entstehen durch Produktdifferenzierung oder durch die Bedienung unterschiedlicher Märkte.

Die produktpolitischen Alternativen bezüglich einzelner Produkte wirken oft auch auf das übrige Produktangebot eines Unternehmens. Im Handelsbetrieb bezeichnet man die *Gesamtheit der in einem Zeitpunkt angebotenen Produkte als Sortiment* (Gümbel [Sortimentspolitik] 59), im Industriebetrieb als *Absatzprogramm* oder - unter Vernachlässigung eventuell fremd beschaffter Produkte - als Produktionsprogramm. Wir können neutral vom *Angebotsprogramm* sprechen. Produktpolitische Alternativen wirken auf drei Ebenen *auf das Angebotsprogramm:* der *morphologischen,* der *unternehmensstrategischen und der absatzpolitisch-taktischen Ebene.* Letztere wird unten noch einmal zerlegt.

> *Die Wechselwirkungen zwischen Produkten von Mehrprodukt-Anbietern sollen charakterisiert und gemessen werden.*

3.2 Morphologische Betrachtung

Die *erste Wirkungsebene* geht auf eine rein *morphologische Betrachtung* zurück. Sie ist häufig Ausgangspunkt statistischer Sortimentsanalysen (vgl. oben, Abb. 2.2). Durch Produktentwicklung und Produktdifferenzierung wird das Angebotsprogramm erweitert, durch Produktvariation unberührt gelassen und durch Produktelimination verringert. Auch eine gleiche Anzahl von Produktentwicklungen und Produkteliminationen im Betrachtungszeitraum läßt das Angebotsprogramm morphologisch unberührt. Gümbel ([Sortimentspolitik] 246 ff.) nennt dies Substitution im Sortiment. Entsprechende Beobachtungen können für die auf verschiedene Märkte gerichteten Produktangebote gemacht werden.

Ergänzend zur Betrachtung der Anzahl der angebotenen Artikel und ihrer Veränderung im Laufe der Zeit tritt die *ökonomische Sortimentsanalyse*. Dabei interessiert die strukturelle Zusammensetzung eines Angebotsprogramms im Hinblick auf die Erwirtschaftung von Umsätzen und Deckungsbeiträgen. Neben den später diskutierten Portfolio-Analysen werden hierzu folgende Hilfsmittel herangezogen:

(1) *Umsatz- oder Deckungsbeitrags-Strukturanalyse*. Hierbei wird der kumulierte Anteil der einzelnen Artikel am Gesamtumsatz oder am gesamten Deckungsbeitrag in Form von Konzentrations- oder Lorenzkurven dargestellt. Die Praxis spricht auch von *"ABC-Analysen"*, wobei die Buchstaben für Produktgruppen stehen, die hohe, mittlere oder geringe Beiträge zum kumulierten Umsatz (oder Deckungsbeitrag) leisten. Gewöhnlich findet man in den Untersuchungen eine hohe Konzentration in dem Sinne, daß nur wenige Artikel die Hauptträger von Umsätzen und Deckungsbeiträgen sind (z. B. 20% der Artikel erbringen 80% der Deckungsbeiträge). Die Vielzahl der Artikel, die nur unbedeutend zu diesen Zielgrößen beitragen, können erste Kandidaten für die Produktelimination sein (vgl. Abschn. 10), wenn sie sich in weiteren Betrachtungen als unwirtschaftlich erweisen. Dabei ist ihre Stellung im Produktlebenszyklus (Abschn. 5.1) oder ihre Funktion als komplementäres Produkt (Abschn. 3.4) zu beachten. Ein Beispiel für eine Umsatzstrukturanalyse wird für ein Kabelwerk in Abb. 3.1 gegeben.

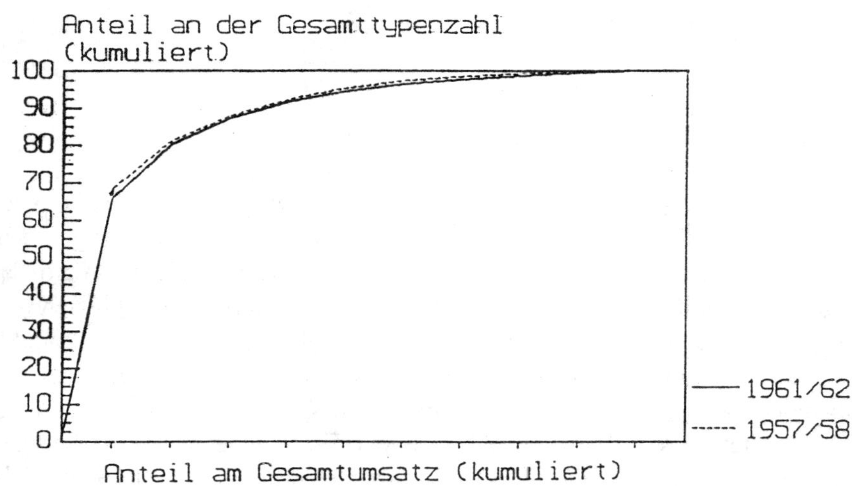

Abb. 3.1: Umsatzstrukturanalyse Siemens Kabelwerk Berlin 1957/58 und 1961/62

(2) Die Beanspruchung knapper Ressourcen durch einzelne Artikel wird durch den *spezifischen Deckungsbeitrag*, das ist das Verhältnis aus dem Dekkungsbeitrag zum Verbrauch der knappsten Ressource je Stück, gemessen. Die Artikel können nach diesem Kriterium in eine Rangordnung gebracht werden. Auch hierbei sind aber die eben genannten Beschränkungen und Zusatzfaktoren zu berücksichtigen.

(3) Die *Altersstrukturanalyse* erstreckt sich insbesondere auf die Fragen, in welcher Lebenszyklusphase (Abschn. 5.1) sich die einzelnen Artikel befinden und welche Restlebenszeit ihnen voraussichtlich noch zukommen wird (Meffert [Marketing] 336). Diese Information soll vermeiden helfen, daß ein Unternehmen in einem eng begrenzten Zeitraum große Teile seines Sortiments aufgeben muß; damit würden schlagartig hohe Belastungen des Entwicklungsbereichs und der Liquidität auftreten. Als Hilfsmittel können bestimmte Formen der Portfolio-Analyse (Abschn. 3.3) herangezogen werden, bei denen die Lebenszyklusphasen der Produkte erfaßt werden.

(4) *Sortimentslücken- oder Sortimentsüberschneidungsanalysen* sollen die Frage beantworten, ob die objektiven Eigenschaften einzelner Artikel sich stark ähneln oder nicht. Außerdem ist zu prüfen, ob das betrachtete Unternehmen in den von Konkurrenten besetzten Feldern vertreten ist oder nicht. Das Ergebnis kann weitere Überlegungen auslösen.

Auf dem Markt für Personal Computer sind Sortimentslücken-Analysen von vielen Unternehmen angestellt worden. So wird als Reaktion auf einen starken Ergebnisrückgang von Compaq Corp. berichtet: "Während das Unternehmen früher im wesentlichen höherwertige Personal Computer angeboten und sich eines hierfür geeigneten Fachhandels bedient hat, reicht das Programm jetzt bis hin zu "Einstiegs-Modellen", die in Deutschland für weniger als 2000 DM je Stück verkauft werden sollen.

Anfang 1992 habe man sich entschieden, das gesamte Spektrum der Personal Computer abzudecken. Dies sei die einzige Überlebensstrategie gewesen. Im Juni hat das Unternehmen in Amerika 16 neue "Familien" von Computern mit insgesamt 43 neuen Modellen vorgestellt, mit denen drei verschiedene Bedarfsegmente in der unteren, mittleren und hohen Leistungsklasse bedient werden". (o. V. [Produkt-Philosophie]; vgl. Schmitz [Stern]).

Als Hilfsmittel ist die Klassifikations- oder Clusteranalyse geeignet. Weist sie auf Sortimentslücken hin, so ist zu fragen, ob und wie diese geschlossen werden sollen. Bei Produktähnlichkeiten stellt sich die Frage nach einer teilweisen Elimination (Abschn. 10) oder nach Möglichkeiten modularer Bauweise.

Das folgende Beispiel zeigt das Ergebnis der Clusteranalyse für den Markt der Elektro-Niederhubwagen, das sind Geräte zum innerbetrieblichen Transport von Paletten über meist kurze Entfernungen. Für die am Markt angebotenen Geräte sind nach Meinung eines Herstellers zehn wichtige Kriterien (Preis, Hubhöhe, Tragkraft, Breite, Vorderbaulänge, Motorleistung, Geschwindigkeit, Batteriekapazität, Gewicht, Gabelmaß) erhoben worden. Die Clusteranalyse versucht, die angebotenen Geräte in Gruppen möglichst ähnlicher Geräte einzuteilen. Es empfiehlt sich, wenigstens sieben Klassen oder Gruppen zu bilden und zu analysieren. Dafür zeigt sich das Bild der Tab. 3.1.

Tab. 3.1: Interpretation von sieben Klassen des Niederhubwagen (NHW)-Markts

Klasse	Bezeichnung	Charakteristika	Gerätetypen		Charakteristika der Produkte des Herstellers H
			in der Klasse	des Herstellers H	
1	mittlere und schwere deichselgeführte NHW	– Preis durchschnittlich 25% niedriger als GMW – Leistungsdaten (außer Tragkraft) 20-35% niedriger als GMW – in den Abmessungen leicht unter GMW	18	3	– keine wesentlichen Abweichungen von KMW**
2	leichte und mittlere deichselgeführte NHW	– Preis durchschnittlich mehr als 40% unter GMW – Tragkraft gering – Leistungsdaten sehr gering (40-50% unter GMW) – Geräte kurz, schmal und leicht	15	2	– in Preis und Tragkraft unter KMW – Leistungsdaten überdurchschnittlich
3	Geräte mit Fahrsitz und Dieselantrieb	– keine sinnvolle Klasse, inhaltliche Zuordnung zu Klasse 4 oder 5	2	0	--
4	schwere NHW mit Fahrersitz oder -stand	– teure Geräte (28% über GMW) – hohe Tragkraft – Leistungsdaten weit überdurchschnittlich (13-31% über GMW)	9	3	– in den Abmessungen über KMW – Leistungsdaten und Preise entsprechen weitgehend dem KMW
5	mittlere NHW mit Fahrersitz oder -stand	– Preis 19% über GMW – Leistungsdaten überdurchschnittlich (13-31% über GMW) – Abmessungen annähernd durchschnittlich	16	1	– Leistungsdaten eher unter KMW – Preis 13% über KMW
6	extrem schwere und teure Geräte	– sehr teure Geräte (106% über GMW) – hohe Tragkraft – Abmessungen durchschnittlich, Gewicht jedoch hoch	4	4	--
7	Horizontal-kommissionierer	– lange (40% über GMW) und schnelle (14% über GMW) Geräte – übrige Daten annähernd durchschnittlich	14	2	– ein Gerät deutlich teurer, das andere deutlich billiger als KMW – billiges Gerät sehr schmal

* GMW = Gesamt-Mittelwert
** KMW = Klassen-Mittelwert

Der Hersteller bestreitet die Klasse 6 allein und ist in der Klasse 3 nicht vertreten. Die Klassen sind durch die Gerätekriterien im Vergleich zum Gesamt-Mittelwert aller Niederhubwagen beschreibbar. Die Charakteristika der Geräte des Herstellers in den Klassen können - soweit das sinnvoll ist - hinsichtlich ihrer Stellung im Vergleich zum jeweiligen Klassen-Mittelwert gekennzeichnet werden. Dadurch können Hinweise auf die Wettbewerbssituation gewonnen werden.

Kritisch ist anzumerken, daß diese Klassifikationsanalyse keine kaufrelevanten Charakteristika aus Sicht der Kunden umfaßt und die verwendeten Kriterien nicht unabhängig voneinander sind. Beide Einwendungen sind grundsätzlich korrigierbar.

(5) Die *Sortimentserfolgsrechnung* versucht, den monetären Beitrag eines jeden Produktes zum Gesamtdeckungsbeitrag zu ermitteln. Dabei sind die Verbundbeziehungen der Produkte zu berücksichtigen. Dies kann auf heuristische Weise geschehen. *Ein* Vorschlag geht davon aus, daß für jeden im Kaufverbund erworbenen Warenkorb der Umsatzanteil jedes Produktes ermittelt wird. Dieser wird mit dem Warenkorb-Deckungsbeitrag gewichtet und je Produkt über alle Warenkörbe addiert (Recht, Zeisel [Sortimentserfolgsrechnung]). Diese Heuristik kann zu anderen Ergebnissen führen als z. B. die Deckungsbeitragsstrukturanalyse.

Die Struktur von Ergebnisbeiträgen einzelner Produkte und ihres Alters sowie die Abdeckung des Marktes bieten erste wesentliche Anhaltspunkte für die Analyse und Gestaltung von Angebotsprogrammen.

3.3 Unternehmensstrategische Betrachtung

3.3.1 Produkt-Markt-Strategien

Die Einführung neuer Produkte und ihre spätere Elimination ist die Grundlage für die Entwicklung marktorientierter Wachstumstheorien der Unternehmen (einen Überblick gibt: Brockhoff [Wachstumspolitik]). Diese Überlegungen zeigen u. a., daß

(1) die Liquiditätsbelastungen durch Entwicklung und Einführung neuer Produkte, bevor diese zur Erlöserzielung beitragen können, eine im Sinne der Maximierung der Überlebenschance des Unternehmens optimale Einführungsrate neuer Produkte begründen,

(2) selbst eine Politik regelmäßiger Produkteinführung und -elimination bei durchschnittlich gleicher Absatzentwicklung der Produkte den Gesamtabsatz nicht stetig wachsen läßt.

Deshalb ist eine gute, die Risiken der Produktpolitik mit ihren Chancen abwägende Produkt-Markt-Strategie erforderlich. Sie wird aus einer komparativen Betrachtung neuer und bisher angebotener Produkte sowie neuer und bisher bedienter Nachfragergruppen entwickelt. In ihrer einfachsten Form (Erweiterungen: z. B. bei Karger, Murdick [Product] 8 ff; Grosche [Produktionsprogramm] 131 ff.) hat Ansoff [Diversification] diese Überlegungen zusammengefaßt. Hier werden sie, entsprechend der gewählten Produktdefinition, abgewandelt. Während bei Ansoff das Produkt und seine Funktionen unabhängig voneinander variieren können, lassen wir hier Produkte und Käufergruppen variieren.

Die vier Felder der Abb. 3.2 können nur beschränkt zu unseren bisherigen produktpolitischen Alternativen in Beziehung gesetzt werden. Explizit fehlt die Produktelimination. Die Produktdifferenzierung kann mit der Produktentwicklung (A) genannten Strategie übereinstimmen. Die Produktvariation ist ebenfalls nicht ausgeschlossen, aber als Alternative zu anderen absatzpolitischen Maßnahmen dem Feld "Marktdurchdringung" zuzuordnen. Die hier betrachtete Produktentwicklung kann unzweifelhaft mit Diversifikation zusammenfallen, ist aber auch in anderen Feldern denkbar.

Diversifikationen kommen in drei Formen vor: horizontale, vertikale und laterale Diversifikation. Damit wird die bevorzugte Bewegungsrichtung für produktpolitische Alternativen in dem entsprechenden Matrixfeld beschrieben. Bei horizontaler Diversifikation wird das Angebotsprogramm auf derselben Fertigungsstufe erweitert, z. B. nichtalkoholische Erfrischungsgetränke im Angebotsprogramm von Brauereien oder die Herstellung von Müllverbrennungs-

	Bisher erreichte Käufergruppen	Aufgrund von Planungen erreichbare Käufergruppen
Bisher angebotene Produkte	Marktdurchdringung	Marktentwicklung
Aufgrund von Planungen anbietbare Produkte	Produktentwicklung (A)	Diversifikation

Abb. 3.2: Markt- und Produktentwicklungs-Strategien

anlagen durch Schiffswerften, womit auch neue Käufergruppen erreicht werden können. In der Chemieindustrie können häufig durch Variation eines Grundstoffes vielfache, unterschiedliche Anwendungsbereiche erschlossen werden. Am Beispiel von Polyvinylpyrrolidon kann dies gezeigt werden. Dieser Stoff findet unter verschiedenen Handelsnamen in abgewandelter Form Verwendung in sehr unterschiedlichen Märkten (vgl. Abb. 3.3).

Bei der vertikalen Diversifikation werden vorzugsweise Produkte aus dem ursprünglichen Angebot vor- und nachgelagerter Wirtschaftsstufen in das Angebotsprogramm übernommen: z. B. das Eindringen von Stahlproduzenten in die Stahlverformung, Stahlkonstruktion oder Stahlbeschichtung.

Handelsnamen:	Einsatzgebiet:
Periston:	physiologisch inertes Blutersatzmittel (im wesentlichen eingesetzt im 2. Weltkrieg), heute nicht mehr eingesetzt
Kollidon:	wegen der physiologischen Verträglichkeit breit eingesetzt als sog. Tablettensprengmittel zum raschen Auflösen von Tabletten in Flüssigkeit
Luviskol:	Creme-Basis für Kosmetika
Divergan:	Getränkeklärmittel für Wein, Bier, Säfte (Zusätze in geringsten Mengen binden Schwebstoffe, die sich dadurch abtrennen lassen)
Albigen:	sorgt für ein gleichmäßiges Verlaufen der Textilfarbe auf dem zu bedruckenden Stoff, minimiert dadurch die Aufwandmenge an Farbe
PVP-Jod:	Feindesinfektionsmittel für Haut und Schleimhäute, antiseptische Wundbehandlung, keine Reiz- oder Allergiewirkung
Sokalan HP:	Farbübertragungsinhibitor beim Waschprozeß, bindet abgelöste Farbpartikel und verhindert das wahllose Wiederaufziehen auf die Textilfasern, Grundlage der Color-Waschmittel
Crospovidone:	Antidiarrhoikum
Luviflex, Luviform:	Haarkosmetik, Mundhygiene
Luviquat:	hautverträgliche pharmazeutische Salben

Abb. 3.3: Diversifikation von Polyvinylpyrrolidon (Mitteilung von Dr. W. Bertleff, BASF AG, 8.1.1993)

Laterale Diversifikation ist nicht an die für die anderen Fälle beschriebenen Richtungsbeschränkungen gebunden: z. B. der Betrieb eines Weinguts durch ein Unternehmen der Stahlindustrie.

Diversifikationen können durch Erwerb ganzer Unternehmen oder durch interne Entwicklung neuer Produkte erreicht werden. Eine systematische Diversifikationspolitik stellt hohe Anforderungen an das Management und gelingt folglich auch nicht immer.

In seiner Studie der Erfolgsfaktoren von Diversifikationsprojekten nennt Jacobs ([Erfolgsfaktoren] 13) Gruppen von Zielen, die mit der Diversifikation verfolgt werden könnten: Steigerung der Wettbewerbsfähigkeit, Steigerung der Rentabilität, Erhöhung des Wachstums, Reduktion von Risiken und Erreichung ethischer Werte. Die Untersuchung von Rendite- und Risikowirkungen der Diversifikation bildet den Schwerpunkt der empirischen Forschung. Diese Forschung hat inzwischen ein so großes Ausmaß angenommen, daß ihre Ergebnisse in Meta-Analysen zusammengefaßt wurden. In einer dieser Analysen wird gezeigt, daß in 17 Studien 149 mal ein negativer Zusammenhang zwischen Diversifikation und finanziellem Unternehmensergebnis auftritt und 28 mal ein positiver Zusammenhang (Capon, Farley, Hoenig [Determinants]). Dieses Ergebnis ist nicht signifikant, was unter anderem auf die gemeinsame Betrachtung unterschiedlicher Formen der Diversifikation zurückgehen kann. Aufgrund der Antworten von 134 deutschen Unternehmen wird ermittelt, daß 46% der Diversifikationen als besonders geglückt bezeichnet werden; in wenigstens drei der 10 Gestaltungshinweise für das Management wird die Diversifikation in unternehmensverwandte Gebiete als erfolgssteigernd angesehen, nämlich

- in verwandte Märkte eintreten, um Synergieeffekte und Know-how, vor allem im Marketing, zu nutzen,
- Synergieeffekte in allen Funktionsbereichen nutzen,
- auf Stärken des Stammgeschäfts aufbauen, was wiederum durch Eintritt in solche Märkte möglich erscheint, die mit dem Kerngeschäft des betrachteten Unternehmens verwandt sind (Jacobs [Erfolgsfaktoren] 248 ff.).

Damit werden Zweifel an der Erfolgsträchtigkeit vor allem lateraler Diversifikation angemeldet. Implizit haben die erwarteten *Renditewirkungen neuer Produkte* im Vordergrund gestanden. Ansoff [Diversification] hat besonders auf die *Risikowirkungen* der vier in Abb. 3.2 genannten Strategien aufmerksam gemacht. Solche Risikowirkungen sind wegen ihrer Portfolio-Effekte interessant. Das heißt, daß die zwischen den Erlösen mehrerer Produkte bestehenden Kovarianzen die an der Summe der Varianzen gemessenen Einzelrisiken erheblich mindern können. Diesen Effekt meint Gutenberg vor allem lateralen Diversifikationen zuschreiben zu können, die "nicht eigentlich absatzpolitischen Charakter besitzen. Sie sind vielmehr darauf gerichtet, die Unternehmen ... gegen das existentielle Risiko abzusichern ..." (Gutenberg [Absatz] 510, 546 f.).

Bettis und Mahajan [Performance] berichten, daß bei 80 amerikanischen Unternehmen über die Jahre 1973-1977 unterschiedliche Arten von Diversifikation zu ähnlichen Kombinationen von Risiko und Rendite für einzelne Cluster von Unternehmen führen können. Weiterhin wird deutlich, daß durch laterale Diversifikation zwar recht niedrige Risikowerte erreicht werden können, doch zugleich auch die geringsten Renditen erzielt werden (Bettis, Mahajan [Performance] 792 ff.). Bühner hat in 40 deutschen Aktiengesellschaften Rendite- und Risikowirkungen einer Produktprogrammdiversifikation im Vergleich zu einer Marktentwicklungsstrategie durch Erschließung von Auslandsmärkten untersucht (Bühner [Unternehmensdiversifikation]; Bühner [Auslandsdiversifikation]). Die Zusammenfassung seiner Ergebnisse führt zu dem Schluß, daß eine Marktentwicklungsstrategie positive, wenn auch nicht signifikante Effekte auf die Renditen und die Risikoposition der Unternehmen im Untersuchungszeitraum 1966-1981 hatte. Die Diversifikation reduziert zwar ebenfalls die Risikobelastung, doch hat sie zugleich einen signifikanten, negativen Einfluß auf die Eigenkapitalrendite. Daraus schließt Bühner ([Unternehmensdiversifikation] 1032 f.), daß Diversifikation eher als eine defensive Strategie anzusehen ist; er räumt zugleich ein, daß die negativen Renditewirkungen der Diversifikation möglicherweise darauf zurückzuführen sein könnten, daß ein Diversifikationserfolg sich erst nach längerer Zeit einstellt als ein Marktentwicklungserfolg. Der Wirkungsunterschied zwischen den beiden Strategien könnte zumindest teilweise auf die Arbeit mit einer festen Meßperiode zurückgeführt werden.

Darauf deutet eine Darstellung aus Sicht des Daimler-Benz-Konzerns hin. In ihr werden folgende Diversifikationsvorteile bei bestehenden Geschäftsstrukturen genannt: Transfer technologischen und technischen Wissens zwischen den Konzernunternehmen, Erreichung von Skaleneffekten durch die gemeinsame Nutzung von Ressourcen, Kosteneinsparungen bei der Faktorbeschaffung, Vertrauenssteigerung bei Lieferanten und Abnehmern in die Kontinuität der Unternehmenstätigkeit (Hanssen, Schneider [Integration], 105 ff.). Insbesondere Vertrauensaufbau und Wissenstransfer benötigen relativ viel Zeit, mehr Zeit als für die Nutzung anderer Produkt-Markt-Strategien.

3.3.2 Portfolio-Planung

Zur Unterstützung der langfristig orientierten Planungsaufgaben der Produktpolitik, d. h. der Produktentwicklung (A), der Diversifikation und der Produktelimination, sind verschiedene Konzepte der *Produkt-Portfolio-Betrachtung* und die *Methode der selektiven Programmplanung* empfohlen worden.

In der Produkt-Portfolio-Betrachtung wird davon ausgegangen, daß sich die strategischen Geschäftseinheiten eines Unternehmens, die mit Produktgruppen identisch sein können, in einer zweidimensionalen Matrix darstellen lassen. Das Grundschema einer solchen Matrix zeigt Abb. 3.4. Als sogenannte Normstrategien unterscheidet man Investitions- (Mittelbindung: Produktentwicklung, -variation, oder -differenzierung), Desinvestitions- (Mittelfreisetzung: Produktelimination) und selektive Beurteilungsbereiche des Portfolios. Sie sollen Hilfsmittel für die Ressourcenverteilung auf Produktgruppen sein.

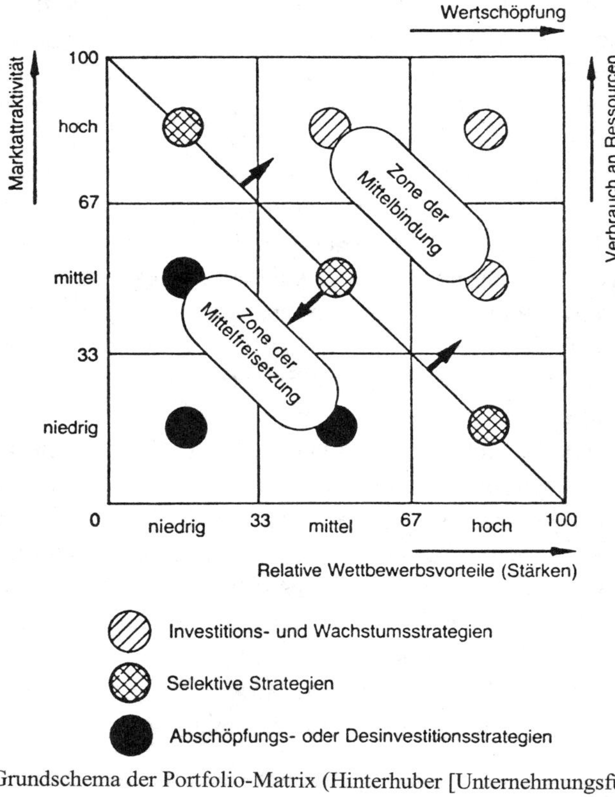

Abb. 3.4: Grundschema der Portfolio-Matrix (Hinterhuber [Unternehmungsführung] 67)

In dieselbe Matrix können künftige Zielpositionen für strategische Geschäftseinheiten eingetragen werden. Den besetzten Positionen vorhandener Geschäftseinheiten läßt sich eine Normstrategie zuordnen. Soweit diese nicht zu den Zielpositionen führt, müssen für ihre Realisierung neue Strategien entwickelt werden. Die Schritte dieser Vorgehensweise werden in Abb. 3.5 gezeigt.

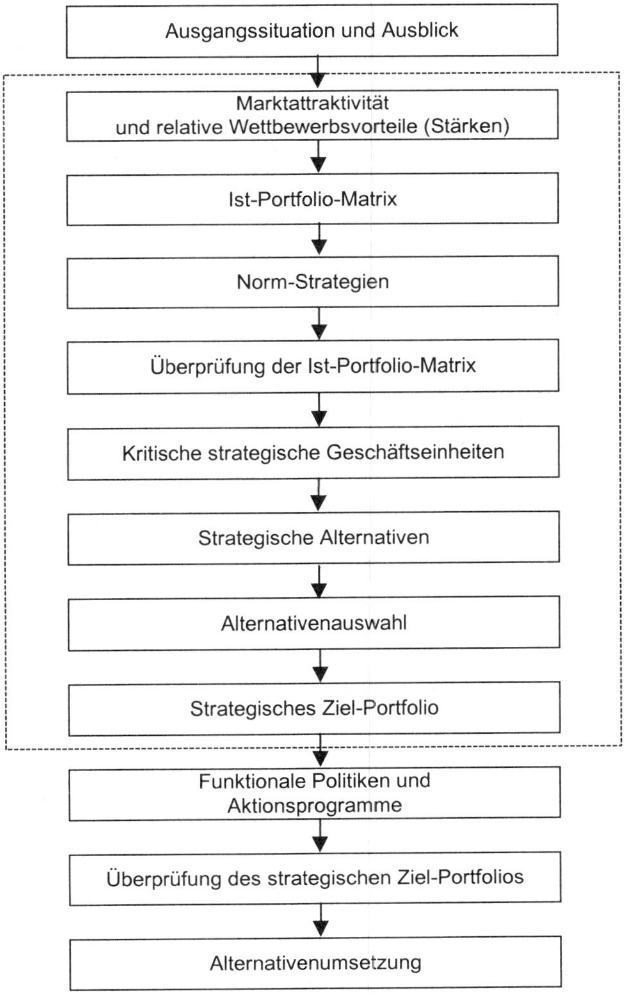

Abb. 3.5: Grundschema der strategischen Planung aufgrund der Portfolio-Matrix (Hinterhuber [Unternehmungsführung] 106)

Zu diesen Vorgehensweisen ist zu bemerken:

(1) Das Verfahren erreicht seine Beliebtheit in der Praxis aufgrund der radikalen Vereinfachung der Planungsaufgabe und ihrer Abbildung in der Portfolio-Matrix. Die Meßgrößen auf den Achsen müssen wettbewerbsrelevante und daher planungsrelevante Variablen sein.

(2) Es gibt verschiedene Modelle von Portfolio-Matrizen, die sich in der Benennung der Achsen unterscheiden (Abb. 3.6). Regelmäßig soll auf der Abszisse eine Größe dargestellt werden, die durch das betrachtete Unternehmen selbst zu beeinflussen ist. Auf der Ordinate wird eine Größe abgetragen, in der die durch das Unternehmen selbst im wesentlichen unbeeinflußbaren Umweltwirkungen zum Ausdruck kommen.

In einer empirischen Untersuchung von 15 Geschäftseinheiten amerikanischer Unternehmen ist festgestellt worden, daß es praktisch keine konsistente Einordnung der Geschäftseinheiten in die vier Felder von Portfolios mit unterschiedlicher Achsenbezeichnung gibt (Wind, Mahajan, Swire [Comparison] 97). Unterschiedliche Portfolios dürfen also nicht zur Anwendung gleicher Normstrategien führen (Albach [Unternehmensplanung]).

Benennung der		Fundstelle
Abszisse	Ordinate	
Marktposition	Marktattraktivität	Clifford, Bridgewater, Hardy: The Game Has Changed. McKinsey Quarterly, Autumn 1975, S. 16.
Marktposition	Marktwachstum	Gälweiler: Strategische Unternehmensplanung, 1976, S. 67 ff.
Marktanteil	Marktwachstum	Boston Consulting Group; vgl. Albach: Strategische Unternehmensplanung bei erhöhter Unsicherheit, Zeitschrift für Betriebswirtschaft, 1978, S. 706.
Relative Wettbewerbsvorteile	Marktattraktivität	Hinterhuber: Strategische Unternehmensführung, 1977 (vgl. Abb. 3.4).
Unternehmensstärke	Marktpotential	General Electric; vgl. Pessemier: Product Management, 1977, S. 56 f.

Abb. 3.6: Beispiele für Portfolio-Matrizen

Die große Vielfalt der inzwischen angebotenen Modelle hat dazu geführt, daß über Ansätze zur Beurteilung und Auswahl geeigneter Portfolio-Konzepte diskutiert wird (Mauthe, Roventa [Versionen]).

(3) Die Meßgrößen auf den Achsen werden im allgemeinen als relative Größen angegeben. Als Bezugsgröße wird für die Abszisse der entsprechende Variablenwert des stärksten Wettbewerbers gewählt (z. B. Marktanteil des betrachteten Unternehmens in % des Marktanteils des Wettbewerbers mit dem größten Marktanteil). Auf der Ordinate wird die Relativierung z. B. durch Bezug des Marktwachstums auf das Wachstum der Volkswirtschaften, in denen die betrachteten Märkte liegen, vorgenommen. Unterschieden wird auch zwischen verschiedenen Definitionen der jeweiligen Achsenbezeichnungen, z. B. zwischen realen und nominalen Wachstumsraten. Wind, Mahajan und Swire [Comparison] zeigen, daß innerhalb desselben Portfolio-Konzepts die Definitionsunterschiede der Achsen in der großen Mehrzahl der Fälle zu Anordnungen in unterschiedlichen Feldern führen, was bei der Anwendung einer bestimmten Normstrategie ganz unterschiedliche Folgen für diese Geschäftseinheiten hätte.

(4) Die Meßgrößen werden von vielen anderen Größen beeinflußt oder sind - bei anderen Konzepten - selbst multivariable Größen, die man sich als Vektoren vorstellen kann. Es tritt dann aber das Problem auf, eine geeignete Auswahl (Müller, Roventa, Lückenrath [Bewertung]) und Aggregation der Elemente zu finden (Weber [Bewertung] zeigt ein Verfahren der Aggregation von unscharfen Urteilen; Portfoliopositionen selbst sind dann unscharf - je größer die Fläche, desto unschärfer).

(5) Die radikale Vereinfachung wird mit einem hohen Preis für die Genauigkeit bezahlt. Koch [Programmplanung] weist auf folgende Schwachstellen hin:

- die gemeinsame Erfassung von Gewinn- und Risikoaspekten in den Spalten und Zeilen der Matrix,
- die fehlende zeitliche Differenzierung der Analyse und der daraus abgeleiteten Vorschläge für die Entwicklungsstrategien,
- der Verzicht auf eine explizite Liquiditätsplanung, die die Folgen der Produktprogrammentscheidungen erkennen läßt.

Insbesondere aus diesem Kritikpunkt entwickelt Koch seine *Methode der selektiven Programmplanung*. Im Unterschied zur Produkt-Portfolio-Methode versucht diese, die verschiedenen Planungsziele in einem stufenweise iterativ aufeinander abgestimmten Vorgehen zu realisieren.

Ein erster Schritt zur *zeitlichen Differenzierung* (über die bloße Gegenüberstellung von Gegenwarts- und Zukunftsportfolios hinaus) liegt in der Aufstellung von Portfolios, in denen verschiedene Phasen des Lebenszyklus von Produkten oder von Produktgruppen (die in ihrem Ablauf den Phasen des Produkt-Lebenszyklus entsprechen, wie sie im Abschn. 5.1, unten, dargestellt werden) als Ausprägung der Umweltsituation dargestellt werden und die relative Wettbewerbsstärke als die Ausprägung der Unternehmenssituation. In Abb. 3.7 wird ein Beispiel dafür gezeigt (wobei die Achsen gegenüber der oben erläuterten Normdarstellung vertauscht sind). Mit Hilfe solcher Portfolios soll vermieden werden, daß dem Unternehmen die "Nachwuchsprodukte" fehlen, die für eine kontinuierliche Unternehmensentwicklung notwendig sind, wenn ältere Produkte die Reife- oder Altersphase (nach den Benennungen der Abb. 3.7) erreichen. Damit wird die Altersstrukturanalyse in die Portfolio-Betrachtung integriert. Es wird ein ausgeglichenes Lebenszyklus-Mix angestrebt. Das dargestellte Portfolio enthält Empfehlungen für Normstrategien für die den einzelnen Feldern zuzuordnenden Produkte (Dunst [Portfolio-Management]). Gerade aber die Angabe der Normstrategien macht die Problematik einer solchen Darstellung erneut deutlich. Man muß nämlich fragen, ob der als "typisch" angesehene Verlauf von Lebenszykluskurven oder die Abfolge der angegebenen Phasen unabhängig von den Normstrategien ist.

Schließlich ist zu beachten, daß Angebotsprogrammpolitik unter strategischen Aspekten auch eine regionale Differenzierung anstreben kann. Dabei ist z. B. zu entscheiden, welche Produkte zu welchem Zeitpunkt in welche Länder geliefert werden sollen oder welche Lizenzpolitik betrieben werden oder wo ihre Produktion für lokale Märkte erfolgen soll. Diese Aspekte können hier nicht weiter behandelt werden.

Die Portfolio-Analyse ist in der Lage, die Notwendigkeit von produktpolitischen Maßnahmen zur Erreichung der Unternehmensziele darzustellen. Sie kann aber nicht als Generator für inhaltlich bestimmte Maßnahmen dienen, d. h. die Art der neuen Produkte zu bestimmen. Dafür sind andere Instrumente einzusetzen (vgl. Abschn. 5).

In den letzten Jahren ist der Versuch zu erkennen, von einer methodisch ungestützten Entwicklung von Portfolios im Rahmen von Planungsüberlegungen abzukommen. In zweierlei Richtung ist dazu methodische Unterstützung entwickelt worden.

(1) Erstens wurden computergestützte *Entscheidungsunterstützungs-Systeme* entwickelt, um auf der Grundlage eines maximal erwarteten Finanzmittelstromes eine gewinnmaximale Verteilung der Mittel auf verschiedene Geschäftseinheiten vorzunehmen. Ein Beispiel hierfür ist das Modell Stratport (Larréché, Srinivasan [Stratport]).

Dabei erfordern gewünschte Marktanteilsveränderungen gewisse Marktinvestitionen. Die Marktanteilsveränderungen wirken sich auf die Umsätze und die variablen Kosten aus, die Marktinvestitionen auf die fixen Kosten. Damit werden insgesamt die Gewinne beeinflußt. Zur Vereinfachung werden bestimmte Reaktions- und Verhaltensfunktionen ebenso vorgegeben wie eine Marktperiode, in der Investitionen und Finanzmittel explizit in die Planung eingehen, und eine Post-Planperiode, in der im wesentlichen Stabilität der am Ende der Planperiode erreichten Marktanteile angenommen wird, um auf dieser Grundlage eine längerfristige Bewertung der gewählten Strategien zu ermöglichen. Allerdings hat es den Anschein, daß die Akzeptanz dieses Modells beim Management darunter leidet, daß die Vorgehensweise als zu kompliziert und unüberschaubar gilt.

Lebenszyklusphase

Wettbewerbsposition	Entstehung	Wachstum	Reife	Alter
Dominant	– Marktanteile hinzugewinnen oder mindestens halten	– Position halten – Anteil halten	– Position halten – Wachstum mit der Branche	– Position halten
Stark	– Investieren, um Position zu verbessern – Marktanteilgewinnung (intensiv)	– Investieren, um Position zu verbessern – Marktanteilgewinnung	– Position halten – Wachstum mit der Branche	– Position halten oder – „Ernten“
Günstig	– Selektive oder volle Marktanteilgewinnung – Selektive Verbesserung der Wettbewerbsposition	– Versuchsweise Position verbessern – Selektive Marktanteilgewinnung	– Minimale Investitionen zur „Instandhaltung“ – Aufsuchen einer Nische	– „Ernten“ oder – stufenweise Reduzierung des Engagements
Haltbar	– Selektive Verbesserung der Wettbewerbsposition	– Aufsuchen und Erhaltung einer Nische	– Aufsuchen einer Nische oder stufenweise Reduzierung des Engagements	– Stufenweise Reduzierung des Engagements oder – Liquidieren
Schwach	– Starke Verbesserung oder aufhören	– Starke Verbesserung oder – Liquidieren	– Stufenweise Reduzierung des Engagements	

Abb. 3.7: Lebenszyklus-Wettbewerbsposition im Portfolio (Dunst [Portfolio-Management] 59)

(2) Zweitens wurden Hilfsmittel entwickelt, die die Ableitung von Portfoliopositionen erleichtern sollen. Dazu gehört etwa der Vorschlag, durch den Einsatz von *Monte-Carlo-Simulationen zur Darstellung der Unsicherheit in den Urteilen über Portfolio-Positionen* von Unternehmensbereichen zu kommen (Ansoff, Kirsch, Roventa [Unschärfenpositionierung]).

Ein Beispiel für die Beschreibung einer Unternehmensentwicklung im Rahmen der Portfolio-Analyse hat der Vorstandsvorsitzende der Mannesmann AG für sein Unternehmen gegeben. "Marcus Bierich konnte ... die von ihm mitgestaltete Dokumentationsrechnung um ein Richtlinienwerk zur Unternehmensführung ergänzen. Das Ergebnis war eine anspruchsvolle Planungsrichtlinie. Alle Geschäftsfelder wurden in Portfolio-Analysen einbezogen und untersucht. Diese Bestandsaufnahme hatte zum Ergebnis, daß Mannesmann nicht genug wachstumsträchtige Geschäftsfelder besaß, die dem Gesamtunternehmen neues Potential für die Zukunft geben konnten. Es wurde überlegt und analysiert, welche nicht im Konzern vorhandenen Bereiche ihm solches Potential bringen könnten. Dabei wurde erstmals eine Grundregel verlassen, daß in den Konzern nur solche Aktivitäten aufgenommen werden sollten, die Vorhandenem verwandt oder ähnlich waren" (Wessel [Kontinuität] 466).

Um das Prinzip zu demonstrieren, werden daraus die Situationen in den Jahren 1965, 1975 und 1992 dargestellt. Die Darstellung könnte durch interne Daten noch dadurch verfeinert werden, daß die Größe der die einzelnen Geschäftseinheiten darstellenden Kreise so gewählt würde, daß sie ihrer jeweiligen Bedeutung entspricht. So wie hier historische Entwicklungen gegenübergestellt werden, könnten in der Planung Gegenwart und Zukunft dargestellt werden (Abb. 3.8 bis 3.10). Es ist gut zu erkennen, wie herkömmliche Geschäftsfelder durch das Portfolio wandern oder aufgegeben werden und keine Geschäftsfelder hinzukommen.

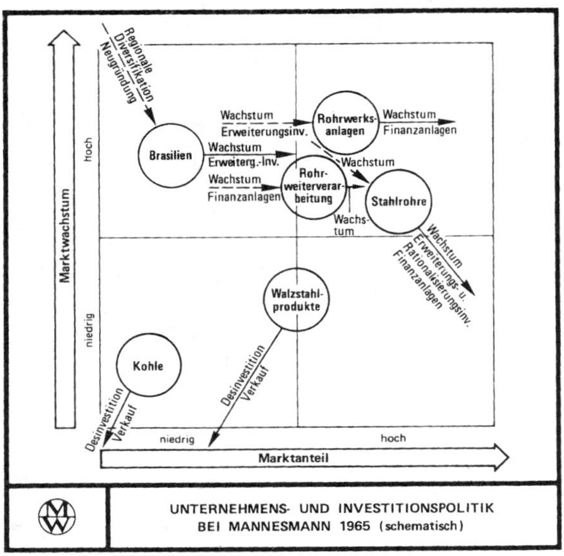

Abb. 3.8: Produkt-Portfolio-Analyse, dargestellt am Beispiel des Hauses Mannesmann nach Weisweiler [Unternehmensgeschichte]

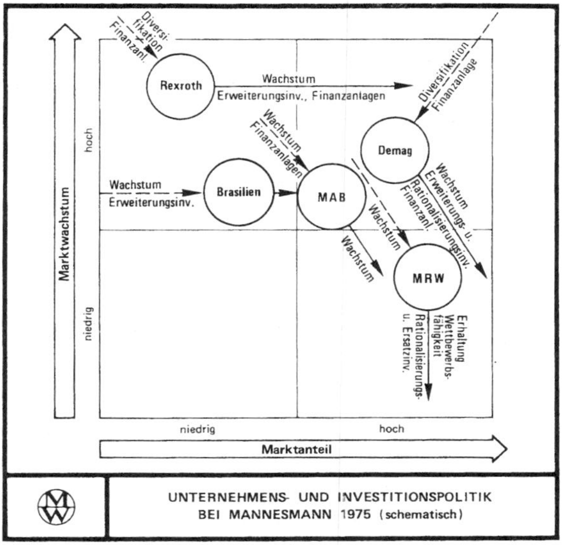

Abb. 3.9: Produkt-Portfolio-Analyse, dargestellt am Beispiel des Hauses Mannesmann nach Weisweiler [Unternehmensgeschichte]

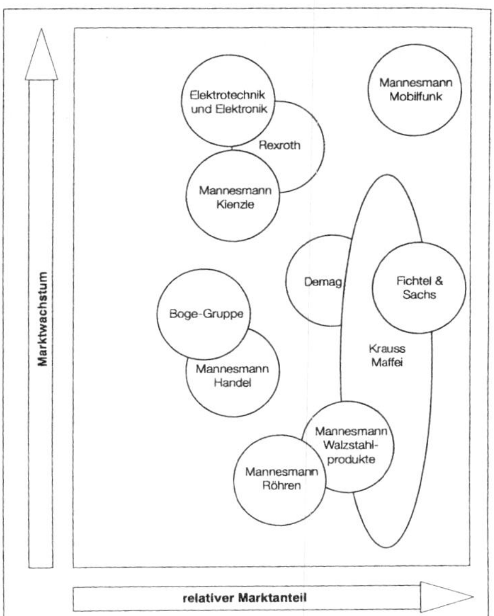

Abb. 3.10: Produkt-Portfolio-Analyse, dargestellt am Beispiel des Hauses Mannesmann (1992) (Macharzina [Unternehmensführung] 306)

Die strategische Programmplanung stützt sich auf konzeptionelle Modelle. Diese zeigen Produkt-Markt-Strategien sowie statisch oder dynamisch ausgerichtete Portfolio-Zusammensetzungen. Empirische Untersuchungsergebnisse helfen bei der Abschätzung der Rendite- und Risiko-Wirkungen der Strategien.

3.4 Passive, absatzpolitisch-taktische Betrachtung

Eine *dritte Wirkungsebene* der Angebotspolitik geht auf die absatzpolitischen Folgen der unterschiedlichen Stärke des *Nachfrageverbundes* zwischen den von einem Unternehmen angebotenen Produkten zurück. Man unterscheidet (aufgrund gemeinsamen Ge- oder Verbrauchs der Produkte) Kaufverbund (gemeinsamer Einkauf verschiedener Produkte in einem Kaufakt) und Nachfrageverbund. Nachfrageverbund umfaßt die nachfragewirksame Bedarfsverbundenheit, die nicht durch Zufallseinflüsse oder im Distributionssystem bedingte Kaufverbundenheit sowie die durch Kommunikation des Herstellers erzeugte Perzeption von Verbundenheit (vgl. Böcker [Kaufverbundenheit] 79) beim Verwender. Wenn hier von *Folgen* des Nachfrageverbundes gesprochen wird, so soll damit eine eher passive Betrachtung der Zusammenhänge gemeint sein, insbesondere ihre Definition und Messung. Im folgenden Abschnitt werden die aus bewußter Ausnutzung der Zusammenhänge entwickelbaren Gestaltungsmöglichkeiten behandelt.

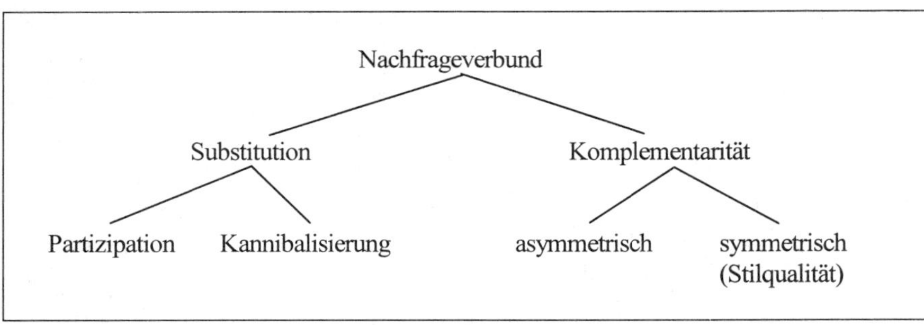

Abb. 3.11: Wirkungsebenen des Nachfrageverbundes

3.4.1 Statische Betrachtung

Substitution, Komplementarität, Netzwerkeffekte

Beispiele für die unter dem Oberbegriff Nachfrageverbund erfaßten *Substitutions- und Komplementaritätsbeziehungen* zwischen Produkten (vgl. Abb. 3.11) sind leicht zu erbringen. Bei *Substitution* wird beobachtet, daß eine vermehrte Nachfrage nach einem Produkt A mit einer verminderten Nachfrage (schwächer: Kaufwahrscheinlichkeit) nach einem Produkt B einhergeht, ohne daß diese Beziehung durch andere Einflüsse zu erklären ist.

Ergebnisse einer Substitution zwischen Produkten aus Angebotsprogrammen verschiedener Unternehmen nennt Gutenberg ([Absatz] 548) *Partizipationseffekt*. Damit wird ausgedrückt, daß durch sortimentspolitische Maßnahmen eine Absatzpartizipation zu Lasten anderer Anbieter an einem dem Unternehmen bisher verschlossenen Markt erreicht wird. Die Überlagerung von Substitutions- und Partizipationseffekten kann im Rahmen von Markow-Ketten wirkungsvoll untersucht werden (Sabel [Produktpolitik] 200 ff.). Substitution innerhalb des Angebotsprogramms eines Anbieters wird - mit einem Hang zu drastischer Ausdrucksweise - in einem Teil der Marketing-Literatur auch als *Kannibalisierung* bezeichnet.

Bei *Komplementarität* wird die vermehrte Nachfrage nach Produkt A eine vermehrte Nachfrage (schwächer wieder: Kaufwahrscheinlichkeit) nach Produkt B unter denselben einschränkenden Bedingungen auslösen. Diese Fälle bezeichnet Böcker ([Kaufverbundenheit] 83) als Ausprägungen eines *asymmetrischen Verbundes*. Ein *symmetrischer Verbund* ist dagegen dann gegeben, wenn für eine Verbundbeziehung technische oder imagemäßige Zusammenhänge bestehen: z. B. beim Kauf von Möbeln oder Kleidung jeweils bestimmter Stilrichtung (Stilqualität).

Von Substitution und Komplementarität ist eine andere Verbundbeziehung deutlich zu unterscheiden, die als *Netzwerkeffekt* bezeichnet wird. Dabei hat der Verbreitungsgrad eines Gutes in einer Bevölkerung einen externen Effekt, der den Nutzen jedes einzelnen Besitzers des Gutes beeinflußt. Ein Telefon ist beispielsweise ein Gut mit positivem Netzwerkeffekt, weil es für jeden Anschlußinhaber um so mehr Nutzen stiftet, je mehr andere Anschlußinhaber erreichbar sind. Die Normung der Schreibmaschinentastatur bringt einen positiven Netzwerkeffekt, weil die erlernte Tastaturbedienung nicht an eine bestimmte Maschine gebunden ist und die Norm deshalb sogar auf PC-Tastaturen übertragen wurde, obwohl die gegenwärtige Technik effizientere Tastenanordnungen kennt. Denkbar sind auch negative Netzwerkeffekte. Beispielsweise kann der Nutzen modischer Güter abnehmen, wenn ihre Verbreitung "zu weit" erfolgt (Pesendorfer [Design]).

Netzwerkeffekte sind von Interesse, weil sie das Wettbewerbsverhalten der Anbieter und damit auch ihre Produktpolitik erheblich beeinflussen. Positive Netzwerkeffekte legen es beispielsweise nahe, einen Wettbewerber mit einem qualitativ niedrigeren Produktangebot als dem des Innovators nicht zu bekämpfen, sondern ihn zu fördern. Er hilft nämlich dabei, die "installed base" des Gutes auszuweiten und erhöht damit auch den Nutzen (und damit die Zahlungsbereitschaft) für die potentiellen Kunden des Innovators (Cohen, Eliashberg, Ito [Product]).

Assoziationsmaße

Die Messung des Nachfrageverbundes wirft verschiedene schwierige Probleme auf. Damit sind nicht in erster Linie die technischen Probleme gemeint, die seit der Verbreitung von Scanner-Kassen leichter gelöst werden können, als dies früher der Fall war, wenn auch verfälschend auf der Ebene des Kaufverbundes. Vielmehr wird an eine Reihe methodischer Fragen gedacht, die unterschiedlich beantwortet werden.

Zunächst ist über eine geeignete Meßgröße zu entscheiden. Nehmen wir an, daß die Produkte i und i* daraufhin untersucht werden sollen, ob zwischen ihnen ein Nachfrageverbund besteht. Dazu sei die folgende Tabelle angelegt und mit Daten in den Matrixfeldern gefüllt worden (vgl. Tab. 3.2).

Tab. 3.2: Vierfeldertafel für paarweise Verbundbeziehungen

		Produktgruppe i*	
		gekauft	nicht gekauft
Produktgruppe i	gekauft	A	B
	nicht gekauft	C	D

Quelle: Hruschka [Zusammenhang] 222.

Auf der Grundlage der Tab. 3.2 können nun folgende Meßgrößen (Assoziationsmaße) ermittelt werden:

A/(A+B),	die Häufigkeit, mit der i und i* gemeinsam gekauft werden, falls i gekauft wurde;
A/(A+C),	die Häufigkeit, mit der i und i* gemeinsam gekauft werden, falls i* gekauft wurde;
A/(A+B+C),	die Häufigkeit, mit der i und i* gemeinsam gekauft werden, falls i oder i* gekauft wurden;
A/(A+B+C+D),	die Häufigkeit, mit der i und i* gemeinsam gekauft werden, falls eine beliebige Produktgruppe gekauft wurde;

(Hruschka [Zusammenhang] 222). Entsprechend können auch die weiteren Fälle interpretiert werden:

B/(A+B),	die Häufigkeit, mit der i und i* nicht gemeinsam gekauft werden, falls i gekauft wurde;
C/(A+C),	die Häufigkeit, mit der i und i* nicht gemeinsam gekauft werden, falls i* gekauft wurde.

Für die oben schon erwähnte Interpretation des Nachfrageverbundes in Form von Wahrscheinlichkeitsaussagen über den gemeinsamen Kauf von Produkten hat Böcker [Kaufverbundenheit] geeignete definitorische Beziehungen vorgeschlagen. Davon ausgehend konnte Hruschka [Kaufverbundenheit] eine Methodik zur Schätzung von Kaufverbundwahrscheinlichkeiten zwischen grundsätzlich beliebig vielen Produkten entwickeln. Die Kaufwahrscheinlichkeit für Produkt i wird durch ein multivariables Logit-Modell bestimmt, für das Daten in Kontingenztabellen analog zur Tab. 3.2 zu sammeln sind.

Multidimensionale Skalierung

Eine grafische Darstellungsmöglichkeit von Verbundwirkungen beim Kauf haben Dichtl et al. [Bestellverhalten] aufgezeigt. Ihre Untersuchung zeigt Wege, um die etwa 20 Millionen möglichen Ausstattungsvariationen von VW-Golf-Modellen wirtschaftlich zu reduzieren. Sie bilden dazu die Ausstattungsmöglichkeiten dieses Fahrzeugtyps nach einem Verfahren der Multidimensionalen Skalierung so in einem zweidimensionalen Raum ab, daß die räumliche Distanz zwischen den Optionen umgekehrt proportional zur Häufigkeit gemeinsamer Bestellung der entsprechenden Ausstattungsmerkmale ist.

So kann man aus der geringeren Distanz zwischen den Merkmalen Radio und Schiebedach im Vergleich zu Radio und Anhängerkupplung entnehmen, daß die erstgenannte Kombination von Ausstattungen häufiger auftritt als die zweite. Durch die Angebotskombination besonders häufig gemeinsam gewählter Ausstattungsmöglichkeiten könnten ohne wesentliche Beeinträchtigungen der Bedürfnisbefriedigung der Nachfrager bedeutende Dispositions- und Kostenvorteile erzielt werden. Die Ansatzpunkte für die Kombination ergeben sich deutlich erkennbar aus dem klumpenweisen Auftreten einzelner Ausstattungsmerkmale in der grafischen Darstellung.

Dieser Vorgehensweise kann ein weiterer Gedanke hinzugefügt werden. Produktähnlichkeiten, die zur Ableitung von Produktmarkträumen (vgl. Abb. 2.10) verwendet werden, ergeben sich für die Befragten auch aus vorgesehenen Verwendungszwecken der Produkte. Deshalb liegt es nahe, Produktmarkträume für ganz bestimmte Verwendungszwecke zu erstellen. Darin sind dann *verwendungsspezifische Substitutionsmöglichkeiten* zu erkennen. Dieses Wissen kann bei der Markteinführung verwendet werden, um besonders betroffene Substitute zu ermitteln, oder um eine Kommunikationspolitik zu betreiben, die die Überlegenheit des neuen Produktes für bestimmte Verwendungszwecke unterstreicht. Ein Beispiel für dieses Vorgehen bei der Markteinführung eines Elektro-Fuchsschwanzes für Heimwerker geben Bauer und Hannig [Erfassung].

3.4.2 Dynamische Betrachtung

Ausstrahlung

Nachfrageverbund muß nicht notwendig in der jeweils betrachteten Einkaufsperiode auftreten, sondern kann erst in späteren Perioden wirksam werden. Beim Kauf von Compact-Discs nach der Anschaffung eines CD-Players ist dies zum Beispiel gut zu beobachten. Das Auftreten einer solchen zeitlichen Ausstrahlungswirkung (vgl. Abb. 3.12) führt dazu, daß bei einer Messung innerhalb eines relativ knapp bemessenen Zeitraums nur ein Bruchteil des Nachfrageverbundes erfaßt werden kann.

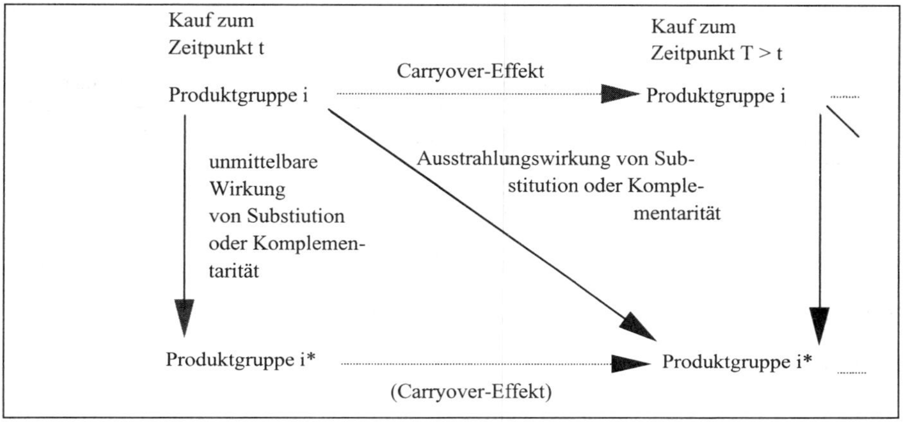

Abb. 3.12: Zeitliche Wirkungen des Nachfrageverbundes

Die in Abb. 3.12 dargestellten Effekte können auch empirisch nachgewiesen werden. Hruschka [Folgegeschäfte] hat dazu ein Modell formuliert. Er testet mit den Daten eines Einzelhandelsfilialisten die Abhängigkeit des Umsatzes sogenannter Zusatzprodukte vom zeitlich gleichzeitigen oder früher aufgetretenen Umsatz sogenannter Hauptprodukte. Damit wird also eine asymmetrische Komplementarität unterstellt. Die Preise der Zusatzprodukte sowie Zeitfaktoren erklären den Umsatz der Zusatzprodukte. Interessanterweise kann der Umsatz eines Zusatzproduktes auch vom Umsatz mehrerer Hauptprodukte abhängen. In dem Modell werden also unmittelbare Wirkungen und Ausstrahlungswirkungen nachgewiesen.

Kaufprozeßphasen

Auf einen weitern Problembereich hat Müller-Hagedorn [Nachfrageverbund] aufmerksam gemacht. In den bisher betrachteten Maßen wird ausschließlich der Kaufakt selbst zum Gegenstand der Messung gemacht. Daraus könnte die kurzsichtige Folgerung gezogen werden, daß nur dieser absatzpolitisch zu beeinflussen ist. Tatsächlich durchläuft der Kaufentscheidungsprozeß aber - nicht zuletzt aufgrund der oben erwähnten Informationsfunktion der Produkte - bei den nicht spontan oder habituell gekauften Produkten verschiedene Phasen. Dann kann eine Verbundbeziehung zwischen den verschiedenen Phasen bestehen, in denen sich der Prozeß hinsichtlich unterschiedlicher Produkte befindet. Für den Fall von zwei Produkten können diese Überlegungen anhand des Schemas der Abb. 3.13 verdeutlicht werden.

		Produkt B			
		Suche und Entdeckung des Produktes	Bewertung des Produktes vor dem Kauf	Kauf	Bewertung des Produktes nach dem Kauf
Produkt A	Suche und Entdeckung des Produktes	1,1	1,2	1,3	1,4
	Bewertung des Produktes vor dem Kauf	2,1	2,2	2,3	2,4
	Kauf	3,1	3,2	3,3	3,4
	Bewertung des Produktes nach dem Kauf	4,1	4,2	4,3	4,4

Abb. 3.13: Klassifikationsschema für die Darstellung der Ansatzpunkte zur Erklärung von Nachfrageverbundenheit zwischen Produkten

Es kann nun versucht werden, den sechzehn Matrixfeldern Erklärungen zuzuordnen. Das Feld (3,3) stellt den bisher üblicherweise allein betrachteten Fall des statischen Kaufverbundes von Produkten dar; im Feld (2,3) wird abgebildet, daß die *Bewertung* des Produktes A mit dem *Kauf* von Produkt B verbunden sein kann usw. Die Benennung der Matrixzeilen und -spalten kann den spezifischen Erkenntnissen über Kaufentscheidungsprozesse folgend natürlich verändert werden. Es ist auch möglich, daß dann nicht alle Felder problemrelevant zu interpretieren sind.

Die Matrix der Abb. 3.13 erlaubt es auch, aus dem Kaufverhalten heraus zwei unterschiedliche Formen der Angebotsprogramm- oder Sortimentsgestaltung zu erklären. Kaufentscheidungen, die über mehrfache Produktvergleiche vorbereitet werden (z. B. über die Felder 1,1; 1,2; 1,3), können durch *enge, spezialisierte, tiefe Sortimente* erleichtert werden. Hierbei werden besonders viele Produkte einer oder weniger Arten von Produkten angeboten. Soll aber, z. B. zur Einsparung der Zeit für das Kaufen, "alles unter einem Dach" erworben werden (Feld 3,3), so kann dem durch ein *breites Sortiment* entsprochen werden. Dabei werden relativ wenig Produkte vieler Arten angeboten.

Transfers

Interessant sind auch die Felder (4,3) oder (3,4). In ihnen zeigt sich die Möglichkeit eines *Image-Transfers*. Das ist im engsten Sinne die "Übertragung vorhandener, positiver Imagebestandteile ... von einer Hauptmarke eines bestimmten Produktbereichs auf ein anderes Produkt einer anderen Produktkategorie über das Vehikel des gemeinsamen Markennamens zur Schaffung einer Transfermarke, und zur Rückübertragung und Verstärkung dieser positiven Imagebestandteile von der Transfermarke auf die Hauptmarke" (Meffert, Heinemann [Operationalisierung] 6). Damit sind aber Transfers zwischen substitutiven Produkten oder *Goodwill-Transfers* (Simon [Goodwill]) ausgeschlossen. Es kommt auf den Verwendungszweck der Definition an, ob man einer so engen oder eher einer weiteren Fassung des Begriffs den Vorzug gibt. Daneben sind weitere Transfer-Formen möglich, z. B. durch die Nutzung des Goodwill eines ganzen Unternehmens für ein oder mehrere Produkte oder durch Übertragung von Goodwill auf ein Nachfolgeprodukt. Dabei ist der Transfer nicht auf ein Unternehmen beschränkt. So kann der gut eingeführte Markenname eines Produktes von Unternehmen ganz anderer Branchen für ihre Produkte genutzt werden (Mayer, Mayer [Imagetransfer] 56).

In diesem Zusammenhang interessieren uns nicht die rechtlichen Probleme eines solchen Transfers, die zum Beispiel zu einer Entscheidung des Bundesgerichtshofes (I ZR 158/82) führten, wonach einem Hersteller von Herren-Kosmetika die Eintragung und Nutzung des Markennamens "Dimple" auf Antrag des Herstellers dieser Whisky-Marke untersagt wurde. Die Entscheidung stützt sich unter anderem auf wirtschaftliche Argumente (weitere Beispiele bei Mayer, Mayer [Imagetransfer] 48 ff.).

Ein Imagetransfer (Mazanec [Meßverfahren]) oder ein Goodwill-Transfer (Simon [Goodwill]) muß darauf abzielen, möglichst nur präferenzsteigernde Imagebestandteile in die Übertragung einzubeziehen. So weist sich Condor mit dem Slogan " . . . die Ferienflieger der Deutschen Lufthansa" aus und hebt insbesondere die Pilotenausbildung und Flugzeugwartung bei der Lufthansa hervor. Das Unternehmen muß vermeiden, daß dem preisbewußten Urlauber zugleich die Assoziation einer "teuren" Urlaubsreise übermittelt wird. Rehorn ([Markttests] 44) weist auf den Mißerfolg eines Vollwaschmittels "Ajax" hin, weil sich auf dieses die Vorstellung des scharfen Haushaltsreinigers mit demselben Namen übertrug. Damit entstand die Befürchtung, das Vollwaschmittel sei so aggressiv, daß es die Wäsche quasi frißt; im Getränkemarkt der USA gilt "Dicke" bei Tomatensaft als Qualitätsausweis, nicht aber bei Getränken mit Fruchtaroma für Kinder (Zeithaml [Consumer]), was die Transfermöglichkeiten beschränkt. Gelingt der Imagetransfer präferenzerhöhender Eigenschaften, so können die Investitionen in die Bildung des übertragenen Image mehrfach genutzt werden. Das ergibt sich, weil die Markteinführung des Goodwill-Empfängers erleichtert wird, die Mißerfolgsrate reduziert und der Umsatz erhöht werden kann (Konsequenzen für die Kommunikationspolitik testen Aaker, Keller [Consumer]).

Der Transfer gelingt um so besser, je mehr Konsumenten beide Produktarten erwerben und je größer die wahrgenommene Affinität (manchmal auch "fit" genannt: Tauber [Brand]) zwischen den beteiligten Produkten ist. Dafür ist eine technische Verwandtschaft der Produkte keine notwendige Voraussetzung. Allerdings kann auch eine solche Verwandtschaft die Grundlage für Transfers bieten (Schweiger [Imagetransfer]). Hättig ([Markentransfer] 142) bildet ein dreistufiges System von Transferpotentialen, um die Möglichkeit, die Einstellungswirkung und die Erfolgspotentiale eines Markentransfers zu unterscheiden. Simon ([Goodwill] 198) zeigt, daß im Rahmen der Abb. 3.2 (Abschn. 3.3) beim Übergang von der Marktentwicklung zur Produktentwicklung im Sinne von Ansoff die stärkste Transfer-Wirkung zu erwarten ist, beim Übergang zur Diversifikation die schwächste, während der Übergang zur Marktentwicklung zwischen diesen Extrema angesiedelt ist.

Die Einflußgrößen auf die Affinität zwischen Produkten lassen sich auch experimentell bestimmen. So konnte gezeigt werden, daß die Qualitätseinschätzung der Ausgangsmarke des Transfers den Imagetransfer stützt, wenn zugleich ein Nachfrageverbund (Komplementarität oder Substitution) mit der Zielmarke wahrgenommen wird, wenn dem Hersteller die Fähigkeit zum Imagetransfer zugetraut wird und wenn die Produktart der Zielmarke nicht als triviale Abweichung von der Ausgangsmarke angesehen wird (Aaker, Keller [Consumer]). Die Vielzahl der Einflußgrößen erfordert eine sorgfältige, zweckmäßigerweise durch spezifische Tests vorbereitete Entscheidung über Transfers. Darin ist, wie Experimente zeigen, auch zu berücksichtigen, daß die Häufigkeit, mit der ein Markenname transferiert wird, zu Abnutzungserscheinungen führen kann. Sie können sogar auf das ursprüngliche Ausgangsprodukt der Transfers zurückwirken (Loken, John [Beliefs]).

Wenn ein Transfer möglich ist, so kann er alle produktpolitischen Entscheidungen beeinflussen, so daß die Produktpolitik notwendig als Produktlinienpolitik gestaltet werden muß. Darauf wird noch zurückzukommen sein. In der Praxis herrscht auch Unsicherheit über Erfolgsfaktoren des Markentransfers. Um diese Unsicherheit zu beherrschen, ist ein dreistufiges System zur Feststellung der Vorteilhaftigkeit geplanter Marktentransfers entworfen worden (Sattler [Beurteilung]). In der ersten Stufe wird aus einer Literaturanalyse ein

Frageprogramm als Checkliste angeboten. Sprechen die Ergebnisse nicht gegen den Transfer, kann in einer zweiten Stufe aufgrund eines Marktanteilsmodells das Wertschöpfungspotential aus Testmarktdaten abgeschätzt werden. Ist dieses Potential ausreichend, so sollten in der dritten Stufe Rückwirkungen auf die Ausgangsmarke geprüft werden. Sind diese nur schwach, kann für den Transfer entschieden werden.

Der *Nachweis eines Transfers* ist mehrfach und auf verschiedene Weise versucht worden (Fry [Family Branding] mit Kritik von Böcker [Kaufverbundenheit] 53). Auf einfache Weise ist gezeigt worden, daß der Produktlebenszyklus von PKW durch den Einschluß eines additiven Gliedes, das den Absatz des Restsortiments desselben Unternehmens mißt, besser erklärt werden kann (Brockhoff [Test]). Simon erklärt den Absatz x_{it} eines i-ten Produktes in einer t-ten Periode aus seinem Preis p_{it}, seiner Absatzmenge in einer Vorperiode und der Summe der Umsätze der übrigen Produkte des Sortiments G. Deren Goodwillwirkung unterliegt allerdings einer zeitlichen Degression, weil sich das Produkt "im Laufe der Zeit selbst bewähren muß" und nicht auf Dauer vom Vertrauensvorschuß des transferierten Goodwill zehren kann. Damit ergibt sich die geschätzte Absatzfunktion z. B. mit:

$$x_{it} = 472 - 441{,}7\, p_{it} + 0{,}52 \cdot 0{,}95^{t}\, x_{it-1} + 0{,}0192 \cdot 0{,}97^{t}\, G_{t}$$

(Simon [Goodwill] 120), wobei hier Angaben zur Signifikanz der Schätzung ausgelassen wurden. Man sieht, wie die Goodwill-Wirkung sich von Periode zu Periode mit (1-0,97) oder 3% verschleißt.

Die bisherigen Darstellungen können zu der Annahme verleiten, daß Angebotsprogrammpolitik allein aus absatzpolitischer Sicht betrieben wird. Demgegenüber hat aber Gümbel [Sortimentspolitik] aufgrund einer literaturkritischen Studie eine Vielzahl weiterer Gründe identifiziert. Kostenersparnisse durch gemeinsame Beschaffung verschiedener Produktarten (Importhandel) oder eine Kapazitätsauslastung durch das Angebot von Produktarten mit unterschiedlichen Saisonrhythmen sind Beispiele für solche Gründe.

Für uns ist wichtig, daß als Folge des Nachfrageverbunds "die positiven bzw. negativen Erfolgsbeiträge eines Sortiments nicht mit der Summe der positiven bzw. negativen Erfolgsbeiträge der einzelnen Sortimentsteile übereinstimmen" (Böcker [Kaufverbundenheit] 19), unter der Voraussetzung, daß diese isoliert gemessen werden können.

Zur taktischen Programmplanung ist es erforderlich, Verbundbeziehungen in statischer und in dynamischer Sicht zu definieren sowie Konzepte für ihre Messung zu entwickeln. Assoziationsmaße, Multidimensionale Skalierung und dynamische Modelle der Regressionsanalyse sind geeignete Messkonzepte für verschiedene Arten von Verbundbeziehungen oder ihre Wirkung.

3.5 Aktive, absatzpolitisch-taktische Betrachtung

Aus der Erkenntnis des Nachfrageverbundes heraus soll eine aktive Gestaltung des Angebotsprogramms erfolgen. In diesem Sinne wird regelmäßig auch der Begriff *Sortimentspolitik* verstanden (Ruberg [Sortiment] 4908; Gümbel [Sortimentspolitik] 82). Da das Kaufverhalten als bekannt angenommen wird, interessiert hier vor allem, wie es in Planungsüberlegungen eingebracht werden kann. Um das Problem noch überschaubar zu halten, schließen wir den Erwerb ganzer Unternehmen als strategische Alternative aus; wir beschränken uns auf produktpolitische Alternativen innerhalb des Unternehmens. Die Optimierung von Sortimenten über das Einproduktangebot hinaus ist sinnvoll, weil zum Beispiel Kekre und Srinivasan [Line] finden, daß breitere Sortimente

- sich positiv auf den Marktanteil auswirken,
- die Herstellkosten nur schwach negativ beeinflussen,
- auf die Kapitalrendite insgesamt eher positiv als negativ wirken, vor allem in Konsumgütermärkten.

Ein klassisches Beispiel für eine Absatz- und Kosteninterdependenz ins Kalkül ziehende (und damit aktive) Sortimentsgestaltung im Jahre 1921 hat Sloan beschrieben: "The product policy we proposed is the one for which General Motors has now long been known. We said first that the corporation should produce a line of cars in each price area . . . ; second, that the price steps should not be such as to leave wide gaps in the line, and yet should be great enough to keep their number within reason, so that the greatest advantage of quantity production could be secured; and third, that there should be no duplication by the corporation in the price fields or steps.

Naturally we thought that this policy was superior to competing policies in the industry and would win over them. Again let me say that companies compete in broad policies as well as in specific products.

The same policy was available to all, but for a number of years General Motors alone was to pursue it and prove its worthiness" (Sloan [General Motors] 65).

Für die aktive Sortimentspolitik ist grundsätzlich ein Programmplanungsproblem zu lösen. Aus den Produkten i = 1,2,...,I sind durch die Entscheidungsvariable $x_i \in \{0,1\}$ diejenigen auszuwählen, für die eine Zielfunktion z (·) maximiert wird, wobei r = 1,2,...,m Nebenbedingungen $g_r(\cdot) \geq 0$ zu beachten sind:

$$\max. z(x_1, x_2, ..., x_I),$$
$$g_r(x_1, x_2, ..., x_I) \leq 0, \quad r = 1,2,...,m.$$

In der Lösung des operational formulierten Modells zeigt sich dann, daß diejenigen Produkte anzubieten sind, für die die Entscheidungsvariable den Wert Eins annimmt.

Diese allgemeine Formulierung des Problems wird hier nicht weiter konkretisiert. Zunächst muß nämlich eine *operationale Erfassung der Verbundbeziehungen* der Produkte ermöglicht werden. Das muß durch eine Funktion $x_i = f(x_j \,|\, j \neq i;\ j = 1,2,...,I)$ erfolgen. Ist das erreicht, so könnten sich daraus Konsequenzen für die konkrete Formulierung und die Lösbarkeit des Problems ergeben. Ohne die explizite Erfassung der Verbundbeziehungen kommt man leicht zu unplausiblen Ergebnissen. Das erkennt man an der Empfehlung, das Sortiment eines Schokoladen-Herstellers aufgrund einer speziellen linearen Formulierung und Lösung des Programmplanungsproblems von 56 auf vier Produkte zu reduzieren (Rühli [Sortimentsplanung]). Realistisch ist das Vorgehen von Sarotti, die im Jahre 1980 das Angebotsprogramm von 184 auf 119 Artikel reduzierten, um Platz für neue Produkte zu schaffen und Rationalisierungsvorteile zu erwirtschaften (o. V. [Sarotti]).

Kann als Zielfunktion eine *Maximierung von Deckungsbeiträgen* angenommen werden, so sind zwei *Ansatzpunkte für die Berücksichtigung von Verbundbeziehungen* zu beachten: die *Kosten- und die Umsatzfunktion.*

Albach [Sortimentskalkulation] behandelt Verbundbeziehungen in der Umsatzfunktion. Dabei haben einige Produkte feste Deckungsbeiträge, andere aber variable Deckungsbeiträge. Zwischen den Absatzmengen von einzelnen Produkten der ersten Gruppe und beliebigen Produkten der zweiten Gruppe besteht ein linearer Nachfrageverbund. Für Produkte mit variablen Deckungsbeiträgen gilt, daß diese über eine freie Preisbildung beeinflußt werden, wobei sich allerdings die Absatzmenge gemäß einer linearen Preis-Absatzfunktion bildet. Weitere Beschränkungen können in das Modell eingehen. Gesucht wird eine unter Beachtung der Beschränkungen den Deckungsbeitrag einer Periode maximierende Politik. Diese Politik hat einerseits die Preise der frei kalkulierbaren Produkte festzulegen, andererseits die Absatzmengen aller Produkte zu bestimmen. Wegen der Möglichkeit, daß diese Mengen auch Null sein können, zeigt sich hierin auch eine aktive Sortimentspolitik. Die optimale Politik kann analytisch nach Verfahren der quadratischen Programmierung bestimmt werden. Die Annahmen linearer Preis-Absatz-Funktionen und linearer Verbundbeziehungen zwischen Absatzmengen garantieren einerseits die analytische Lösbarkeit (weil sie zu einer konkaven quadratischen

Zielfunktion und linearen Nebenbedingungen führen). Sie werden aber andererseits nicht empirisch begründet.

Im folgenden wollen wir skizzieren, welche Konsequenzen die allgemeinere Berücksichtigung von Verbundbeziehungen hat. Für die Kostenfunktion schlägt Urban ([Modellansatz] 420) eine Formulierung vor, bei der die variablen Kosten ohne Interdependenzwirkungen mit einem Interdependenzfaktor zu multiplizieren sind. Dieser ergibt sich als Produkt der Interdependenzwirkungen zwischen dem betrachteten Produkt i^+ und allen anderen seine Produktionskosten beeinflussenden Produkten, $i^*, i^* \in \bar{I}, i^+ \neq i^*$:

$$\text{Interdependenzfaktor}_{i^+} = \prod_{i^* \in \bar{I}} \text{Produktionsmenge}_{i^*}^{KKE_{i^+,i^*}},$$

wobei $\bar{I}$ die Menge der Produkte im Produktionsprogramm des Unternehmens ist.

Darin ist $KKE_{i+,i*}$ die Kreuz-Kostenelastizität zwischen den Produkten i^+ und i^*. Ist KKE = 0, so treten keine Interdependenzwirkungen auf, da der Interdependenzfaktor den Wert Eins annimmt. Ist KKE < 0 (KKE > 0), so wird mit Zunahme der Produktionsmenge des Produktes i^* eine Abnahme (Zunahme) der Kosten für i^+ im Vergleich zur Situation ohne Interdependenzwirkungen verbunden sein. (In der produktionswirtschaftlich orientierten Literatur werden auch andere Beziehungsmuster begründet und modellmäßig formuliert (Abromeit [Erzeugnisplanung] 48 ff., 243 ff.; Kilger [Produktionsplanung]).)

Für die Darstellung der Umsatzfunktion sind zwei idealtypische Fälle zu unterscheiden. Nimmt man an, daß es eine starke Bindung von Kunden an ein Unternehmen gibt (*Stammkunden*), so können sich Nachfrageverbundwirkungen im Unternehmen und zwischen Unternehmen verschieden auswirken. Dieser Fall wird über eine entsprechend gegenläufige Parameterstellung für die Messung der Verbundwirkungen in einem Simulationsmodell von Tietz und Zentes [Sortimentsoptimierung] behandelt. Nimmt man dagegen an, daß die starke Kundenbindung nicht existiert (*Laufkunden*), braucht keine Differenzierung der Wirkungen eingeführt zu werden. In diesem Fall nimmt Urban [Modellansatz] für die Absatzmenge eines Produktes i^+ an, daß eine ohne Interdependenzwirkung angenommene Absatzmenge durch einen Interdependenzfaktor zu korrigieren ist. Da der Produktumsatz durch Anwendung eines Marktanteilfaktors auf den Branchenumsatz gewonnen wird, ist auch der Interdependenzfaktor auf der Ebene der Branche, also für ähnliche Produkte einer Produktart, festzustellen:

- $\text{Durchschnittspreis}_2^{KPE_{1,2}} \cdot \text{Gesamtwerbeaufwand}_2^{KWE_{1,2}} \cdot \text{Gesamtdistributions-niveau}_2^{KDE_{1,2}}$,

wobei die Indizes 1 und 2 auf zwei beliebige Produktarten hinweisen, jedoch derart, daß das Produkt i^+ der Produktart 1 zugeordnet werden kann. Mit KPE wird die Kreuzpreiselastizität, mit KWE die Kreuzwerbeelastizität und mit KDE die Kreuzdistributionselastizität bezeichnet. Speziell $KPE_{1,2}$ entspricht der relativen Absatzmengenänderung der Produktart 1, bezogen auf die relative Änderung der Absatzpreise der Produktart 2.

Die Berücksichtigung der Verbundbeziehungen auf der Kosten- und der Erlösseite durch Elastizitäten führt wegen der Addition der Einzelwirkungen über mehrere Produkte und der Ermittlung von Deckungsbeiträgen, bei denen bekanntlich Erlöse und Ausgaben voneinander zu subtrahieren sind, im Prinzip auf eine Zielfunktion für ein Programmierungsproblem, die die Form

$$z(x_i) = c_i x_i \prod_{j=1}^{J} x_j^{b_{ij}} - a_i x_i \prod_{\substack{j=1 \\ i \neq j}}^{J} x_j^{d_{ij}}, \; i = 1, 2, \ldots, I, \quad I = J,$$

$$z = \sum_{i=1}^{I} z(x_i)$$

annimmt. Für die Parameter gilt dabei, daß c_i Stückerlöse und a_i Stückausgaben darstellen, k_{ij} bzw. d_{ij} sind die Kreuzmengenelastizitäten auf der Erlös- bzw. Ausgabenseite. Sie sind nicht vorzeichenbeschränkt. Daraus folgt, daß die Funktion nicht notwendig konkav verläuft. Als Nebenbedingungen kommen sowohl lineare als auch nichtlineare Funktionen in Betracht. Wenn zum Beispiel Kapazitätsrestriktionen zu berücksichtigen sind, so werden die Kapazitätsbeanspruchungen von den Mengen x_i abhängen. Das führt dann dazu, daß eine der Zielfunktion ähnliche Form auch in den Nebenbedingungen auftreten kann. Es ist damit nicht gesichert, daß analytische Verfahren zur Lösung führen. Aus diesen Gründen sieht Urban die Simulation zur Lösung des Programmplanungsproblems bei Produktinterdependenzen vor.

(1) Ansätze der Simultanplanung zeigen einen Weg, sehr umfassende sortimentspolitische Entscheidungen zu treffen. Der Modellumfang und die Nichtlinearität der Beziehungen, einschließlich der Interdependenzbeziehungen, begründen die Wahl der Simulation als Lösungsverfahren. Damit wird die Optimierung meist aufgegeben, obwohl in Sonderfällen auch dafür Lösungen möglich sind (Corstjens, Doyle [Application]).

(2) Die wechselseitigen Interdependenzen zwischen Produkten erfordern eine simultane Auflösung nichtlinearer Gleichungen. In der Praxis werden meist sukzessive Vorgehensweisen gewählt, die zu Fehlern führen.

(3) Die Unterscheidung von - in unserer Ausdrucksweise - Stamm- und Laufkundenmodellen läßt eine Lücke für Modelle im Zwischenbereich mit gemischter Stamm- und Laufkundschaft.

(4) Die Modellierung der Interdependenzeffekte erfolgt über Kreuzelastizitäten. Sie setzt in den Modellen an unterschiedlichen absatzpolitischen Instrumenten an. Für neue Produke fällt es schwer, solche Elastizitäten zu schätzen.

(5) Insbesondere im Modell von Urban werden Kreuzelastizitäten zwischen Produktgruppen eingeführt. Es bleibt offen, ob dies ausreicht, um die Wirkung beim einzelnen Produkt zu repräsentieren.

(6) Aspekte der Risikopolitik, die im vorausgehenden Abschnitt als bedeutend identifiziert wurden, sind hier nicht beachtet. Dieser Mangel kann insbesondere in den einperiodigen Entscheidungsmodellen mit unerwünschten Konsequenzen verbunden sein: Er könnte z. B. dazu führen, ein stark saisonbezogenes Absatzprogramm zu bilden, ohne für einen Saisonausgleich zu sorgen. Ein Grund für den Verzicht kann man auch darin sehen, daß eine gemeinsame Berücksichtigung von Ungewißheit und Verbundwirkungen zu weiteren Schwierigkeiten bei der Lösungsfindung führt.

Aufgaben zu Abschnitt 3

Aufgabe 3.1

In der Frankfurter Allgemeine vom 16. Mai 1980 finden Sie den Artikel "Blendax steht schon lange im Dienst der Mundhygiene" (Auszugsweise nachgedruckt mit Genehmigung). Beantworten Sie nach der Lektüre des Artikels die folgenden Fragen.

(a) Können Sie die Markt- und Produktentwicklungsstrategien in Anlehnung an Abb. 3.2 interpretieren?

(b) Können Sie eine Rangordnung der Risiken der Strategien erarbeiten und begründen? Sehen Sie dabei das Risiko als die erwartete Varianz der Umsatzentwicklung an. Eine Rangordnung der Risiken ist ausreichend.

(c) Können Sie taktische Maßnahmen zur Durchsetzung der einzelnen Strategien nennen? Gliedern Sie diese in produktpolitische und nicht-produktpolitische Maßnahmen auf.

(d) Sind die aufgegliederten Maßnahmen in allen Fällen auch faktisch unabhängig voneinander realisierbar? Beurteilen Sie Ihre Antwort auch unter Berücksichtigung der Ausführungen in Abschn. 1.2.

Blendax steht schon lange im Dienst der Mundhygiene.
Mit der Zahnpasta hat es begonnen / Jetzt verstärkter Einsatz im Ausland / Neue Produkte
Blendax-Werke R. Schneider GmbH & Co. KG, Mainz. Der Mundpflege-Spezialist verstärkt seit einiger Zeit seine Anstrengungen im Ausland. Die Blendax-Werke, die in der Vergangenheit bei starker Marktstellung in Deutschland und Österreich das Auslandsgeschäft wenig forciert haben, erkennen dort seit dem schwächeren Wachstum des Inlandsmarkts neue Chancen.

Der Auslandsmarkt hat für Blendax an Bedeutung gewonnen, seitdem sich am deutschen Markt der Körperpflegemittel das Wachstum abgeschwächt hat. Die verschärfte Konkurrenz mit Preisverfall und steigenden Kosten betrachtet Blendax als Hauptproblem der Branche. Die Gesellschaft, nach eigenen Angaben Marktführer am deutschen Markt bei Zahnpasten, Zahnbürsten und Schaumbädern, setzt in dieser Situation ein ganzes Arsenal von Gegenmaßnahmen ein: Weiterentwicklung der Produktqualität, neue Erzeugnisse, verstärkte Werbung, Rationalisierungsmaßnahmen gehören in dieses Bündel. Gegenüber dem umworbenen Verbraucher kann Blendax stets mit dem in diesem Hause früh entwickelten Gesundheitsbewußtsein argumentieren. Der Abkehr vom überwiegend kosmetischen und der Zuwendung zum gesundheitsfördernden Produkt Mitte der sechziger Jahre schreibt Blendax den Löwenanteil an seiner heutigen Marktbedeutung zu.

Hauptarbeitsgebiete des Unternehmens sind heute Mundhygiene (mit elektrischen Mundhygienegeräten), weiter die seit Ende der fünfziger Jahre aufgebaute Hautpflege und die 1966 aufgenommene Haarpflege.

Quelle: Frankfurter Allgemeine, 16. Mai 1980, S. 15.

Aufgabe 3.2

Bearbeiten Sie Aufgabe 3.1 anhand des Auszugs aus dem Artikel "Campbell Soup: Widening its menu and looking beyond food". (Reprinted from the 8/11/80 issue of Business Week by special permission © 1980 by McGraw-Hill, Inc., New York, NY10020. All rights reserved.)

Campbell Soup: Widening its menu and looking beyond food

Campbell has been notably successful in its strategy of concentrating on the efficient production of a limited number of food products. With its 65% share of the U.S. soup market and with its well-known sidelines - Swanson frozen food, Pepperidge Farm bakery products, Vlasic pickles, and Franco-American canned pastas, for example - Campbell earned $ 132.7 million on $ 2.2 billion in sales last year. Its margins, which averaged 5.8% over the past five years, are usually several percentage points higher than most other diversified food processors. And its president is a 38-year veteran of the company's conservative, singleminded culture.

New orientation. Nevertheless, for the eight years that he has held the top post, Shaub has been quietly preparing his company for the changes to come. He has redefined the company's business, decentralized it, added a new marketing staff, and changed priorities on its balance sheet, thus laying the groundwork for new goals. These include the probable acquisition of a consumer products company with annual sales of perhaps $ 250 million, possibly in the proprietary drug or household product business. Concurrently, for the first time in more than 10 years, Campbell is launching the first in a series of major new food products, with the goal of introducing two additional products each year.

Campbell, already profitable, now hopes to grow at a rate faster than its recent 10-year average of 9% in sales and 8% in pretax earnings through acquisition and by putting a lot of clout behind its new product offerings. Competitors are already worried about its first new product - Prego spaghetti sauce, now in test markets and scheduled to be rolled out to 25% of the U.S. by August. "We consider ourselves pretty good marketers", says George F. Goebeler, president of the packaged foods division of Cheseborough-Pond's Inc., whose Ragu brand leads the field. But, he adds, "I don't think anyone should take [Campbell] lightly."

Shaub is being pushed into the new products by his markets. Sales of soups in the U.S. in 1979 amounted to an estimated 34% of sales and 45% of profits, but the rate of growth in this market has been declining since the mid-1960s, and industrywide shipments are projected to increase at just 1% per year for the foreseeable future. Projections are similarly pessimistic for Campbell's $ 330 million-per-year Swanson line and its $ 125 million Franco-American pastas.

A 'careful' approach. The company's new strategy is thus a belated one. Shaub is reluctant to concede that the company has been slow to react; he says he prefers "to use the word 'careful' rather than 'conservative'" to describe Campbell. Yet the logic of a product expansion has long been obvious. "I don't think it's any secret that most of the businesses we're in are mature areas", concedes Herbert M. Baum, vice-president for marketing.

Realizing this, Shaub has gradually laid the groundwork for the new program. Beginning in 1976 he restructured Campbell into divisions built around its major product lines, decentralizing the company to give corporate management more time for planning. Then two years ago, Shaub began hiring aggressive outsiders to shake up the sluggish marketing of the inbred company, which had been privately held until 1954.

... battles could face Campbell's introductions of its additional food products. But the company also is repositioning some of its staple lines. To cash in on the expanding use of microwave ovens, by the end of 1981 Campbell will have converted all Swanson containers to paper trays from aluminum. Last year Swanson began converting its breakfast food trays to paper, and sales have increased 50%, the company says.

Aufgabe 3.3

Klassifizieren Sie die folgenden Fälle von Diversifikation, die L. E. Dreesbach in seinem Buch "Die kleinen Seitensprünge großer Unternehmen" (Düsseldorf, 1983) zusammengestellt hat:

Gutehoffnungshütte Aktienverein AG (Stahl, Maschinenbau)/GHH Reisebüro

Nordwestdeutsche Kraftwerke AG (Elektrizitätserzeugung)/Wiesmoor-Gärtnerei und Baumschule GmbH

Westdeutsche Landesbank Girozentrale (Bank)/Westdeutsche Spielbanken GmbH & Co. KG

Allgäuer Alpenmilch AG (Milch, Lebensmittel)/St. Ursula Weingut und-Weinkellerei GmbH

Kaufhof AG (Warenhäuser)/Zentra Autohandelsgesellschaft mbH

Hamburg-Mannheimer Versicherung-AG (Versicherungen)/felicitas Kurt Redieß KG (Direktwerbung)

Henkel KGaA (Chemie, Waschmittel, Kosmetik)/Quaker + Partner GmbH (Hundenahrung)

Aufgabe 3.4

Die Frankfurter Allgemeine berichtete am 25. Juni 1980 von einem Beschluß des Bundesgerichtshofs, in dem die Abgrenzung eines Marktes streitig ist.

(a) Welche Beziehungen hat die Marktabgrenzung zur Kaufverbundenheit?

(b) Machen Sie Vorschläge zur Operationalisierung des Kriteriums "Austauschbarkeit aus der Sicht der Abnehmer".

Was ist der relevante Markt?

Kammergericht muß Mannesmann-Brueninghaus neu entscheiden

R. G. KARLSRUHE, 24. Juni. Der Bundesgerichtshof hat mit Beschluß vom 24. Juni 1980 (KVR 5/79) den Fusionsfall Mannesmann-Brueninghaus Hydraulik an das Berliner Kammergericht zurückverwiesen. Dieses hatte den Untersagungsbeschluß des Bundeskartellamtes aufgehoben. Auch den Karlsruher Richtern stellte sich wie zuvor Kartellamt und Kammergericht die Frage, von welcher Abgrenzung des Marktes auszugehen sei. Nach einer Verlautbarung des Kartellsenats des Bundesgerichtshofes ist es für die Bestimmung des relevanten

Marktes maßgeblich, welche Ausweichmöglichkeiten die Abnehmer haben und ob sie von diesen Möglichkeiten Gebrauch machen.

Im vorliegenden Fall habe den vom Kammergericht getroffenen Feststellungen zwar entnommen werden können, daß die technische Entwicklung auf dem Gebiet der Antriebshydraulik für den größten Teil der Abnehmer neuerdings eine Austauschbarkeit verschiedener Einheiten zuläßt. Die Feststellungen ließen aber nicht erkennen, inwieweit bei bestimmten Anwendungsbereichen, insbesondere beim Einbau in Hydraulikbagger, Betonpumpen und Fahrzeugkrane die Aggregate aus der Sicht der Abnehmer unter technischen und wirtschaftlichen Gesichtspunkten austauschbar oder auch nicht austauschbar sind. Dieser Teilmarkt könne nur dann vernachlässigt werden, wenn auf ihm weniger als 100 Millionen DM im letzten Kalenderjahr umgesetzt worden sind. Auch hierzu fehle es an hinreichenden Feststellungen.

Anders beurteilt der Senat den Fall, wenn die in diesem Anwendungsbereich einzubauenden Kolbeneinheiten sich nicht von denen unterscheiden, die auf dem übrigen Markt verwendet werden, zum Beispiel serienmäßig hergestellt werden, und deshalb sowie wegen der Transparenz auf dem Teilmarkt keine andere Marktstrategie angewandt werden kann. Denn treffe diese Voraussetzung zu, so verbleibe der spezifische Teilmarkt so eng mit dem alle hydraulischen Antriebe umfassenden Markt verbunden, daß er keine Wirkung als Teilmarkt entfalten könnte. Auch darüber habe das Kammergericht keine Feststellung getroffen.

Aufgabe 3.5

Die Abb. 3.2 ist für Unternehmen mit Wachstumszielen entwickelt worden. Erweitern Sie das Schema für ein Unternehmen, das Produktvereinheitlichung oder Produktelimination betreibt.

Aufgabe 3.6

Die Kreuz-Preiselastizität wird als Quotient der relativen Mengenänderung eines Produktes zur relativen Preisänderung eines anderen Produktes definiert.

(a) Definieren Sie die Begriffe Kreuz-Kostenelastizität und Kreuz-Werbeelastizität.

(b) Stellen Sie die Begriffe formelmäßig dar.

(c) Überlegen Sie, welche Meßprobleme der Anwendung dieser Konzepte entgegenstehen.

Aufgabe 3.7

Im Feuilleton der Frankfurter Allgemeine Zeitung vom 10. Juli 1987 findet sich ein Kommentar, aus dem hier auszugsweise zitiert wird:

"In einer Zeit, als man sich allenthalben um die blanke Versorgung und um Quantitäten sorgte, setzte Max Braun auf die Qualität seiner Elektro-Produkte. Es entstand das typische Braun-Design, das von Designern wie Hans Gugelot oder später Dieter Rams gepflegt wurde ... 'Braun wieder zu dem Namen zu machen, den er in den fünfziger Jahren hatte', das versprach zwar noch jener amerikanische Konzern, in dem die deutsche Firma vor rund sechs Jahren aufging. Doch jetzt soll sie darin sang- und klanglos untergehen. Was Braun war, soll demnächst ADS ("Analog and Digital Systems") heißen ... wer weltweit in der Unterhaltungselektronik mitmischen will, darf offenbar nicht in erster Linie als hervorragender Hersteller von Rasierapparaten gelten ...".

Erläutern Sie die hier beschriebenen Vorgänge unter Benutzung der in diesem Abschnitt behandelten Konzepte.

4. Phasen der Produktpolitik

4.1 Phasengliederung

Die bisherige Darstellung hat erkennen lassen, daß die Produktpolitik mehr als eine zeitpunktbezogene Einzelentscheidung erfordert. Klammert man Produkteliminations- und Produktvereinheitlichungsentscheidungen zunächst aus, so können die verbleibenden Alternativen am Musterfall der Produktentwicklung orientiert werden. Unberücksichtigt bleibt die Alternative, den Aufkauf ganzer Unternehmen an die Stelle interner Produktentwicklungen zu setzen.

Eine phasenorientierte Betrachtung verspricht vor allem deshalb auch in der Praxis der Produktpolitik Vorteile, weil mit einer fortschreitenden Realisierung der Pläne in der Regel immer höhere Investitionen getätigt werden, zugleich aber auch immer genauere Daten zur Beurteilung dieser Investitionen verfügbar werden. Zugleich bilden die Phasenabschlüsse wichtige Meilensteine auf dem Weg zur Produktrealisierung, bei deren Erreichen jeweils auch geprüft werden muß, ob die vorhandenen Daten und Entscheidungsgrundlagen aktualisiert werden müssen.

Ein stark vereinfachtes Beispiel für einen Meilensteinplan aus der Entwicklungsphase eines PKW zeigt Abb. 4.1. In den Zeilen sind Aktivitäten angegeben, in den Spalten der Zeitablauf. Die Länge der Balken kennzeichnet die geplante Dauer der Aktivitäten. In der Realität sehen solche Meilensteinpläne oft viel komplexer aus, und sie haben die Aktivitäten in der Produktion und im Marketing ebenfalls zu berücksichtigen.

Der Markteinführung eines jeden Produktes gehen eine Vielzahl von Einzelentscheidungen voraus. Sie berühren z. B. technische, rechtliche, psychologische und ökonomische Fragen (z. B. Grosche [Produktionsprogramm] 204 ff.). Zur Beantwortung der ökonomischen Fragen ist es zweckmäßig, Einzelentscheidungen zu Gruppen zusammenzufassen, die die Entwicklungsphasen charakterisieren. Als *Kriterien für diese Gruppenbildung* kommen in Betracht:

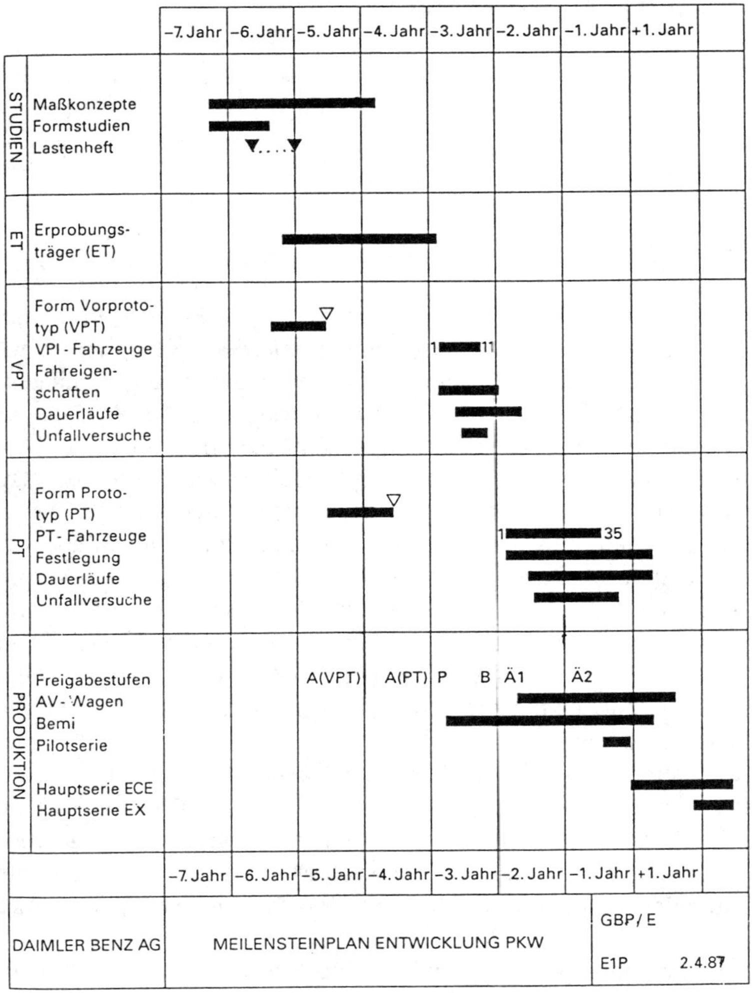

Abb. 4.1: Beispiel für einen Meilensteinplan aus der Entwicklung eines PKW (Breitschwert [Idee] 136)

(1) Die zusammengefaßten Einzelentscheidungen zielen auf einen Zweck, der einen deutlich erkennbaren Schritt auf dem Weg zur Produktentwicklung abschließt (Meilenstein). Es ist nicht erforderlich, daß alle Schritte in zeitlicher Aufeinanderfolge vollzogen werden, die Phasen können sich vielmehr zeitlich überlappen. Das sollten sie sogar, um die Entwicklungsdauer möglichst kurz zu halten. Dies kann zweckmäßig sein, um Vorteile eines

frühen Markteintritts zu wahren (vgl. Abschn. 8). Um die gewünschte Überlappung zu erreichen, kommen vier Maßnahmenarten in Frage: (a) Bevorzugung persönlicher Kommunikation statt unpersönlichen Informationsaustauschs, (b) Übertragung von Informationen in Teilschritten statt erst beim Abschluß eines Meilensteins, (c) wechselseitige Information statt einseitiger Information von der vorhergehenden zur folgenden Phase, (d) frühzeitige Einbeziehung der in späteren Phasen Betroffenen in die Überlegungen und Entscheidungen einer Vorphase (Clark, Fujimoto [Product] 211).

(2) Die Meilensteine werden zweckmäßig so bestimmt, daß sie eine plausible Grundlage für Entscheidungen über die Fortführung, die Änderung oder die Einstellung der Produktentwicklung erlauben. Die Entscheidungskriterien sollten zwischen den an der Produktentwicklung Beteiligten leicht kommunizierbar sein.

(3) Die Phasen werden zweckmäßig so voneinander abgegrenzt, daß die organisatorisch bestimmte Verantwortlichkeit für den prozeßnahen Vollzug der Einzelentscheidungen innerhalb der Phase einer Stelle zugeordnet werden kann. Der Meilenstein wird in dieser Hinsicht zu einem Element der Kontrolle der Zielerreichung.

Betrachtet man diese Kriterien einerseits und die große Vielfalt von Produkten andererseits, dann wird verständlich, daß es *keine einheitlich abgegrenzten Phasenkonzepte* gibt. Zum Teil werden Systeme unterschiedlich fein gegliederter Phasen hierarchisch aufeinander bezogen. So kann ein "Gesamtsystem" einzelne "Kernstufen" enthalten (Schmitt-Grohé [Produktinnovation] 50 f.). Diese Kernstufen sind Phasen vergleichbar, die wiederum Teilphasen umfassen. Der Abschluß einer Kernstufe wird als Meilenstein bezeichnet.

Als Beispiel für eine Phasengliederung wird auf eine Darstellung der Union Deutsche Lebensmittelwerke GmbH verwiesen, die die Entwicklung der kalorienreduzierten Produktrange "Du darfst" schildert. Dabei werden sieben Phasen genannt:

(1) Ideenphase: Entwicklung von Produktideen durch Marktbeobachtung, -analyse und methodische Ideenfindung.

(2) Analysephase: Analyse von Markt- und Verbrauchsdaten, Daten über den Wettbewerb und den Handel; erste Zielgrößenbestimmung.

(3) Konzeptionsphase: Gedankliche Konzipierung des neuen Produktes; Festlegung des gewünschten Verbrauchernutzens, auch im Vergleich zum Wettbewerb; Planung absatzpolitischer Instrumente.

(4) Entwicklungsphase: Laborentwicklung des Produktes, Festlegung der Rahmendaten des Marketing-Konzepts durch Namensfindung, Verpackungsgestaltung, Preis- und Werbestrategie, Entwicklung von Informationen für den Handel und die Verkaufsorganisation; Festlegung von Maßnahmen zur Verkaufsförderung.

(5) Testphase: Test der entwickelten Marketing-Konzeption und Testmarkt. Feinabstimmung und Produkteinführung.

(6) Markteinführung

(7) Kontrollphase: Kontrolle des eingeführten Produktes hinsichtlich der vereinbarten Ziele.

In der Investitionsgüterindustrie erfordert die Zusammenarbeit zwischen Konstrukteuren, Testingenieuren, Marketingfachleuten und Kunden andere, problemspezifisch ausgerichtete Phasenabläufe (Olthuis [Produkt]). In großen und vor allem in multinational tätigen Unternehmen ist die Standardisierung des Produktplanungsprozesses nach Phasen und durch Einführung von Meilensteinen (stage gates oder ähnlich genannt) zur Integration und Koordination der vielfältigen Informations- und Leistungsprozesse erforderlich.

Die Anzahl der Phasen schwankt in Darstellungen der Produktentwicklung zwischen zwei und zwölf. Für unsere weiteren Darstellungen erscheint die *folgende grobe Gliederung* zweckmäßig:

Phase 1: Passive Ideenfindung und aktive Ideensuche für neue Produkte. Erste Bewertung und Auswahl von Produktideen.

Phase 2: Entwicklung von Grobkonzepten für den Mitteleinsatz zur Realisierung von Produktideen, Marktforschung und Absatzprognose. Wirtschaftlichkeitsanalyse auf der Grundlage dieser Daten und erneute Selektion von Produktideen.

Phase 3: Forschung, Entwicklung, Konstruktion und Design für die aus Phase 2 übernommenen Produktideen in Abstimmung mit verschiedenen Kapazitätsbeschränkungen. Erstellung von Prototypen. Entscheidung über ihre weitere Verwendung. Produktionsvorplanung.

Phase 4: Fertigung einer Null- oder Vorserie und Einführung bei einzelnen Testpersonen oder Testmärkten mit Unterstützung durch erste Konzepte für den Einsatz absatzwirtschaftlicher Instrumente, Probeläufe, Dauerbelastungstests usw. Auswertung der Testergebnisse und Entscheidung über Einstellung, weitere Veränderungen oder allgemeine Einführung des Produktes. Produktionsplanung.

Phase 5: Feinentwicklung und Koordination der absatzpolitischen Instrumente für die Produkteinführung. Produktion. Produkteinführung am Markt.

Den genannten Phasen schließen sich dann Entscheidungen über Produktdifferenzierungen, -vereinheitlichungen, -variationen und -eliminationen an.

Der *für das Durchlaufen der Phasen nötige Zeitbedarf* kann grob *klassifiziert* werden. Er ist zunächst Teil der für produktpolitische Maßnahmen erforderlichen *Reaktionszeit* (Gutenberg [Absatz] 523 f.) auf eine Veränderung des Konkurrenzangebotes hin oder der *Aktionszeit* auf die Vermutung eines Verwenderbedürfnisses hin, die mit einer Innovation, der erstmaligen Einführung eines Produktes am Markt, endet. Andere Teile dieses Zeitintervalls sind die *Zeit für die Beobachtung der Konkurrenzaktionen und ihre Erfolgsbeurteilung* im Falle der Nachahmung, die *Zeit für die Überprüfung der Bedürfnisvermutung* und ihre Bewertung im Falle der geplanten Innovation. An die Entwicklungszeit der Produkte schließen sich *Zeiten für die Einrichtung oder Umrüstung von Produktionsanlagen sowie die Zeit für die Produktion und die Absatzvorbereitung an.* Daraus wird deutlich, daß die Produktpolitik nicht zu den absatzpolitischen Maßnahmen zu zählen ist, die unmittelbar marktwirksame Reaktionen auf die festgestellten Anlässe hin erlauben.

Die Vorbereitung einer Produkteinführung benötigt in einzelnen Branchen unterschiedlich lange Zeiträume. Urban und Hauser ([Design] 52) berichten z. B. davon, daß für die Entwicklung von Konsumgütern in den USA damit gerechnet wird, daß

- die Entdeckung der Marktgelegenheit und Konzeption 4 bis 8 Monate in Anspruch nimmt,
- die Entwicklung und das Design 2 bis 15 Monate,
- die Durchführung von Markttests 8 bis 17 Monate,
- die Vorbereitung der Markteinführung 2 bis 6 Monate,

wobei im Mittel mit 27 Monaten zu rechnen ist. Für die Automobilindustrie zeigen Clark und Fujimoto [Product], daß die Entwicklung in den USA und Europa etwa gleich lange dauert, aber von der Entwicklungsdauer in Japan deutlich unterschritten wurde. Obwohl ein Teil dieser Unterschiede auf das Ausmaß der in einem neuen Produkt realisierten Neuerungen zurückzuführen ist, ist doch ein anderer Teil durch höheren Arbeitseinsatz, andere Organisationsformen usw. zu erklären. Die Flexibilität der japanischen Hersteller wurde durch "benchmarking" sichtbar gemacht und inzwischen von anderen Herstellern eingeholt.

Der Zeitbedarf für die Produktpolitik kann auf verschiedene Weise beeinflußt werden. Erstens können auch *produktpolitische Maßnahmen* vorbereitet und "*in der Schublade*" gehalten werden, so daß man sich die Entwicklung nicht als eine Folge von Zügen und Gegenzügen zwischen Konkurrenten vorstellen muß. Die gleichzeitige Vorstellung von Neuerungen auf Ausstellungen und Messen bietet ein Gegenbeispiel.

Zweitens kann die bloße *Ankündigung der Absicht produktpolitischer Maßnahmen* eine merkliche Beeinflussung des Konkurrenten- und des Käuferverhaltens auslösen. Man kann hier von psychischer Markteinführung im Gegensatz zu physischer Markteinführung sprechen (Preukschat [Vorankündigung]).

Von einigen Autoren wird die Vorankündigung als spezielle Strategie im Rahmen der Vorbereitung der Einführung von Neuprodukten betrachtet. (Rabino, Moore [Announcements]; Wind, Mahajan [Marketing Hype]; Preukschat [Vorankündigung]; Schirm [Glaubwürdigkeit]). Allerdings dürfen die Ankündigungen nicht zu früh erfolgen. Das wird aus dem folgenden Beispiel deutlich:

> "Osborne Computer Corp. hit the jackpot with the first portable computer. But, predictably, other outfits began introducing competing products. To hang on to customers, Osborne announced its second-generation portable long before the company could ship it. The strategy backfired when dealers stopped buying the first machine to wait for the more advanced version. That created a cash flow crisis, and matters worsened when the new machine turned out to be a disappointment. Ultimately the company went under. Sun Microsystems Inc., a privately owned California manufacturer of engineering work stations, circulates articles about Osborne to its employees, as a lesson in what not to do" (Fraker [Speed] 42).

Außerdem müssen Vorankündigungen glaubwürdig sein. Mittels einer Conjoint-Analyse wurde die Glaubwürdigkeit von Produktvorankündigungen bei potentiellen Käufern von Gebrauchsgütern im internationalen Vergleich untersucht (Schirm [Glaubwürdigkeit]). Abb. 4.2 stellt die Einflußfaktoren auf die Glaubwürdigkeit von Produktvorankündigungen dar.

Die in jüngster Zeit häufig zu beobachtenden Nichteinhaltungen von Ankündigungen von Produkten in zeitlicher und technischer Hinsicht wirken sich negativ auf die Glaubwürdigkeit solcher Ankündigungen aus. So konnten in zwei Untersuchungen in der Computer- und Softwarebranche durchschnittliche Differenzen von 6 bzw. 12 Wochen zwischen dem versprochenen und dem tatsächlichen Produkteinführungszeitpunkt festgestellt werden (Kohli [Signaling] 20). Die Vielzahl der im Softwarebereich auftretenden "updates" deuten weiterhin auf technische Mängel der hier häufig vorangekündigten Produkte hin. Auch die Frage nach der Glaubwürdigkeitswirkung der hier zunächst unbedeutend erscheinenden Marke der Produkte konnte weiter geklärt werden. Sie ist dann unbedeutend, wenn bekannte Markenartikel untereinander durch Vorankündigungen in Wettbewerb treten. Unbekannte Marken haben allerdings gegenüber bekannten Marken deutliche Glaubwürdigkeitsnachteile (Sattler, Schirm [Einfluß]).

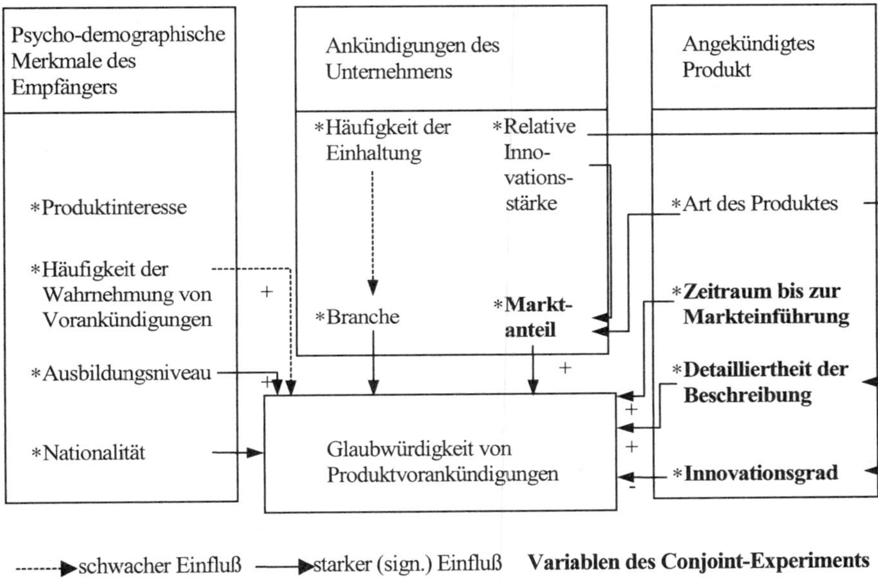

Abb. 4.2: Einflüsse auf die Glaubwürdigkeit von Produktvorankündigungen bei potentiellen Produktkäufern von Gebrauchsgütern (Nach Schirm [Glaubwürdigkeit])

Drittens gibt es eine Interaktion von Planungsdauer und Produktkomplexität. Sie kann durch eine zweckmäßige Organisation des Entwicklungsprozesses und seiner Einbettung in die Produkt-Markt-Strategie beeinflußt werden (Griffin [Effect]). Die Interaktion stellt eine besonders schwierige Planungsaufgabe der optimalen Abwägung zwischen den Variablen Komplexität und Zeitdauer, die in manchen Branchen auch strategisch behandelt wird. In der Pharmaindustrie folgt die Entwicklung neuer Darreichungsformen der einer "new chemical entity" mit kürzerer Entwicklungsdauer. In der Autoindustrie werden Modellwechsel und "face liftings" abwechselnd vorgenommen.

Freilich wird auch bei der Diskussion des Makteintrittsverhaltens noch darauf hingewiesen, daß die Zeit allein keine alle anderen Einflußgrößen in ihrer Bedeutung überstrahlende Wirkung hat. Langsamkeit kann in manchen Märkten durch besondere Leistungen kompensiert werden, Schnelligkeit kann sehr aufwendig sein.

> *(1) Es ist zweckmäßig, die Aktivitäten der Produktpolitik als eine Folge von Phasen anzusehen, selbst wenn diese sich im Einzelfall zeitlich überlappen. Phasen sollten durch Meilensteine abgeschlossen werden.*
> *(2) Der Übergang zwischen einzelnen Phasen erfordert nicht nur organisatorische Vorkehrungen, sondern auch Tests darauf, ob weiterer Mitteleinsatz aus Sicht der erreichten Entscheidungssituation zu rechtfertigen ist. In den Meilensteinen sind Fortsetzungsentscheidungen zu treffen.*
> *(3) Entwicklungsdauer und Produktpolitik, insbesondere die Produktgestaltung, sind interdependente Größen.*

4.2 Phasenverbindende Planungsprobleme

In jeder Phase ist über Planungs-, Durchführungs- und Kontrollaktivitäten zu entscheiden. Mit der Abwicklung der Aktivitäten verändert sich der Informationsstand, was wiederum die Folgeentscheidungen beeinflußt. Bei dieser Sachlage drängt sich der Gedanke auf, eine *Beschreibung des Planungsproblems insgesamt mit Hilfe spezieller Netzwerke* zu suchen und für ihre Lösung Techniken der Berechnung von Netzwerken zu verwenden.

Anschaulich werden *Netzwerke* als "schaubildliche Darstellungen komplexer Arbeitsabläufe bezeichnet, die über die logisch bzw. technologisch bedingten Zusammenhänge von Einzelvorgängen und die chronologische Folge der durch sie bewirkten Ereignisse orientieren" (Wille, Gewald, Weber [Netzplantechnik] 11). Netzwerke bestehen aus Knoten und Kanten, deren Bedeutung durch Konvention festgelegt wird. Es ist gebräuchlich anzunehmen, daß durch Knoten Ereignisse oder Entscheidungen dargestellt werden und durch Kanten die Arbeitsabläufe, Vorgänge oder Aktivitäten, die zur Realisierung der Knoten zu leisten sind. Jede Kante ist deshalb von einem Ausgangsknoten auf einen Endknoten hin gerichtet. Die Produktentwicklung wird als Projekt mit einem Ursprungsknoten angesehen, von dem aus über zusammenhängende, Wege bildende Kanten jeder andere Knoten des Netzwerkes erreichbar ist. Die Aktivitäten werden durch Merkmale bewertet, die Aussagen über ihre Dauer, ihre Kosten usw. machen und in der Regel auf Schätzungen beruhen.

Es gibt nun eine Vielzahl von Netzwerken, die diese Bedingungen erfüllen, gleichwohl aber unser Problem nicht adäquat darstellen. Sabel ([Produktpolitik] 234 ff.) zeigt, daß die für Zeit- und Kostenbedarfsanalysen von Projekten häufig empfohlenen und verwendeten Verfahrenstypen der Methode des kritischen Weges (CPM), der Metra-Potential-Methode (MPM) oder Program Evaluation and Review Technique (PERT) hier ungeeignet sind. Trotz der zwischen ihnen bestehenden Unterschiede haben sie gemeinsam wenigstens einen schwerwiegenden Mangel. Bei den Rechnungen wird unterstellt, daß alle möglichen Aktivitäten zur Produktentwicklung bekannt sind, tatsächlich ausgeführt und erfolgreich eingesetzt werden. Dem widerspricht die Beobachtung, daß von Phase zu Phase die Anzahl der Projekte erheblich ausgedünnt wird. Es muß deshalb möglich sein, daß die eine Produktentwicklung beschreibenden Netzwerke von einem Ursprungs-Knoten aus Wege zu verschiedenen Endknoten, z. B. für erfolgreichen und erfolglosen Abschluß des Projekts, zulassen.

Ausreichende Flexibilität in der Darstellung des Phasenübergangs und die Möglichkeit numerischer Analysen durch Simulationen erlaubt *die Graphical Evaluation and Review Technique (GERT).* Die größere Flexibilität wird erreicht durch

(1) eine *Erweiterung der Definition der Knoten*, die nicht nur stochastische Ausgänge haben können, sondern auch verschiedene Typen von Eingängen;

(2) die *Zulassung von Kanten, die* von einem *Knotenausgang auf den Eingang eines bereits durchlaufenen Knotens zurückführen* (Rücksprünge) und damit endliche oder unendliche Wiederholungen von Aktivitäten abzubilden gestatten.

Daraus folgt z. B. die Möglichkeit, in Abhängigkeit vom Erfolg einer ausgewählten Aktivität in einer bestimmten Phase eine Alternative zu dieser Aktivität zu wählen, ohne damit den Übergang in eine neue Phase zu vollziehen. "Kennzeichen der flexiblen Projektplanung ist, daß lediglich die im Zeitpunkt der Planerstellung zu ergreifenden Maßnahmen fest geplant werden, während für die späteren Kontrollzeitpunkte vorsorglich Eventualpläne aufgestellt werden" (Scheer [Projektsteuerung] 150).

Grundsätzlich können bei GERT die sechs Knotentypen vorkommen, die in Abb. 4.3 gezeigt werden[1]. Die Knoten teilen sich in eine Ausgangs- und in eine Eingangsseite. Beim deterministischen Ausgang wird jede ausgehende Kante mit Sicherheit realisiert. Beim stochastischen Ausgang wird eine von mehreren ausgehenden Kanten realisiert, doch kann für jede einzelne Kante nur eine Realisationswahrscheinlichkeit kleiner als Eins angegeben werden.

[1] Die Symbolik für den stochastischen Knotenausgang erscheint nicht logisch. Die Erweiterung der Ausgangssymbolik auf drei Fälle ist grundsätzlich möglich (Czayka [Graphentheorie]), aber ungebräuchlich.

Knoten-Eingang \ Knoten-Ausgang	deterministisch (jede ausgehende Kante hat die Wahrscheinlichkeit Eins), Symbol ⊃	stochastisch (die Summe der Wahrscheinlichkeiten aller ausgehenden Kanten ist Eins), Symbol >
und: jede eingehende Kante ist erforderlich, Symbol (	1,1	1,2
einschließliches oder: eine der eingehenden Kanten ist erforderlich, Symbol <	2,1	2,2
ausschließliches oder: genau eine der eingehenden Kanten ist erforderlich, Symbol K	3,1	3,2

Abb. 4.3: Knotentypen in GERT-Netzwerken

Beim deterministischen Knoteneingang müssen alle den Kanten entsprechenden Aktivitäten realisiert sein, um das Knotenereignis auszulösen. Beim "exklusiv-oder"-Eingang darf nur eine von mehreren möglichen Aktivitäten eintreten, um das Ereignis auszulösen. Andere in den Knoten mündende Aktivitäten werden ausgeschlossen. Der "inklusiv-oder"-Eingang läßt es dagegen zu, daß mehrere Aktivitäten abgeschlossen werden, verlangt aber nur den Abschluß einer Aktivität, um das Knotenereignis auszulösen.

Damit werden schon die vielfachen Planungsmöglichkeiten deutlich, die in GERT-Netzwerken abgebildet werden können. Sie enthalten deshalb auch andere Typen von Netzwerken als Spezialfälle. Der mit (1,1) bezeichnete Knoten kommt in CPM- oder PERT-Netzwerken vor. Der Typ (1,2) ist in stochastischen Entscheidungsbäumen gebräuchlich, und die Typen (2,1) sowie (2,2) können in den DEMON-Netzwerken auftreten.

In Abb. 4.4 wird ein Beispiel für ein GERT-Netzwerk im Ausschnitt gezeigt. Mit Rechenergebnissen aus Simulationen über eine Produktentwicklung demonstriert Helber ([Einführung]) das Verfahren. Aus diesem Beispiel wird auch deutlich erkennbar, daß über Kantenparameter keineswegs nur einwertige Erwartungen zu bilden sind. Vielmehr können auch Verteilungen der Parameter berücksichtigt werden.

In GERT-Netzwerken können insbesondere berechnet werden:

(1) *Zeitpläne* für den erwarteten Zeitpunkt des Erreichens verschiedener Knoten, insbesondere von Endknoten, und seine Verteilung (und entsprechende Kostenpläne),

(2) *Wahrscheinlichkeitspläne* für die bedingten Wahrscheinlichkeiten des Erreichens verschiedener Knoten,

(3) maximale *erwartete Kapitalwerte und Verteilungen* von Kapitalwerten bezüglich alternativer geplanter Anfangszeitpunkte der Aktivitäten im Rahmen der in Zeitrechnungen erkannten Variationsmöglichkeiten, womit optimale flexible Projektdurchführungspläne bestimmt werden.

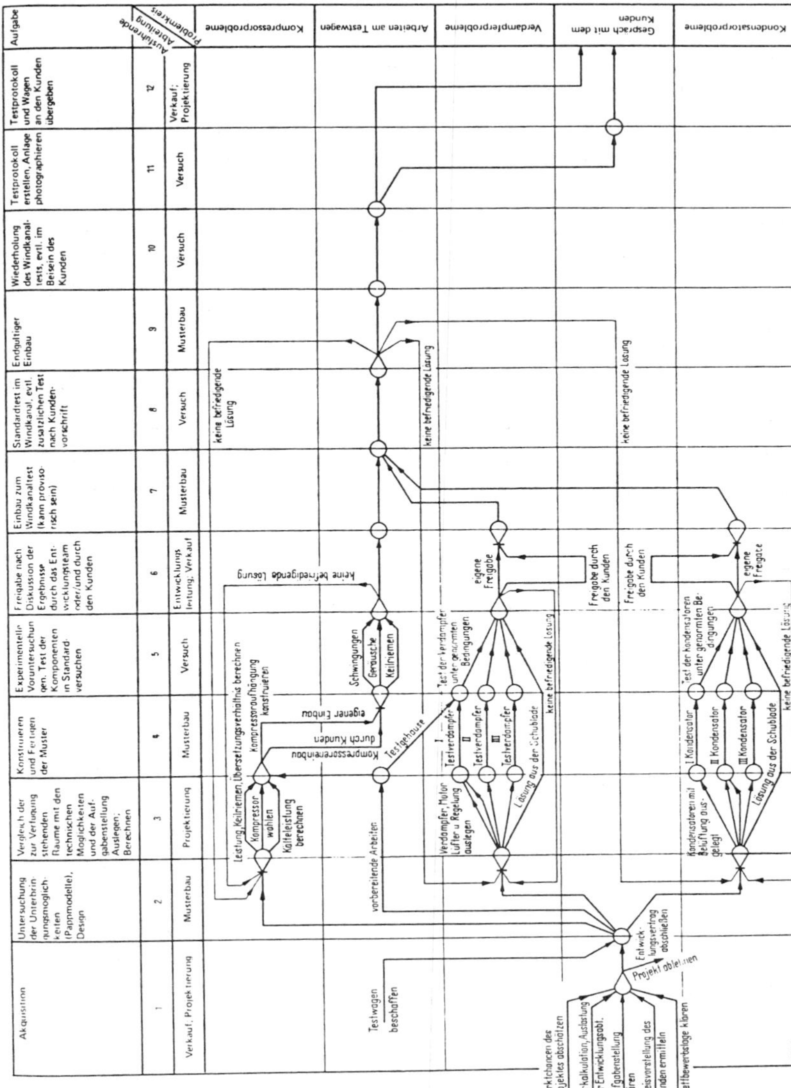

Abb. 4.4: GERT-Netzplan für die Entwicklung einer PKW-Kälteanlage (nach Sawitzki [Planung] 1135)

Während die ersten beiden Typen von Rechnungen schon relativ lange bekannt sind, ist der dritte Rechnungstyp auf der Grundlage von Simulationen erst in jüngerer Zeit durch Scheer [Projektsteuerung] entwickelt worden. Eine simultane Abstimmung zwischen verschiedenen Projekten bei beschränkten Kapazitäten ist aber noch nicht möglich. Eine heuristische Lösung dieses Problems ist die Häufigkeit des wiederholten Durchlaufens einzelner Knoten oder Aktivitäten, was durch die zugelassenen Rücksprünge zu erklären ist (Helber [Einführung] 71), und in einfachen Fällen analytisch, sonst ebenfalls im Rahmen von Simulationen zu bestimmen ist. Die rechnerische Behandlung von GERT-Netzwerken kann für Zeit- und Wahrscheinlichkeitspläne hier nur skizziert werden. Sie beruht auf dem Prinzip, das Netzwerk so in ein - an den Wertausprägungen der Parameter Wahrscheinlichkeit und Zeit (oder Kosten) gemessen - äquivalentes (oder homomorphes) Netzwerk umzurechnen, daß letztlich nur noch je eine Kante den Anfangsknoten mit den verschiedenen Endknoten verbindet. Diese können dann bezüglich der Zielkriterien verglichen werden. Für typische stochastische "Figuren" in den Netzwerken und die Annahme deterministischer Kantenparameter t_a, t_b gelten dabei die Regeln, die in Abb. 4.5 zusammengestellt sind. Ihre sukzessive Anwendung erlaubt die Beantwortung der den beiden ersten Rechnungstypen zugrunde liegenden Fragen. Eine Übertragung auf das Durchlaufen von Phasen der Produktentwicklung ist unmittelbar plausibel.

Nr.	Ausgangsstruktur	Äquivalente Zielstruktur	Wahrscheinlichkeitsäquivalent	Zeitäquivalent
1	p_a, t_a — p_b, t_b	P,T	$P = p_a p_b$	$T = E(T) = t_a + t_b$
2	p_a, t_a / p_b, t_b	P,T	$P = p_a + p_b$	$E(T) = (t_a p_a + t_b p_b)/(p_a + p_b)$
3	p_a, t_a / p_b, t_b	P,T	$P = p_a/(1-p_b)$	$E(T) = t_a + t_b p_b/(1-p_b)$
4	p_a, t_a — p_b, t_b / p_c, t_c	P,T	$P = p_a p_b/(1-p_a p_c)$	$E(T) = t_b + \frac{t_a + p_a p_c t_c}{1 - p_a p_c}$
5	p_a, t_a / p_b, t_b	P,T	$P = p_a + p_b - p_a p_b$	$T = \min(t_a, t_b)$ $E(T) = t_a p_a + t_b p_b + (\min(t_a, t_b) - t_a - t_b) p_a p_b$

t_a, t_b, t_c : deterministische Zeitdauer der Aktivitäten a, b, c,

p_a, p_b, p_c : Eintrittswahrscheinlichkeit der Aktivitäten a, b, c, bei jeweils sicherem Eintritt des Ausgangsknotens für die Aktivitäten.

Abb. 4.5: Äquivalente Umrechnungsregeln für GERT-Netzwerke mit deterministischen Zeitparametern (Grundformen und Beispiele)

Während die Errechnung äquivalenter Netzwerke bei einer geringen Zahl von Knoten mit "exklusiv-oder"-Eingang und "stochastischem" Ausgang analytisch und elementar möglich ist, bedient man sich bei großer Knotenanzahl für analytische Lösungen bestimmter Hilfsmittel (Mason-Regel, momenterzeugende Funktionen, w-Funktion (Völzgen [Netzwerkverfahren]). Obwohl bestimmte andere Knoten in die für analytische Rechnungen erforderliche Form gebracht werden können, wird man bei ihrem Auftreten die simulative Lösungsermittlung vorziehen.

Um die Vorgehensweise bei der Simulation eines GERT-Netzwerks zu demonstrieren, soll ein besonders einfaches Beispiel gewählt werden (Abb. 4.6).

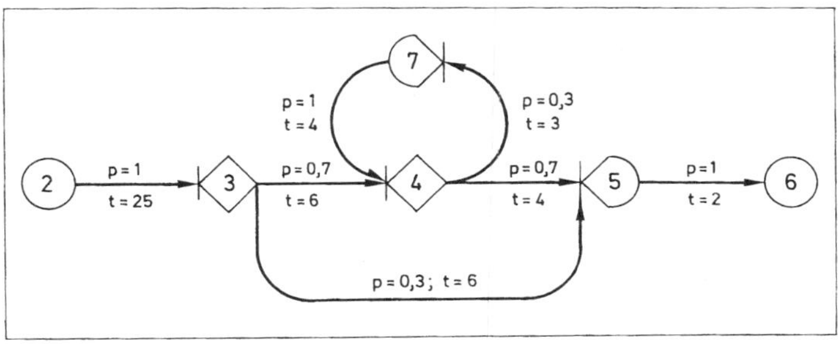

Abb. 4.6: Beispiel eines GERT-Netzwerkes

Die Aktivitäten beginnen mit dem Knoten 2 und enden mit dem Knoten 6. Jede Kante ist sowohl durch die Wahrscheinlichkeit ihres Eintretens (p) als auch durch ihre Dauer gekennzeichnet. Es wird der Einfachheit halber hier angenommen, daß die Zeitdauer für die Erledigung der einzelnen, durch die Kanten bezeichneten Arbeiten deterministisch gegeben ist, mit Ausnahme der Kante vom Knoten 4 zum Knoten 5, wofür eine Normalverteilung mit einer Varianz von 6 unterstellt ist.

Simuliert man 1000 Durchläufe, so findet man unter anderem:

(1) Der Endknoten 6 wird frühestens nach 33 Zeiteinheiten erreicht, im Mittel werden 38,68 Zeiteinheiten mit einer Streuung von 7,19 Zeiteinheiten benötigt.

(2) Der Knoten 7 wird im Durchschnitt in 213 von 1000 Fällen erreicht, während die errechnete Wahrscheinlichkeit 0,7 · 0,3 = 0,21 ist. Die mittlere Zeitdauer dafür ist 37,77 mit einer Streuung von 7,10. Diese Abweichung vom Minimalwert erklärt sich daraus, daß die Schleife von Knoten 4 über 7 zu 4 zurück grundsätzlich beliebig oft durchlaufen werden kann.

(3) Der Knoten 5 kann von Knoten 3 oder Knoten 4 aus erreicht werden. Die minimale Zeit dafür ist 6 Perioden. Der Erwartungswert erreicht 11,69 Perioden mit einer Streuung von 7,19, weil auch die Möglichkeit des Weges über 4 und des Umweges über 7 zu berücksichtigen ist.

Diese Rechnungen können auf die Berücksichtigung weiterer Parameter, z. B. der Kosten an den Kanten, weiterer Verteilungstypen für die Parameter oder Kapazitätsgrenzen ausgedehnt werden. Für die Ergebnisse können wahlweise auch Histogramme ausgegeben werden, um ein Verteilungsbild zu erzeugen. Für die Zeitdauer bis zum Erreichen des Knotens 6 ergibt sich z. B. das Histogramm der Abb. 4.7.

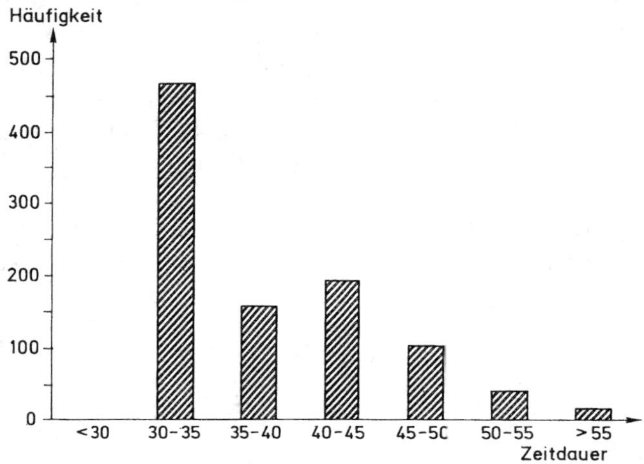

Abb. 4.7: Häufigkeitsverteilung der Zeitdauer bis zum Erreichen von Knoten 6 im GERT-Beispiel (Simulationsergebnisse)

Die Anwendung von GERT-Netzplänen kann auch zur Beurteilung und Auswahl aufbau- und ablauforganisatorischer Gestaltungsalternativen herangezogen werden (de Pay [Informationsmanagement]). Freilich sind für die Lösung der Probleme bisher dieVariablenwerte angenommene Werte. An empirischen Grundlagen zur Abschätzung der Kosten und Zeiten der Alternativen fehlt es noch weitgehend.

Nach dieser Skizze der Möglichkeiten zur planerischen Bewältigung der Probleme der Produktentwicklung im *Übergang* zwischen den Phasen wollen wir uns nun wirtschaftlichen Planungsproblemen *in* einzelnen Phasen zuwenden.

> *Die Vielzahl der Einzelaktivitäten macht ihre Planung erforderlich, wobei es zweckmäßig ist, den stochastischen Charakter dieser Aktivitäten in der Planung zu berücksichtigen. Die Planung sollte es ermöglichen, die Folgen einer Beschleunigung oder einer Verzögerung der Prozesse zu bewerten. Die Planung beruht auf flexiblen Netzwerktechniken, insbesondere GERT.*

Aufgabe zu Abschnitt 4

Aufgabe 4.1

Die Reduktion von GERT-Netzplänen erfordert selbst dann erhebliche Übung, wenn die Kantenparameter (wie im Text dargestellt) für die Zeit- oder Kostenschätzungen lediglich als Erwartungswerte oder Konstanten gegeben sind. Das folgende Beispiel vermittelt einen kleinen Einblick in die Schwierigkeiten. Es ist sehr stark vereinfacht und damit kein homomorphes Abbild der Realität. In der Realität auftretende Netzpläne werden praktisch immer den Einsatz von Simulationsverfahren erfordern. Das Beispiel findet sich mehrfach in der Literatur (z. B. Sawitzki [Planung] 1133-1135; Geschka [Forschung] 219). Bedeutung der Symbole: p ist die Wahrscheinlichkeit für die Ausführung einer Aktivität, t die Zeitdauer für die Ausführung einer Aktivität.

(a) Interpretieren Sie den Netzplan.

(b) Reduzieren Sie den Netzplan schrittweise nach den in Abb. 4.6 des Textes gegebenen Regeln, bis nur noch je eine Kante vom Ausgangsknoten 1 zu den Endknoten 3 und 5 verbleiben. Geben Sie die Kantenparameter an.
(Lösungshinweis: Bei den Reduktionen beginnt man mit der Auflösung von Schleifen, verkürzt dann die Wege soweit möglich und beseitigt anschließend Parallelaktivitäten, soweit diese zwischen identischen Anfangs- und Endknoten bestehen.)
(Eine Lösung ist angegeben.)

(c) Interpretieren Sie das Ergebnis.

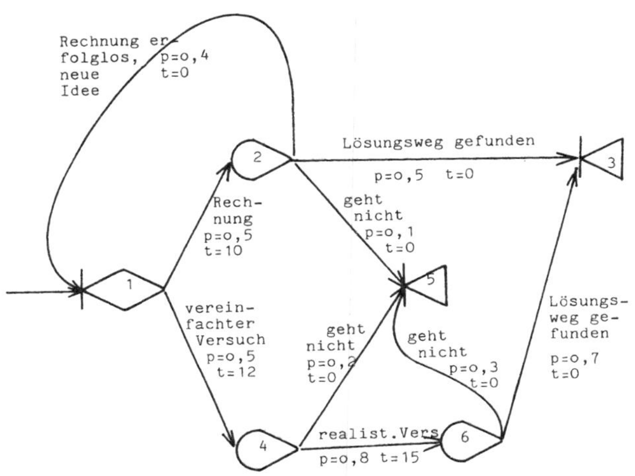

5. Produktideen und Produktgestaltung

5.1 Anlässe für die Suche nach Produktideen

Die Enka AG, Wuppertal (seit 1988 Akzo AG), ist aus einem Unternehmen erwachsen, das herkömmlich als Produzent von Synthesefasern bekannt war. Heute entfällt weniger als ein Viertel aller Aktivitäten auf die "textilen Krisenprodukte", wie sie der Vorstand des Unternehmens selbst nennt. Wegen der Absatzkrise bei Synthesefasern hat das Unternehmen neue Arbeitsgebiete aufgebaut, unter anderem die Membrantechnik. Mit Cuprophan-Membranen, deren Entwicklung mit der Kunstseide-Entwicklung verbunden ist, konnten Dialyse-Geräte und künstliche Lungen zum Einsatz bei Herz-Operationen entwickelt werden.

Was kann das Unternehmen zu diesem überraschenden Ausbruch aus seinen herkömmlichen Tätigkeitsfeldern bewogen haben? Wie könnten solche Tätigkeitsfelder entdeckt werden? Das sind Fragen, denen wir uns in diesem Abschnitt zuwenden.

In der strategischen Unternehmensplanung werden aus den Zielvorstellungen Anforderungen an Umsatz- und Gewinnverläufe über die Zeit abgeleitet. Unter Berücksichtigung vom Unternehmen unbeeinflußbarer Entwicklungsschranken (Brockhoff [Wachstumsschwellen]) sind diese Verläufe zunächst zu korrigieren. Nach einer solchen Korrektur wird i. d. R. eine als *strategische Lücke* (gap, Planungslücke) bezeichnete Differenz zwischen geplantem Umsatz oder Gewinn und dem *Basisgeschäft* (momentum) festgestellt (Kreikebaum [Potentialanalyse] 259), das sich aus der künftigen Entwicklung des derzeitigen Absatzprogramms ergibt. Die Feststellung des *Umsatz- oder Gewinnverlaufs des Basisgeschäfts* kann die Fortschreibung der Wirkungen der bereits beschlossenen, aber noch nicht umsatz- oder gewinnwirksamen strategischen Maßnahmen enthalten. Unter diesen Bedingungen wird die Umsatz- und Gewinnprognose des Basisgeschäfts vom Planungszeitpunkt oder von einem bestimmten künftigen Zeitpunkt an einen fallenden Verlauf zeigen.

Diese Entwicklung kann in erster Linie deshalb vermutet werden, weil Umsatz und Gewinn der Produkte über die Zeit nicht kontinuierlich wachsen oder konstant bleiben. Vielmehr zeigen sie häufig einen charakteristisch ausgeprägten Verlauf, der sich aus dem sog. *Lebenszyklus der Produkte* ableitet und Phasen des Absatzrückgangs enthält.

Produktlebenszyklus

Der *Produktlebenszyklus* ist der in der Vergangenheit festgestellte oder für die Zukunft - unter den Bedingungen, die auch für die Feststellung des Basisgeschäfts gelten - erwartete Verlauf des Absatzes eines Produktes während des gesamten Zeitabschnitts, in dem sich das Produkt am Markt befindet. Die Absatzmessung muß immer an einer bestimmten Stelle des Distributionsweges für das Produkt erfolgen. (Tatsächlich kann ein Vergleich der Messungen an verschiedenen Stellen interessante Aufschlüsse für die Distributionspolitik geben, die hier nicht weiter erörtert werden.)

Die Beobachtung des Absatzes von Verbrauchsgütern läßt, bei Ausschluß von Saison- und Zufallsschwankungen, meist unsymmetrische, eingipflige Kurven erkennen. Aufgrund von Ersatzbeschaffungen können bei Gebrauchsgütern auch mehrgipflige Kurven auftreten, wenn das jeweilige Produkt ausreichend lange angeboten wird, um die Ersatznachfrage wirksam werden zu lassen. In der Abb. 5.1 wird ein typischer Verlauf für zwei PKW-Typen eines Herstellers gezeigt. Der dargestellte errechnete Kurvenverlauf entspricht der Funktion

(1) $A(t)=a_0 t^{a_1} e^{-a_2 t}$

mit A(t) dem preisbereinigten Absatz, $t \geq 0$ der Zeit, gemessen vom Zeitpunkt der Markteinführung ($t = 0$) an, und den Parametern a_0, a_1, $a_2 > 0$. Der Parameter a_2 kann als derjenige Anteilssatz des Absatzes einer Periode angesehen werden, der durch Vergessen, Unzufriedenheit usw. dem betrachteten Produkt verlorengeht. Der Parameter a_1 läßt sich als Summe des über alle unterscheidbaren Käufergruppen genommenen Produktes aus der Intensität des Kontaktes der potentiellen Käufer einer Käufergruppe mit dem Produkt, ihrer Kaufwahrscheinlichkeit bei gegebenem Kontakt und ihrer relativen Verbrauchsintensität, bezogen auf einen Durchschnitt, interpretieren (Luhmer [Begründung]). Der rein zeitabhängige Absatzverlauf ist ein extrem vereinfachtes Modell der Diffusion neuer Produkte in einem Markt. Prognostische Vorstellungen über die erwartete Diffusion sind erst möglich, wenn man Vorstellungen über die Parameter hat oder über von ihnen unmittelbar bestimmte Größen, wie etwa den Zeitpunkt des Erreichens des Umsatzmaximums t* ($t^* = a_1/a_2$). Die "mechanistische" Vorstellung des Modells (1) ist für Prognosezwecke zu eng und deshalb deutlicher Kritik ausgesetzt (Meffert [Marketing] 333).

Diffusionsmodell

Ein anderes mechanistisches *Diffusionsmodell* hat Bass [Product] vorgelegt. Es richtet sich auf die Erklärung des Absatzverlaufs ganzer Produktgruppen. Das ergibt sich aus den speziellen Modellbedingungen (z. B. werden Wettbewerber nicht explizit berücksichtigt). Es wird angenommen, daß sich die Absatzmengen A(t) aus dem Absatz an zwei Käufergruppen addieren: den Innovatorenkäufern, die grundsätzlich an Neuem interessiert sind, und den Imitatorenkäufern, die auf die beobachtbare Verbreitung des Produktes in der Vergangenheit reagieren. Gegenstand des Modells sind Gebrauchsgüter, von denen jeder Käufer in der betrachteten Periode höchstens einmal eine bestimmte Menge erwirbt. Das Marktvolumen M ist konstant. Damit ergibt sich der Diffusionsverlauf aus:

$$(2)\quad A(t)=a_1 \underbrace{\left[M-\sum_{\tau=1}^{t-1} A(\tau)\right]}_{\substack{\text{Nicht gesättigtes}\\ \text{Nachfragepotential}}}+a_2 \underbrace{\left[\sum_{\tau=1}^{t-1} A(\tau)/M\right]}_{\substack{\text{Relative}\\ \text{Marktsättigung}}}\left[M-\sum_{\tau=1}^{t-1} A(\tau)\right]$$

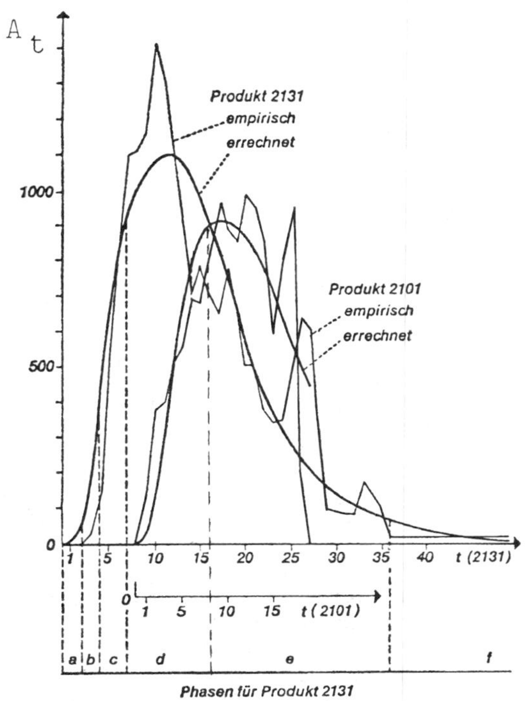

Abb. 5.1: Lebenszyklus von zwei Produkten (PKW, Daimler Benz AG)

Der erste Summand zeigt das jeweils nicht gesättigte Nachfragepotential, das noch erreicht werden kann. Davon wird in der Periode t der Anteil a_1 zum Kauf veranlaßt. Mit fortschreitender Zeit wird der dadurch erzielbare Absatz immer kleiner. Im zweiten Summanden wirkt dieser Effekt mit der zunehmenden relativen Marktsättigung multiplikativ zusammen. Das kann als mit der Zeit zunehmender Druck auf die verbleibenden Nicht-Käufer interpretiert werden. Der Verlauf von A(t) hängt nun wesentlich von der Ausprägung von a_2 ab (denn man kann den Einfluß des ersten Parameters neutralisieren, indem man die Gleichung durch ihn dividiert).

An diesem Modell wird besonders kritisiert, daß

- das Marktvolumen konstant ist,
- absatzpolitische Instrumente keine Bedeutung haben und ihre Berücksichtigung über die Modellparameter a_1 bzw. a_2 unzulässig ist, weil dadurch eine Überlagerung von Käuferstrukturmerkmalen und Diffusionsgeschwindigkeit auftritt (Schmalen, Binninger, Pechtl [Diffusionsmodelle]),
- keine Wettbewerber berücksichtigt werden,
- jeder Nachfrager nur höchstens einmal während des Diffusionsvorganges kauft,
- eine zu grobe Unterscheidung von nur zwei Käufertypen oder Marktsegmenten vorliegt,
- deren Marktpotentiale auch nicht differenziert betrachtet werden und
- die Parameter gleichzeitig mehrere Erklärungsaufgaben zu übernehmen haben, was unplausible Marketing-Empfehlungen begründen kann.

Daher ist im Laufe der Zeit eine große Anzahl von Vorschlägen entwickelt worden, um - nicht zuletzt auch im Lichte einiger unplausibler Überprüfungsergebnisse - zu realitätsnäheren Ansätzen zu kommen.

Beispielsweise ist die Einbeziehung von Marketing-Mix-Variablen besonders erwünscht. Es ist sinnvoll, sie multiplikativ mit der Dichtefunktion der Diffusion zu verknüpfen (Bass, Krishnan, Jain [Model]). Bei einem solchen Vorgehen wird auch deutlich, daß das "klassische" Bass-Modell einen Spezialfall darstellt, bei dem implizit identische Wirkungen des Marketing-Instrumentariums in jeder Periode unterstellt sind. Andere Modellerweiterungen betreffen die Berücksichtigung von Wettbewerbern (Parker, Gatignon [Effects]) oder die Gewichtung der relativen Marktsättigung durch einen zusätzlichen Potenzparameter (a_3) (Easingwood [Product]) und die Einführung eines gewichteten, zeitabhängigen Marktpotentials. Damit wird die dem Bass-Modell implizite Symmetrie der Dichtefunktion der Diffusion zugunsten links- oder rechtsschiefer Dichtefunktionen beseitigt. Inhaltlich bedeutet dies, daß der Potenzparameter anzeigt, ob der durch den erreichten Marktsättigungsgrad ausgeübte soziale Druck auf die bisherigen Nichtkäufer überproportional ($a_3 > 1$) oder unterproportional ($a_3 < 1$) wirkt. Tab. 5.1 zeigt Beispiele für die Ausprägungen von Parametern in US-amerikanischen Diffusionsverläufen. So ergibt sich folgende Verallgemeinerung des Bass-Modells (Parker [Models]):

$$(3)\quad A(t) = \left(a_1 + a_2 \left[\sum_{\tau=1}^{t-1} A(\tau)/M(t) \right]^{a_3} \right) \left[M(t) - \sum_{\tau=1}^{t-1} A(\tau) \right].$$

Zur Erweiterung des Grundmodells um Ersatzkäufe ist die Addition eines Gliedes vorgeschlagen worden, das die Ersatzkaufmenge zeitversetzt von der erreichten Diffusion (also $\int A(t)dt$) und einem weiteren Faktor für das Marketing-Mix abhängig macht (Mesak, Berg [Replacement]).

Auch die Frage nach dem Partizipations- oder Kannibalisierungseffekt nachfolgender Produktgenerationen im Diffusionsprozeß, die für die Planung von Produktdifferenzierungen zu beantworten ist, hat für Märkte mit kurzen Produktlebenszyklen hohe Bedeutung für die Wettbewerbsfähigkeit. Man kann sich das für Generationen von Speicher-Chips vorstellen. Hierfür ist auf Grundlage des Bass-Modells eine entsprechende Erweiterung (Bass, Norton [Diffusion]) entwickelt worden; ein für die Erklärung der Diffusion in verschiedenen Ländern entwickelter Ansatz kann ebenfalls hierfür genutzt werden (Sartorius [Exportmarketing]).

Tab. 5.1: Beispiele für verschiedene Lebenszyklus-Typen und die Zeitdauer bis zur Erreichung von 75% Sättigung in Jahren (in Klammern)

	$0 < a_3 < 0{,}8$	$0{,}8 < a_3 < 1{,}2$	$1{,}2 < a_3 < 2{,}0$
$0{,}8 < a_2 < 1{,}4$	Medizinische Scanner (7,1)	Mammographie, Programmierter Unterricht (3,5)	Ultraschall-Untersuchung (11,2)
$0{,}4 < a_2 < 0{,}8$	Maisanbau in verschiedenen Bundesstaaten, Farbfernsehen (4,7)	-- (9,8)	-- (14,9)
$0{,}0 < a_2 < 0{,}4$	S-W-Fernseher, Bootsanhänger, Wäschetrockner (10,9)	Motels (20,5)	Spülmaschinen (28,4)

(grau) eher rechtsschiefe Verteilung — (weiß) eher linksschiefe Verteilung

Quelle: Nach (Easingwood [Product] 4,7).

Der Umfang der Veröffentlichungen zum Diffusionsmodell von Bass und seinen Erweiterungen ist kaum mehr überschaubar. Übersichtsartikel liefern deshalb gute Orientierungshilfen (Parker [Models]; Mahajan, Muller, Bass [Models]). Auch die Schätzmethodik der unbekannten Parameter ist mehrfach verbessert worden (Xie et al. [Filter]).

Nicht alle möglichen Erweiterungen des Bass-Modells sind schon getestet worden (Böcker, Gierl [Diffusion]; Mahajan, Muller, Bass [Diffusion]). Auch im Grundmodell sind Parameterschätzungen mit wenigen Beobachtungen, wie sie insbesondere für die Prognose der Diffusion *neuer* Produkte notwendig sind, wenig stabil (Balasubramanian, Ghosh [Product], wo dies auch für 11 bis 13 Beobachtungen gilt). Selbst wenn die Parameter in Erklärungsmodellen stabil zu sein scheinen, muß dies noch nicht für gute Prognosen sprechen. Das ist für Diffusionen im PC-Markt gezeigt (Gierl [Diffusionsforschung]) und wesentlich grundsätzlicher aufgrund von Metaanalysen sowie Simulationen diskutiert worden (Van den Bulte, Lilien [Bias]). Zur Verbesserung sind deshalb Hilfsverfahren vorgeschlagen worden, durch die plausible "Stützpunkte" für die Prognosefunktion vorgegeben werden. Ein solcher Stützpunkt ist beispielsweise der Zeitpunkt für das Erreichen des maximalen Absatzvolumens je Periode (Mahajan, Muller, Bass [Diffusion]). In vielen Fällen der Einführung neuer Produkte werden aber auch diese Größen nicht ohne weiteres feststellbar sein. Deshalb werden dann Testmarktinformationen gesammelt, um die Parameter abschätzen zu können (vgl. Abschn. 8). Teilweise sind dafür wieder sehr vereinfachte Vorstellungen vom Diffusionsverlauf entwickelt worden (Fourt, Woodlock [Prediction]), die als Spezialfälle der hier genannten Diffusionsmodelle verstanden werden können.

Marketing-Mix-Modelle der Diffusion

Statt solcher Vereinfachungen kann aber auch eine alternative Modellentwicklung vorgenommen werden, die die oben dargestellten Kritikpunkte vermeidet. Dieser Weg ist im Rahmen eines von vornherein als Marketing-Mix-Modell der Diffusion angelegten Ansatzes verfolgt worden (Schmalen [Marketing-Mix]). Er ist vielfach zu Simulationsrechnungen herangezogen worden. Bei der Anpassung an empirische Daten sind Operationalisierungsprobleme zu lösen (z. B. für die Messung des die Diffusion beeinflussenden Neuigkeitsgrades eines Produktes) und genügend Beobachtungen entsprechend der Vielzahl der Parameter erforderlich.

Das generelle Dilemma der Diffusionsprognose für neue Produkte wird damit sehr deutlich: Die Berücksichtigung vieler Einflußgrößen in den Modellen erfordert viele Beobachtungen und kommt dabei tendenziell mit guten Prognosen zu spät. Werden weniger Einflußgrößen und weniger Beobachtungen benutzt, kommt man tendenziell mit schlechten Prognosen ausreichend früh.

Diffusionsphasen

Der Diffusionsverlauf wird meist nach pragmatischen Gesichtspunkten in Phasen unterteilt. Wir zeigen eine solche Phaseneinteilung auf der Grundlage des Produktlebenszyklus. Es hat sich durchgesetzt, die Zeitachse dabei in vier bis sechs Abschnitte einzuteilen. Sie werden wie folgt benannt und abgegrenzt (vgl. Abb. 5.1):

(a) Einführungsphase: Sie beginnt mit der Markteinführung des Produktes und endet gewöhnlich, wenn die Gewinnschwelle erreicht wird.

(b) Wachstumsphase: Sie schließt an die Einführungsphase an und endet beim Erreichen des ersten Wendepunktes der Funktion A(t). Teilweise wird ihr Ende auch als der Zeitpunkt festgestellt, bei dem ein Gewinnmaximum erreicht wird.

(c) Reifephase: Sie schließt an die Wachstumsphase an und soll vor Erreichen des Absatzmaximums enden, z. B. in t_1, so daß die Differenz zwischen dem maximalen Absatz $A^* = \max(A(t))$ und $A(t_1)$ einen vorgegebenen Wert δ erreicht: $A^* - A(t_1) = \delta$.

(d) Sättigungsphase: Sie gilt für alle Perioden, in denen $A^* - A(t) < \delta$.

(e) Schrumpfungsphase: Sie schließt an die Sättigungsphase an und endet, wenn die Grenzumsätze $0 > dA/dt \geq \varepsilon$ sind, wobei $\varepsilon < 0$ und absolut genommen ein kleiner Wert ist.

(f) Produktversteinerungsphase: Sie beginnt am Ende der Schrumpfungsphase und dauert bis zur Produktelimination.

Diese Festlegungen erfolgen für Produkte, die einen ganzen Produktlebenszyklus durchlaufen. Sie können bei den gegebenen Definitionen nur ex post exakt identifiziert werden. Die Bezugnahme auf *ein* Produkt schließt grundsätzlich produktpolitische Maßnahmen bei der Lebenszyklus-Betrachtung aus. Allerdings lassen sich Produktvariationen als additive Überlagerungen eines Grundzyklus und mehrerer durch den jeweiligen Relaunch ausgelöster sekundärer Produktlebenszyklen darstellen. (Ein Beispiel hierfür bietet die Geschichte der Seife Fa, die mehrere, z. T. durch das Produktmarktraum-Modell (vgl. Abb. 2.9) gestützte Relaunches durchgemacht hat.)

Die Phasenabgrenzung dient als Anknüpfungspunkt für die Diskussion *phasenabhängiger Wirkungsunterschiede* der anderen *absatzpolitischen Instrumente* (Mickwitz [Marketing]; Kotler [Strategies]; Moore, Pessemier [Product] 72). Diese Wirkungsunterschiede sind nicht direkt auf Zeitabhängigkeit zurückzuführen, sondern auf die mit unterschiedlicher Reaktionsstärke auf einen

Instrumenteneinsatz reagierenden Käuferschichten und deren im Laufe des Lebenszyklus wechselnde Zusammensetzung (Schmalen [Marketing-Mix]). Insbesondere die Schrumpfungsphase wird durch Bedürfniswandel der Käufer oder die Einführung und Verbreitung überlegener Konkurrenzprodukte erklärt. Sind die Konkurrenzprodukte eigene Produktdifferenzierungen, so wird die beobachtete Wirkung auf das früher etablierte Produkt als Kannibalisierung bezeichnet.

Die oben dargestellten produktpolitischen Alternativen (Abb. 2.2 im Abschn. 2.1) treten schwerpunktmäßig in bestimmten Phasen des Produktlebenszyklus auf. Der Lebenszyklus wird mit der Einführung einer Produktentwicklung gestartet. In der Wachstumsphase werden Produktdifferenzierungen vorkommen, in der Reife- und Sättigungsphase sind Produktvariationen besonders häufig zu beobachten. Das Erreichen des Maximums im Produktlebenszyklus einer Produktentwicklung und der Eintritt in die Schrumpfungsphase können durch die Einführung von "Sparmodellen" zur Erschließung neuer Käuferschichten, also weitere Produktdifferenzierung, oder durch Diversifikation gekennzeichnet sein, letzteres besonders dann, wenn der Produktlebenszyklus weitgehend mit dem Lebenszyklus für die ganze Produktgruppe übereinstimmt. In der Schrumpfungs- oder der Versteinerungsphase wird das Produkt vom Markt zurückgezogen. Es wird beobachtet, daß diese Phasen für viele Produkte immer schneller erreicht werden, d. h.: die Produktlebenszyklen verkürzen sich.

Bei der Produktelimination der Illustrierten "Quick" im Jahre 1992 wurde beispielsweise bemerkt, daß

- Lebenszyklen von Zeitschriften immer kürzer würden,
- Fernsehen und eine zunehmende Zahl von Zeitschriften das Überleben der "Quick" unmöglich machten und
- der Erosionsprozeß der verkauften Auflage nicht aufzuhalten sei (o. V. [Wettbewerbswind)].

Diffusion und strategische Lücke

Wenn Produktlebenszyklen tatsächlich etwa den hier dargestellten Verlauf haben, ist damit die Annahme eines auf lange Sicht abnehmenden Basisgeschäfts zu erklären. Das ist leicht zu erkennen, wenn man gleiche Produktlebenszyklen von Produkten überlagert, die in regelmäßigen Zeitabständen eingeführt werden. Geht man davon aus, so kann nicht einmal diese regelmäßige Einführung neuer Produkte und eine ebenso regelmäßige Produktelimination in der Versteinerungsphase ein Unternehmenswachstum sichern. Unter den genannten Bedingungen kann nur eine Stagnation nach einer Wachstumsphase erreicht werden; das ist weniger, als häufig auch in der Literatur (Pessemier [Product] 1) vermutet wird. Tatsächlich wird aber festgestellt, daß in vielen Fällen von

Gebrauchsgütern die Ausdehnung der beiden ersten Phasen des Produktlebenszyklus ebenso deutlich abnimmt (Qualls, Olshavsky, Michaels [Shortening]) wie der gesamte Lebenszyklus (die Marktperiode) bei Investitionsgütern (Goldstein [Integrating] zeigt dies für Analysegeräte). Damit wird die Wahrscheinlichkeit des Entstehens strategischer Lücken deutlich vergrößert.

Zu ihrer Auffüllung bieten sich vor allem drei Produkt-Markt-Strategien an, die uns schon geläufig sind (Abb. 3.2 in Abschn. 3.3):

(1) Marktentwicklung,

(2) Produktvariation und

(3) Produktentwicklung.

Insbesondere der Strategie (3) wird hohe Bedeutung zugemessen (Albach [Anforderungen] 10 ff; Kreikebaum [Potentialanalyse] 269). Produktvariation und -differenzierung setzen aber voraus, daß sie auf geeigneten Produktideen für Produktentwicklungen aufgebaut werden können.

Die Generierung von Produktideen hat ihren Anlaß also vor allem in dem Versuch, strategische Lücken zu schließen. Strategische Lücken entstehen aus den Abschwungphasen in Lebenszyklus- oder Diffusionsverläufen. Ihre Schließung erfordert produktpolitische Maßnahmen.

5.2 Generierung von Produktideen

Generierung von Produktideen ist der Oberbegriff zweier Aktivitäten: einer aktiven *Ideensuche* und einer passiven *Ideenfindung*. Bei der passiven Vorgehensweise verläßt sich die Unternehmensleitung darauf, daß ihr aus dem Unternehmen oder aus seiner Umwelt Produktideen ohne systematische, gezielte Suchanstrengungen zugehen. Durch die Ausgestaltung des Kommunikationssystems ist für den Zugang von Nachrichten über Produktideen und eine Speicherung der zum Zeitpunkt des Zugangs nicht genutzten Ideen zu sorgen. Diese Vorgehensweise verspricht keine große Ausbeute von Produktideen, ist aber auch nicht aufwendig. Sie empfiehlt sich, wenn in der strategischen Planung allenfalls eine kleine Lücke festgestellt wird.

Die Ideensuche kann zunächst frei, das heißt ohne die Festlegung eines bestimmten Suchfeldes, erfolgen. Die dafür veranstalteten "Ideenjagden" und die dazu angelegten "Ideenspeicher" erweisen sich aber nur selten als erfolgreich, weil im ersten Fall die Realisierbarkeit unbeachtet bleibt und damit auch die für einen Produkterfolg wichtigen Synergieeffekte (vgl. Tab. 1.3 im Abschn. 1.1) unberücksichtigt bleiben. Im zweiten Fall besteht die Gefahr, daß der Speicher zum Ideenfriedhof verkümmert, weil die Abfrage nicht aktiviert wird oder die aktivierte Abfrage zu häufig erfolglos verläuft (Goldberg [Pflege] 568). Es ist deshalb sinnvoll, eine spezifische oder gerichtete Ideensuche zu betreiben. Drucker [Innovation] nennt sieben dafür besonders geeignete Ansatzpunkte:

(1) Das Unerwartete, d. h. die konsequente Ausbeutung unerwarteter Erfolge, die sorgfältige Analyse von Fehlschlägen und die Beachtung von Ereignissen außerhalb der etablierten Marktgrenzen, die für das eigene Angebot bedeutend werden können. Hier könnte auch die systematische Auswertung von Beschwerden zugeordnet werden.

(2) Die Widersprüche zwischen Soll und Ist, soweit sie nicht in die schon behandelte Kategorie der Fehlschläge fallen. Sie können im Ablaufrhythmus von Prozessen, im Unterschied zwischen subjektiver Perzeption und objektiv Gemeintem, in wirtschaftlichen Prozessen usw. entdeckt werden.

(3) Die Prozeßverbesserung und -einrichtung durch die Vermeidung von Engstellen.

(4) Die Suche nach den Chancen, statt der Betrachtung von Bedrohungen, die aus Änderungen von Markt- und Branchenstrukturen resultieren.

(5) Die Einstellung auf demographische Änderungen.

(6) Die zeitgerechte Erfassung bedeutender Meinungs- und Einstellungsänderungen.

(7) Die Kombination neuen Wissens mit bekanntem Wissen.

Das sind recht allgemein gehaltene Ansatzpunkte, die durch weitere Arbeiten zu konkretisieren sind. Die Ideensuche ist durch Maßnahmen in Gang zu setzen, die individuell oder organisatorisch ausgerichtet sein können. Im einzelnen werden genannt:

(1) Systematische Befragung von Beiräten,

(2) wettbewerblich gestaltete Lesesysteme der Fachliteratur durch Mitarbeiter,

(3) Aktivierung des Bibliothekpersonals,

(4) Schaffung von Anreizen zur Weiterbildung für die Verfolgung von Ideen,

(5) Einrichtung von Verfügungsstäben oder Produktgruppen,

(6) Schaffung von Assistentenstellen bei der Geschäftsleitung zur Wahrnehmung der Informationstransferaufgaben für neue Ideen (Goldberg [Pflege] 568 ff.).

Einige Unternehmen haben in jüngster Zeit auch besondere Innovationsbeauftragte für die Ideensuche und Durchsetzung ernannt. Kundenideen für neue Produkte können durch Diskussionen in Focus-Gruppen, Messegespräche, Auswertung von Außendienstberichten sowie die Einrichtung von chat rooms im Internet aufgenommen werden. Freilich äußern Käufer komplexer Produkte, z. B. Software, vielfach Ideen, die, von ihnen unerkannt, bereits verwirklicht sind (Brockhoff [Kunde]).

Auch die Organisation und Aktivierung des betrieblichen Vorschlagswesens (das sich allerdings primär auf Verbesserungen des Produktionsprozesses richtet) (Reißinger [Vorschlagswesen]; Thom [Vorschlagswesen]), die Unterstützung von Arbeitnehmererfindungen (Hoffmann, Bühner [Arbeitnehmererfindungen]; Leptien [Anreizsysteme]), die Konkurrenzbeobachtung, zum Beispiel beim Besuch von Tagungen, Messen oder Ausstellungen, die Nutzung von Datenbanken oder die Beachtung von Ideenpools, wie sie in der Wirtschaftspresse erscheinen oder von Institutionen, etwa dem RKW, angeboten werden, bieten weitere Ansatzpunkte zur Ideensuche. In jedem Falle muß man sich darüber klar sein, daß die systematische Ideensuche Kosten verursacht, weil ihre verschiedenen Träger mit Ressourcen auszustatten sind, um die ihnen gestellten Aufgaben zu bewältigen. Da das betriebliche Vorschlagswesen häufig auf Neuerungen im Produktionsprozeß zielt, bedarf die Anregung von Produktneuerungen besonderer Anstrengungen. So ist bei Mercedes Benz ein "Ideenhaus" eingerichtet worden, um Produktinnovationsideen wirksam zu verfolgen.

Es ist besonders erwünscht, daß die Ideensuche bei Bedarf gesteuert, d. h. insbesondere angeregt werden kann. Um solche Möglichkeiten zu erkennen, wäre eine geschlossene Theorie der Kreativität von Einzelnen oder Gruppen sehr hilfreich. Sie liegt aber hinsichtlich der uns interessierenden Phänomene nur in Ansätzen vor (Rickards et al. [Creativity]; Michael [Produktideen]; Baker, Langmeyer, Sweeney [Idea Generation]; Jehle [Kreativitätsstrategie]). In vielen Versionen liegen allerdings Kreativitätstechniken vor, von deren Anwendung man sich eine Kreativitätssteigerung verspricht (Schlicksupp [Ideenfindung]; Nieschlag, Dichtl, Hörschgen [Marketing] 200 ff.).

Geschka [Problemlösungstechnik] hat vier Gruppen von Kreativitätstechniken gebildet, die durch Variationen von zwei Prinzipien entstehen: die Art der Kreativitätsförderung und die Art der Auslösung für Ideen (vgl. Abb. 5.2). Die einzelnen Vorgehensweisen sollen hier nicht erläutert werden.

Von den vielen Verfahren sind in der Praxis nur das Brainstorming und die - in der Konstruktionslehre häufig vermittelte - Funktionsanalyse oder der morphologische Kasten verbreitet. Tatsächlich scheinen auch diese Methoden nur selten zum Einsatz zu kommen. Schelker hat bei schweizerischen Unternehmen ermittelt, daß nur 3 von 98 erfolgreich realisierten Produktideen auf die Anwendung einer Kreativitätstechnik zurückzuführen waren (Schelker [Problemlösungsmethoden] 146 ff.). Ob die verschiedenen Argumente gegen diese Methoden (Schlicksupp [Ideenfindung]) nur vorgeschoben sind, weil Erfahrungen mit dem Einsatz der Methoden fehlen, kann hier nicht entschieden werden.

Der empirische Nachweis der Leistungsfähigkeit der Methoden ist bisher unzureichend, für einige Methoden fehlt ein wissenschaftlich überprüfbarer Nachweis ihrer Wirksamkeit vollständig. Das erleichtert es, auf die Anwendung zu verzichten, auch wenn dies zumindest bei einigen Methoden nicht

Vorgehensprinzip zur Kreativitätsförderung	Ideenauslösendes Prinzip	
	Assoziation/Abwandlung	Konfrontation
Verstärkung der Intuition	Methoden der intuitiven Assoziation Brainstorming-Methoden • Klassisches Brainstorming • Schwachstellen-Brainstorming • Diskussion 66 Brainwriting-Methoden • Methode 635 • Brainwriting-Pool • Ideenkarten-Brainwriting • Galerie-Methode • Ideen-Delphi • Ideen-Notizbuch-Methode	Methoden der intuitiven Konfrontation • Reizwortanalyse • Exkursionssynektik • Bildmappen-Brainwriting • Visuelle Konfrontation in der Gruppe • Semantische Intuition
Systematisch-analytisches Vorgehen	Methoden der systematischen Abwandlung • Konzeptionelle Morphologie • Sequentielle Morphologie • Modifizierte Morphologie (Attribute Listing) • Progressive Abstraktion	Methoden der systematischen Konfrontation • Morphologische Matrix • Systematische Reizobjektermittlung

Abb. 5.2: Klassifizierung von Kreativitätstechniken (Geschka [Problemlösungstechnik] 188)

gerechtfertigt ist. Immerhin gibt es zu denken, daß Fern [Groups] experimentell gefunden hat, daß mit zunehmender Gruppengröße (4 oder 8 Personen) die Anzahl der Ideen ansteigt, die zu einem Problem generiert werden. Der Einsatz eines Moderators kann eine weitere Steigerung hervorbringen. Allerdings ist die Anzahl und die Qualität der von einer entsprechenden Anzahl von Individuen hervorgebrachten Ideen bedeutend größer als beim Einsatz der Gruppen.

Im Vergleich zur Summe der individuell hervorgebrachten Ideen scheinen die neueren, computer-unterstützten Kreativitätstechniken zur Hervorbringung einer größeren Anzahl von Ideen anzuregen (MacCrimmon, Wagner [Ideas]; Valacich, Dennis, Connolly [Generation]; Wagner, Maier [Decision]). Das erfordert auch neue Erklärungsmodelle für die Gruppenleistung (Dennis, Valacich [Group]).

Beim Einsatz von Kreativitätstechniken muß die jeweilige Aufgabenstellung bei der Auswahl einer Gruppenstruktur (mit oder ohne Interaktion der Teilnehmer, mit oder ohne Einflußnahme eines Moderators, mit homogener oder heterogener Zusammensetzung der Teilnehmer, Anzahl der Teilnehmer, um nur einige der möglichen Einflußgrößen zu nennen) bedacht und berücksichtigt werden. Hierzu liegen erste Erfahrungen vor (Urban, Hauser [Design] 128 ff; Uebele [Praxis]).

Produktideen können durch Ideenfindung und Ideensuche gewonnen werden. Für die Ideensuche sind gerichtete Verfahren zweckmäßig, die durch Kreativitätstechniken unterstützt werden können.

5.3 Ideenquelle und Produkterfolg

Es kann nicht allein darauf ankommen, viele Ideen zu generieren, es sollen Ideen für erfolgreiche Produkte gesucht werden.

Der überwiegende Teil der Literatur zeichnet ein Bild, wonach die Mehrzahl der neu eingeführten Produkte auf Anregungen aus den Absatzabteilungen der Unternehmen zurückzuführen ist, während die Minderzahl auf Anregungen aus dem Forschungs- und Entwicklungsbereich zurückgeht (Gerstenfeld [Innovation] 101; Dreger [Lebensdauer]). Eine theoretische Erklärung dafür könnte in der Produktdefinition gesehen werden. Die Bedürfnisbefriedigung wird dort als Definitionsbestandteil genannt, um dadurch Unternehmensziele zu erreichen. Tatsächlich sind seit den Arbeiten von Schmookler [Invention] viele Indizien für einen Wirkungszusammenhang zwischen Bedürfnisbefriedigung und Erfindertätigkeit gesammelt worden. Es scheint auch so, daß die relative Bedeutung der Forschungs- und Entwicklungsbereiche für die Generierung von Produktideen mit der Unternehmensgröße abnimmt (zu dem gesamten Problembereich vergleiche Brockhoff [Probleme]), was als Zuwachs von Arbeitsteilung gedeutet werden kann.

Eine mit diesen Feststellungen vermischte, tatsächlich aber ganz andere Frage ist es, ob relativ mehr Produktideen auf den Wunsch zur Bedürfnisbefriedigung oder zur Demonstration der Anwendbarkeit einer Technologie zurückgehen. Man spricht von Nachfragesog (demand pull) im Unterschied zu Technologiedruck (technology push). Ideenquelle (Marketing- oder Entwicklungsabteilung) und Zielrichtung (technology push oder demand pull) der Idee können als unabhängig voneinander betrachtet werden, wenn vermutlich auch Schwerpunkte in der empirischen Zuordnung bestehen.

Das Kriterium der Markt- gegenüber der Technologieinitiierung ist aber unscharf. Erstens ist es leichter, auf aktuelle als auf vermutete Bedürfnisse zu antworten, was aber empirisch nicht getrennt wird und den marktorientierten Anstößen Vorteile einräumt. Zweitens bleibt es unklar, inwieweit eine scharfe Trennung von marktauslösenden und technologieauslösenden Faktoren im Nachhinein bei Interviews noch erkennbar ist. Innovationsideen können auch nach informellen Absprachen von einem bestimmten Funktionsbereich formal geäußert werden, ohne daß der formale und der informelle Initiator identisch sind. Innovationsideen werden kaum unverändert realisiert, sondern durchlaufen Prüfungs- und Entscheidungsprozesse, in denen sie erweitert oder eingeengt werden, je nach dem Grade der Durchsetzung der Ziel- und Bedürfnisvorstellungen, die sich die beteiligten Personen und Instanzen einer "winning coalition" machen, sowie der Beschränkungen, die ihnen entgegenstehen. Damit sind erhebliche Probleme der empirischen Feststellung verbunden, die gelegentlich durch heroische Annahmen gelöst werden. In der Investitionsgüterindustrie wird das Problem besonders gut erkennbar: Wenn die Forschung einen neuen Typ von Flugzeug-Tragfläche bereitstellt, der höheren Auftrieb gewährt und geringeren Luftwiderstand hat, so kommt dies zugleich der vom Markt her dauernd begründbaren Forderung nach höherer Wirtschaftlichkeit des Fliegens entgegen. Welchen Konkretisierungsgrad muß eine Idee haben, um dieser oder jener Quelle zugerechnet zu werden? Die Antwort hängt wohl auch von der Art der durch eine Innovation befriedigten Bedürfnisse ab. Offenbar können drei Fälle unterschieden werden:

(1) Innovationen, die bestimmte gewünschte Leistungen erbringen, wobei die Leistungsbeschreibung eindeutig durch den Markt vorgegeben wird; im Extremfall stellen sie Auftragsentwicklungen dar.

(2) Innovationen, die unter Beibehaltung der Leistungsarten von bekannten Produkten oder Prozessen deren ökonomische Einsatz- oder Verbrauchsbedingungen für den Nachfrager positiv beeinflussen. Für sie kann praktisch immer der Markt als "auslösend" angesehen werden (erkennbare Bedürfnisse).

(3) Innovationen, die völlig neue Leistungsbündel darstellen und damit neue Märkte eröffnen, wobei der Anstoß allenfalls von einem vermuteten Bedürfnis kommen kann, häufig aber als "technology push" gezählt wird. Tatsächlich haben diese "Schlüsselinnovationen" häufig ihren Ursprung in den Forschungs- und Entwicklungsabteilungen oder Hochschulen.

Mit der Feststellung der Häufigkeitsverteilung von Ideenquellen und Anlässen ist noch keine Aussage über die Erfolgschance der Ideen gewonnen. Auch hier zeigt die Literatur übereinstimmend, daß die in der Absicht der Befriedigung erkennbarer Bedürfnisse abgeleiteten Produktideen häufiger zu erfolgreichen Produkten führen als andere Produktideen (Souder, Chakrabarti [Interface] 90; Gerstenfeld [Innovation] 104 ff; Rothwell [Characteristics]; Urban, Hauser [Design]).

Obwohl also der Markteinfluß als Erfolgsfaktor nicht so klar hervortritt, wie die praktische Management-Literatur behauptet, ist doch eine gewisse Tendenz erkennbar. Deshalb scheint es zweckmäßig, nach Ansätzen zur *Entdeckung von Produktideen aufgrund von Marktanalysen in Produktmarkträumen* zu suchen. Diese Ansätze werden unter der Bezeichnung *"Produktpositionierung"* behandelt und initiieren in erster Linie Verbesserungsinnovationen. Wir werden sehen, daß durch Produktpositionierung kaum die Chance besteht, Innovationen mit hohem Neuigkeitsgrad zu finden.

Durchschnittskunden und Laien werden wegen einer am derzeitigen Angebot orientierten, konservativen Haltung als Ideenlieferanten skeptisch beurteilt. Dieses Urteil darf nicht auf Fachleute übertragen werden, die als "lead users" oder "launching customers" gelten. Von Hippel definiert solche "lead users" durch zwei Charakteristika: Sie beschäftigen sich mit Bedürfnissituationen, die erst später im Markt allgemein festgestellt werden, und sie können selbst von einer Bedürfniserfüllung Nutzen ziehen, zum Beispiel indem sie ein vorhandenes Gerät verbessern (von Hippel [Lead Users] 796). Die Identifikation solcher Leitkunden kann in Investitionsgütermärkten häufig schon allein aufgrund der Vergangenheitserfahrungen erfolgen. So ist zum Beispiel bekannt, daß die Deutsche Lufthansa AG schon häufig die erste Fluggesellschaft war, die einen neuen Flugzeugtyp einsetzte (Boeing 737, Boeing 747F, erste europäische Gesellschaft mit Einsatz der Boeing 747-130, Airbus A300). Das macht sie als "launching customer" interessant. Auf Konsumgütermärkten wird man durch

Befragung versuchen müssen, Trendsetter zu identifizieren. Von Hippel zeigt mehrere Wege auf, wie in beiden Märkten vorgegangen werden kann (von Hippel [Lead Users] 798 ff.). Die Leitkunden entwickeln häufig Innovationen, die sich ihre Zulieferer zunutze machen können. Daß sie dies vor den Zulieferern tun, wird damit erklärt, daß es ihnen besser gelingt als diesen, sich Innovationsgewinne anzueignen, sie also stärker motiviert sind. Für die Zulieferer können also die Leitkunden eine sehr interessante Ideenquelle darstellen, zumal das Erfolgspotential der Ideen höher ist, als wenn die vom Leitkunden signalisierte Bedürfnissituation noch nicht identifiziert ist. Das ist der typische Fall bei vom Zulieferer selbst entwickelten Ideen.

Freilich ist die Einbeziehung von Kunden in die Produktentwicklung auch mit Kosten verbunden (Brockhoff [Kunde]). Diese Kosten können bei Leitkunden auf eigennützigem Verhalten beruhen oder auf Forderungen nach einem Ausgleich für ihre Leistungen. Deshalb ist eine Abwägung von Vor- und Nachteilen geboten.

Anzahl und Erfolgsträchtigkeit von Produktideen variieren zwischen verschiedenen Ideenquellen und nach Anlässen (demand pull, technology push). Produkte mit hohem Neuigkeitsgrad werden eher aufgrund von technology push-Ideen als aufgrund von Kundenideen gewonnen. Nicht jeder Kunde leistet den gleichen Beitrag im Produktentwicklungsprozeß.

5.4 Produktpositionierung zur Suche nach Produktideen

5.4.1 Vorläufer und Grundlagen der optimalen Produktpositionierung

Potentialanalysen

In der Praxis ist es üblich, Listen von Produkteigenschaften aufzustellen und diese in eine Reihenfolge ihrer vermutlichen Bedeutung für die Käufer zu bringen. Für jede Eigenschaft wird dann die Ausprägung des eigenen Produktes und die der Wettbewerbsprodukte festgestellt. Damit wird sichtbar gemacht, hinsichtlich welcher Eigenschaften das eigene Produkt einem oder mehreren Wettbewerbern über- und hinsichtlich welcher Eigenschaften es unterlegen ist. Vor allem bei Investitions- und langlebigen Gebrauchsgütern werden solche *"Stärken-Schwächen-Analysen"* (Haedrich, Tomaczak [Markenführung] 60) *oder "Potentialanalysen" des Produktes* auch dem Verkaufspersonal als Grundlage seiner Argumentation an die Hand gegeben. Wird zusätzlich auch die vermutete Idealausprägung der Eigenschaften aus Sicht der Käufer mit den realen Eigenschaftsausprägungen verglichen, so können daraus Anregungen für die Gestaltung der Produkte gewonnen werden. Es kann weiter geprüft werden, ob "generische Produkteigenschaften" (vgl. Abschn. 1) identifiziert werden können, die von Wettbewerbern noch nicht besetzt sind. Die "Qualitätsgestaltung" von Singapore Airlines konnte auf diese Weise geplant werden (Zeph [Design]).

Als nachteilig erweist sich bei diesem Vorgehen, daß ein unmittelbarer Zielbezug der Variation von Eigenschaftsausprägungen fehlt und daß die Eigenschaften selten auf ihre Unabhängigkeit voneinander überprüft werden, was zur Vermeidung von Fehlschlüssen erforderlich wäre. Außerdem wird bei der Einzelbetrachtung von Eigenschaften kein Gesamtbild des Produktes gezeichnet. Schließlich wird vorausgesetzt, daß dem Hersteller die aus Käufersicht entscheidungsrelevanten Eigenschaften bekannt sind. Im Sinne der Charakterisierungen des Abschn. 2.2 ist die Potentialanalyse ein kompositionelles Verfahren, da sie von einzelnen Produkteigenschaften ausgeht. Die Nutzen der einzelnen Eigenschaftsausprägungen sind aus Sicht der Käufer zu einem Gesamtnutzen zu integrieren. Das erfordert eine Gewichtung der Eigenschaften sowie die Erhebung von Nutzenfunktionen für die einzelnen Eigenschaftsausprägungen je Eigenschaft. Das ist grundsätzlich nach den Vorgehensweisen möglich, die auch in der Entscheidungstheorie für die Erhebung von Nutzenfunktionen angewendet werden (Keeney, Lilien [Design]). Ein solcher Ansatz wird vor allem für die Gestaltung von Investitionsgütern vertreten, bei denen nur wenige Abnehmer bekannt sind.

Die Nutzenfunktion je Eigenschaftsausprägung wird wie folgt ermittelt. Die am wenigsten geschätzte Eigenschaftsausprägung erhält den Nutzenwert von Null und die am höchsten geschätzte den Nutzenwert von Eins zugeordnet. Grundsätzlich wird von monoton steigenden Nutzen über der Skala der Eigenschaftsausprägungen ausgegangen. Es wird dann auf der Skala durch eine iterative Befragungstechnik der Wert der Eigenschaftsausprägung gesucht, bei dem der Nutzen gerade bei 0,5 liegt. Durch diese drei Stützpunkte (oder gegebenenfalls auch mehr) wird dann eine Eigenschafts-Nutzenfunktion bestmöglich angepaßt. Sie gilt für alle Werte der Eigenschaftsausprägung, so daß man nun solche Werte auswählen und mit ihrem Nutzen bewerten kann. Diese Nutzenwerte werden dann gewichtet und zu einem Gesamtnutzenwert aggregiert. Das Verfahren ist recht aufwendig und insbesondere dann problematisch, wenn die einzelnen Eigenschaften voneinander abhängig sind, was dann in der Aggregation zu berücksichtigen ist.

Vorläufer der Positionierungsverfahren

Wir wollen uns nun den Grundlagen zuwenden, auf denen dekompositionelle Ansätze aufbauen.

Bei der optimalen *Produktpositionierung* werden in einem durch Käuferbefragungen gewonnenen Produktmarktraum die Koordinatenwerte für ein oder mehrere Produkte gesucht, so daß diese ein Unternehmensziel, z. B. die Umsatz- oder Gewinnerzielung, bestmöglich erfüllen. Es handelt sich also um ein spezielles Optimierungsproblem. Das Problem kann für Aufgaben der Produktdifferenzierung, der Produktvariation und der Produktentwicklung gestellt, formuliert und gelöst werden. Hier behandeln wir nur den zuletzt genannten Fall in seiner einfachsten Version, nach der nur eine neue Produktidee verlangt wird. (Der Begriff Produktpositionierung wird manchmal auch nur zur Beschreibung von Produktmarkträumen benutzt (Kotler [Marketing] 425; Mazanec, Wiegele [Produktpolitik] 46). Das entspricht nicht dem hier eingeführten Sprachgebrauch.)

Der Grundgedanke der optimalen Produktpositionierung wird bereits 1961 von Spiegel ([Meinungsverteilung] 10 ff.) dargestellt. Er ist zur Unterstützung von konzeptionellen Produktplanungen eingesetzt worden, aber nicht bis zur vollen routinemäßigen Anwendungsreife entwickelt und deshalb später nicht als ein Baustein für weitere Entwicklungen benutzt worden. Produkte sollten danach in *Marktnischen* plaziert werden. Diese werden erstens durch potentielle Nachfrager gebildet, die bisher keines der angebotenen Güter einer Produktart nachfragen, weil diese ihnen unbekannt sind oder keine ausreichende Bedürfnisbefriedigung gewähren (manifeste Nische). Zweitens werden sie durch Nachfrager gebildet, für die das neue Produkt eine höhere Bedürfnisbefriedigung gewährt als die bisher von ihnen nachgefragten Produkte (latente Nische).

Die Empfehlungen zur Nischenfüllung haben Mängel:

(1) Die Ausstattung der Produkte mit Eigenschaften, die potentielle Nachfrager in Nischen ansprechen, garantiert nicht die bestmögliche Zielerfüllung des Unternehmens. Nischen könnten nämlich z. B. von nur wenigen kaufkräftigen Nachfragern besetzt sein.

(2) Die Konzeption für die zieloptimale Produktgestaltung erfolgt in ein- oder zweidimensionalen Eigenschaftsräumen durch Plausibilitätsüberlegungen. Dasselbe Verfahren ist in höher dimensionierten Räumen praktisch nicht

mehr anwendbar. Hier muß eine analytische Vorgehensweise angeboten werden. Sie soll frei sein von solchen menschlichen Schwächen, wie beschränkter Erinnerungs- und Vergleichsfähigkeit. Diese werden gerade bei Planungen in mehr als zweidimensionalen Räumen offensichtlich.

Mangelhaft ist auch eine Produktpolitik, die sich - alternativ zum Nischenprodukt - auf die Kopie bereits vorhandener Angebote mit kleinen Variationen beschränkt (sogenannte "Me too"-Produkte). Schlechte Erfahrungen mit dieser Positionierungs-Politik veranlassen führende Hersteller, eine deutlich erkennbar, erlebbar und kommunizierbar bessere Bedürfnisbefriedigung durch neue Produkte als Voraussetzung ihrer Entwicklung zu fordern. Eine wichtige Anregung zur Entdeckung solcher Produkte ist durch Lancaster [Demand] gegeben worden. Er geht davon aus, daß kaufrelevante und für alle Käufer objektiv erkennbare Eigenschaften die angebotenen Produkte voneinander unterscheiden helfen.

Der Käufer maximiert den Nutzen $U(\cdot)$ aus den durch Güter bereitgestellten Eigenschaften z_l, $l \in L$, wobei L die Menge der kaufrelevanten und objektiv erkennbaren Arten von Eigenschaften ist:

$\max. U(z_l \mid l \in L)$

Dabei sind im einfachsten Falle als Nebenbedingungen zu beachten:

- die Konsumtechnologie-Bedingung, durch die die in den Gütermengen x_i, $i \in I$, enthaltenen Mengen an Eigenschaften durch eine lineare Proportionalitätsbeziehung mit dem Faktor $b_{li} \geq 0$ festgelegt werden:

$$z_l = \sum_{i \in I} b_{li} x_i \, , \qquad l \in L \, ,$$

- die Budgetbedingung, die die Nachfrage aufgrund der Güterpreise p_i, $i \in I$, und eines Budgets B beschränkt:

$$\sum_{i \in I} p_i x_i \leq B \, ,$$

- die Nichtnegativitätsbedingung:

$x_i \geq 0$, $i \in I$.

Dieses Modell kann zwar interessante Aspekte der Güternachfrage, der Preis- und Werbepolitik erklären. Es ist als Entscheidungsmodell eines Käufers konzipiert. Aber auch als solches hat es Nachteile. So unterstellt es eine beliebige Teilbarkeit der Güter, konvexe Nutzenfunktionen im Eigenschaftsraum sowie objektiv meßbare Eigenschaften und behandelt den Preis als eine besondere objektive Eigenschaft. Das sind Einschränkungen, die die Zurückhaltung gegenüber der Anwendung des Modells im Marketing erklären.

Modellübersicht

Die Anwendung des Produktpositionierungsmodells im Marketing setzt eine Präzisierung der Aufgabenstellung voraus (vgl. Abb. 5.3). Zunächst ist nämlich festzustellen, ob durch die optimale Produktpositionierung relevante Eigenschaften aufzudecken sind oder diese als bekannt vorausgesetzt werden können. Im ersten Falle muß die optimale Produktpositionierung auf der Grundlage der Multidimensionalen Skalierung betrieben werden. Im zweiten Falle kann die Aufgabe auf der Grundlage der Verbundmessung (conjoint measurement) gelöst werden. Es handelt sich bei dieser Unterscheidung nicht allein um unterschiedliche Methodiken, sondern vor allem um verschiedenartige Problemstellungen. Praktische Anwendungen in diesem Problemfeld stützen sich fast ausschließlich auf die Verbundmessung (Green, Krieger [Contributions] 129). Die Praxis geht also von der eigenen Kenntnis der relevanten Eigenschaften aus, was sich allerdings erst nach empirischer Prüfung als zutreffend oder unzutreffend erweisen könnte. Damit wird ganz überwiegend Produktpolitik in bekannten Märkten betrieben.

Weiter ist die Aufgabenstellung nach der Frage zu differenzieren, ob die optimale Positionierung eines einzelnen Produkts oder mehrerer Produkte (Abschn. 10) betrieben werden soll. Letzteres kann unter statischen oder dynamischen Aspekten erfolgen.

	Annahmen über die Abnehmer		
	Letztverbraucher		Distributeure und Letztverbraucher
	kaufrelevante Produkteigenschaften		
	unbekannt (MDS)	bekannt (Conjoint-A.)	
Ein Produkt, ohne Rückwirkungen der Positionierung	Kap. 5.4.2	Kap. 5.4.3; 5.4.4	Brockhoff, Rao [Demand]
Mehrere Produkte, ohne Rückwirkungen der Positionierung	Kap. 10	Kap. 10	-
Ein Produkt, mit Rückwirkungen der Positionierung	Kap. 5.4.2, zu (7)	-	-
Mehrere Produkte, mit Rückwirkungen der Positionierung	Marks [Neuproduktpositionierung]	-	-

Abb. 5.3: Grundkonzepte der optimalen Produktpositionierung

Abb. 5.3 läßt erkennen, daß einige wichtige Probleme der Produktpositionierung bisher praktisch nicht behandelt werden. Insbesondere die Berücksichtigung von Rückwirkungen einer Produktpositionierung auf andere Produkte und die gemeinsame Optimierung unter Berücksichtigung der Ziele der Distributeure neben denen der Letztverbraucher sind bisher noch nahezu unbearbeitete Gebiete.

Grundlegend für die optimale Produktpositionierung ist die Kenntnis des *Nutzenmodells* der Käufer (Abschn. 2.3) sowie des Zusammenhangs zwischen Nutzen und Kaufentscheidung. Hinsichtlich des Nutzenmodells werden grundsätzlich *Idealpunktmodelle*, seltener auch Teilpräferenzwertmodelle oder Vektormodelle, angenommen. Der Zusammenhang zwischen Nutzen und Kaufentscheidung wird auf der Grundlage des Idealpunktmodells im nächsten Abschnitt geklärt.

Obwohl in den folgenden Abschnitten mehrere Ansätze zur optimalen Produktpositionierung dargestellt werden, ist das Wissen über solche Konzepte noch nicht weit verbreitet. Nur so ist nämlich zu erklären, daß ähnliche Vorstellungen aus dem Blickwinkel des strategischen Technologiemanagements heraus formuliert werden (McGrath, MacMillan, Tushman [Role]), ohne auch nur einen der Marketingansätze zu erwähnen.

> *Die Zusammenstellung "guter" Eigenschaftsbündel ist aufgrund der Annahme objektiv meßbarer Eigenschaften in Potentialanalysen, dem Modell der Meinungsbildung von Spiegel oder dem Modell der Konsumtechnologie von Lancaster möglich. Die optimale Produktpositionierung muß darüber hinaus weitere Anfoderungen erfüllen, insbesondere Käufer- und Unternehmensziele integrieren.*

5.4.2 Produktpositionierung bei unbekannten kaufrelevanten Eigenschaften

Wir gehen davon aus, daß nach explorativen Studien und anschließenden Befragungen einer repräsentativen Menge tatsächlicher oder potentieller Käufer einer Produktart *mit Hilfe Multidimensionaler Skalierungsverfahren ein Produktmarktraum dargestellt* werden kann. Seine Achsen bezeichnen voneinander möglichst unabhängige Produkteigenschaften. In dem durch die Achsen aufgespannten Raum werden für jeden Befragten seine Vorstellung von einem Idealprodukt und seine Vorstellungen von allen ihm bekannten und bereits angebotenen Realprodukten als Punkte festgehalten. Durch die Idealpunkte werden die möglichen *Zielgruppen* (target groups) beschrieben (vgl. Abb. 2.9). Die durch Interpretation gewonnenen Eigenschaften werden durch die Achsen repräsentiert.

Als nächster Schritt muß erklärt werden, wie die Kaufentscheidungen bei gegebenem Produktmarktraum zustande kommen (woher kommt der Absatz?), weil dadurch die Käufer innerhalb der Zielgruppen bestimmt werden. Hierzu wird das Idealpunktmodell genutzt. Danach wird angenommen, daß die Wahrscheinlichkeit P_{ki} für den Kauf eines einzigen i-ten Produktes durch den k-ten Käufer von der Distanz d_{ki} zwischen der Idealproduktperzeption c_{ki} bezüglich aller j Koordinaten (diese repräsentieren die Eigenschaften) und der Realproduktperzeption e_{kij} des i-ten Produktes (oder einfacher e_{ij}, wenn man weiter davon ausgehen will, daß die Wahrnehmungen der Produkte durch die einzelnen Käufer übereinstimmen), ebenfalls bezüglich aller Koordinaten (oder Eigenschaften) abhängt:

$$P_{ki} = f\left\{\left\|\left(\sum_{j\in J} w_{kj}\left|c_{kj} - e_{kij}\right|^{m}\right)^{1/m}\right\|\right\} = f(d_{ki})$$

Hierin ist J die Menge der voneinander unabhängigen Eigenschaften, deren Mächtigkeit der Dimension des Produktmarktraumes entspricht. Der Parameter m ist der Metrik-Parameter, durch den die Art der Abstandsmessung bestimmt wird. Meistens wird m = 2 angenommen, womit euklidische Distanzen definiert werden. Mit w_{kj} wird das relative Gewicht oder die Bedeutung erfaßt, die der k-te Befragte der j-ten Eigenschaft zumißt. Auch dieser Parameter kann aufgrund von Befragungen ermittelt werden.

Durch P_{ki} können unterschiedliche *Kaufverhaltensannahmen* abgebildet werden (vgl. auch Abb. 5.4), von denen zwei besonders intensiv untersucht werden:

(a) Die Wahrscheinlichkeit P_{ki} nimmt mit zunehmender Distanz d_{ki} kontinuierlich ab:

$$f(d_{ki}) = d_{ki}^{b},$$

mit dem Parameter $b < 0$.

(b) Die Wahrscheinlichkeit P_{ki} nimmt mit zunehmender Distanz sprungweise derart ab, daß nur das dem Ideal nächstgelegene Produkt gekauft, die übrigen dagegen nicht gekauft werden:

$$f(d_{ki}) = \begin{cases} 1, \text{falls } d_{ki} \le \min\limits_{i\in I} d_{ki}, \\ 0, \text{sonst.} \end{cases}$$

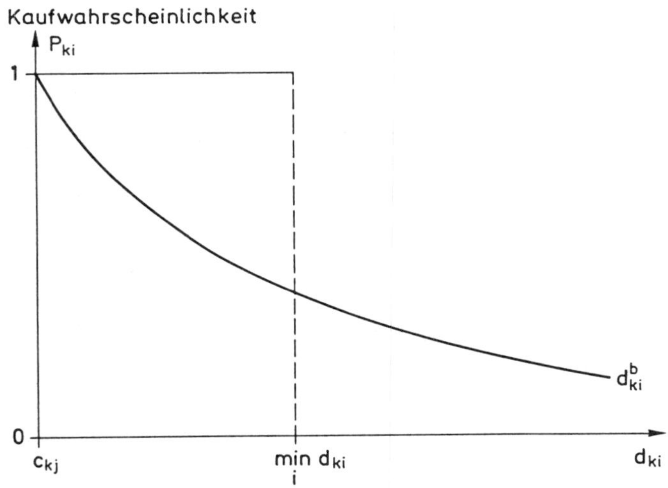

Abb. 5.4: Unterschiedliche Annahmen für das Kaufverhalten in Produktpositionierungsmodellen

Hierin ist I die Menge der betrachteten Produkte. Diese Regel wird auch *Wahlaxiom* (axiom of choice, single choice axiom) genannt (Zeleny [Attitude]; Pessemier et al. [Laboratory]).

Zu (a): *Positionierungsmodell mit kontinuierlicher Variation der Kaufwahrscheinlichkeit*

Wir führen nun eine Variable zur Bezeichnung der Koordinaten eines zu entwickelnden neuen Produktes ein: y_j, $j \in J$. Seine Distanz zum Idealprodukt ist:

$$D_k = \left\| \left(\sum_{j \in J} w_{kj} \left| c_{kj} - y_i \right|^m \right)^{1/m} \right\| .$$

Ist s_k der je Beobachtungsperiode zu erzielende Absatz mit dem Käufer $k \in K$, wobei K die Menge der Befragten darstellt, so erhalten - unter Benutzung der ersten Verhaltensannahme - Shocker und Srinivasan [Identification] die den erwarteten Gesamtabsatz optimierenden Koordinatenwerte y_j* für ein neues Produkt aus:

$$(1) \quad \max. \sum_{k \in K} \frac{D_k^b}{D_k^b + \sum_{i \in I} d_{ki}^b} \cdot s_k \,,$$

mit $b < 0$.

Darin stellt der erste Faktor eine relative Kaufwahrscheinlichkeit dar, die durch die Distanzen aller Produkte (streng genommen nur aller dem k-ten Käufer bekannten Produkte) zum Idealprodukt beeinflußt wird.

Nimmt man an, daß der Nutzen eines Gutes von seiner Distanz zum Idealprodukt nach b·ln(Distanz) abhängt, so stimmt dieser Faktor formal mit einer axiomatischen Begründung der Kaufwahrscheinlichkeit des neuen Produktes auf nutzentheoretischer Grundlage überein. Dieser Ansatz heißt "logit analysis". Allerdings führt danach die Einführung eines neuen Produktes bei jedem schon vorhandenen Produkt zu einer Veränderung der Kaufwahrscheinlichkeit. Nur die Rangordnung der Wahrscheinlichkeiten bleibt erhalten (McFadden [Logit Analysis], bes. auch 113; Albers, Brockhoff [Comparison] 135). Neuere Ansätze der Wahltheorie von Konsumenten sehen Erweiterungen der "logit analysis" vor, um die in ihr enthaltenen Widersprüche gegen das Verhaltensaxiom der Unabhängigkeit der vorhandenen Präferenzrangfolge von neu auftauchenden oder wegfallenden Produktalternativen zu beseitigen. Man spricht von der Notwendigkeit zur Berücksichtigung kontext-spezifischer Effekte (Meyer, Johnson [Generalizations]).

Bei der Interpretation von s_k treten die geringeren Probleme dann auf, wenn man den Produktpreis nicht als eine Achse des Eigenschaftsraums auffaßt. Anderenfalls würde dieser Faktor zu einer nichtlinearen Funktion werden, die von der Position des neuen Produktes im Raum abhängt. Die Annahme eines gegebenen Preises bei der Schätzung von s_k entspricht den Überlegungen Gutenbergs ([Absatz] 572): ". . . die Preisklasse als Zielvorgabe für technische Entwicklungen auf dem Gebiet der Produktgestaltung und Preisklassen als Prüfinstanz für die Realisierung neuer technischer Möglichkeiten der Produktgestaltung - diese beiden Situationen bestimmen die Grundposition für alle produktpolitischen Entscheidungen im Absatzraum der Unternehmen". Damit ist aber die gemeinsame Optimierung von Produkteigenschaften und Preis ausgeschlossen.

Die Lösung für (1) muß i. d. R. durch Heuristiken, z. B. mehrfach gestartete Gradientenverfahren oder Absuchen von Gitterpunkten im Produktmarktraum, gesucht werden, weil die Funktion i. d. R. partielle Maxima hat. Eine überzeugende substanzwissenschaftliche Interpretation des Parameters b fehlt. Formal aber nähert das Modell für $b \rightarrow -\infty$ die Verhaltensannahme des Wahlaxioms an. Man sollte deshalb den Parameter als eine Beschreibung des Wahlverhaltens auffassen und prüfen, ob charakteristische Verhaltensunterschiede sich bestimmten Werteausprägungen von b zuordnen lassen.

Zu (b): *Positionierungsmodell mit diskontinuierlicher Variation der Kaufwahrscheinlichkeit*

Da sich für einige praktische Fälle ein mit dem Wahlaxiom gut übereinstimmendes Verhalten gezeigt hat (Pessemier et al. [Laboratory]; Braun, Srinivasan [Information]), soll auch für diesen Fall ein Produktpositionierungsmodell dargestellt werden.

Unter den - sogleich wieder aufgehobenen - Annahmen von zwei Eigenschaften ($j = \{1, 2\}$), gleichmäßiger Eigenschaftsgewichtung ($w_{kj} = 1$ für alle k und alle j) sowie euklidischer Distanzmessung ($m = 2$) kann die Modellidee einfach dargestellt werden. Von jedem Befragten ist eine Angabe über die Position seiner Idealproduktvorstellung (c_{kj}) sowie der Realproduktvorstellungen (e_{kij} bzw. e_{ij}; vgl. Abschn. 2.2) zu ermitteln. Von diesen ist nur diejenige weiter festzuhalten, deren Distanz zur Idealproduktvorstellung minimal ist. Um den Punkt der Idealproduktvorstellung kann ein Kreis mit dem Radius der eben festgestellten minimalen Distanz geschlagen werden. Nach der Kaufverhaltensannahme des Wahlaxioms hat ein neues Produkt nur dann eine Kaufchance, wenn es innerhalb dieses Kreises plaziert werden kann. Dieselbe Überlegung ist nun für einen zweiten Befragten durchzuführen. Der neue Kreis kann vom alten Kreis völlig getrennt sein. Dann sollte das neue Produkt mit seinen Koordinaten y_j im Kreis desjenigen Befragten plaziert werden, der die höchste Nachfrage (s_k) entfaltet. Überschneiden sich die Kreise, so sollte das neue Produkt im Überschneidungsbereich plaziert werden, wo es von beiden Befragten gekauft werden würde. In derselben Weise sind sukzessive Daten des dritten usw. Befragten in die Überlegungen einzubeziehen. Bei fünf potentiellen Käufern kommt so ein Bild zustande, wie es in Abb. 5.5 gezeigt wird, wobei die Ellipsen durch die Annahme unterschiedlicher Bedeutungsgewichte der Eigenschaften für einzelne Käufer entstehen. Der Käufer 1 gewichtet dabei die auf den beiden Achsen dargestellten Eigenschaften gleich, während die anderen Käufer ungleiche Gewichte für die Eigenschaften verwenden. Daraus erklärt sich, daß im ersten Fall ein Kreis, in den anderen Fällen Ellipsen jeweils diejenigen Regionen voneinander abgrenzen, in denen ein neu zu positionierendes Produkt gekauft bzw. nicht gekauft würde.

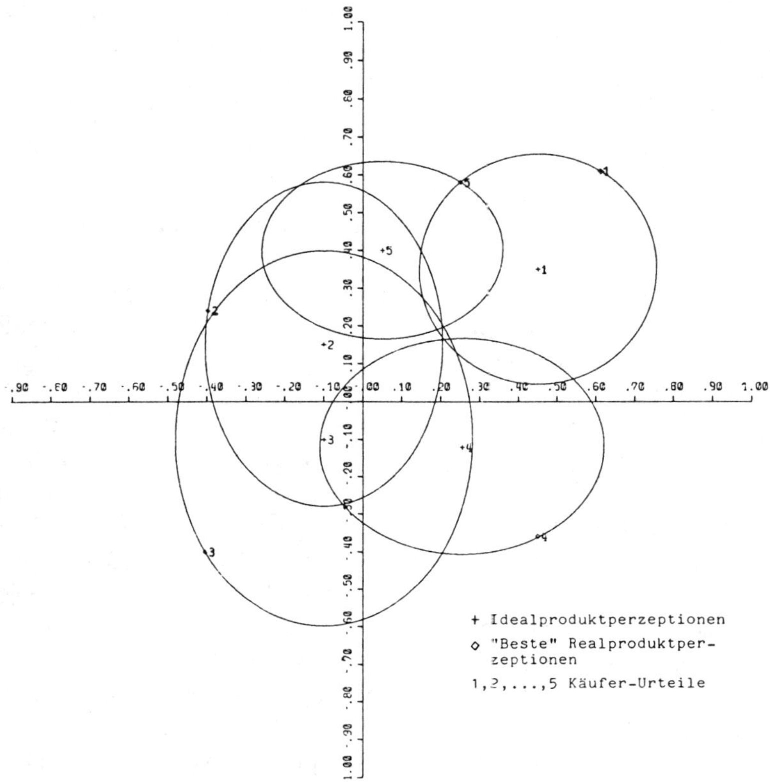

Abb. 5.5: Produktmarktraum mit Ideal- und besten Realproduktperzeptionen bei unterschiedlich gewichteten Eigenschaften (außer im Falle 1)

Da die Neuprodukt-Positionierung bei realistischen Größenordnungen der Anzahl der Befragten und bei Aufhebung der gesetzten Einschränkungen nicht mehr durch unmittelbare Einsicht zu lösen ist, wird dafür das folgende Modell benutzt.

Sei x_k, $k \in K$, eine Entscheidungsvariable, die für den Kauf den Wert Eins, für den Nichtkauf den Wert Null annimmt. Dann ist zu lösen:

(2) $\max \sum_{k \in K} s_k x_k$

(3) $D_k - d_k^* \leq (1 - x_k) \cdot M, k \in K$

(4) $x_k \in \{0,1\}, k \in K,$

wobei $d_k^* = \min (d_{ki} \mid i \in I)$ und M eine große Zahl ist. In der Zielfunktion wird die Absatzmaximierung gefordert, die Nebenbedingungen definieren das Wahlaxiom und die damit verknüpften Entscheidungsmöglichkeiten: Ist die Differenz zwischen Idealproduktperzeption und den zu bestimmenden Koordinaten eines neuen Produktes (D_k) kleiner (größer) als die Differenz zwischen Idealproduktperzeption und der ihr am nächsten liegenden Realproduktperzeption (d_k^*), so wird x_k den Wert Eins (Null) annehmen. Damit wird die rechte Seite von (3) den Wert Null (M) erhalten, so daß die Nebenbedingungen erfüllt sind. Im Falle des Kaufes würde die linke Seite der Nebenbedingung auch dann erfüllt sein, wenn auf der rechten Seite $x_k = 0$ gelten würde. Diese Möglichkeit wird aber durch die Maximierungsvorschrift der Zielfunktion ausgeschlossen.

Das Problem kann durch einen speziellen Algorithmus für dieses 0-1-ganzzahlige, nichtlineare Programm gelöst (Albers [Algorithm], [Program]) oder linear approximiert werden (Zufryden [Zipmap]; kritisch: Albers, Brockhoff [Single Choice] und für $s_k = 1$ auch Gavish, Horsky, Srikanth [Approach]). Einen Vergleich der Lösung von (1) durch Gitterpunktsuche mit Lösungen für (2) bis (4) durch verschiedene hier genannte Algorithmen zeigt, daß die am Zielfunktionswert gemessene Leistungsfähigkeit der Verfahren sehr stark von den Marktbedingungen, insbesondere von der Anzahl der Käufer und der Dimensionenzahl des Produktmarktraumes (Sudharshan, May, Shocker [Simulation]; Hannig [Robustheit]), abhängt.

Kritik

Die beiden vorgestellten Planungsmodelle sind wegen ihrer auf Befragungen beruhenden Einbettung in bestehende Vorstellungskonzepte von Eigenschaftsräumen, denen auch bekannte Verwendungssituationen der Produkte zugrunde liegen, nicht geeignet, völlig neue, bisher unberücksichtigte Bedürfnisse und Eigenschaften zu entdecken. Hinsichtlich dieser zeigen die vorhandenen Produkte so wenig Varianz, daß sie als Eigenschaften nicht zur Darstellung kommen. Hier ist Raum für kreative Anregungen zur Ideensuche; denn die Vermutung "Ohne greifbare Produktalternative können Konsumenten ihre Präferenzen auch nur mit geringer Spezifizierung direkt zum Ausdruck bringen" (Boyd, Massy [Marketing] 292) ist generell nicht zu widerlegen (vgl. Abschn. 5.3).

Die beiden Modellvorstellungen zur Produktpositionierung auf der Grundlage Multidimensionaler Skalierung weisen eine Reihe von Einschränkungen auf, die ihren praktischen Einsatz erschweren. Diese Einschränkungen können in 7 Punkten zusammengefaßt werden:

(1) Sensivität oder Stabilität der Lösung,

(2) Verzicht auf weitere Nebenbedingungen,

(3) absatz- oder umsatzorientierte Zielfunktionen,

(4) statische Formulierung,

(5) deterministische Daten,

(6) Verbindung der Lösung zu "objektiven" Gestaltungselementen neuer Produkte,

(7) Vernachlässigung des Wettbewerbs.

Ein achter Punkt, die Beschränkung auf ein Produkt, wird später behandelt (Abschn. 10). Zur Behandlung dieser Einschränkungen, wenn auch nicht gleichzeitig, sind Wege aufgezeigt worden. Diese sollen hier skizziert werden.

Zu (1): Als Problem wird angesehen, daß die optimale Produktpositionierung punktförmig erfolgt, ohne daß die Stabilität dieser Lösung bekannt ist (Urban, Hauser [Design]). Man wüßte gern, ob Abweichungen von der optimalen Lösung zu bedeutenden Änderungen des Zielfunktionswertes führen oder nicht. Es könnte auch gefragt werden, in welcher Richtung vom Optimum aus die Produkteigenschaften verändert werden dürfen, ohne daß dadurch gravierende Änderungen des Zielfunktionswertes auftreten. Information darüber wäre wichtig, um die Umsetzung der optimalen Positionierung in ein verkaufsfähiges Produkt zu erleichtern.

Nehmen wir an, daß eine optimale Produktpositionierung nach dem Modell (2) bis (4) gefunden wurde und der Zielfunktionswert

$$S^* = \sum_{k \in K} s_k x_k^*$$

beträgt. Um die zugehörige Produktposition wird eine Kugel mit dem Radius Δ gelegt. In ihr wird nach dem kleinstmöglichen Zielfunktionswert für die Positionierung gesucht. Dieser Wert sei S_Δ. Die schlechtestmögliche Lösungsstabilität ist dann:

$$(5) \quad ST_\Delta = \frac{S^* - S_\Delta}{S^*}.$$

Den Wert $S\Delta$ kann man aus folgendem Programm ermitteln:

$$(6) \quad S_\Delta = \min\left(\sum_{k \in K} s_k x_k\right),$$

$$(7) \quad \left|\left[\sum_{j \in J} \left|y_j^* - z_j\right|^m\right]^{1/m}\right| \leq \Delta,$$

$$(8) \quad \left|\left[\sum_{j \in J} \left|c_{kj} - z_j\right|^m\right]^{1/m}\right| - d_k^* \geq -x_k M, \quad k \in K,$$

$$(9) \quad x_k \in \{0,1\}, \quad k \in K,$$

worin z_j die Koordinatenwerte der Position sind, die S_Δ realisieren. Im übrigen sind (6), (8) und (9) parallel zu (2) bis (4) aufgebaut.

Durch (7) wird die Einhaltung der Kugel um die Optimallösung y_j^*, $j \in J$, garantiert, durch (8) wird geklärt, ob ein k-ter Kunde mit der Idealproduktvorstellung c_{kj}, $k \in K$, $j \in J$, zum Käufer eines in z_j positionierten Produktes würde. Die Lösung des Problems ist nicht notwendig eindeutig, weil mehrere Punkte die geforderten Bedingungen erfüllen können. Deshalb könnte man pragmatisch vorgehen und - bei kleinen Werten für Δ - Gitterpunkte um die Optimallösung herum bewerten. In einem zweidimensionalen Raum kann so z. B. ein Bild erzeugt werden, wie es Abb. 5.6 zeigt. Darin werden im Optimum 24 Einheiten des Produktes verkauft werden. Man erkennt, daß in nord-östlicher Richtung Abweichungen vom Optimum weniger "gefährlich" sind als in süd-westlicher Richtung. Allerdings überfordern weitere Dimensionen das Vorstellungsvermögen, so daß doch (5) zu bestimmen ist.

Wenn man eine bestimmte Richtung möglicher oder tatsächlicher Positionsänderungen verfolgt, so kann man einen entsprechenden Richtungsstrahl durch die optimale Produktposition legen. Auf diesem Strahl kann dann verfolgt werden, wie viele Einheiten jeweils verkäuflich sind. Abb. 5.7 zeigt dies, wobei der Beobachtungsbereich Δ noch über Abb. 5.6 hinaus ausgedehnt wurde.

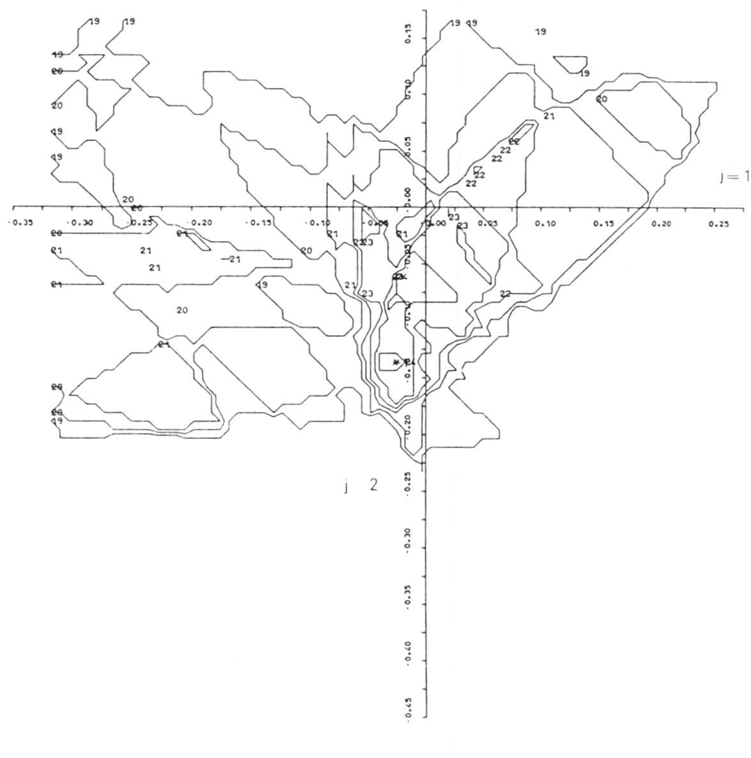

Abb. 5.6: Zweidimensionaler Produktmarktraum mit optimaler Produktpositionierung (*) und Isoquanten, d. h. Linien gleicher Absatzmengen

Zu (2): Für die Gestaltung neuer Produkte kann es erwünscht sein, zusätzliche Nebenbedingungen zu berücksichtigen. Dadurch werden die Gestaltungsmöglichkeiten eingeschränkt, was aus übergeordneten, strategischen Überlegungen geboten sein kann. Es ist grundsätzlich möglich, solche Nebenbedingungen in beiden Modelltypen und den zugehörigen Lösungsalgorithmen zu berücksichtigen.

Zu (3): Durch die Modelle der optimalen Produktpositionierung soll ein maximaler Absatz oder (wegen der Annahme gegebener Preise) ein maximaler Umsatz erzielt werden. Die Praxis würde eine Formulierung bevorzugen, bei der der Deckungsbeitrag oder der Gewinn maximiert wird. Damit treten zwei Probleme auf.

Erstens können die Kosten von den Lösungskoordinaten der optimalen Produktpositionierung abhängen. Das ist bei solchen Produkten zu erwarten, die sich nicht nur hinsichtlich ihrer Images voneinander unterscheiden. Diese Kosten müßten hinsichtlich der subjektiven Eigenschaften, die die Achsen des Produktmarktraums bilden, festgestellt werden können. Alternativ müßten Transformationsfunktionen zwischen diesem Raum und dem Eigenschaftsraum bekannt sein (dieser Punkt wird unten noch angesprochen). Schließlich sind die Kosten in den Optimierungskalkül einzubeziehen. Das macht im Modell (1) keine grundsätzlichen Schwierigkeiten, führt aber im Modell (2) bis (4) zu nichtlinearen Zielfunktionen. Für diesen Fall fehlen bisher analytische Lösungsmöglichkeiten.

Zweitens sind Preise explizit zu berücksichtigen. Relativ leicht ist dies, wenn man den Preis lediglich als nutzenbestimmende Eigenschaft auffaßt. Dann können die Distanzen durch Größen ersetzt werden, in denen sowohl die Distanz als auch der Preis vorkommen, also eine Art von Nutzen. So wird in eher mikroökonomisch orientierten Modellen argumentiert (Schmalensee, Thisse [Maps]). Alternativ wird vorgeschlagen, preisskalierte Eigenschaften (Eigenschaft je Geldeinheit) zu verwenden (Hauser, Simmie [Profit]). Das setzt eine bestimmte Befragungstechnik bei der Datengewinnung voraus.

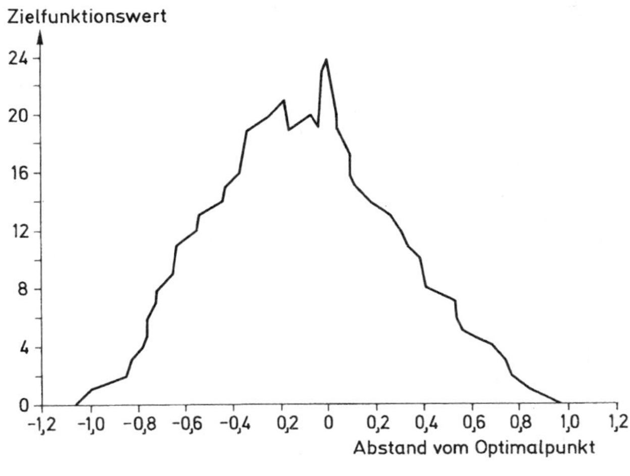

Abb. 5.7: Ergebnisse einer Sensitivitätsanalyse auf einem Strahl mit einem Winkel von 0° durch den Optimalpunkt der Abb. 5.6

Will man die erstgenannten Probleme behandeln, so muß man bestimmten Positionen realer Produkte im psychologischen Eigenschaftsraum ihre Deckungsbeiträge zuordnen und versuchen, von hier aus positionsabhängige Deckungsbeitragsfunktionen zu schätzen (Albers [Neuproduktpositionierung] 194, siehe unten, zu (6)).

Beide Vorgehensweisen lassen außer Betracht, daß die Nachfragemenge vom Preis abhängen könnte. Auch diese Annahme würde grundsätzliche Umgestaltungen der Zielfunktionen erfordern. Sie wurde deshalb bisher nicht behandelt.

Zu (4): Die bisherigen Modelle sind statisch. Lediglich für den Ansatz (2) bis (4) gibt es bisher eine mehrperiodige Modellformulierung, die einer Verschiebung der Käuferpräferenzen im Laufe der Zeit entspricht. Diese Formulierung beruht auf dem Konzept des Zustandsbaums und der darauf aufbauenden flexiblen Programmplanung (Brockhoff [Produktpositionierung]). Bisher ist allerdings noch wenig darüber bekannt, wie solche Präferenzänderungen im Laufe der Zeit zu prognostizieren sind, insbesondere wenn durch neu in den Markt eintretende Produkte Einfluß auf die Präferenzen und Wahrnehmungen genommen wird. Erste Untersuchungen gehen von Datenmatrizen aus, die die Produktauswahl in aufeinanderfolgenden Zeitpunkten als 0-1-Variablen abbilden (Moore, Winer [Method]).

Für die Praxis der Produktpositionierung ist entscheidend, daß beim Einsatz der Verfahren in der Konzeptions- oder Entwicklungsphase neuer Produkte keine aktuellen Kaufdaten zur Verfügung stehen. Deshalb muß man auf die Abfrage von Präferenzen oder auf simulierte Käufe zurückgreifen, auch wenn sich bis zur Produkteinführung die Präferenzen geändert haben können. Insofern sind Untersuchungen über ökonomische Einflüsse auf die Produktpositionen im Zeitablauf (Herrmann [Produktwahlverhalten] 301 ff.) von großer Bedeutung.

Zu (5): Ein Teil der Urteilsveränderungen im Laufe der Zeit wird unsystematisch sein. Die bisher formulierten Modelle gehen aber davon aus, daß die Urteile der Befragten ohne Zufallsfehler erhoben werden können. Dies ist sicher unzutreffend. Deshalb sind im Rahmen des Modells (1) Überlegungen darüber angestellt worden, wie ein solcher Zufallsfehler bei der Aufstellung des Produktmarktraums behandelt werden kann. Cooper und Nakanishi [Logit] gehen z. B. von einem Idealpunkt aus und behandeln die Distanz d_k als stochastisch; Kamakura und Srivastava [Choice Model] können, wenn auch mit aggregierten Daten, auch die Koordinaten des Idealpunktes stochastisch variieren lassen. Stochastische Versionen unterschiedlicher Nutzenmodelle sind von Carroll, De Soete und DeSarbo [Choice] vorgestellt und geschätzt worden.

Weil man die Validität der Ähnlichkeits- und der Präferenzdaten bezweifeln kann, die zu den Real- und Idealproduktpositionen herangezogen werden, ist vor allem von Elrod [Choice] der Gedanke propagiert worden, eine beobachtbare Folge tatsächlicher Käufe hierzu heranzuziehen. Allerdings wird als Präferenzmodell auf das Vektormodell (vgl. Abschn. 2.3) zurückgegriffen, wie auch verschiedene weitere statistische Annahmen erforderlich sind, um die Schätzungen zu ermöglichen (vgl. die ausführliche Darstellung von Herrmann [Produktwahlverhalten] 313 ff.).

In der Praxis wird man weiter fragen, wie bedeutend die stochastischen Effekte sind. Kleinere Effekte rechtfertigen kaum den Aufwand für die komplizierteren Schätzverfahren. Allerdings ist die Berücksichtigung stochastischer Variablen, sobald man plausible Verteilungen für sie angeben kann, deshalb von Vorteil, weil damit auf die Erfassung einer großen Zahl von deterministisch wirkenden Einflußgrößen verzichtet werden kann. Das kann den Erhebungsaufwand senken.

Zu (6): Eine optimale Produktposition im psychologischen Produktmarktraum läßt sich nicht unmittelbar in eine Anweisung für die Auswahl von "objektiven" Gestaltungselementen der Produkte umsetzen. Zwischen beiden Räumen muß eine Transformation möglich sein, die durch eine Funktion beschrieben werden muß. Hinsichtlich der Idealpunkte könnte eine Verbindung zu solchen Variablen gesucht werden, die in der Marktsegmentierung benutzt werden. Damit könnten die Idealpunktkonzentrationen auch als Marktsegmente beschrieben werden. In diesem Sinne wird auch von "eigenschaftsorientierter Segmentierung" (componential segmentation: Green, Krieger [Contributions] 136) gesprochen.

Schwierigkeiten stellen sich dann ein, wenn der Produktmarktraum weniger Dimensionen aufweist als ein Eigenschaftsraum, in den man die Produktpositionen durch die Transformationsfunktion abbilden möchte. Außerdem ist die Art dieser Funktion zu bestimmen.

Meist wird eine lineare Transformationsfunktion angenommen (eine Ausnahme bildet Bauer [Lösung], der seine logarithmisch lineare Transformationsfunktion aus den Erkenntnissen der Psychophysik heraus begründet). Lineare Transformationsfunktionen können schon bei der Ableitung von Produktmarkträumen berücksichtigt werden, wofür DeSarbo und Rao [Unfolding] ein Verfahren entwickelt haben. Es kann als eine Beschränkung der Multidimensionalen Skalierung durch Gleichungen als Nebenbedingungen aufgefaßt werden, wobei in diesen Gleichungen "objektive" Kriterien mit Real- und Idealpositionen verknüpft werden. Allerdings muß man die Variablen dieser Gleichungen "extern" ermitteln und vorgeben.

Auch hinsichtlich der Kosten kann versucht werden, Nebenbedingungen zu formulieren, die den Schluß vom niedriger zum höher dimensionierten Raum erlauben, in dem sie Freiheitsgrade "verbrauchen". Hierfür sind insbesondere Kostenminimierungsbedingungen als geeignet angesehen worden (Hauser, Simmie [Profit]). Ähnlich ist die Überlegung von Pessemier ([Product] 252), wonach um die Ausgangsposition eines im Produktmarktraum plazierten Produktes herum ein Gitter gelegt wird, dessen Eckpunkte systematisch auf eine kostenminimale Realisierung hin untersucht werden sollen.

Es wäre auch daran zu denken, daß bei einer Optimallösung in der Nähe realisierter Produktalternativen aus diesen heraus Informationen über objektive Eigenschaften zur Realisierung subjektiver Positionen interpoliert und übertragen werden können.

Albers [Neuproduktpositionierung] hat den folgenden Lösungsweg eingeschlagen. Er geht davon aus, daß eine Transformationsfunktion, sei diese nun linear oder nichtlinear, gefunden werden kann. Ist das der Fall, so muß für jede Position y_j eine deckungsbeitragsmaximale Position h_r im Raum objektiver Produkteigenschaften gefunden werden. Sind a_r die Aufwendungen je Einheit der r-ten objektiven Eigenschaft und wird (für den Fall linearer Transformationsfunktionen) unterstellt, daß es einen Transformationsparameter b_{jr} gibt, so ist das Programm:

$$\max: p - \sum_{r=2}^{R} a_r h_r$$

$$\sum_{r=1}^{R} b_{jr} h_r = y_j \, ,$$

zu lösen, worin angenommen wird, daß der Preis p der Eigenschaft r = 1 entspricht. Da die Räume aufgrund kontinuierlich ausgeprägter Eigenschaften aufgebaut sind, wären unendlich viele solcher Programme zu lösen, "um eine simultane Berücksichtigung von Absatzmengenwirkungen und Erlös- und Kostenwirkungen (pro Absatzmengeneinheit) . . . zu ermöglichen" (Albers [Neuproduktpositionierung] 194). Es ist deshalb konsequent, wenn nach einem approximativen Verfahren gesucht wird. Bei Albers besteht es darin, den Stückdeckungsbeitrag einer Optimalposition für ein neues Produkt durch das arithmetische Mittel der Stückdeckungsbeiträge der Produkte anzunähern, die von den durch das neue Produkt erreichten Käufern vor dessen Markteinführung bzw. optimaler Positionierung als jeweils beste Alternative angesehen wurden. Dieser mittlere Deckungsbeitrag ist die Grundlage für die Bestimmung des Gesamtdeckungsbeitrages durch Gewichtung mit den Nachfragemengen der durch das neue Produkt erreichten Käufer. In einer Simulationsuntersuchung ist dieses Verfahren mit gutem Erfolg getestet worden. Zugleich wurden Einflüsse auf den Approximationsfehler untersucht.

Inzwischen ist auch der Fall behandelt worden, daß Gewinnmaxmierung in der Produktpositionierung zusammen mit der Ungewißheit über die Nutzenfunktion der Konsumenten auftritt (Horsky, Nelson [Brand]). Darin werden allerdings sehr spezifische Annahmen über die Nutzenfunktion, die eigenschaftsabhängigen Kosten und die Transformation zwischen Produktmarktraum und Eigenschaftsraum erforderlich. Man wird bei Anwendungen dieser Art die Verbundmessung (Abschn. 5.4.3) vorziehen, da dabei weniger einschränkende Annahmen erforderlich scheinen.

Zu (7): In den Modellen zur optimalen Produktpositionierung wird durch das Erscheinen des neuen Produktes keine der wahrgenommenen Positionen der schon am Markt vorhandenen Produkte verändert. Diese Annahme könnte grundsätzlich fehlerhaft sein. Allerdings liegt die Schwierigkeit noch tiefer. Es ist nämlich anzunehmen, daß auf oligopolistischen Märkten die Einführung eines neuen Produktes Reaktionen der Wettbewerber auslöst, die die Produktpositionierung des betrachteten Unternehmens berühren. Es sind vier Effekte, die bei der Produktpositionierung unter Wettbewerbsbedingungen zu berücksichtigen sind (Marks [Neuproduktpositionierung] 89 ff.):

- Der Nachfrageeffekt, nach dem die Zahl der Käufer zu maximieren ist, was ceteris paribus minimal voneinander abweichende Produktangebote im "Marktzentrum" nahelegt.
- Der Nutzeneffekt, durch den höhere Verbrauchsvolumina erwartet werden, wenn durch die Produktgestaltung dem durchschnittlichen Nutzenniveau der erreichten Käufer entsprochen wird, was die Berücksichtigung mehrerer Segmente in den Positionierungsentscheidungen bedeuten kann.
- Der Strategieeffekt, der im Interesse einer möglichst geringen Wettbewerbsintensität das eigene Produkt ceteris paribus möglichst weit von Wettbewerbsprodukten entfernt.
- Der Monopoleffekt, der die Ausnutzung quasi-monopolistischer Positionen gegenüber den Nachfragern anstrebt, womit ein Positionierungsverhalten wie beim Strategieeffekt nahegelegt wird.

Es ist äußerst schwierig, die Wirkungen dieser Effekte simultan zu planen, zu bewerten und zu realisieren.

Die Planungsprobleme sind bisher nur in sehr spezieller Form behandelt worden, zumal auch in diesem Fall die empirische Basis zu ihrer Behandlung schwach ist. Für Luftverkehrsgesellschaften (Gatignon, Anderson, Helsen [Reactions]) und für den Pharmamarkt (Gatignon, Weitz, Bansal [Introduction]) wurde z. B. gezeigt, daß Wettbewerber auf den Markteintritt mit einem neuen Produkt nicht gleichartig reagieren, sondern die - gemessen an ihren Elastizitäten - wirkungsvollsten Gegenkräfte mobilisieren, wobei Preis und Werbung im Vordergrund stehen. Dies ließe sich auch dadurch erklären, daß diese Instrumente relativ schnell einsetzbar sind. Ähnliche Vorstellungen werden in den präskriptiven Modellen berücksichtigt.

Für einen zweidimensionalen Produktmarktraum mit zwei konkurrierenden Marken klärt Carpenter [Position] grundlegende Zusammenhänge zwischen Preis, Werbung und Positionierung; das Markenwahlverhalten stellt eine Mischung zwischen den hier betrachteten beiden Modellen dar. In einer weiteren Arbeit werden Positionierungsvorschläge für einen Wettbewerber angeboten, der auf ein bereits am Markt eingeführtes, dominierendes Produkt trifft. Dabei wird angenommen, daß eine größere Ähnlichkeit zwischen den Produkten den Nutzen der am Markt dominierenden Marke steigert und den des Wettbewerbers senkt (Carpenter, Nakamoto [Strategies]). Dagegen behandeln Choi, DeSarbo und Harker [Positioning] den Fall, daß mit der Produktpositionierung auch über den Preis zu entscheiden ist, wobei dieser additiv in der Nutzenfunktion der Käufer neben der Distanz zwischen Produktposition und Idealprodukt zu berücksichtigen ist (Schmalensee, Thisse [Maps]). Die Produktpositionierung wird nun unter Berücksichtigung der Preisreaktionen des Wettbewerbers als spieltheoretisches Modell formuliert und gelöst.

Natürlich ist es eine Frage, ob reales Verhalten den Normen folgt, die bei spieltheoretischen Lösungen vorausgesetzt werden. Diese Frage kann besonders gut durch Simulation von Produktpositionierungsentscheidungen im Rahmen eines mehrperiodigen Marktmodells mit mehreren Anbietern untersucht werden. Das erste solche Marktmodell wurde von Marks ([Neuproduktpositionierung] 97 ff.) entwickelt und getestet. Daraus ist zu schließen, daß

- das Verhalten der Spieler "wettbewerblicher" ist, als nach der in spieltheoretischen Modellen verbreiteten Nash-Annahme eines Stillhaltens der Wettbewerber zu erwarten wäre,
- allenfalls Reaktionen der Preise und Marketingbudgets bei als gegeben angenommenen Produktpositionen der Nash-Annahme entsprechen,
- die höhere "Aggressivität" des Wettbewerbsverhaltens zu geringeren Preisen, niedrigeren Marketingbudgets, geringeren Produktdistanzen und größerer Nähe zum "Marktzentrum" führt, als nach der Nash-Annahme zu vermuten wäre, woraus dann auch deutlich geringere Gewinne resultieren. Am Markt werden also unter den simulierten Realbedingungen ähnlichere Produkte angeboten als es unter Annahme von Nash-Gleichgewichten rational wäre.

Die Verhaltensunterschiede bestätigen die Annahme wechselseitiger Reaktionen bei Produktpositionierungen, wobei mit dem Instrument der Produktpolitik bei dem "Marktzentrum" nahen Produkten seltener gearbeitet wird als bei den diesem Zentrum fernen Produkten.

Für den Fall unbekannter kaufrelevanter Eigenschaften können Modelle optimaler Produktpositionierung aufgestellt werden. Die Modelle berücksichtigen verschiedene Annahmen über das Kaufverhalten. Sie sind im Falle kontinuierlicher Kaufwahrscheinlichkeit heuristisch, im Falle diskontinuierlicher Kaufwahrscheinlichkeit auch analytisch lösbar. Es ist erkennbar, daß die optimale Produktpositionierung trotz Klärung vieler Fragen seit Erscheinen der ersten modelltheoretischen Ansätze noch bedeutende empirische und theoretische Probleme stellt.

5.4.3 Produktpositionierung bei bekannten kaufrelevanten Eigenschaften

Alternativ zu den auf der Multidimensionalen Skalierung beruhenden Verfahren zur optimalen Produktpositionierung kann versucht werden, dasselbe Ziel durch *Verbundmessung (conjoint measurement)* zu erreichen. Dazu wird ein Sample von Verbrauchern aufgefordert, eine Rangordnung über Produkte zu bilden, die in der Regel durch eine mehr oder weniger abstrakte Angabe von Eigenschaften und Eigenschaftsausprägungen beschrieben sind. Als Stimuli kommen also Bündel von Eigenschaften mit ganz speziellen Ausprägungen vor. Die einzelnen Verfahrensbestandteile sind oben (Abschn. 2.3) bereits dargestellt worden.

Bei der Verbundmessung wird jedem Befragten eine Menge von Eigenschaftsbündeln, die Produkte oder Produktkonzepte repräsentieren, mit der Bitte um Abgabe eines Präferenzurteils vorgelegt. Sei U_{ki} das Präferenzurteil des k-ten Befragten hinsichtlich des i-ten Produktes (Eigenschaftsbündels), so sollen durch Regressionsanalyse, durch Varianz- bzw. Kovarianzanalyse oder durch lineare Programmierung (LINMAP von Shocker, Srinivasan [Identification]) individuelle Teilnutzen g_{kjm_j} für die Gleichung

$$(1)\quad U_{ki} = \sum_{j=1}^{J} \sum_{m_j=1}^{M_j} g_{kjm_j} x_{ijm_j}$$

$$(2)\quad x_{ijm_j} = (0,1), \forall\, i, j, m_j,$$

$$(3)\quad \sum_{m_j=1}^{M_j} x_{ijm_j} = 1, \forall\, i, j.$$

bestimmt werden. Darin sind j=1, 2, . . . , J die Eigenschaften und für jede j-te Eigenschaft sind m_j=1, 2, . . . , M_j ihre Ausprägungen. Die Variable x_{ijm_j} nimmt den Wert 1 an, wenn beim Produkt i die Ausprägung m_j der j-ten Eigenschaft vorhanden ist und wird sonst auf 0 gesetzt. Die Eigenschaften sollen untereinander unabhängig sein. Das Vorgehen ist nicht auf Vektor- oder Idealpunktmodelle (Abschn. 2.3) beschränkt, sondern kann alle Freiheiten der Teilpräferenzwertmodelle nutzen. Das empirische Vorgehen muß eine Reihe von Bedingungen erfüllen, die aber hier nicht näher zu erläutern sind.

Gilt das Modell, so kann man für jeden Befragten feststellen, welche Kombination von Eigenschaftsausprägungen ihm einen maximalen Nutzen bereiten würde, indem man die Werte auf der rechten Seite der Gleichung einsetzt. Gleichung (3) sagt aus, daß dabei jeweils nur eine mögliche Eigenschaftsausprägung wählbar ist. So kann man auch die Nutzen von hypothetischen Eigenschaftsbündeln beurteilen. Setzt man in einem Test die mit ihrer durchschnittlichen Nachfrage gewichtete Anzahl der Käufer, die einem bestimmten Eigenschaftsbündel den höchsten Nutzen zuordnen, zur Nachfrage aller Käufer in Bezug, so kann so der erwartete Marktanteil dieses Eigenschaftsbündels ermittelt werden. Zufryden [Conjoint] schlug zuerst diesen Weg vor, der der Kaufverhaltensannahme des Wahlaxioms entspricht und damit dem Modell (2) bis (4) des vorausgehenden Abschnitts. Als Alternative sind auch hierfür probabilistische Vorgehensweisen bekannt. Die Vielzahl möglicher Annahmen wird auch zur Grundlage einer simultan mit der Verbundanalyse verknüpften Segmentierung von Käufern (Vriens, Wedel, Wilms [Segmentation]) gemacht.

Mit der Verbundmessung wird eine *Nutzenbewertung alternativer Produktkonzepte* möglich, aber noch nicht notwendigerweise auch eine *optimale Produktpositionierung*. Das wäre nur zu erreichen, wenn die von allen Befragten relativ bevorzugte aller präsentierten Eigenschaftskombinationen sich tatsächlich auch als die optimale erweist. Die optimale Produktposition kann aber "zwischen" den getesteten Eigenschaftsausprägungen liegen.

Für die Lösung dieses Problems sind verschiedene Verfahren vorgeschlagen worden: (a) eine Heuristik auf der Basis der Dynamischen Programmierung, (b) ein genetischer Algorithmus und (c) das sogenannte response surface-Verfahren.

(a) Heuristisches Verfahren

Durch ein heuristisches Verfahren, das Gedanken der dynamischen Optimierung aufnimmt, kann eine gute Lösung des Produktpositionierungsproblems gefunden werden (Kohli, Krishnamurthi [Approach]). Man definiert zunächst eine Teilpräferenzwert-Differenz. Sie ergibt sich aus dem Vergleich des Teilpräferenzwerts für eine beliebige Eigenschaftsausprägung für einen Konsumenten mit dem Teilpräferenzwert einer Ausgangsausprägung (status quo-Produkt).

Für jede Produkteigenschaft wird eine Matrix aufgestellt, die in den Zeilen die Konsumenten und in den Spalten die Eigenschaftsausprägungen zeigt. Von einer beliebigen Eigenschaft ausgehend wird nun versucht, eine Kombination mit einer anderen Eigenschaft zu finden, bei der möglichst viele Konsumenten eine positive Teilpräferenzwert-Differenz zeigen. Dies wird fortgesetzt, bis alle Eigenschaften durchgeprüft sind und eine bevorzugte Kombination von Eigenschaftsausprägungen festgestellt wird. Ein kleines Beispiel soll das Vorgehen verdeutlichen:

Für vier Konsumenten seien drei Eigenschaften mit jeweils 3, 3 und 2 Ausprägungen relevant. Jeder Konsument entfalte dieselbe Nachfrage. Die Differenzen der Teilpräferenzwerte seien wie folgt festgestellt worden (Tab. 5.2).

Das status quo-Produkt ist durch die Eigenschaftsausprägungen C der Eigenschaft 1, A der Eigenschaft 2 und A der Eigenschaft 3 gekennzeichnet. Man kombiniert nun systematisch alle Ausprägungen der Eigenschaft 1 mit den Ausprägungen der Eigenschaft 2 und addiert die Teilpräferenzwerte. Aus diesen 9 Kombinationen für jeden Konsumenten wird die Zahl der Konsumenten mit positiven Teilpräferenzwert-Differenzen (K) ermittelt (eine Differenz von Null wird durch ein + gekennzeichnet):

Tab. 5.2: Matrix der Teilpräferenzwertdifferenzen

Konsument	Eigenschaft 1 Ausprägung			Eigenschaft 2 Ausprägung			Eigenschaft 3 Ausprägung	
	A	B	C	A	B	C	A	B
1	2	-1	0	0	1	-3	0	2
2	-3	4	0	0	-2	-4	0	-1
3	-1	4	0	0	4	2	0	-2
4	1	1	0	0	1	1	0	1

Als besonders attraktiv erweisen sich die Kombinationen der Eigenschaftsausprägungen (A+B), (B+B) und (C+B). Diese werden nun in gleicher Weise mit den Teilpräferenzwerten der dritten Eigenschaft verglichen. Man rechnet leicht nach, daß die Kombination (B+B+B) dann 4 Konsumenten gewinnen könnte. Sie gilt als die vorgezogene Kombination von Eigenschaftsausprägungen.

Tab. 5.3: Matrix der kombinierten Teilpräferenzwertdifferenzen für zwei Eigenschaften

Konsument	Kombinationen (jeweils Eigenschaft 1 und 2) der Eigenschaftsausprägungen								
	A+A	A+B	A+C	B+A	B+B	B+C	C+A	C+B	C+C
1	2	3	-1	-1	0	-4	0	1	-3
2	-3	-5	-7	4	2	0	0	-2	-4
3	-1	3	1	4	8	6	0	4	2
4	1	2	2	1	2	2	0	1	1
K	2	3	2	3	3+	2+	0	3	2

Obwohl kritisiert wird, daß die Lösung von der Reihenfolge der kombinierten Eigenschaftsausprägungen abhängig ist (Green, Krieger [Contributions] 135), werden doch in einer Prüfung des Verfahrens durch die Autoren überzeugende Annäherungen an das Optimum nachgewiesen. Das einfach zu implementierende Verfahren stellt zur Zeit eine besonders gute Lösung des Problems dar.

(b) Genetischer Algorithmus

Ein sogenannter genetischer Algorithmus, dem dem Verfahren von Kohli und Krishnamurti gegenüber Vorteile bei der Rechenzeit und der Lösungsqualität bietet, ist ebenfalls vorgeschlagen worden. Er beruht auf dem Prinzip der "Vererbung" vorgezogener Produkteigenschaftsausprägungen sowie der Prüfung ihrer "Überlebensfähigkeit" bei den Kaufentscheidungen (Balakrishnan, Jacob [Algorithms]).

(c) Reaktionsflächen-Verfahren

Um die optimale Position zu finden, geht man auch nach dem sogenannten "response surface"-Verfahren vor (Green, Carroll, Goldberg [Approach]; Green, Krieger [Design]). Darin kann eine Vielzahl von Verhaltensannahmen berücksichtigt werden. Man unterstellt zunächst je nach diesen Annahmen die Auswahl eines geeigneten Zielkriteriums, z. B. den Marktanteil im oben definierten Sinne. In einer zweidimensionalen, schematischen Betrachtung (Abb. 5.8) wird dieses Kriterium auf der Ordinate abgetragen. Auf der Abszisse werden die getesteten Eigenschaftsausprägungen festgestellt. An die ihnen zugeordneten Ordinatenwerte versucht man nun, eine nichtlineare Funktion (allgemeiner: eine Hyperebene) möglichst gut anzupassen. Hat man diese Hyperebene festgestellt, so kann man auch ihr Maximum ermitteln. Von ihm aus lotet man auf die Abszisse (allgemeiner: die Achsen) und stellt so die optimale Produktposition durch die entsprechende Eigenschaftsausprägung fest. Für dieses Vorgehen ist ein Algorithmus unter dem Namen POSSE verfügbar.

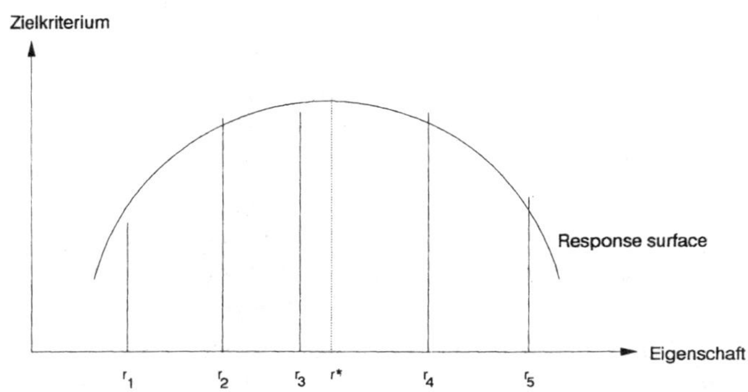

$r_1,\ldots,r_5$: getestete Eigenschaftsausprägungen

r^*: optimale Eigenschaftsausprägung

Abb. 5.8: Schematische Darstellung des Response-Surface-Verfahrens

Verbundmessung ist bisher häufig eingesetzt worden. Es konnten auch valide Ergebnisse mit dem Verfahren erzielt werden. Allerdings setzt dies die Beachtung hoher Anforderungen an den Versuchsaufbau voraus.

Aus dem Blickwinkel der Produktpolitik sind vor allem folgende Fragen zu beachten. Erstens sind kaufrelevante und diskriminierende Produkteigenschaften auszuwählen. Hauser und Simmie [Profit] schlagen vor, diese durch Faktorenanalyse auf unabhängige Eigenschaftsfaktoren zu reduzieren. In jedem Falle wird mit vorgegebenen Eigenschaften gearbeitet, so daß keine neuen Eigenschaften entdeckt werden können. Zweitens können mit den klassischen Methodiken nur relativ wenige Eigenschaftsausprägungen untersucht werden, weil sonst die Versuchspersonen in der Abgabe ihrer Präferenzurteile überfordert werden. Das reduziert die Anzahl der "Stützpunkte" für das Response-Surface-Verfahren; insbesondere Extrapolationen außerhalb des getesteten Bereichs sind problematisch. Das beschränkt die Lösungen auf relativ bekannte Eigenschaftsausprägungen. Einen Ausweg bieten sog. hybride Verfahren der Verbundmessung und die adaptive Conjoint-Analyse. Weiterhin besteht bei einer geringen Anzahl von erhobenen Stimuli eine Gefahr der Verzerrung der geschätzten Teilnutzenwerte, und die Interpretation der Bedeutungsgewichte als numerische Zahlenwerte kann bei einer Erhebung mit einer geringen Anzahl von Eigenschaften und Ausprägungen problematisch sein (Teichert [Validität]). Allerdings kann eine geringere Anzahl von Stimuli u. U. auch zu einer Verbesserung der Validität der Nutzenwerte beitragen (Teichert [Validität]). Drittens ist fraglich, ob relativ abstrakt beschriebene Produktkonzepte in gleicher Weise präferenzbildend wirken wie konkret erlebbare Produkte. Das wäre erforderlich, um Hinweise für die Weiterentwicklung von Produkten in frühen Phasen ihrer Entwicklung zu erhalten, wo noch keine Muster oder Prototypen verfügbar sind. Die Erfahrungen hierzu sind unterschiedlich. Während Weisenfeld [Einflüsse] eine höhere Validität realer Produktpräsentationen im Vergleich zu hypothetischen Beschreibungen aufgrund ihrer Experimente bezweifelt, stellt Sattler [Validität] in einer empirischen Analyse Unterschiede zwischen den Präsentationsformen und damit Validitätsstörungen fest. Sattler [Gütezeichen] kommt zu einem differenzierten Schluß. Insbesondere, wenn bei den Produktkonzepten Schlüsselreize präsentiert werden (wie etwa der Preis oder ein Markenname), können diese durch Wahrnehmungsverzerrungen im Vergleich zur Präsentation realer Produkte verstärkt werden. Dies wirkt sich kaum in den Präferenzrangfolgen aus, kann aber wohl Marktanteilsschätzungen oder Schätzungen von Kaufhäufigkeiten beeinflussen. In dieser Hinsicht ist die konvergierende Validität gering. Vermutlich spielt hierbei die Produktart und die dadurch bestimmte Art des Kaufentscheidungsprozesses mit unterschiedlich hohem Kenntnisstand und verschiedenen kognitiven Anforderungen an die Käufer (vgl. Abb. 2.7) eine Rolle (Weisenfeld [Einflüsse]; Anderson [Effect]). Ist aber z. B. das Design ein Schlüsselreiz, so sind valide Analyseergebnisse nicht durch abstrakte Beschreibungen zu erreichen. Hier sind durch computer-gestützte Darstellungen gute Ergebnisse zu erreichen (Loosschilder et al. [Stimuli]). Letztlich ist zu bedenken, daß zwar die Art der Datenpräsentation (als Profil aller getesteten Eigenschaften oder als paarweiser Vergleich von jeweils zwei Eigenschaften) offenbar keinen Einfluß auf die Ergebnisse nimmt, wohl aber das zur Parameterschätzung bei der Verbundmessung eingesetzte Verfahren (Jain, Bass, Chen [Estimation]).

Der Einsatz der Verbundmessung sollte also nicht ohne sorgfältige Erkundung der jeweiligen Bedingungen des Falles erfolgen, zumal auch manche der verfügbaren Rechenverfahren dem Benutzer vielfältige Möglichkeiten zur Manipulation der Daten gewähren.

In jüngster Zeit ist das Software-Paket SIMOPT beschrieben worden, das auf die Gestaltung eines pharmazeutischen Präparats aufgrund der Daten von 356 Entscheidungsträgern in Krankenhäusern der USA, die ähnliche Präparate einsetzen, beruht (Green, Krieger [Application]). Das Programm wählt ein optimales Produkt unter Berücksichtigung verschiedener Zielfunktionen (unter anderem Marktanteilsmaximierung, Deckungsbeitragsmaximierung) und verschiedener Annahmen über das Kaufverhalten aus; es kann auch die Produktgestaltung von Entscheidungen der Wettbewerber über ihre Produktgestaltung abhängig machen, wenn diese Entscheidungen bekannt sind. Es berücksichtigt allerdings keine Unsicherheiten oder mehrperiodigen Effekte, läßt andere Marketing-Instrumente als die Produkt- und die Preispolitik außer Betracht und scheint kritisch auf einen Parameter zu reagieren, durch den relativer Nutzen (analog zum Parameter b in Gleichung (1) aus Abschn. 5.4.2) einzelner Produkte zu beobachteten Marktanteilen in Beziehung gesetzt wird. Bauer, Herrmann und Mengen [Produktgestaltung] schlagen das Modell "Conjoint + Cost" vor, das neben der Verwendung von Teilnutzenwerten für Produkteigenschaften auch deren Kosten berücksichtigt. Jedoch werden auch bei diesem Modell andere Marketing-Instrumente sowie mehrperiodige Effekte nicht berücksichtigt. Allerdings können auf dieser Grundlage gewinnmaximierende Produktpositionierungen betrieben werden.

Wie auch bei den im vorigen Abschnitt geschilderten Modellen sind erste Schritte zur Integration des Wettbewerbsverhaltens gemacht worden. Hier sind zunächst Preisreaktionen des Wettbewerbs auf Produktpositionierungen untersucht worden (Choi, DeSarbo [Product]).

Auf der Grundlage der durch Verbundmessung ermittelten Teilnutzen können individuell bevorzugte Eigenschaftskombinationen und ihre Ausprägungen ermittelt werden. Sie bilden den Ausgangspunkt für eine Optimierung der Eigenschaftsausprägungen über alle Käufer, wozu unterschiedliche Verfahren genutzt werden können.

5.4.4 Anwendung der Verbundmessung zur Entwicklung von Gestaltungsempfehlungen

Im folgenden soll die Anwendung der Verbundmessung zur Ableitung von Gestaltungsempfehlungen für ein bereits am Markt eingeführtes Produkt dargestellt werden.

Ein mittelständischer Hersteller in der Feinkostindustrie mit regional hohem Marktanteil stand vor dem Zwang zu Verpackungsänderungen. Er nahm dies zum Anlaß, die Verpackungsgestaltung seiner gesamten Produktlinie grundsätzlich zu überdenken. Insbesondere wurde in dem Unternehmen überlegt, ob man die Verpackungsform von einer "traditionell" quadratischen auf eine "modernere" rechteckige oder runde Form ändern sollte und ob auf dem Verpackungsdeckel statt der bisherigen Textgestaltung ein Serviervorschlag oder gar ein mit dem Produkt in assoziativer Verbindung stehendes Photo abgebildet werden sollte. Da einige dieser Verpackungsalternativen mit höheren Herstellkosten verbunden sind, war gleichzeitig zu prüfen, ob dafür ein höherer Preis am Markt durchgesetzt werden konnte oder ob das Unternehmen sich bei gleichbleibendem Preis mit einem niedrigeren Deckungsbeitrag zufrieden geben muß. Schließlich stand man vor der Frage, ob der Markt eher durch Markentreue oder eher durch zufällige Ad-hoc-Käufe gekennzeichnet ist und somit, ob die bisherige Aufmachung als

Markenartikel unter Verwendung eines hervortretenden Firmenzeichens beibehalten werden sollte. Da das Unternehmen keine systematische Marktforschung betrieben hatte und deshalb keine verwendbaren Kenntnisse über die Wirkungen der einzelnen Produkteigenschaftsausprägungen besaß, das Problem aber den Absatz des gesamten Produktprogramms betraf und zudem mit der Beschaffung entsprechender Spezialverpackungsmaschinen hohe Investitionen verbunden waren, wurde zur Reduzierung der Risiken eines Fehlschlages empfohlen, das Produkt vor der Markteinführung einem Test in Form eines vereinfachten Testmarktsimulators (vgl. Abschn. 7.3) zu unterwerfen.

Um das Experiment wirtschaftlich zu gestalten, wurden nach dem Konzentrationsprinzip zwei vom Umsatz her bedeutende Produktklassen für den Produkttest ausgewählt. Als Testmarktsimulatoren dienten zwei im Verkaufsgebiet des Herstellers liegende Warenhäuser, über die bedeutende Umsatzanteile erwirtschaftet werden. Das Ziel bestand darin, diagnostische Information über die Vorteilhaftigkeit der in Tab. 5.4 aufgeführten Eigenschaftsausprägungen zu gewinnen. Dabei sollen die Ausprägungen der Eigenschaft "Standardmarke" eine Operationalisierung von Markentreue darstellen.

Die geforderte diagnostische Information läßt sich gewinnen, wenn eine Menge von Produkten mit variierenden Eigenschaftsausprägungen im Testmarktsimulator angeboten wird. Um den Test realistisch zu gestalten, werden real existierende Produkte ausgewählt. Es handelt sich dabei um das Produkt des Herstellers in seiner herkömmlichen Form und fünf Konkurrenzprodukte. Da mit diesen sechs Produkten das experimentelle Design nicht orthogonal gestaltet werden konnte, wurden drei weitere, künstlich konstruierte Testprodukte hinzugenommen. Allerdings konnten auch damit noch nicht alle möglichen Einflüsse der nicht systematisch variierenden Eigenschaften kontrolliert werden. Eine Prüfung mit Hilfe der Jackknife-Regression (Fenwick [Techniques]) zeigte aber an, daß die verbleibenden Verzerrungen in der Versuchsanordnung keinen wesentlichen Einfluß hatten. Eine Darstellung der Eigenschaftsprofile der neun Produkte in jedem der beiden Teilmärkte findet sich in Tab. 5.5.

Tab. 5.4: Untersuchte Produkteigenschaftsausprägungen

Eigenschaften:	Eigenschaftsausprägungen:	
	Symbol	Erläuterung der Ausprägung
Verpackungsform	F1	"traditionelle" quadratische Form
	F2	"moderne" rechteckige Form
	F3	runde Form
Verpackungsbild	B1	textliche Gestaltung des Packungsdeckels
	B2	mit dem Produkt in assoziativer Verbindung stehendes Photo auf dem Packungsbild
	B3	Serviervorschlag auf dem Packungsdeckel
Preis	P1	niedrig
	P2	mittel
	P3	hoch
Standardmarke	M1	bisher im Sortiment der Kaufstätte
	M2	bisher nicht im Sortiment der Kaufstätte

Im Rahmen dieser Testbedingungen wurden

(a) simulierte Kaufhäufigkeiten beobachtet,

(b) Präferenzdaten zu den Testprodukten erhoben.

Zu (a): Die simulierten Käufe wurden dadurch herbeigeführt, daß das in einer Kühltheke angeordnete Testsortiment der jeweils neun Produkte pro Produktklasse interessierten Personen zum Kauf angeboten wurde. Als Anreiz zur Teilnahme (auch an den folgenden Teilen des Tests) erhielten die Käufer einen an der Kasse einlösbaren Gutschein, dessen Betrag allerdings so niedrig angesetzt war, daß die Versuchsperson trotz des Gutscheins einen erheblichen Teil des üblichen Kaufpreises selbst bezahlen mußte. Dadurch sollte erreicht werden, daß nur ernsthaft interessierte Versuchspersonen gewonnen wurden und die Auswahl von teureren Produkten auch tatsächlich finanzielle Konsequenzen für die Versuchspersonen hatte.

Zu (b): Im zweiten Teil wurden die Testpersonen gebeten, die nun auf einem von der Kühltruhe in einiger Entfernung stehenden Tisch plazierten Produkte des Testsortiments in eine Rangfolge zu bringen, in der sie diese kaufen würden. Dabei wurden die Produkte den Versuchspersonen in zufälliger Anordnung präsentiert. An diesem Teil der Erhebung nahm nur jeweils jede zweite Person teil, da die andere Hälfte der Versuchspersonen in Anlehnung an einfache Einstellungsmodelle direkt nach der Bedeutung einzelner Eigenschaften für den Kauf

Tab. 5.5: Eigenschaftsausprägungen der Produkte der Testsortimente in den Produktklassen A und B

Produkt-klasse	Produkt-Nr.	angeboten durch	Verpackungs-form	Verpackungs-bild	Preis	Standard-marke
A	1	Konkurrenz	F2	B3	P1	M1
	2	Konkurrenz	F3	B1	P3	M2
	3	Konkurrenz	F2	B3	P1	M1
	4	Konkurrenz	F1	B1	P3	M2
	5	Konkurrenz	F3	B1	P2	M2
	6	selbst	F1	B1	P2	M1
	7	Test	F2	B2	P3	M2
	8	Test	F2	B3	P3	M2
	9	Test	F2	B1	P3	M2
B	1	Konkurrenz	F2	B3	P1	M2
	2	Konkurrenz	F2	B3	P2	M2
	3	Konkurrenz	F2	B3	P1	M1
	4	Konkurrenz	F2	B1	P3	M2
	5	Konkurrenz	F3	B1	P2	M2
	6	selbst	F1	B1	P2	M1
	7	Test	F2	B2	P3	M2
	8	Test	F2	B3	P3	M2
	9	Test	F2	B1	P3	M2

Quelle: Albers, Brockhoff [Gültigkeit] 194.

befragt wurde. Wie sich jedoch herausstellte, war es für die betrachteten Produktklassen nicht möglich, daraus Präferenzwerte abzuleiten. Anders als bei den bekannten Testmarktsimulatoren sind somit die Präferenzen ausschließlich als Globalurteile (Präferenzrang) über real existierende Produkte erhoben worden. Dabei wurde der Abgabe einer einfachen Präferenzrangfolge der Vorzug eingeräumt gegenüber komplexeren Erhebungsmethoden, um die Versuchspersonen nicht zu überfordern.

Beide Testteile (a) und (b) waren in eine Befragung integriert, in der von den Versuchspersonen Daten u. a. über soziodemographische Merkmale, Kaufgewohnheiten und Produktverwendungsarten erhoben wurden. Ziel dieser ergänzenden Befragung war es zu prüfen, ob sich die Versuchspersonen in klar voneinander abgegrenzte Segmente mit unterschiedlichen Kriterien bei der Präferenzbildung und Kaufentscheidung unterteilen ließen. Dies erweist sich dann als wertvoll, wenn eindeutige Rückschlüsse auf die Vorteilhaftigkeit von Produkteigenschaftsausprägungen nur noch auf Segmentebene, nicht mehr jedoch auf aggregierter, und damit auch die individuellen Unterschiede ausgleichender Ebene, gezogen werden können. In unserer Untersuchung erwies sich die Frage, ob die Versuchspersonen die betrachteten Produkte bisher üblicherweise "lose", "abgepackt" oder gar nicht gekauft haben, als eine solche segmentbildende Variable. Dies wird aus den Korrelationen der Kaufhäufigkeiten der einzelnen Segmente (dabei wurde das Segment "gar nicht" mangels ausreichender Besetzung nicht weiter betrachtet) deutlich (siehe Tab. 5.6).

Tab. 5.6: Korrelation der Kaufhäufigkeiten verschiedener Segmente von Versuchspersonen

Korrelation der Kaufhäufigkeit der Segmente	"GESAMT"	"LOSE"	"ABGEPACKT"
"GESAMT"		0,79	0,80
"LOSE"			0,30
"ABGEPACKT"			

Die Untersuchung wurde sowohl segmentspezifisch als auch für die Gesamtheit der Versuchspersonen durchgeführt; hier wird nur ein Auszug aus den Ergebnissen gegeben (vgl. Albers, Brockhoff [Gültigkeit]).

Betrachtet man die Kaufhäufigkeiten in Tab. 5.7, so muß man zu der Schlußfolgerung gelangen, daß keines der künstlich konstruierten Testprodukte Nr. 7 bis 9 so attraktiv für die Konsumenten ist wie das etablierte, bisher vom Unternehmen angebotene Produkt Nr. 6. Ob dieses Urteil sich ändert, wenn die Versuchsanordnung auch die Erfassung von Lerneffekten ermöglichen würde, muß dahingestellt bleiben. Um Hinweise für die Verbesserung der Testprodukte zu erhalten, wurde versucht, eine Beziehung zwischen den Kaufhäufigkeiten und den Eigenschaftsausprägungen zu schätzen. Dabei sollten Standardmethoden eingesetzt werden. Hier wurde die Regressionsanalyse in der Form einer Dummy-Variablen-Regression gewählt, da die Eigenschaftsausprägungen z. T. nominal skaliert, höchstens aber ordinal skaliert sind. Die Regressionsanalyse hat sich als eine robuste Methode erwiesen. Im übrigen hat eine Überprüfung der mit Hilfe der Regressionsanalyse erzielten Ergebnisse mit denen der theoretisch adäquateren LOGIT-Analyse ergeben, daß man hier mit beiden Methoden zu gleichen Schlußfolgerungen gelangt.

Tab. 5.7: Charakteristika der Testprodukte (Symbole entsprechend Tab. 5.4) und ihre Kaufhäufigkeiten

Pro-dukt	angeboten durch	Produktklasse A					Produktklasse B				
		Eigenschaftsprofil				Kauf-häufig-keit	Eigenschaftsprofil				Kauf-häufig-keit
1	Konkurrenz	F2	B3	P1	M1	37	F2	B3	P1	M2	7
2	Konkurrenz	F3	B1	P3	M2	21	F2	B3	P2	M2	27
3	Konkurrenz	F2	B3	P1	M1	38	F2	B3	P1	M1	37
4	Konkurrenz	F1	B1	P3	M2	15	F2	B1	P3	M2	16
5	Konkurrenz	F3	B1	P2	M2	17	F3	B1	P2	M2	23
6	selbst	F1	B1	P2	M1	37	F1	B1	P2	M1	35
7	Test	F2	B2	P3	M2	29	F2	B2	P3	M2	22
8	Test	F2	B3	P3	M2	22	F2	B3	P3	M2	19
9	Test	F2	B1	P3	M2	11	F2	B1	P3	M2	20

Die Kaufhäufigkeit K_i des i-ten Produktes wird also erklärt durch die Gleichung

$$K_i = a_0 + \sum_{j=1}^{4} \sum_{m_j=1}^{M_j} a_{jm_j} x_{ijm_j},$$

worin a_0 eine Konstante ist und a_{jm_j} der Teilnutzen. Nimmt man an, daß die Kaufhäufigkeiten ein (lineares) Abbild der Präferenz für die Produkte darstellen, so kann man diese Parameter als Teilpräferenz-Werte für die Eigenschaftsausprägungen der Tab. 5.4 darstellen, wobei B1 un B3, P2 und P3 sowie F2 und F3 zu je einer Eigenschaftsausprägung zusammengefaßt wurden, weil nur wenige Produkte als Beobachtungen zur Verfügung standen. Durch schrittweise Regression wurde versucht, ein befriedigendes Erklärungsmodell der Kaufhäufigkeit der einzelnen Produkte zu finden, das möglichst nur aus Variablen mit signifikantem Einfluß auf die Kaufhäufigkeit besteht. Das Ergebnis ist in Tab. 5.8 zusammengefaßt.

Daraus ist zu ersehen: Es ist für den Markterfolg von größter Bedeutung, daß ein Produkt als dauerhaft "sortimentszugehörig", also als eine eingeführte Marke, erkannt wird. Dies deutet darauf hin, daß der Markt durch erhebliche Markentreue gekennzeichnet ist. Bestätigt wurde dies auch durch die parallel durchgeführte Befragung und Postkartenaktion. Immerhin etwa 50% der Befragten gaben für beide Produktklassen an, beim nächsten Mal wieder dieselbe Marke kaufen zu wollen.

Daneben kommt dem Preis Bedeutung zu. Allerdings fällt auf, daß ein niedriger Preis zu geringeren Kaufhäufigkeiten führt als ein mittlerer oder hoher Preis. Dieses Phänomen gilt nicht nur für Produktklasse B, sondern bezüglich Produktklasse A auch für die die abgepackte Ware bevorzugenden Käufer, welche die eigentliche Zielgruppe des Unternehmens darstellen. Dieses, den Standardannahmen der mikroökonomischen Preistheorie widersprechende Ergebnis

Tab. 5.8: Ergebnisse der Regressionsanalyse der Kaufhäufigkeiten in Abhängigkeit von Produkteigenschaftsausprägungen für die Gesamtheit aller Versuchspersonen (n. s.: nicht signifikant auf dem 7%-Niveau)

Eigenschaft	Ausprägung	Produktklasse A		Produktklasse B	
		Regressions-koeffizient	Signifikanz-niveau (t-Test)	Regressions-koeffizient	Signifikanz-niveau (t-Test)
	Konstante	17,20	0,0009	21,17	0,0067
Bisher im Sortiment der Kaufstätte	nein	0	-	0	-
	ja	20,13	0,0003	30,00	0,0024
Preis	niedrig	n.s.	n.s.	-14,17	0,0176
	mittel oder hoch	0	-	0	-
Verpackungs-form	quadratisch	n.s.	n.s.	-16,17	0,0606
	rechteckig oder rund	0	-	0	-
Verpackungs-bild	Text oder Rezept	0	-	0	-
	assoziatives Bild	11,80	0,0265	n.s.	n.s.
Erklärungsmodell (R^2 und F-Test)		$R^2 = 0,91$	0,0009	$R^2 = 0,90$	0,0067

Quelle: Albers, Brockhoff [Gültigkeit] 202.

läßt sich hier in erster Linie damit erklären, daß die Konsumenten qualitativ hochwertige Produkte kaufen wollen und mangels anderer Informationen die Qualität der Produkte nach dem Preis einschätzen.

Wenig wirksam zur Erklärung der unterschiedlichen Kaufhäufigkeiten sind die eigentlichen Verpackungsfaktoren: Verpackungsform und Verpackungsbild. Zwar erwiesen sich in jeweils einer der Produktklassen je eine der Ausprägungen als signifikant, doch können diese Ergebnisse nicht in den einzelnen Segmenten der Käufer, die bisher das Produkt üblicherweise lose bzw. abgepackt gekauft haben, reproduziert werden. Insbesondere unter dem Gesichtspunkt einer einheitlichen Verpackung für beide Produktklassen wird deutlich, daß der Gestaltung der Verpackung gegenüber der Preis- und Markenpolitik hier nur ein geringer Stellenwert im Marketing-Mix zukommt.

Aufgrund der Tatsache, daß in dem Testmarktsimulator auch Präferenzen erfragt wurden, bietet sich die Möglichkeit, die für Kaufhäufigkeiten gefundenen Ergebnisse zu überprüfen. Als Auswertungsverfahren haben wir dafür die *Verbundanalyse* gewählt, mit der man pro Person aus globalen Präferenzurteilen auf die Teilnutzenwerte $g_{kjm_j} x_{ijm_j}$ schließt, die die k-te Person individuell einzelnen Eigenschaftsausprägungen zumißt.

Auf dieser Basis lassen sich dann Prognosen für die Kaufhäufigkeiten von beliebigen Kombinationen der Produkteigenschaftsausprägungen darstellen. Dazu errechnet man zunächst pro Person die Gesamtnutzenwerte aller interessierenden Produktalternativen U_{ki} (Abschn. 5.4.3) und der fünf Konkurrenzprodukte durch Addition der Teilnutzenwerte der jeweils geltenden Eigenschaftsausprägungen. Ausgehend von der Hypothese, daß die Befragten jeweils das Produkt mit dem höchsten Gesamtnutzenwert auswählen werden, braucht man dann nur noch für eine interessierende Produktalternative die Anzahl der Befragten zu bestimmen, für die dieses Produkt einen höheren Gesamtnutzenwert als jedes der fünf Konkurrenzprodukte aufweist. Prognostiziert man nun auf diese Weise die Kaufhäufigkeiten für alle von der Konkurrenz nicht angebotenen Kombinationen von Eigenschaftsausprägungen und ordnet diese in absteigender Reihenfolge, dann erhält man eine Rangliste der vom betrachteten Unternehmen anbietbaren Produktalternativen nach Maßgabe des prognostizierten Markterfolgs. Die ersten Positionen dieser Ranglisten sind in Tab. 5.9 wiedergegeben.

Bei einer Interpretation dieser Ranglisten kommt es darauf an, solche Eigenschaftsausprägungen zu finden, die in der Rangliste möglichst häufig auf vorderen Plätzen auftauchen, also konkurrierende Ausprägungen dominieren. Unter diesem Gesichtspunkt bestätigen die Ranglisten in inhaltlicher Hinsicht weitgehend die Ergebnisse der Regressionsanalyse.

Für beide Produktklassen erachten die Befragten es als äußerst wichtig, ein Produkt zu kaufen, das bisher schon zum Sortiment der Kaufstätte gehörte. Damit läßt sich auch in den Präferenzrangreihen das Phänomen der Markentreue nachweisen.

Hohe Preise nehmen eher vordere Ranglistenplätze ein als mittlere Preise, während niedrige Preise in den Ranglisten überhaupt nicht auftauchen. Dies bedeutet, daß auch in den Präferenzrangreihen die Funktion des Preises als Qualitätsindikator aufgedeckt werden kann.

Auch aus den Rangreihen kann man nicht auf eindeutig präferierte Verpackungsformen oder Verpackungsbilder schließen. Allerdings ist eine gewisse Tendenz dafür zu entdecken, daß rechteckige oder runde Formen der quadratischen Form und Rezeptabbildungen oder assoziative Bilder einer Textgestaltung auf dem Packungsdeckel vorgezogen werden. In dieser Studie wurde nach *einem* Produkt gesucht. Daten, wie sie in Tabelle 5.9 dargestellt werden, können auch zur Segmentierung von Käufern herangezogen werden (Vriens, Wedel, Wilms [Segmentation]). Dann ist das vorgezogene Produkt für jedes Segment simultan zu bestimmen.

Tab. 5.9: Rangliste von Produkteigenschaftsausprägungskombinationen für Produktklassen A und B auf der Basis der Präferenzfunktionen von 111 bzw. 99 ausgewählten Versuchspersonen (an diesem Teil des Tests nahm nur etwa die Hälfte aller Versuchspersonen teil)

Produktklasse A						Produktklasse B					
Rang	Prognostizierte Kaufhäufigkeit	Eigenschaftsprofil				Rang	Prognostizierte Kaufhäufigkeit	Eigenschaftsprofil			
1	69/111	F2	B3	P3	M1	1	56/99	F2	B2	P3	M1
2	68/111	F2	B2	P3	M1	2	55/99	F2	B3	P2	M1
3	67/111	F3	B2	P3	M1	3	54/99	F3	B2	P3	M1
3	67/111	F3	B3	P3	M1	4	52/99	F2	B3	P3	M1
4	66/111	F2	B1	P3	M1	5	51/99	F3	B2	P2	M1
5	64/111	F2	B2	P2	M1	6	50/99	F1	B2	P2	M1
6	63/111	F3	B1	P3	M1	7	49/99	F1	B2	P3	M1
7	60/111	F3	B2	P2	M1	7	49/99	F2	B3	P3	M1

5.5 Elemente der Produktgestaltung

Zur Realisierung der angestrebten Ausprägungen der objektiven Produkteigenschaften, durch die bestimmte subjektive Produktwahrnehmungen erreicht werden sollen, wird *Produktgestaltung* betrieben. Ähnlich hat Gutenberg ([Absatz] 508) die Aufgabe gesehen, wenn er von der Notwendigkeit der Sicherung funktionaler und akquisitorischer Eigenschaften für die auf den Märkten angebotenen Leistungen spricht, die sich im Bewußtsein der Käufer verbinden können. Zur Herbeiführung akquisitorischer Eigenschaften verweist er insbesondere auf die Kennzeichnung der Güter durch Markenzeichen, Ausstattungen, Packungen und Verpackungen, Styling, Display und den Imagetransfer.

Für die Produktgestaltung werden Gestaltungsmittel eingesetzt, die in Abb. 5.9 systematisch aufgeführt werden.

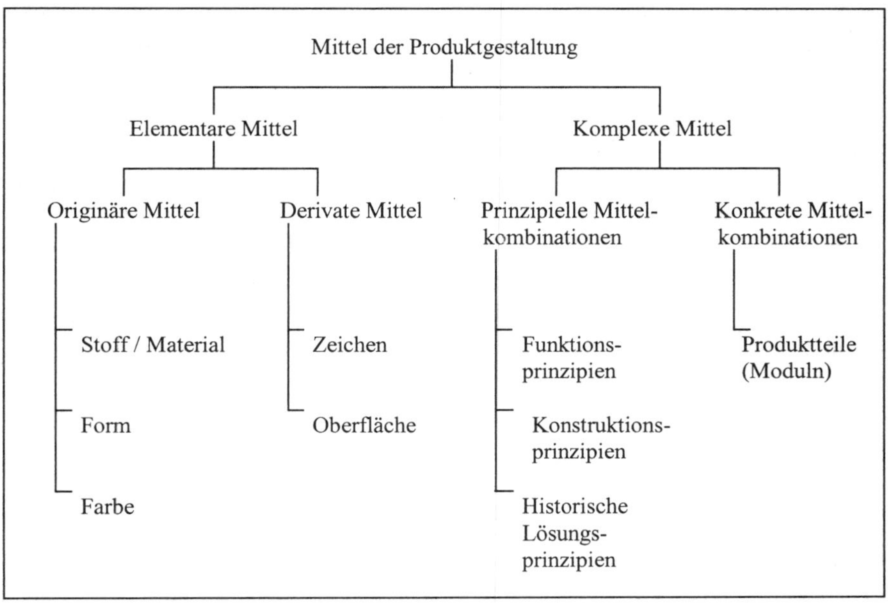

Abb. 5.9: Mittel der Produktgestaltung (Koppelmann [Produktmarketing, 5. A.] 323)

Es ist unmöglich, in diesem Rahmen die einzelnen Mittel abzuhandeln und auf ihre wechselseitigen Beziehungen hinzuweisen (Koppelmann [Produktmarketing, 5. A.]; Hansen, Leitherer [Produktpolitik]). Es kommt hinzu, daß der Einsatz der Mittel unter gleichzeitiger Berücksichtigung übergeordneter Gestaltungskriterien erfolgt, die Koppelmann ([Produktmarketing, 5. A.] 328 ff.) mit den Begriffen Standardisierung, Spezialisierung, Möglichkeiten zur Veränderung der Produktleistungen, Herstellung einer gewissen Gestaltungskontinuität und Berücksichtigung gewisser Beschränkungen in der Gestaltungsmittelauswahl als Voraussetzungen für die Durchsetzung einer gemeinsamen Vorstellung vom Unternehmen (corporate identity) und damit eines Goodwill-Transfer, Mengenbegrenzung und Innovationsintensität belegt. Im Rahmen solcher Gestaltungskriterien müssen die einzelnen Gestaltungsmittel kombiniert werden, wofür als Hilfsmittel für ihre Auswahl das bekannte Instrument des morphologischen Kastens geeignet ist. Allerdings muß darauf geachtet werden, daß durch die Verwendung dieses Instruments die Gefahr einer innovationsfeindlichen Gestaltungslösung dann besteht, wenn bestimmte Alternativen der Gestaltung aufgrund historischer Erfahrungen gar nicht in den Katalog der Gestaltungsmittel aufgenommen werden. Als Beispiele für die Überwindung herkömmlicher Gestaltungsmittel sei auf die Fertigung von Uhren mit Kunststoffteilen (Swisswatch) oder die Verwendung bestimmter Granitarten für Zifferblätter (Stonewatch) hingewiesen. Die Möglichkeit zu solchen innovativen Lösungen sollte durch das eingesetzte Verfahren eher gefördert als blockiert werden.

Die Kombination der Mittel der Produktgestaltung macht herkömmlich vor allem bei komplexen Produkten große Schwierigkeiten. In den letzten Jahren sind graphikfähige Rechnersysteme (allgemein: Computer Aided Design und Computer Aided Engineering) eingeführt worden, um diese Kombinationsarbeit zu erleichtern und zu verkürzen. Eines dieser Systeme ist das Design-Computer-System (DCS), das bei Ford eingesetzt wird. Hierüber wird berichtet:

"Bevor noch die ersten Konturen eines neuen Modells vom Designer gestrichelt werden, kommt aus der Technik die Grundkonstruktion mit Rädern, Fahrwerksteilen, mit Motor und Antrieb als maßgetreue Skizze über eine Datenleitung auf den Bildschirm. So kann der Formen-Künstler gleich unter realistischen Voraussetzungen beginnen. Jeden Strich, jede Fläche, die durch die Hand mit dem Elektronik-Griffel skizziert werden, zeichnet der Computer maßgerecht und maßstabgetreu auf. Sind erst einmal die drei Ansichten - Front, Seite, Heck - gezeichnet, fügt DCS sie selbständig zu einer dreidimensionalen Darstellung zusammen. Jetzt kann das neue Auto gedreht und aus jedem erdenklichen Winkel betrachtet werden, um eventuelle Schwachstellen zu enthüllen. Doch nicht allein um Ästhetik geht es. Während der gesamten Design-Phase können die Spezialisten in Konstruktion und Fertigung - über Datenleitungen - ständig einzelne Detaillösungen kommentieren.

Auf dem Bildschirm lassen sich bestimmte Teile aus dem Autoentwurf herausschneiden, verändern, wieder einsetzen. Mit ein paar Griffelstrichen wird zu einem Schrägheckauto die Stufenheckversion entworfen. Die Dachpartie läßt sich ausschneiden, verlängern oder verkürzen, so könnte, sagt der Designer, mal eine Coupé-Version aussehen. Die Übergänge in der Computer-Darstellung von einem neuen zu einem alten Karosserieteil stimmen automatisch. Alles geschieht mit derart hoher Präzision, daß am Ende ein numerisch gesteuerter Fräsautomat aus jedem geeigneten Material in jedem beliebigen Maßstab Modelle anfertigen kann.

Damit auch Laien sich die Umsetzung der Designideen vorstellen können, färbt DCS selbständig Karosserieflächen ein, versieht sie mit Spiegelungen, Gläser an Scheinwerfern und Blinkern erhalten eine naturgetreue Transparenz, die Scheiben werden durchsichtig. Zur Entscheidung auf Vorstandsebene wird dann die dreidimensionale Darstellung nicht mehr auf dem relativ kleinen Bildschirm vorgeführt. DCS umfaßt neben dem bisher einmaligen Design-Computer auch modernste Video-Technik. Von dem japanischen Elektronikspezialisten Sony kommt dazu das hochauflösende Fernsehbild. Zusammen mit Ford haben die Japaner ihr System derart perfektioniert, daß die fertige, dreidimensionale Darstellung eines neuen Autos in natürlicher Größe auf einem riesigen Bildschirm Fotoqualität hat.

Der Sinn hinter dieser wie Spielerei anmutenden Technik ist handfest: DCS verkürzt die Entwicklungszeit eines neuen Autos von bisher 64 auf 45 Monate, in Zukunft sollen es gar nur noch 36 Monate sein. So kann Ford die Abstände zu Modellwechseln oder Überarbeitungen verkürzen und dadurch selbstverständlich auch die Entwicklungskosten fühlbar verringern" (Behse [Auto]).

Während DCS die Entwickler unterstützt, kann man sich gleiche Systeme auch für die Nutzung durch Kunden vorstellen. Sie können dann das von ihnen gewünschte Produkt aus wahlweise verfügbaren Modulen zusammenstellen, aus verschiedenen Blickwinkeln betrachten und in seiner Größe bis hin zur Originalgröße variieren. Für Oberbekleidung und PKW sind solche Systeme bekannt. Ihre Verbreitung wird in den nächsten Jahren erwartet.

> *Produktgestaltung ist die Auswahl von Eigenschaften und ihrer Ausprägungen für ein Produkt. Sie kann auf einer optimalen Produktpositioniereung beruhen. Rechnergestützte Lösungen für die Aufgabe der Produktgestaltung sind bekannt.*

5.5.1 Aspekte der Markenpolitik

Als Beispiele für die Komplexität der Gestaltungsprobleme soll auf die *Markenpolitik* und *Verpackungsgestaltung* kurz eingegangen werden.

Die Literatur hat sich der Markenpolitik in einer Vielzahl von Einzeluntersuchungen verschiedenen Teilaspekten, wie z. B. den Markenstrategien, der Markenforschung, den Markeninstrumentarien sowie der Markenbewertung, zugewandt (vgl. insbesondere Bruhn [Markenartikel]). Dabei wird unter dem Begriff Markenpolitik ein Absatzsystem verstanden, bei dem dem Produkt der besondere Charakter eines *Markenartikels* verliehen werden soll (Eggers [Markenartikel]). Unter Markenartikeln versteht man Produkte, die sich durch *gleichbleibende Aufmachung, gleichbleibende oder steigende Qualität, hohe Werbeanstrengungen, weite Verbreitung und entsprechend hohen Bekanntheitsgrad* auszeichnen. Die hohen Bekanntheitsgrade werden nicht zuletzt durch die Benutzung einer Marke, d. h. ein die Produktherkunft kennzeichnendes Merkmal (§38a, (2), 1 GWB) zur Kennzeichnung von Markenartikeln erreicht. Marken können Namen, Bildzeichen, Folgen von Buchstaben oder bestimmte Design-Elemente sein ("Coca Cola"-Flasche). Tab. 5.10 gibt einen Überblick über die umsatzstärksten Marken im deutschen Lebensmittelhandel.

Die Marke "Apollinaris" ist ein Beispiel dafür, daß mittels eines auffälligen Bildzeichens in Kombination mit einem einprägsamen Namen und Werbeslogan ein homogenes Gut wie Mineralwasser einen hohen Bekanntheitsgrad erreichen kann: "Am 20. April 1895 wurde für die "Actiengesellschaft Apollinarisbrunnen vorm. Georg Kreuzberg" beim Kaiserlichen Patentamt Berlin das rote Dreieck mit dem Schriftzug Apollinaris und dem Slogan "The Queen of Table Waters" eingetragen. Gegründet worden war das Unternehmen 1853 von dem Ahrweiler Winzer Georg Kreuzberg, der auf einem seiner Weinberge bei Bohrungen auf eine mineralische Quelle gestoßen war. Er taufte den so entstandenen Brunnen nach einem Bildstock des heiligen Apollinaris, der sich neben der Quelle befand." (Quelle: o. V. [Apollinaris].)

Tab. 5.10: Umsatzstarke Marken im deutschen Lebensmittelhandel

Marke	Umsatz 1993 (Mio. DM)
Coca-Cola	1686
Marlboro	1659
Maggi	1303
Iglo	1292
HB	1109
Jacobs Krönung	978
Langnese-Eis	798
Knorr	745
West	741
Müller	658

Quelle: Nielsen, nach: Bruhn ([Markenartikel] VI).

Die Kennzeichnung einer Marke kann durch den Hersteller des Produktes als dem Träger der Qualitätsgarantie vorgenommen werden (*Herstellermarke*) oder vom Handel (*Handelsmarke*). In beiden Fällen unterscheidet sich damit das Markenprodukt von der *Gattungsmarke*, die in der Regel ausschließlich einen Grundnutzen in Standardqualität bei niedrigem Verkaufspreis bieten soll. Man spricht dabei auch von "weißer Ware" oder "no name Produkten" (Böcker [Gattungsmarken]); eine Staffelung der Markentypen nach Präferenzdauer und -niveau schlagen Haedrich und Tomaczak ([Markenführung] 164) vor.

Die Wiedererkennung einer Marke erlaubt es dem Käufer, seine Wiederholungskäufe von den Verwendungserfahrungen abhängig zu machen, die er gemacht hat oder ihm von anderen mitgeteilt werden. Das dient dem *Aufbau von Stammkundenbeziehungen*. Wird die Marke zu diesem Zweck auch in einem anderen Marktsegment verwendet ("Diet Coke"), so wird von "*line extension*" gesprochen; verwendet man die Marke in einem anderen Markt, spricht man von "*brand extension*". In einer Untersuchung führender Unternehmen der Konsumgüterindustrie stellt Aaker [Brand] fest, daß nur 5% der Neuproduktеinführungen "new brands" sind, 6% sind "brand extensions" und 89% "line extensions".

Es ist von besonderem Interesse, ob solche Mehrfachverwendungen von Marken Rückwirkungen auf die ursprüngliche Marke ausüben und ob durch Wiederholung der Maßnahme sich die ursprünglichen ggf. beobachteten Effekte verstärken oder abschwächen. Die Messung solcher Effekte erfordert es, eine große Anzahl von Variablen zu kontrollieren, zeitliche Aspekte zu berücksichtigen, sowie nach unterschiedlichen abhängigen Variablen und ihrer Beobachtbarkeit zu differenzieren. Hierzu ist eine speziell ausgerichtete Literatur entstanden (Broniarczyk, Alba [Importance]; Keller, Aaker [Effects]; Reddy, Holak, Bhat [Extend]; Smith, Park [Effects]; Sattler [Markenbewertung]).

Markenentwicklungen in Konsumgütermärkten erfordern nach Erfahrungen von Führungskräften etwa 177 Mio. DM (1996), und selbst der Transfer eines Markennamens innerhalb derselben Produktgruppe (line extension) schlägt mit durchschnittlich 70 Mio. DM zu Buche (Sattler [Millionenspiel]). Die Werte streuen zwischen den Märkten erheblich. Eine größere Ähnlichkeit zwischen Transferobjekten wirkt kostensenkend. Zu berücksichtigen ist weiter, daß auch die genannten Beträge keine Erfolge garantieren, wie schon im ersten Kapitel deutlich wurde. (Zur Vorgehensweise beim Markentransfer wurde im Kapitel 3.4 auf ein Konzept verwiesen (Sattler [Beurteilung]).

Die Anbieter können wählen, wie viele von mehreren Produkten unter einer Marke zusammengefaßt werden sollen. So unterscheidet man:

(1) Einmarkenstrategie, bei der jedes Produkt unter einer eigenen Marke angeboten wird,

(2) Familienmarkenstrategie, bei der mehrere Produkte unter einer Marke angeboten werden (beispielsweise Nivea oder Tesa bei Beiersdorf),

(3) Dachmarkenstrategie, bei der alle Produkte unter einer Marke angeboten werden (beispielsweise Bosch mit Autoelektronik, Heimwerkzeugen usw.),

(4) Mehrmarkenstrategie, bei der mehrere Marken in einem Produktbereich den Käufern Möglichkeiten des Markenwechsels bieten, ohne damit notwendigerweise unterschiedliche Marktsegmente anzusprechen (beispielsweise auf dem Getränkemarkt). Daraus ergibt sich, daß es nicht unbedingt zweckmäßig ist, Marke und strategisches Geschäftsfeld als identisch anzusehen (Haedrich, Tomaczak [Markenführung] 29).

Vor- und Nachteile dieser Strategien hat Meffert [Markenstrategien] zusammengefaßt (Abb. 5.10).

Für die Wahl eines *Markennamens* ist es zunächst entscheidend, eine Verletzung fremder Schutzrechte (Warenzeichenschutz) zu vermeiden. Die bestehenden Schutzrechte sind der Warenzeichenrolle zu entnehmen, die beim Deutschen Patentamt geführt wird. Tab. 5.11 zeigt Bestand und Bestandsveränderungen von Warenzeichen. Beim US Patent und Trademark Office sind etwa doppelt so viele Warenzeichen registriert wie in Deutschland (700.000). Wegen der großen Anzahl der Schutzrechte und der Notwendigkeit, die Marketingziele durch die Wahl der Marke zu unterstützen, haben sich für die Suche und den Test von Marken eigene Dienstleistungsunternehmen gebildet. Die Art des Namens kann eine inhaltliche Bedeutung haben oder auch völlig bedeutungslos sein. Solche Namen werden auch durch Zufallsprozesse auf Rechenanlagen generiert. Gefundene Namen müssen im Lichte der internationalen Verflechtung der Märkte (etwa 40% der Markenartikel werden exportiert) darauf geprüft werden, ob einer internationalen Verwendung einer Marke rechtliche, kulturelle oder andere Hindernisse entgegenstehen.

	Chancen	Risiken
Einzelmarkenstrategie	• Generell: Je spezifischer die Markenleistung, desto höher der Kompetenzanspruch der Marke • Spezifische Profilierung möglich • Gezielte Ansprache einzelner Kundensegmente möglich • Keine Gefahr negativer Ausstrahlungseffekte auf andere Marken (z. B. Neueinführungen) • Optimales Produktimage bei größtmöglicher Übereinstimmung zwischen Bedürfnisprofil und Markenprofil • Optimale Kombination aus Mono-Struktur des Angebotes und Markenkompetenz • Marktanteils- und Kostenvorteilseffekte	• Produkt muß alle Markenaufwendungen tragen • Gefahr des Trends zur Herstellermarke und Verlust der «Produkt- und Markenpersönlichkeit»
Familienmarkenstrategie	• Durch geeignete Unterstützung der Produkte schnellere Akzeptanz beim Handel und besseres Feedback der Konsumenten • Kosten der Markenbildung vergleichsweise gering durch Nutzung von Synergien • Ansprache neuer Zielgruppen durch Marktausweitung • Weiterentwicklung und Stärkung von Marken • «Marken melken» durch Imagetransfer auf neue Produkte • Verjüngung des Basisimage der Muttermarke • Positionsabsicherung durch satellitenartig neu angesiedelte Produkte	• Gefahr von negativen Ausstrahlungseffekten auf andere Produkte der Markenfamilie falls: - konstante Qualität und Ähnlichkeit der Produkte nicht eingehalten werden - vertikale Positionierung durch differente Images der Einzelprodukte möglich ist - unterschiedliche Anmutungs-Qualitäten bei den Zielgruppen angesprochen werden
Dachmarkenstrategie	• Produkte tragen Profilierungsaufwand gemeinsam • Schnellere Akzeptanz beim Handel • Besserer Feedback beim Konsumenten • Nutzung von Synergien • Ansprache neuer Zielgruppen durch Marktausweitung • Aufbau eines Firmenimages bzw. einer Corporate-Identity	• Generell: Je höher der Diversifikationsgrad, desto schwächer ist die Markenkompetenz • Dachmarke kann weniger klar profiliert werden • Risiko negativer Ausstrahlungseffekte bei Produkten unterschiedlicher Qualität
Mehrmarkenstrategie	• Markenwechsler können gehalten werden durch Produktvarietät • Bessere Kooperation mit dem Handel, da mehr Regalfläche für Eigenmarken • Durch Einführung von «Kampfmarken» können übrige Marken vom Preiskampf entfernt gehalten werden	• Kannibalisierung: Die eigenen (Mono-)Marken bzw. Produkte nehmen sich gegenseitig Marktanteile weg (Substitutionseffekt) • Gefahr der Übersegmentierung ist gegeben

Abb. 5.10: Chancen und Risiken von Markenstrategien (Meffert [Markenstrategien] 127)

Tab. 5.11: Warenzeichen und Dienstleistungsmarken beim Deutschen Patentamt

	1995	1996	1997	Änderung (in %)
Eigentragene Warenzeichen gesamt	378.615	424.006	460.149	+ 8,5
Neuanmeldungen	48.250	51.671	56.992	+10,3
Erledigungen	30.106	40.991	61.414	+49,8
Widersprüche	21.130	10.214	20.204	+97,8
Eintragungen	40.991	50.659	57.904	+14,3

Quelle: Deutsches Patentamt [Jahresberichte].

Abb. 5.11 veranschaulicht den deutlichen Anstieg an Marken-Neuanmeldungen in den vergangenen Jahren und das steigende Verhältnis zwischen Eintragungen und Zurückweisungen (Deutsches Patentamt [Jahresberichte] 1994). Letzteres läßt auf eine höhere Professionalisierung bei der Markenwahl schließen.

Warenzeichen sind heute nicht mehr an einen bestimmten Geschäftsbereich gebunden und können deshalb selbständig gehandelt werden. Sollen bestehende Markennamen genutzt werden, z. B. um einen Imagetransfer zu erreichen, so müssen sie selbst oder Nutzungslizenzen erworben werden. Der Lizenzgeber kann dabei bestimmte Bedingungen stellen, zum Beispiel die Verwendung des Namens "Biene Maja" auf gesundheitsförderliche Produkte für Kinder zu beschränken.

In der "Geschichte der Photographie" beschreibt Newhall, wie der Name "Kodak" entstand, woraus einige wichtige Merkmale der Namenswahl erkennbar werden: "Unter diesen Kameras (sog. Hand- oder Detektivkameras, d. V.) ist die Kodak am bekanntesten geworden, erfunden und hergestellt von Georg Eastman . . . Sie kam 1888 auf den Markt; ihren merkwürdigen Namen hatte Eastman selbst geprägt: 'Es war eine völlig willkürliche Buchstabenkombination, weder als ganzes noch teilweise von einem vorhandenen Wort abgeleitet, zu der ich gelangt war, nachdem ich lange ein Wort gesucht hatte, das allen Anforderungen an ein Warenzeichen genügte. Vor allem mußte es kurz sein; es mußte sich leicht schreiben und sprechen lassen, damit seine Identität nicht zerstört werden konnte; es mußte über eine starke, deutlich ausgeprägte Persönlichkeit verfügen und den Bestimmungen verschiedener ausländischer Warenzeichengesetze entsprechen'" (Newhall [Geschichte] 133).

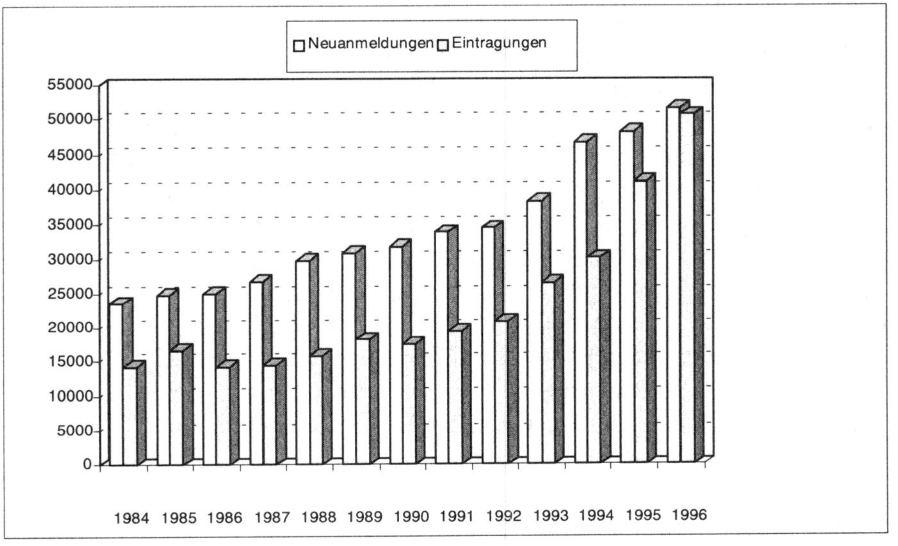

Abb. 5.11: Neuanmeldungen und Eintragungen von nationalen Marken (Deusches Patentamt [Jahresberichte])

Die Vielzahl der "Wortmarken" hat dazu beigetragen, daß häufig auch Ziffern, Ziffernkombinationen (was in den USA z. B. unzulässig ist, weshalb ein 586-Chip Pentium getauft wurde) oder Buchstaben-Ziffernkombinationen als Markenzeichen gewählt werden. Auch für solche Zeichen bestehen unterschiedliche Anmutungen, Assoziationen und Präferenzen (Pavia, Costa [Number]), die - wie in allen anderen Fällen der Auswahl von Markennamen - zu beachten sind (Unger [Konsumentenpsychologie]).

Da Marken einen bedeutenden Vermögensgegenstand von Unternehmen darstellen und der *Markenwert* sogar oft den Wert von Sachanlagevermögen übersteigt, gewinnt die Bewertung von Marken (z. B. zur Markenbudgetierung, zum Zwecke der Markenführung und -kontrolle, im Rahmen einer Unternehmensakquisition, zur Berechnung von Schadenersatz im Falle mißbräuchlicher Nutzung von Marken oder zur Verwendung bei der Lizensierung) zunehmend an Bedeutung (Sattler [Markenbewertung] 664; Sander [Bestimmung]). Der Begriff "Markenwert" (brand equity) wird dabei in der Literatur unterschiedlich definiert. Viele Autoren verstehen unter dem Begriff den Barwert der aus einer Marke erwirtschafteten Zusatzgewinne. Es werden jedoch auch weiter gefaßte Definitionen zugelassen, und neben der Marke als Markenzeichen werden in engem Zusammenhang mit der Marke stehende immaterielle Vermögensgegenstände berücksichtigt.

Der Markenwert etablierter Marken wird grundsätzlich durch zwei Gruppen von Variablen bestimmt. Einmal sind dies die marktspezifischen Variablen, zum anderen die firmenspezifischen Variablen. Die erste Gruppe von Variablen wird als unabhängig vom jeweiligen Anbieter betrachtet. Sie umfaßt wertbestimmende Elemente wie die Marktperiode, den Marktanteil usw. Die zweite Gruppe von Variablen erlaubt es, einen firmenspezifischen Wert einer Marke auszudrücken. Ihre Fähigkeit, synergetische Effekte zusammen mit anderen Angeboten des Unternehmens zu erzielen (durch niedrigere Produktionskosten, niedrigeres Risiko, höhere Marketing-Leistungen, um einige Beispiele zu nennen), ist für diese Gruppe von Variablen kennzeichnend. Damit läßt sich auch erklären, daß eine Produktmarke für einen Anbieter weniger Wert hat als für einen anderen, weshalb es häufig zu Verkäufen von "Marken" (im Sinne ganzer Angebotsprogramme oder Markenfamilien) kommt. In einem kleinen Experiment für bestimmte Typen amerikanischer Hotels konnte nachgewiesen werden, daß der Markenwert fast ein Viertel der Varianz in Akquisitionsentscheidungen erklärt (Mahajan, Rao, Srivastava [Assessment]). Unabhängig von der Validität dieses Ergebnisses ist es als Hinweis auf firmenspezifische Variablen deshalb verstanden worden, weil je nach dem angenommenen Typ des Käufers unterschiedliche Variablengewichte bei den zu kaufenden Hotels festgestellt werden können.

Vornehmlich die US-amerikanische Literatur hat sich eingehend mit Meßvorschlägen befaßt, jedoch weisen die meisten Verfahren im Hinblick auf Validität und hinsichtlich der Bewertungszwecke erhebliche Mängel auf (zu einem Überblick über Beiträge bisheriger Forschung: Sattler [Markenbewertung] 670 ff.; Bruhn [Markenartikel] 1379 ff.). Für die diversen Bewertungszwecke sind monetäre Wertdimensionen sowie die Betrachtung langfristiger Zeithorizonte notwendig (Sattler [Markenbewertung]; Bruhn [Markenartikel]). Abb. 5.12 präsentiert ein Grundkonzept zur Markenbewertung, das langfristige Wirkungen einer Marke nicht nur auf einen „Stammarkt“, sondern auch auf weiteren Märkten berücksichtigt, auf die die Marke transferiert werden kann.

> *Markenpolitik ist ein wichtiges Element der Produktpolitik. Markenwahl, Markenstrategie, Markentransfer, Markenbewertung sind wesentliche Teilbereiche, die unter absatzwirtschaftlichen Aspekten zu optimieren sind.*

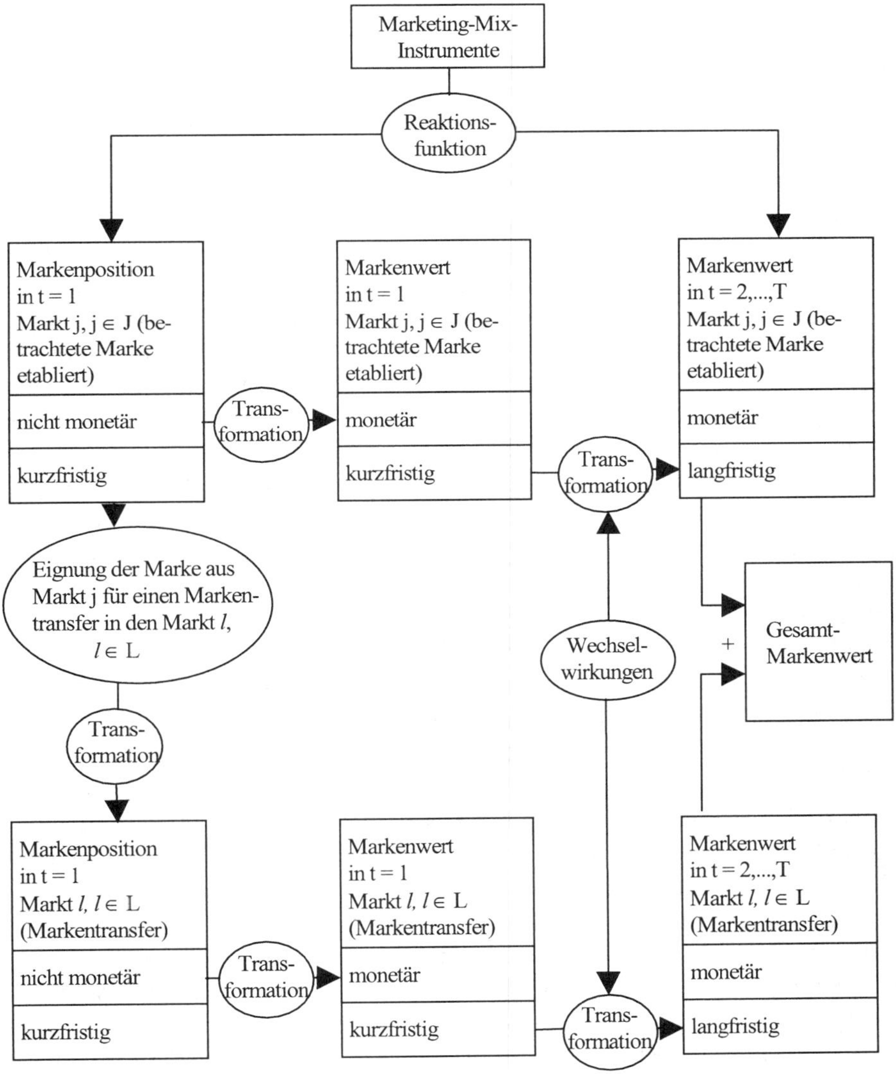

J: Indexmenge der Märkte, auf denen die betrachtete Marke bereits vertreten ist

L: Indexmenge der Märkte, auf denen die betrachtete Marke noch nicht vertreten ist

Abb. 5.12: Ein Konzept zur Markenbewertung (Sattler [Markenbewertung] 676)

5.5.2 Verpackungsgestaltung

Die *Marke* kann ein Element der Gestaltung der *Verpackung* sein. Darunter versteht man eine Warenumhüllung, die nach der Füllung durch die Ware (das Packgut) zur Packung wird (Deuss [Packung] 20). Die Verpackungsgestaltung ist deshalb ein komplexes Problem, weil von der Verpackung sehr unterschiedliche Wirkungen ausgehen und Funktionen zu erfüllen sind. Auf den Wirkungsaspekt hat Hansen [Verpackung] hingewiesen. Sie macht darauf aufmerksam, daß der Konsument in drei unterschiedlichen Phasen mit der Verpackung konfrontiert ist: am "Point of purchase", beim Ge- oder Verbrauch und bei der Entsorgung. In jeder dieser Phasen können von der Verpackung andere Einflüsse auf den Käufer ausgehen. Die Funktionen können nur innerhalb eines bestimmten Rahmens ausgeübt werden. Der rechtliche Rahmen der Verpackungsgestaltung übt dabei zwingende Kraft aus. Er wird durch allgemeine Regeln (z. B. das Gesetz über das Meß- und Eichwesen sowie die Fertigpackungsverordnung, durch die unter anderem eine gewisse Standardisierung von Füllmengen zur Erleichterung von Vergleichen vorgeschrieben ist, oder die Verordnung über die Vermeidung von Verpackungsabfällen vom 12.6.1991) und spezielle Regeln (z. B. Gesetz über den Verkehr von Lebensmitteln, Tabakerzeugnissen, kosmetischen Mitteln und sonstigen Bedarfsgegenständen oder die Kennzeichnungspflicht für Inhaltsstoffe von Lebensmitteln) gebildet. Außerdem können bestimmte Rahmenbedingungen faktisch, zum Beispiel durch den Handel, erzwungen werden. Die Verbreitung von Warenwirtschaftssystemen und Scanner-Kassen erzwingt etwa die Anbringung von EAN (Europäische Artikel Numerierung) Codes auf den Verpackungen (Schiebel [Artikelnummer]).

Innerhalb solcher Rahmenbedingungen sind nun ganz unterschiedliche Systeme von Verpackungsfunktionen dargestellt worden (Wind [Product] 356 ff.; Hansen, Leitherer [Produktpolitik]; Hamann [Produktgestaltung]; Deuss [Packung] 126 ff.).

So wird etwa von der Schutzfunktion, der Transportfunktion, der Kommunikationsfunktion usw. gesprochen. Ausschließlich im Hinblick auf die Produktpolitik hat Deuss ([Packung] 131 ff.) folgende Funktionen unterschieden:

- Sortimentsfunktion
- Differenzierungsfunktion
  + Differenzierung gegenüber eigenen Produkten
  + auf den Handel gerichtete Differenzierung
  + auf den Verwender gerichtete Differenzierung
    - auf die Verwenderperson gerichtet
    - auf die Verwendungshäufigkeit gerichtet
    - auf die Verwendungskreise gerichtet
    - auf die Verwendungssituation gerichtet
  + auf den Wettbewerb gerichtete Differenzierung
    - durch Markierung
    - durch Steigerung des Produktnutzens
      -- durch Werterhöhung der Gestaltung oder zusätzlicher Werte (z. B. Weiterverwendung einer Verpackung)
      -- durch Unterstützung der Gebrauchseignung (beim Öffnen, Entnehmen, Wiederverschließen, durch Mehrfachverwendung, Installationshilfe, Garantie).

Es ist allerdings offensichtlich, daß solche Kataloge, so hilfreich sie auch für die Unterstützung von Gestaltungsaufgaben sein mögen, nicht völlig überschneidungsfrei sind, was hier besonders hinsichtlich der Funktion "Markierung" leicht zu erkennen ist. Außerdem ist die Festlegung einzelner Funktionen geeignet, den Eindruck einer abschließenden Aufzählung zu erwecken, wie besonders bei den zuletzt angeführten Punkten deutlich wird. Gerade die Findung neuer Funktionen kann damit behindert werden, obwohl sie einen bedeutenden Einfluß auf die Gewinnung von Wettbewerbsvorsprüngen haben kann. So treten z. B. die Umweltverträglichkeit und die Entsorgungskosten der Verpackung zunehmend als Wettbewerbsfaktor hinzu (vgl. z. B. Balderjahn [Verpackungsverordnung]; Müller, Kesselmann [Preisbereitschaft]).

Am 2. November 1998 begann der Gerolsteiner Mineralbrunnen als erstes Unternehmen der Genossenschaft deutscher Brunnen mit einer Umstellung von Mehrweg-Glasflaschen für Mineralwasser auf Mehrweg-Plastikflaschen. Damit sind Investitionen von 400 Mio. DM verbunden. Dem steht die Erwartung einer Marktanteilsverdoppelung auf 17% durch Gewinnung neuer Kunden oder Verdrängung von Regionalanbietern gegenüber. Letzteres wird durch die sinkenden Logistikkosten erwartet, da etwa 40% mehr Ware je Versandeinheit zum Kunden gelangt. Die Glasindustrie warnt, daß Kohlensäure den Kunststoff angreife und damit den Geschmack beeinträchtige (Schmorte [Premiere]).

Die Differenzierungsfunktion kann so weit gehen, daß allein durch Verpackungsgestaltung aus einem substantiell identischen "Produktkern" unterschiedliche Produkte entstehen. Beispielsweise stellt der Schokoladenhersteller Gabor ein Produkt aus Vollmilch-Schokolade her, das je nach Verpackung und ohne Änderung der Produktform als Weihnachtsmann oder Osterhase verkauft wird. Es liegt also Produktvariation allein durch die Wahl der Verpackung vor.

Das Problem der Packungsgestaltung hat simultan mehrere Ziele zu berücksichtigen. Hinzu kommt, daß Verbraucher-, Sammel- und Versandpackungen aufeinander abzustimmen sind. Das erfordert eine ökonomische und ökologische Probleme lösende, integrierte Verpackungsplanung bzw. Verpackungsoptimierung (Total Packaging Konzepte), die heute nur in Ansätzen vorliegt (Isermann [Verpackungsplanung] 175; Balderjahn [Verpackungsverordnung] 482). Erfolgversprechend sind Entscheidungs-Unterstützungs-Systeme, die aufgrund von Heuristiken Problemlösungen erzeugen, die dann weitere Bewertungen durch die Entscheidungsträger erfordern.

5.6 Produktgestaltung durch den "House of Quality"-Ansatz

Das Problem der Verbindung "objektiver" Gestaltungselemente mit "subjektiven" Kundenbedürfnissen ist bereits angesprochen worden. Eine allgemeine Lösung hierfür liegt nicht vor. Deshalb ist auch versucht worden, hierfür Heuristiken zu finden, die keine explizite Spezifizierung von Transformationsfunktionen zwischen Eigenschaften erfordern. Die "House of Quality"-Heuristik hat besonders viel Aufmerksamkeit auf sich gezogen, da sie den informatorischen Kern des Prozesses *qualitätsorientierter Entwicklung* (quality function deployment) darstellt (Hauser, Clausing [House]). In der hausförmigen Abbildung (Abb. 5.13) werden folgende Informationen bereitgestellt:

(1) Subjektive Produkteigenschaften, analog zu den Achsen eines Produktmarktraums.

(2) Bedeutungsgewichte der subjektiven Produkteigenschaften, analog zu denen in Einstellungs-, MDS- oder Verbundmessungsmodellen.

(3) Eigenschaftsausprägungen im Vergleich zu Wettbewerberangeboten, analog zur Potentialanalyse oder zu Distanzen im Produktmarktraum.

(4) Konstruktionsmerkmale (engineering characteristics), durch die Ausprägungen subjektiver Produkteigenschaften beeinflußt werden können.

(5) Die Zuordnungsmatrix zwischen Konstruktionsmerkmalen und subjektiven Produkteigenschaften, um tatsächliche Beeinflussungen zu dokumentieren.

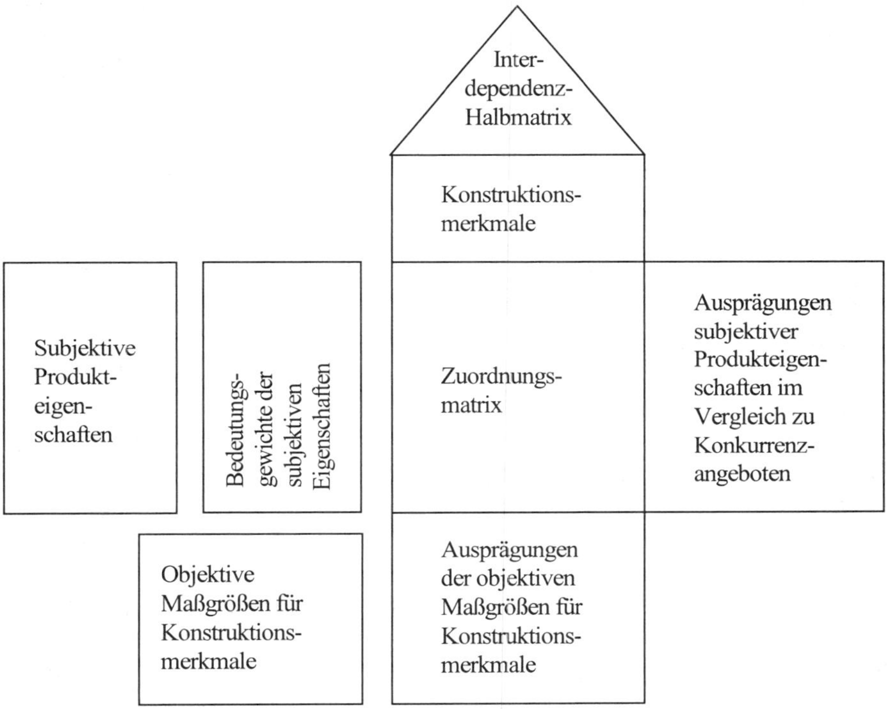

Abb. 5.13: Schema des "House of Quality" nach Hauser und Clausing

(6) Eine Interdependenz-Halbmatrix der Konstruktionsmerkmale, durch die paarweise wechselseitige Behinderung oder Unterstützung der Konstruktionsmerkmale dargestellt wird.

(7) Eine Matrix objektiver Meßgrößen der Ausprägungen der Konstruktionsmerkmale der eigenen Produkte und der der Wettbewerber.

Ein Beispiel für die Entwicklung einer PKW-Tür zeigt Abb. 5.14. Das "Haus" kann auf eine bestimmte Phase im Prozeß der Produktentwicklung bezogen sein und informatorisch mit Häusern vorausgehender oder folgender Phasen zu einer "Siedlung" verknüpft werden. Das Schema soll die Kommunikation zwischen Funktionsbereichen erleichtern und zu einer marktorientierten Aufgabenbeschreibung führen, ohne dafür einen formalen Algorithmus zu benutzen. Die Gewinnung von Daten und von Verknüpfungsinformationen kann sich auf alle gängigen Verfahren stützen. Die Entwicklungsdauer kann durch den Ansatz verkürzt, die Anlaufkosten können reduziert werden. Der "House of Quality"-Ansatz stellt hohe Anforderungen an die Datengewinnung. Dies gilt insbesondere dann, wenn einzelne Produktkomponenten beurteilt werden sollen, die in einem Produktkonzept widerspruchsfrei zu integrieren sind. Beispielsweise erfordert ein Ansatz der "Integrierten Konzeptfindung" (Schmidt [Konzeptfindung] 324 ff.) schon bei Betrachtung einer Komponente 23 Arbeitsschritte mit mehrfachen Rückkopplungen. Die Heuristiken sollten also nicht unter dem Aspekt bevorzugt werden, mit ihnen eine Ersparnis in der Datenerhebung zu erreichen. Mangelnde methodische Unterstützung bei der Generierung von Produkteigenschaften und der Festlegung von Zielwerten sowie Schwierigkeiten bei der Aggregation von Einzelkriterien zu einer Entscheidungsregel im Rahmen des "House of Quality"-Ansatzes sind kritisiert worden (Call [Entstehung] 132 ff.).

Als unbefriedigend ist auch empfunden worden, daß die Interaktionen zwischen Konstruktionsmerkmalen im "Dach" des Hauses lediglich qualitativ festgelegt werden. In bestimmten Fällen ist es möglich, diese wechselseitigen Beziehungen auch formal, durch sogenannte "Design-Gleichungen" zu beschreiben und damit zu einer verbesserten Darstellung des Gestaltungsproblems zu kommen (Ramaswamy, Ulrich [Design]). Schwierigkeiten bereitet auch die Bestimmung angemessener Aggregationsniveaus für Konstruktionsmerkmale und Produkteigenschaften. Es ist z. B. denkbar, eine Zuordnungsmatrix auf der Grundlage von Produkten und Technologien aufzustellen (Seiler [Marketing] 303). Es bleibt offen, welches Aggregationsniveau der Planung am besten entspricht. Diagnosehilfen für die Qualität der Produktentwicklung, wie sie für die Verfahren der optimalen Produktpositionierung bekannt sind, fehlen für das "House of Quality". Erweiterungen durch explizite Berücksichtigung von Kosten und Zeitbedarfen, sogar einer Ausweitung des Konzepts auf das ganze Marketing-Mix, sind entwickelt worden (Call [Entstehung] 190ff.).

Anwendungen zeigen, daß die Methodiken zur Datengewinnung und -interpretation für das "House of Quality" zu deutlichen Ergebnisunterschieden führen. Deshalb sind Standards zu entwickeln. In diesem Sinne wird z. B. festgestellt, daß die Identifikation von Kundenwünschen (subjektiven Produkteigenschaften) in Einzelinterviews kostengünstiger als in Gruppeninterviews ist und 20-30 Interviews zur Erfassung von ca. 90 % - 95 % der Kundenwünsche ausreichen (Griffin, Hauser [Voice] 12). Vier Datenanalytiker erreichen ceteris paribus ein ähnliches Ergebnis, wenn ihnen die Interviewdaten zur Analyse vorgelegt werden. Es ist also nicht gleichgültig, welche Methodiken bei der Datenerhebung eingesetzt werden.

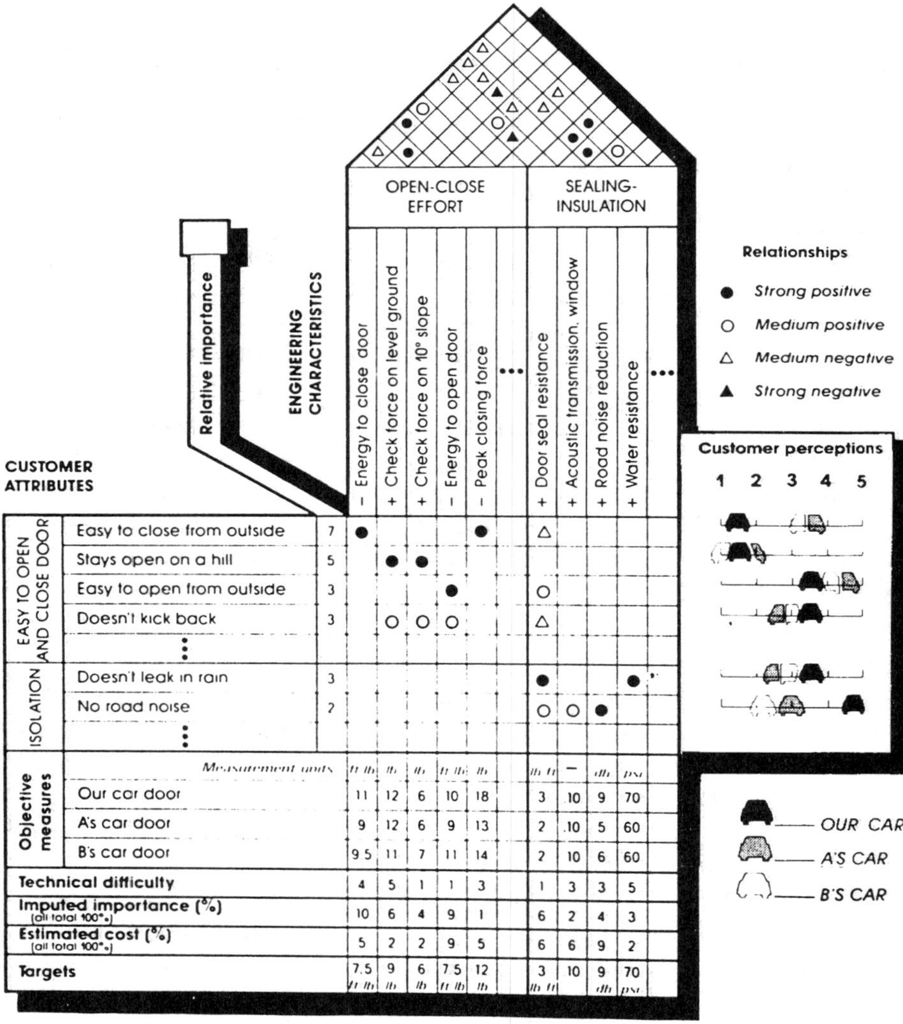

Abb. 5.14: Beispiel für die Anwendung des "House of Quality" (Hauser, Clausing [House])

5.7 Grobbewertung von Vorschlägen zur Produktgestaltung

Es ist sichtbar geworden, daß Ideengenerierung und Produktgestaltung Teilphasen umfassen und selbst Phasen eines übergreifenden Projekts sind. Es kann deshalb nicht verwundern, daß schon hier der *Versuch zur Identifizierung und Ausschaltung offensichtlich nicht zur Zielerfüllung beitragender Projekte unternommen wird.* Dies geschieht nach zunächst sehr groben, bei fortschreitendem Phasendurchlauf dann nach feineren und aufwendigeren Bewertungs- und Auswahlverfahren.

Die groben Verfahren haben den Aufbau von *Punktbewertungsverfahren* (scoring rules). Solche Verfahren werden benutzt, wenn nur wenig projektspezifische Information vorliegt. Sie sollen eine Orientierung darüber erlauben, ob ein Projekt in eine nächste Phase überführt werden soll oder nicht. Eine genauere Wirtschaftlichkeitsanalyse, die bei mehr Information möglich ist, ersetzen sie nicht. Obwohl die Verfahren der optimalen Produktpositionierung schon Ansatzpunkte für eine solche Wirtschaftlichkeitsanalyse bieten, wollen wir uns hier auf die Darstellung und Kritik von Punktbewertungsverfahren beschränken.

Um das Vorgehen zu verstehen, muß man sich zunächst vor Augen halten, daß die Ideengenerierung zu Projektvorschlägen führen kann, die wegen bestehender Rechtsnormen nicht ausführbar sind, die keine Aussicht auf eine erfolgreiche Revision unternehmenspolitischer Grundentscheidungen bieten oder die mit Naturgesetzen unverträglich sind, wobei z. B. an perpetuum-mobile-Erfindungen zu denken ist. (Beispiele für umfangreiche Fragenkataloge geben: Christian [Check List]; Hamann [Produktgestaltung] 243 ff.; Hansen [Checklist]; Karger, Murdick [Product] 175 ff. Für einen ganz auf Ja-Nein-Alternativen abgestellten Entscheidungsprozeß über Produktvariationen findet sich ein Beispiel bei Kotler [Management] 454; eine Auswahlprozedur ebenda, 480.) In jedem einzelnen dieser Punkte kann eine negative Beurteilung im Rahmen einer *Ja-Nein-Entscheidung* zum endgültigen Verzicht auf das Projekt führen, ohne daß ein Ausgleich mit sehr positiven Bewertungen bei anderen Kriterien möglich ist. Eine große Schwierigkeit ist es, eine Liste solcher praktisch nicht kompensierbarer Kriterien (Ausschluß- oder Aussonderungsfragen) zu finden. Ist sie zu kurz, gelangen zu viele Projekte in weitere aufwendige Planungs- und Prüfphasen; ist sie zu lang, können sehr erfolgversprechende, aber größere Umstellungen erfordernde Projektvorschläge unausgeführt bleiben.

Selbstverständlich sind aber Punktbewertungsverfahren nicht auf die Behandlung von Ja-Nein-Entscheidungen beschränkt. *Ausgangspunkt* für die Aufstellung von Punktwertmodellen ist die Ableitung operationaler *Produktbewertungsziele* aus den Unternehmenszielen. Wir gehen hier davon aus, daß $g \in G$ voneinander unabhängige *Zielarten* Z_g gebildet werden. Dabei lassen wir zunächst kompliziertere Fälle von Zielhierarchien mit Unter- und Oberzielen außer Betracht (vgl. dazu: Strebel [Forschungsplanung] 144; Zangemeister [Nutzwertanalyse]). Es soll eine Menge von L *Projektvorschlägen*, mit $l \in L$, beurteilt werden. Jedes Projekt ist "vollständig" beschrieben, wenn ihm *Beurteilungen* y_{lg} zugeordnet sind, durch die der Beitrag jedes Projekts zu jeder der Zielarten bei seiner Realisierung gemessen wird. Die Aussage der Vollständigkeit der Beschreibung bezieht sich darauf, daß das Zielsystem vollständig ist und die Beurteilung gelingt. Bei den Werten y_{lg} kann es sich z. B. um den Markterfolg, die Verträglichkeit des Projekts mit dem übrigen Angebotsprogramm oder mit einem Naturgesetz handeln. Daraus erkennt man, daß hier sehr verschiedene und miteinander nicht direkt vergleichbare Skalen verwendet werden. Wie viele Abstufungen von Werten für jedes y_{lg} bei festem g zu bilden sind, richtet sich nach dem Unterscheidungsvermögen unterschiedlicher Ausprägungen der betrachteten Zielart.

Da es grundsätzlich denkbar ist, daß für die *Wertstufen* y_{lg} nur verbale Beschreibungen vorliegen (ist das nicht der Fall, so spricht man von *Rangstufen*), wird als Folgeschritt eine Transformation dieser Ausprägungen in "Nutzen"- oder "Zielwerte" vorgenommen. Wir nennen diese Werte u_{lg} und bilden

$$u_{lg} = f(y_{lg}).$$

Grundsätzlich handelt es sich hierbei um das aus der Entscheidungstheorie bekannte Problem der Bestimmung einer Wertfunktion (unter der vereinfachenden Annahme der Sicherheit der Zukunftserwartungen) oder einer Nutzenfunktion (bei Unsicherheit). Hierfür sind unterschiedliche Vorgehensweisen entwickelt worden (Eisenführ, Weber [Entscheiden]).

Ist also z. B. die Zielart g = 4 die Verträglichkeit des Projekts mit dem Vertriebsprogramm, Projekt 1 gut verträglich, Projekt 7 aber schlecht, so wäre $y_{14} > y_{74}$. Anschließend sollen der guten Verträglichkeit der Nutzenwert u = 2, der schlechten Verträglichkeit der Nutzenwert u = 1 zugeordnet werden, so daß hier $u_{14} > u_{74}$.

In einem weiteren Schritt wird angenommen, daß *Gewichtungsfaktoren* w_g, $g \in G = \{1, 2, \ldots, \overline{G}\}$, für die einzelnen Zielarten ermittelt werden können. Durch diese Gewichtungsfaktoren werden die einzelnen Zielarten miteinander vergleichbar gemacht, so daß die mit w_g gewichtete Einheit des Nutzenindex

u_{lg} den partiellen Beitrag der g-ten Zielart zum Gesamtnutzen des Projekts angibt. Ein mögliches Schätzverfahren hierfür hat Saaty [Hierarchy] entwickelt. Darüber hinaus sind auch in der Entscheidungstheorie (Eisenführ, Weber [Entscheiden]) oder in der Marketingtheorie (z. B. im Rahmen der Verbundmessung) Standardverfahren entwickelt worden.

Die Zusammenfassung der Wert- oder Nutzenfunktionen mehrerer Ziele führt auf die multiattributive Wert- (MAVT) oder Nutzentheorie (MAUT). Die Zusammenfassung oder Aggregation kann sich unterschiedlicher Aggregationsregeln bedienen. Ihre Auswahl sollte zunächst von den Anforderungen an das Entscheidungskalkül bestimmt werden. So sind beispielsweise Aus- und Einzahlungen additiv zu aggregieren, aber Abzinsungsfaktoren und Zahlungen multiplikativ. Meist werden allerdings aus Vereinfachungsgründen additive Aggregationen verwendet. Strebel ([Forschungsplanung] 81 ff.) macht weiterhin deutlich, daß der Aggregationsvorgang der gewichteten Zielwerte von der Art der Meßskala für u_{lg} abhängt. Bei Verwendung von Verhältnisskalen mit kardinal nicht vergleichbaren Maßeinheiten, aber übereinstimmenden Nullpunkten, kann die Gewichtung beispielsweise in einer Potenzierung bestehen, so daß sich der Projektscore oder *Gesamtnutzwert* N_l aus dem Produkt

$$N_l = u_{l1}^{w_1} \cdot u_{l2}^{w_2} \cdot ... u_{lG}^{w_G} = \prod_{g \in G} u_{lg}^{w_g}$$

zusammensetzt. Bei kardinal vergleichbaren Maßeinheiten mit identischem Nullpunkt der Skalen ist ein additives Modell zur Ermittlung von N_l angebracht:

$$N_l = \sum_{g \in G} w_g u_{lg}$$

oder allgemeiner bei Verwendung einer Metrik m:

$$N_l = \left[\sum_{g \in G} w_g \, u_{lg}^m \right]^{1/m} .$$

Nach der Größe N_l werden die Projekte geordnet. Die Summanden $w_g u_{lg}$ werden häufig auch graphisch dargestellt. Man spricht dann von einem *Bewertungsprofil*.

Bisher wird unterstellt, daß mit N_l die Projekte $l \in L$ bewertet werden, die unmittelbar zur Zielerreichung beitragen. Häufig wird eine Hierarchie von Ober-, Zwischen- und Unterziele umfassenden Programmen und einzelnen Projekten (die Bezeichnungen sind verschieden) entwickelt, um ein umfangreiches Problem besser zu strukturieren. Es entstehen mehrere Problemstufen, s = 1, 2, . . ., S, auf denen Bewertungen vorgenommen werden können. Gefragt ist, welches Projekt alternativ den größten Beitrag zur Realisierung des Oberziels leisten kann. Beginnt man beim Projekt auf der untersten Stufe, so müssen die Bewertungen der einzelnen Stufen nach oben hin zusammengefaßt werden. Abb. 5.15 zeigt ein allgemeines Beispiel.

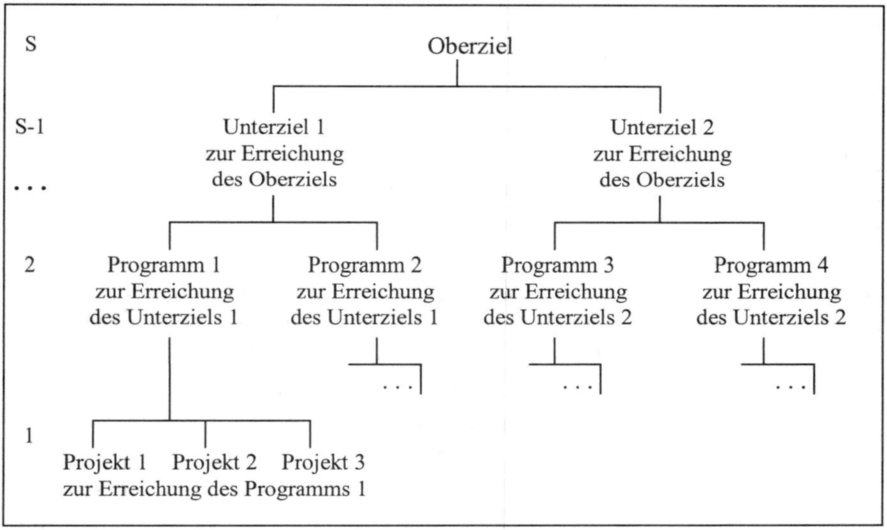

Abb. 5.15: Mehrstufiges Ziel-Mittel-System

Die Anlage des Systems erfolgt so, daß die Ziel-Aktivitäten einer bestimmten Stufe jeweils als Mittel zur Erreichung einer nächst höheren Stufe anzusehen sind.

In mehrstufigen Systemen fordert man zunächst Normierungen der subjektive Beurteilungen aufnehmenden Größen auf jeder s-ten Stufe:

$\sum_{g_s \in G_s} w_{g_s} = 1$ (das entspricht der Forderung nach einem vollständigen Zielartenkatalog auf der Stufe s)

$\sum_{l \in L} u_{l g_s} = 1$ (das kann durch Normierung nachträglich immer erreicht werden).

Dann wird

$$N_{l_s} = \sum_{g_s \in G_s} w_{g_s} u_{l g_s}$$

und über alle Stufen

$$N_l = \sum_{s=1}^{S} N_{l_s}$$

gebildet. Hier wird vorausgesetzt, daß jede Maßnahme auf dieser Stufe unabhängig ist und nur ein Ziel auf der vorgelagerten, oberen Stufe beeinflußt. Dies soll sich so durch das ganze System fortsetzen. (Kompliziertere Annahmen können grundsätzlich auch behandelt werden.)

Bei den additiven oder multiplikativen Aggregationen werden also unterschiedliche Annahmen über die verwendeten Meßskalen gemacht. Im Unterschied dazu wird hier zusätzlich die Frage aufgeworfen, nach welchen Kriterien die Stufen zu bilden sind und wie die Anlage von Verzweigungen (Alternativen) auf jeder Stufe auf das Gesamtergebnis wirkt.

Wie immer schließlich die Werte N_l ermittelt werden: Nach ihrer Feststellung bedarf es der Festlegung eines Wertes N^+, durch den die realisierungswürdigen von den nicht realisierungswürdigen Projekten abgegrenzt werden. Dies ist nur dann relativ unproblematisch, wenn es einen von vornherein bekannten Engpaßbereich gibt (Personal, Finanzmittel). Dann reicht eine Ordnung der Projekte nach den auf die Beanspruchung dieses Bereichs bezogenen N_l für die Planung aus. Bei Ja-Nein-Entscheidungen, die mit Null und Eins verschlüsselt werden, ist ein Lösungswert von Null immer unakzeptabel. Sind diese Bedingungen nicht gegeben, müssen kompliziertere Verfahren der simultanen Planung zum Einsatz kommen.

Liegen Erfahrungen aus der Bewertung vergleichsweise homogener Produkte vor, so kann auch eine empirische Bestimmung des Wertes N^+ aufgrund diskriminanzanalytischer Überlegungen vorgenommen werden. Der Wert N^+ ist so zu bestimmen, daß das Verhältnis der durch Anwendung dieses Abbruchkriteriums fälschlich als Erfolge oder Mißerfolge vorausgesagten Produktentwicklungen zur Gesamtzahl der Produktentwicklungen minimal wird. Freimer und Simon [Evaluation] haben diese Idee weiterentwickelt, indem sie die Kosten einer Fehlbeurteilung (Einführung eines Produktes, das fehlschlägt, und Nichteinführung eines potentiell erfolgreichen Produktes) schätzen und in die Bewertung einbeziehen. Darüber hinaus berücksichtigen sie die Ungewißheit in der Abgabe der Urteile.

Problematisch ist an dieser Vorgehensweise, daß die Folgen von Nichteinführungen unbeobachtet bleiben. Damit bleibt auch offen, wie häufig diese Fehlentscheidung durch den ermittelten Wert N_l im Vergleich zu N^+ vorkommt. Problematisch ist auch, daß die Bestimmung eines optimalen Wertes von N^+ aufgrund der Vergangenheitsentscheidungen der Tendenz nach diesen Wert in erfolgsanzeigender Richtung gegenüber dem historisch benutzten Wert verschiebt. So kann bei wiederholter Bestimmung von optimalen Werten N^+ in Unkenntnis der Kosten einer fälschlich verhinderten Produkteinführung oder bei Unterschätzung dieser Kosten schließlich die Entscheidung zur Produkteinführung immer weiter erschwert werden.

Auf den ersten Blick wird die Flexibilität und vermeintliche Einfachheit der Scoring-Modelle bestechend und gewinnend erscheinen. Man muß sich aber sehr hüten, aus dem Ansatz statt einer Vorbereitung rationaler Entscheidungen ein Instrument zur Rechtfertigung irrationaler Projektauswahl zu machen. Dafür bieten die Vergabe der Gewichtungsfaktoren w_g und die Bewertungen $u_{lg} = f(y_{lg})$ die Ansatzpunkte. Einzelne Scoring-Modelle sind auch in dieser Hinsicht in der Literatur mehrfach kritisch analysiert worden. Hier werden daher nur grundsätzliche Probleme behandelt:

(1) Die Auswahl der Zielarten und ihre Operationalisierung wird häufig willkürlich gehandhabt. Dem sollte eine Verfahrensweise gegenübertreten, die die Zielarten hierarchisch aus dem Unternehmensziel ableitet. Als Zielarten kommen dabei solche in Betracht, die Extremierungen verlangen, wie auch solche, die als Beschränkungen des Entscheidungsbereichs die Zulässigkeit der Problemlösung betreffen.

(2) Teilmengen der Zielarten sollen zunächst nach der Logik des Entscheidungskalküls zusammengefaßt werden, bevor das Niveau der Meßskalen als Bestimmungsgrund für die Art der Zusammenfassung herangezogen wird.
Das sieht man leicht am Beispiel der Abb. 5.16. Man erkennt, daß es nicht beliebig zur Addition, Multiplikation oder anderen Manipulationen der Ausgangsdaten, die Scores sein können, kommt. Jedem Scoring-Modell unterliegt ein Entscheidungskalkül. Man muß nur darauf achten, daß dieser nicht unversehens durch willkürliche Zusammenfassung der Daten von den angestrebten Zielen ablenkt.

(3) Aggregationsregeln für die in ökonomische Entscheidungskalküle eingehenden Zielarten sollten der Struktur ökonomischer Entscheidungsmodelle angepaßt sein. Damit können die Meßskalen der natürlichen Bedeutung der gemessenen Zielarten entsprechen. Durch Simulationsstudien ist gezeigt worden, daß die Zahl der für die Messung einzelner Zielarten gebildeten Kategorien, die Festlegung ihrer Spannweiten und inadäquate Berücksichtigung der Verteilungen ungewisser Größen im Scoring-Modell die Ergebnisse beeinflussen.
Durch entsprechende Festlegung der Nutzenindizes und der Gewichtungen kann leicht die ganze Projektbewertung so verzerrt werden, daß z. B. nur noch wenig anspruchsvolle Neuerungen, die dem herkömmlichen Produktions- und Vertriebsprogramm stark verwandt sind, an der Spitze der Auswahlliste stehen. Die Unzufriedenheit mit solchen "Lösungen" wird dann häufig den formalen Verfahren angelastet.

Zielarten und ihre Ausprägung Z_g	Z_1 Vermeidung von Patentverletzung möglich?		Z_2 Erwarteter Entwicklungsaufwand			Z_3 Erwarteter Entwicklungserfolg			Z_4 Erwarteter Dekkungsbeitrag je Jahr			Z_5 Marktperiode in Jahren		
	ja	nein	0–10000	> 10000–50000	> 50000–90000	hoch	ausreichend	niedrig	0–30000	> 30000–60000	> 60000	1–3	4–6	> 7
Nutzenwerte der Stufen u_g	1	0	3	2	1	8	6	2	1	2	3	1	2	3
Gewichtung der Zielarten w_g	1		1			1			2			2		
Projektbeurteilungen y_{1g}		X			X		X				X	X		
y_{2g}	X			X			X			X				X

Gesamtnutzenwerte $N_l = u_{l1}^{w1} (u_{l2}^{w2} + u_{l3}^{w3} \cdot u_{l4}^{w4} u_{l5}^{w5})$

$$N_1 = 0^1 \cdot (1^1 + 6^1 \cdot 3^2 \cdot 1^2) = 0$$

$$N_2 = 1^1 \cdot (2^1 + 6^1 \cdot 2^2 \cdot 3^2) = 218$$

Abb. 5.16: Hypothetisches Demonstrationsbeispiel zur Anwendung eines Punktbewertungsverfahrens

(4) Die Umrechnung z. B. in Geldeinheiten gemessener Werte einzelner Zielarten in die Nutzenindizes u_{lg} bedeutet eine Transformation auf ein niedrigeres Skalenniveau. Damit wird Unschärfe in den Entscheidungskalkül eingeführt. Diese Unschärfe ist kein rationales Verfahren zur Behandlung der Ungewißheit. Es muß daher geprüft werden, ob nicht der Versuch zur Umrechnung möglichst vieler Komponenten der Entscheidung auf das höchste Skalenniveau (Ausdruck in Geldeinheiten) genauere, zielentsprechendere Entscheidungen ermöglicht.

(5) Soweit eine Nutzenbewertung der Projekte für einzelne Zielarten mit u_{lg} vorgenommen werden soll, bleibt offen, ob diese - wie gefordert - unabhängig von der Verteilung der Gewichtungen w_g für die Zusammenfassung der Zielarten erfolgen kann.
In der Diskussion um die Anwendung von Scoring-Modellen bleiben die empirischen Erkenntnisse und Probleme aus dem im Marketing viel diskutierten Bereich der Einstellungsmessung (empirischen Ermittlung der Einstellung einer Person zu einem Objekt, vgl. Abschn. 2.5, Tab. 2.1) unberücksichtigt. Danach ist zwischen kognitiven (hier u_{lg}) und motivationalen (hier w_g) Elementen zur Erklärung der Struktur von Einstellungen zu unterscheiden. Die inhaltliche Interpretation dieser Elemente und ihre Einhaltung beim Meßkonzept ist offenbar von hervorragender Bedeutung für die Ergebnisse (Trommsdorff [Messung] 48 ff.). Werden etwa u_{lg} "mengenmäßig", statt als "Wahrscheinlichkeiten des Projektes l eine Eigenschaft g zu haben", gemessen, so wird nicht erwartet, daß w_g als unabhängige Variablen noch signifikante Beiträge zur Bestimmung der Projektscores leisten. Das wäre der Annahme gleich, daß Skalen mit gleichen Nutzeneinheiten und Nullpunkten für die Messung der u_{lg} verfügbar sind (Kardinalskalen).

(6) Der Aufbau der Ziel-Mittel-Systeme hat Einfluß auf das Ergebnis der Bewertung. Es ist gezeigt worden, daß die Gewichtungsfaktoren w_{gs} nicht unabhängig sind vom "Detaillierungsgrad" G. Stark detaillierte Ziele werden höher gewichtet als gleiche, weniger oder gar nicht detaillierte Ziele. Das macht sich stärker bei der Zuordnung relativer Gewichte zu jedem der einzelnen $g \in G$ bemerkbar als bei einem "holistischen" Vorgehen, wie es aus der Verbundmessung bekannt ist (Weber, Eisenführ, von Winterfeldt [Effects]). Diese Ergebnisse der Verhaltensforschung sprechen dafür, die Ziel-Mittel-Systeme möglichst symmetrisch aufzubauen und auf komponentenweise Schätzung relativer Gewichte zu verzichten.

(7) Es kann gezeigt werden, daß Zielgewichte ceteris paribus um so größer sein sollten, je größer die Bandbreite der zugeordneten Ziele ist. Tatsächlich sind Entscheidungsträger gegenüber Variationen der Bandbreite von Zielen nur beschränkt sensitiv, verarbeiten diese Information also nicht voll in der Bestimmung von Gewichten (von Nitsch, Weber [Bestimmung]). Für Punktbewertungsverfahren ist daraus der Schluß zu ziehen, Bandbreiten-Variationen möglichst explizit anzugeben und auf die möglichen Effekte hinzuweisen.

(8) Schnell und einfach anwendbar erscheinende Verfahren werden gerechtfertigt mit der Überlegung, daß sie die Kosten der Entscheidungsvorberei-

tung klein halten. Je gröber sie aber sind und je weniger ihre Voraussetzungen bei den Anwendungen beachtet werden, desto eher ist ein Anstieg der Kosten einer Fehlentscheidung zu erwarten. Das Zusammentreffen beider Komponenten ist bei der Gestaltung und Anwendung von Scoring-Modellen in Rechnung zu stellen. Die beiden Kostenarten beeinflussen auch die Entscheidung, ob statt einfacher Scoring-Modelle kompliziertere Bewertungsformeln verwendet werden sollen.

In der Praxis sind umfangreiche Listen mit Zielarten entwickelt worden (Hirsch [Bewertungsprofile]), die zwar als Anregung, aber nicht als Standard bewertet werden sollten. Aus der Erfolgsfaktorenforschung (Abschn. 1) lassen sich gute Zielkriterien entnehmen oder ableiten. Deshalb gehen sie in Verfahren wie NewProd (Cooper [NewProd]) ein.

Aufgrund der in einer Variante der sogenannten Delphi-Methode gewonnenen Bewertung nach 30 Kriterien durch mehrere Juroren werden neun voneinander möglichst unabhängige Kernfaktoren gebildet. Diese werden mit Gewichtungsgrößen multipliziert, die aus vorhergehenden Diskriminanzanalysen über erfolgreiche und nicht erfolgreiche Produkte gewonnen wurden. Über die neuen Kriterien addiert ergibt sich ein "Produktwert", der mit einem Diskriminanzwert verglichen wird. Liegt er höher als dieser, wird das Produkt als potentiell erfolgreich eingestuft, andernfalls als potentiell nicht erfolgreich. Dieses Verfahren subjektiver Bewertung wird als recht erfolgreich geschildert, wobei die Übereinstimmung der spezifischen Produkterfolgbedingungen mit denen der vorhergehenden Diskriminanzanalyse entscheidend ist. Immerhin wird so ein Weg gewiesen, einen Teil der sonst eher willkürlich bestimmten Daten des Scoring-Modells quasi-objektiv abzuleiten.

Punktbewertungsverfahren werden nicht nur zur Beurteilung von Produktideen benutzt, sondern in letzter Zeit auch zur Bewertung von Marken (zum Begriff des Markenwertes vgl. Abschn. 5.5). Hierfür sind zwar die Kriterien bekannt, nicht aber ihre Gewichtung und Skalierung. Diese Information ist durch die statistische Analyse gelungener Vergangenheitsentscheidungen der Produktentwicklung abzuleiten (de Brentani, Dröge [Determinants]). Die kommerziellen Anbieter solcher Bewertungssysteme für Marken (z. B. Interbrand oder Nielsen) geben Gewichte und Skalierungen nicht bekannt, um einen Schutz vor unkontrollierter Modellanwendung und Nachahmung zu erreichen. Das verhindert allerdings auch die Überprüfung der Modelle. Die teilweise gewünschte Umsetzung von "Punktwerten" in Geldeinheiten von Ertrag erfolgt "nicht formalistisch" (o. V. [Marken]): Diesen Schritt können dagegen Markenbewertungsmodelle auf der Grundlage von hedonischen Funktionen (vgl. dazu Abschn. 2.5 und 5.5) oder von Verbundmessungen vollziehen. In diesem Falle wird die Marke als (0,1)-skalierte Produkteigenschaft behandelt und ihr Beitrag zum Preis (Sander [Bestimmung]) bzw. zum Nutzen (Sattler [Gütezeichen]) festgestellt. Problematisch ist, daß beide Verfahren vor der Etablierung neuer Produkte im Markt kaum anwendbar sind. Allenfalls können Analogieschlüsse von gleichartigen Produkten auf das neue Produkt gezogen werden, wie auch in den kommerziell angebotenen Bewertungsmodellen für die Produktplanung.

> *Punktbewertungsverfahren können Präferenzurteile über Produktentwicklungskonzepte zusammenfassend darstellen. Auf dieser Grundlage sind Auswahlentscheidungen möglich. Die vermeintliche Einfachheit der Verfahren führt bei unsachgemäßer Handhabung zu sehr unzuverlässigen Bewertungen.*

Aufgaben zu Abschnitt 5

Aufgabe 5.1

Die Absatzentwicklung eines Produktes werde durch die folgenden Daten beschrieben:

t	A_t	t	A_t	t	A_t
1	20	8	860	15	870
2	60	9	930	16	810
3	160	10	990	17	730
4	300	11	1020	18	650
5	460	12	1010	19	610
6	620	13	980	20	560
7	780	14	925		

t = Zeitraum

A_t = Absatz im t-ten Zeitraum

(a) Zeichnen Sie die Daten auf und grenzen Sie Phasen des Produktlebenszyklus ab.

(b) Schätzen Sie die Parameter des Produktlebenszyklus $A_t = at^b e^{-ct}$ (a, b, c sind die unbekannten Parameter) durch lineare Regression und durch nichtlineare Regression. Interpretieren Sie eventuelle Ergebnisunterschiede.

(Lösungen sind angegeben.)

(c) Prognostizieren Sie die erwarteten Absatzmengen für die Zeiträume von t = 21 bis t = 25. Begründet der Verlauf absatzpolitische Maßnahmen?

(c) Beurteilen Sie das Konzept des Produktlebenszyklus aus absatzwirtschaftlicher Sicht. Welche Annahmen liegen dem Konzept implizit zugrunde?

(Eine Lösung ist angegeben.)

Aufgabe 5.2

Zeichnen Sie in folgender Abbildung die geometrischen Orte potentieller Neuproduktpositionen für jeden Nachfrager unter der Annahme der Gültigkeit des Wahlaxioms ein.

Bestimmen Sie Eigenschaftsausprägungen für ein neues Produkt unter den alternativen Annahmen, daß die Nachfrage der drei Käufer gleich ist bzw. daß die Nachfrage des dritten Käufers die der beiden ersten Käufer übersteigt. (Nehmen Sie in allen Fällen $w_{kj} = 1$ und $m = 2$ an.)

(Eine Lösung ist angegeben.)

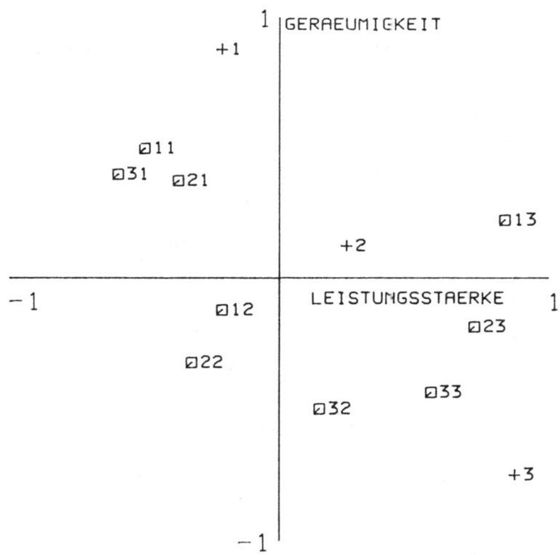

$+_k$: Idealproduktvorstellung des k-ten potentiellen Käufers

$\square_{ki}$: Realproduktvorstellung des k-ten potentiellen Käufers über das i-te Produkt

Beispiel für einen Produktmarktraum in zwei Dimensionen für drei potentielle Käufer (zu Aufgabe 5.2).

Aufgabe 5.3

Die folgende Abbildung zeigt einen Produktmarktraum und Grenzen für die Positionierung von Neuprodukten bei einzelnen potentiellen Käufern.

Interpretieren Sie die Abbildung.

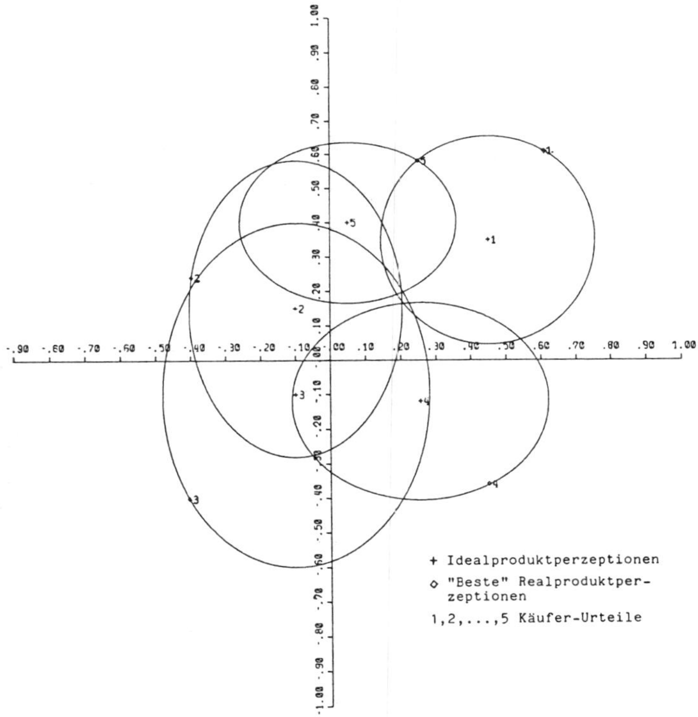

Produktmarktraum mit Ideal- und besten Realproduktperzeptionen.

(Eine Lösung ist angegeben.)

Aufgabe 5.4

Auf einem Markt werden drei Produkte angeboten. Aufgrund ihres rein technisch-funktionalen Einsatzes werden ihre beiden kaufrelevanten Eigenschaften von allen potentiellen Käufern völlig identisch wahrgenommen. Diese Wahrnehmungen sind in der folgenden Tabelle zusammengestellt.

Produkt	Eigenschaftsausprägungen	
	1	2
1	-0,3	-0,3
2	-0,1	0,3
3	0,4	0,1

Wegen der verschiedenen Verwendungen für die Produktart variieren allerdings die Idealproduktvorstellungen von 24 repräsentativen, potentiellen Käufern. Sie fordern die folgenden, z. B. aufgrund von Präferenzurteilen ermittelten Eigenschaftsausprägungen von einem idealen Produkt:

Käufer k	Eigenschaftsausprägungen	
	1	2
1	-0,40	-0,30
2	-0,30	-0,40
3	-0,25	-0,20
4	-0,18	-0,32
5	-0,15	-0,05
6	-0,25	0,10
7	-0,10	0,20
8	-0,25	0,25
9	-0,10	0,40
10	-0,05	0,25
11	0,05	0,05
12	0,10	0,20
13	0,30	0,10
14	0,38	0,25
15	0,58	0,05
16	0,40	-0,10
17	0,20	-0,12
18	0,05	-0,25
19	0,25	-0,25
20	0,38	-0,30
21	0,10	-0,40
22	0,25	-0,35
23	0,18	-0,45
24	0,22	-0,50

(a) Stellen Sie die Positionen im Produktmarktraum dar.

(b) Nehmen Sie an, alle Käufer würden die Eigenschaften gleich gewichten, denselben Periodenbedarf haben und zur Abstandsmessung die euklidische Metrik benutzen. Versuchen Sie, eine im Sinne des Modells (2) bis (4) des Abschn. 5.4.2 optimale Kombination von Eigenschaftsausprägungen für ein neues Produkt zu bestimmen. Wie viele Käufer findet das neue Produkt?

(c) Diskutieren Sie die Absatzbedeutung der "Nischenlösung" für ein neues Produkt mit den Ausprägungen der Eigenschaft 1 von 0,3 und der Eigenschaft 2 von -0,3 im Vergleich zu Ihrer Lösung aus (b) sowie der Optimallösung.
(Die Optimallösung ist bei den Lösungen angegeben.)

(d) Nach der Optimallösung würden die Käufer 5, 11, 12, 17, 18, 19, 20, 21, 22, 23, 24 das neue Produkt kaufen. Ändert sich dies, wenn der Käufer 5 die Eigenschaft 2 doppelt so stark gewichtet wie die Eigenschaft 2, die mit Eins gewichtet sei? Skizzieren Sie die Lösung.

(e) Erläutern Sie, wie sich Modell (1) vom Modell (2) bis (4) unterscheidet.

(f) Für verschiedene Werte des Parameters b in Modell (1) werden im folgenden Lösungen des Modells angegeben:

b	Zielfunktionswert (1)	Anzahl der erwarteten Käufer für (1) nach dem Kaufkriterium in (3)	Eigenschaftsausprägungen	
			1	2
1	7,276	8	0,230	- 0,348
2	7,277	8	0,208	- 0,323
3	8,083	8	0,169	- 0,309

Zeichnen Sie die Eigenschaftsausprägungen der Lösungen in einen Produktmarktraum ein. Interpretieren Sie die Lösungen in Abhängigkeit von b und vergleichen Sie die Lösungen mit der Lösung aus (c).

(g) Nehmen Sie an, daß die potentiellen Käufer die folgenden Produktbedarfe haben:

Käufer k	Periodenbedarf s_k	Käufer k	Periodenbedarf s_k
1	4,0	13	4,0
2	4,0	14	4,0
3	4,0	15	4,0
4	4,0	16	4,0
5	3,0	17	3,0
6	3,0	18	3,0
7	4,0	19	1,0
8	4,0	20	1,0
9	4,0	21	1,0
10	4,0	22	1,0
11	3,0	23	1,0
12	3,0	24	1,0

Kann sich durch Berücksichtigung dieser Angaben die Positionierung eines neuen Produktes ändern?

(Eine Lösung ist angegeben.)

(h) Diskutieren Sie Anwendungsmöglichkeiten und Grenzen der Positionierung neuer Produkte nach den Modellen (1) sowie (2) bis (4). Welche Realisierungsempfehlungen würden Sie aufgrund der obigen Ergebnisse geben?

Aufgabe 5.5

Diskutieren Sie Probleme für den Modellaufbau der verschiedenen Ansätze zur optimalen Produktpositionierung, die aus einer Berücksichtigung einer Güterpreis-Dimension im Produktmarktraum entstehen.

Aufgabe 5.6

Ein Konsumgüter-Hersteller benutzt unter anderem die Antworten auf folgende Fragen zur Entscheidung über die Produktentwicklung:

(1) Ist die Produktidee beim Verbraucher bedürfnisrelevant?

(2) Ist das Marktvolumen des Gesamtmarktes ausreichend groß?

(3) Wächst das Marktvolumen in der Zukunft an?

(4) Ist die Produktidee technisch realisierbar?

(5) Ist das Produkt der technischen Lösung der Konkurrenz nicht unterlegen?

(6) Versteht der Verbraucher eine verbesserte Problemlösung?

(7) Kann eine verbesserte Problemlösung durch kommunikative Maßnahmen vermittelt werden?

(a) Zeichnen Sie ein Flußdiagramm des Prüfungsprozesses unter der Annahme, daß die Fragen nur mit "ja" oder "nein" beantwortet werden.

(b) Entwickeln Sie ein Scoring- oder Punktbewertungsmodell für diesen Prüfungsprozeß.

(c) Kritisieren Sie den Ansatz hinsichtlich der zulässigen Antworten und entwickeln Sie aus dieser Kritik ein anderes Scoring-Modell.

Aufgabe 5.7

Benutzen Sie das Material der Stiftung Warentest (Aufgabe 2.3), um ein dem Vorgehen der Stiftung entsprechendes Scoring-Modell zu entwickeln. Vergleichen Sie danach das Ergebnis mit Ihrer Lösung der Aufgabe 2.3 (b).

Aufgabe 5.8

Nehmen Sie zu folgendem Zitat Stellung:

> "Indeed, it is true to say that if we can build a proper project scoring system . . ., then with a little extra work we can make approximate estimates of benefits and costs in money terms, and would better be advised to do so" (Beattie, Reader: Quantitative Management in R & D. London 1971, S. 75).

Aufgabe 5.9

Von J. T. O'Meara ist eine Erweiterung der Idee der Punktbewertung eingeführt worden (Selecting Profitable Products. Harvard Business Review, Vol. 39, 1961, 1/S. 83-89). Der Bewertungsvorgang vollzieht sich in den folgenden Schritten:

(1) Aufstellung einer Liste von Zielarten. Dabei werden die folgenden Ober-Zielarten (mit einstelliger Ziffernbezeichnung) und Unter-Zielarten (mit zweistelliger Ziffernbezeichnung) gefunden:

1. Marktfähigkeit des Produktes (Gewicht 0,4)
   - 1.1. Beziehungen zu den gegenwärtigen Absatzkanälen
   - 1.2. Beziehungen zu den gegenwärtigen Produktlinien
   - 1.3. Preis-Leistungs-Verhältnis
   - 1.4. Anzahl der Größen des Produktes
   - 1.5. Verkaufsfähigkeit
   - 1.6. Rückwirkungen auf die Umsätze der gegenwärtig angebotenen Produkte

2. Lebensdauer des Produktes (Gewicht 0,3)
   2.1. Nachfragestabilität
   2.2. Marktvolumen
   2.3. Resistenz gegenüber zyklischen Umsatzschwankungen
   2.4. Resistenz gegenüber saisonalen Umsatzschwankungen
   2.5. Exklusivität des Designs
3. Produktionsmöglichkeiten (Gewicht 0,1)
   3.1. Anforderungen an maschinelle Anlagen
   3.2. Qualitative und quantitative Personalanforderungen
   3.3. Beschaffungsmöglichkeiten für Rohstoffe
4. Wachstumspotential (Gewicht 0,2)
   4.1. Neuigkeitsgrad des Produktes
   4.2. Erwartete Konkurrenzsituation, gemessen am Gewinnpotential
   4.3. Erwartete Veränderungen der Endverbraucher-Anzahl

(2) Entwicklung verbal formulierter Beurteilungskriterien einer fünfstufigen Skala (Rating-Skala). Diese wird unten nur durch Notenstufen repräsentiert.

(3) Festlegung von Nutzen- oder Zielwerten für die Ausprägungen der Beurteilungskriterien. Dazu ist die folgende Tabelle angegeben.

(4) Empirische Ermittlung der relativen Häufigkeit der Besetzung der Rating-Skala für jedes Unterziel und Berechnung der Teilwerte aus diesem Wert und den Nutzenwerten.

(5) Vergabe eines Unterziel-Gewichts innerhalb jeder Oberzielart so, daß die Summe der Gewichte 10 beträgt.

(6) Multiplikation der Unterziel-Gewichte mit den in Schritt (4) ermittelten Werten sowie Addition über alle Rangstufen und Unterzielarten jeder Oberzielart.

(7) Vergabe von Gewichtungen der Oberziele, die sich zu Eins addieren (vergleiche dazu die Liste in Schritt (1), wo diese Gewichte genannt werden).

(8) Ermittlung des Gesamtnutzwertes.

Die zur Beantwortung der Fragen notwendigen Angaben sind in der Tabelle zusammengefaßt.

(a) Ermitteln Sie den Gesamtnutzwert nach Schritt (8).

(b) Beurteilen Sie das System der Ober- und Unterziele.

(c) Welche Information benötigen Sie, um aufgrund Ihres Ergebnisses aus (a) über eine Produktentwicklung zu entscheiden?

(d) Angenommen, aufgrund dieses Verfahrens würde in einem Unternehmen eine Ihnen unangemessen erscheinende Entscheidung zu erwarten sein. Wo sehen Sie - außer den in (b) erörterten Punkten - Ansatzstellen für eine Entscheidungsbeeinflussung in Ihrem Sinne? Begründen Sie Ihre Meinung.

Unterziele	Unterziel-gewicht	sehr gut(10)		gut(8)		durch-schnittl. (6)		schlecht(4)		sehr schlecht (2)		Zeilen-summe d. Scores	Unterziel-gewicht * Zeilensumme der Scores
		RH	Score	RH	Score	RH	Score	RH	Score	RH	Score		
1.1 Beziehungen zu gegenwärtigen Absatzkanälen	1,0	0,1	1,0	0,2	1,6	0,5	3,0	0,2	0,8	-	-	6,4	6,4
1.2 Beziehungen zu den gegenwärtigen Produktlinien	1,0	0,1	1,0	0,2	1,6	0,4	2,4	0,2	0,8	0,1	0,2	6,0	6,0
1.3 Preis - Leistungs - Verhältnis	3,0	0,3	3,0	0,4	3,2	0,2	1,2	0,1	0,4	-	-	7,8	23,4
1.4 Anzahl der Größen und Abstufungen des Produktes	1,0	0,1	1,0	0,2	1,6	0,5	3,0	0,2	0,8	-	-	6,4	6,4
1.5 Verkaufsfähigkeit	2,0	0,5	5,0	0,4	3,2	0,1	0,6	-	-	-	-	8.8	17,6
1.6 Rückwirkungen auf die Umsätze der gegenwärtig angebotenen Produkte	2,0	-	-	0,2	1,6	0,5	3,0	0,3	1,2	-	-	5,8	11,6
												Summe	71,4
2.1 Nachfragestabilität	2,0	-	-	0,2	1,6	0,5	3,0	0,3	1,2	-	-	5,8	11,6
2.2 Marktvolumen	3,0	-	-	0,2	1,6	0,3	1,8	0,2	0,8	0,3	0,6	4,8	14,4
2.3 Resistenz gegenüber zyklischen Umsatzschwankungen	2,0	0,2	2,0	0,2	1,6	0,4	2,4	0,1	0,4	0,1	0,2	6,6	13,2
2.4 Resistenz gegenüber saisonalen Umsatzschwankungen	2,0	0,2	2,0	0,3	2,4	0,5	3,0	-	-	-	-	7,4	14,8
2.5 Exklusivität des Designs	1,0	0,1	1,0	0,2	1,6	0,5	3,0	0,2	0,8	-	-	6,4	6,4
												Summe	60,4
3.1 Anforderungen an maschinelle Anlagen	3,0	0,1	1,0	0,3	2,4	0,4	2,4	0,2	0,8	-	-	6,6	19,8
3.2 Qualitative u. quantitative Personalanforderungen	2,0	-	-	0,2	1,6	0,4	2,4	0,3	1,2	0,1	0,2	5,4	10,8
3.3 Rohstoffbeschaffungsmöglichkeiten	5,0	0,3	3,0	0,4	3,2	0,3	1,8	-	-	-	-	8,0	40,0
												Summe	70,6
4.1 Neuigkeitsgrad d.Prod.	5,0	0,2	2,0	0,2	1,6	0,3	1,8	0,2	0,8	0,1	0,2	6,4	32,0
4.2 Erwartete Konkurrenzsituation	2,0	0,1	1,0	0,1	0,8	0,5	3,0	0,3	1,2	-	-	6,0	12,0
4.3 Erwartete Veränderung d. Anzahl d. Endverbraucher	3,0	0,1	1,0	0,2	1,6	0,5	3,0	0,2	0,8	-	-	6,4	19,2
												Summe	63,2

RH: Relative Häufigkeit der Besetzung der Rating - Skala Score: RH multipliziert mit d. Nutzenwerten aus d.Kopfzeile

Aufgabe 5.10

In einem Punktbewertungsverfahren wird der Gesamtnutzwert N_l für die Projekte $l = 1, 2, \ldots, L$ festgestellt. Es ist abzusehen, daß nicht alle Projekte realisiert werden können, weil dafür nicht genügend Entwicklungsingenieure bereitgestellt werden können. Es ist bekannt, daß die Projekte jeweils t_l, $l = 1, 2, \ldots, L$, Stunden Entwicklungszeit beanspruchen. Natürlich gibt es auch andere Kapazitätsbeschränkungen, doch werden diese die Projektdurchführung nicht wirksam einschränken können.

(a) Entwickeln Sie eine Regel für die Auswahl von realisierungswürdigen Projekten, so daß der Gesamtnutzwert aus allen Realisierungen möglichst groß wird.

(Eine Lösung ist angegeben.)

(b) Entwickeln Sie ein äquivalentes Programmierungsmodell.

(Eine Lösung ist angegeben).

Überlegen Sie, ob das in (1) benutzte Entscheidungskriterium im Programmierungsmodell enthalten ist.

Aufgabe 5.11

Diskutieren Sie die Veränderung des Verhältnisses von Neuanmeldungen zu Eintragungen von nationalen Marken (Abb. 5.11) und entwickeln Sie Hypothesen zur Erklärung der Beobachtungen.

6. Entscheidungsvorbereitung in der Entwicklungsphase

6.1 Ausgangspunkte der Entscheidungsvorbereitung

Der erfolgreiche Abschluß von Forschungs- und Entwicklungsarbeiten an einem Projekt in den Labor- oder Versuchsabteilungen von Unternehmen hängt von vielen Einflüssen ab. *Eine klare Feststellung der erwarteten Entwicklungsleistungen* ist ein wesentlicher, den Entwicklungserfolg bestimmender Faktor (Souder, Chakrabarti [Interface]); nur aufgrund einer solchen Festlegung kann auch eine wirksame Kontrolle ausgeübt werden. Die gewünschten Leistungen ergeben sich aus den Produktentwicklungszielen, wie sie nach Methoden des vorigen Abschnitts bestimmt werden.

In diesem Abschnitt wird keine Gesamtdarstellung der Forschungs- und Entwicklungsplanung der Unternehmen gegeben (dazu: Brockhoff [Forschung]). Es wird nur angedeutet, welcher Art die in dieser Phase primär im Forschungs- und Entwicklungsbereich zu lösenden Organisations- und Entscheidungsprobleme sind und welche Restriktionen sich daraus für den Absatzbereich ergeben. Die Restriktionen sind grundsätzlich durch Verhandlungen beeinflußbar.

Zur Festlegung der Entwicklungsaufgabe wird man zumindest die folgenden Komponenten rechnen:

(1) Geforderte Eigenschaftsbündel des Entwicklungsprojekts (Produktspezifikation),

(2) abgeleitete Teilaufgaben und Alternativen für ihre Lösung mit zugehörigen Erfolgswahrscheinlichkeiten,

(3) Zeitbedarf und zeitliche Reihenfolgebedingungen für die Erledigung der Teilaufgaben sowie

(4) Kostenschätzungen für die Teilaufgaben und ihre Kombination.

Diese Komponenten sind interdependent. Das erschwert eine verbindliche Festlegung durch sukzessive Ableitung einer Komponente aus der jeweils vorausgehenden.

Die Ableitung von Teilaufgaben aus der Produktspezifikation bietet den Vorteil, bei ihrer Planung, der Kosten- und der Zeitprognose eher auf Erfahrungen mit ähnlichen Aufgaben zurückgreifen zu können (Brockhoff [Entwicklungsaufwendungen]; Dodson [Resource]). Damit steigt die Chance, geringere Soll-Ist-Abweichungen zu realisieren. Tatsächlich können diese Abweichungen nämlich durch Maßnahmen der Planung und Organisation beeinflußt werden (Fenneberg [Kostenabweichungen]).

Die Planung wird im *Pflichtenheft* der Entwicklung dokumentiert. Sie soll von allen Betroffenen in den Absatz-, Produktions- und Entwicklungsabteilungen als Zeichen ihres Konsenses abgezeichnet werden. So können spätere Vorwürfe, einzelne Abteilungen würden unakzeptable Alleingänge vornehmen, objektiv beurteilt werden, u. U. lassen sie sich von vornherein vermeiden.

Bei der Continental AG, Hannover, werden Pflichtenhefte wie folgt formuliert:

(1) Entwicklungsziele werden nicht in absoluten Größen angegeben, sondern relativ zu einem State of the Art. Daraus können folgende Probleme resultieren:
   - Der State of the Art ändert sich im Laufe der Zeit.
   - Je weiter die Entwicklung fortschreitet, um so schwieriger wird es, einen gegebenen Fortschritt (in %) zu erreichen.
   - Beim Wechsel der Bezugsgrößen wird das Controlling vermutlich schwierig.

(2) Es werden Entwicklungsziele für Reifen nach potentiellen Erstausrüstungs-Unternehmen differenziert (VW/Opel/Renault), da es Interaktionen zwischen Fahrzeug und Reifen geben kann (Vibration, Geräuscherzeugung), die man vermeiden möchte. Daraus erwachsen wiederum einige Probleme:
   - Wie gestaltet sich das Ersatzgeschäft?
   - Entsteht eine unerwünschte Herstellerbindung?
   - Können andere Vertriebswege offengehalten werden?

Das Pflichtenheft ist "insofern von wesentlicher Bedeutung, als der präzis gefaßte Anforderungskatalog die Entwicklungstätigkeit in die von der Unternehmung auf der Grundlage von Unternehmungszielen und Marktkenntnissen vorbestimmte Richtung lenkt. So läßt sich die Gefahr bannen, daß der F+E-(Forschungs- und Entwicklungs-, d. V.) Bereich entweder mangels fundierter Informationen die Entwicklung nach eigenem Gutdünken vorantreibt oder aber auf eigene Faust herauszufinden versucht, was der Markt erwartet, und schließlich ein neues Produkt vorliegt, das weder der gegenwärtigen noch der zukünftigen Bedürfnisrealität von Unternehmen und Markt gerecht wird" (Siegwart [Produktentwicklung] 122). Eine *simultane Abstimmung von Absatzplanungen und Entwicklungsplanungen ist theoretisch geboten.* Optimierungsmodelle hierzu liegen vor, sind aber in der Praxis noch nicht erprobt (Dietrich [Auswahl]). Abstimmungsmängel können den Produkterfolg stark beeinträchtigen.

Es wird darüber spekuliert, daß der hinter den Absatzerwartungen weit zurückgebliebene Erfolg des Heimcomputers TI 99/4 auf eine mangelnde Abstimmung zurückzuführen war: Einige Topmanager " ... saw in the 99/4 their private electronic fantasies" recalls an engineer who worked on the project. Another veteran links the hazy focus to TI's famed management system, which sets aside special funds for engineers to develop their own ideas. "An engineer comes along with a bright idea" he says, "and before anybody on the operating side knows what's happening, he's been funded, he's off and charging, and he's a hero. It works half the time. But half the time, you end up pouring an awful lot of money down the drain before somebody says, 'Whoa! There's no marketplace'" (Uttal [Computer]).

Der wahrgenommene reale und der ideale Grad der Zusammenarbeit zwischen Marketing und Forschungs- und Entwicklungsbereichen deutscher Unternehmen klafft nach Meinung der Industrieforscher deutlich auseinander (Domsch, Gerpott, Gerpott [Qualität]). Die Wettbewerbsumwelt der Unternehmen und der Zeithorizont der Planung werden von Führungskräften mit Verantwortung für das Marketing anders wahrgenommen als von solchen mit Verantwortung für Forschung und Entwicklung. Inzwischen ist mehrfach belegt worden, daß daraus folgende organisatorische *Schnittstellen* nicht nur den Projekterfolg gefährden, sondern auch zu mangelhafter Abstimmung der Funktionsbereichsstrategien beitragen (Brockhoff [Schnittstellen-Management]; Brockhoff [Funktionsbereichsstrategien]). Durch eine Vielzahl organisatorischer, planerischer und informatorischer Maßnahmen kann versucht werden, die Probleme gering zu halten oder einzudämmen. Eine Auswahl der Instrumente sollte nach folgendem Kriterienschema erfolgen (vgl. Abb. 6.1):

(1) Auf welcher Eben tritt das Schnittstellenproblem auf? Zwischen Funktionsbereichen (Marketing, Forschung und Entwicklung) können andere Maßnahmen (z. B. job rotation) zur Verfügung stehen als zwischen Projektmitarbeitern in verschiedenen Schichten (Software-Entwicklung am Tage in Indien mit Weitergabe in die USA bei Schichtende und von dort wieder nach Indien).

(2) Was ist der Anlaß für das Problem? Schnittstellen aufgrund von Spezialisierungsvorteilen können anders überwunden werden (z. B. durch Einbeziehung der Spezialisten in das Projektmanagement-Team) als solche aufgrund von Kapazitätsüberlastung an einer Stelle (z. B. durch Sicherung austauschbarer Qualität).

(3) Welche Art von Interaktion liegt vor: wechselseitig, in einer Richtung oder durch gemeinsamen Zugriff auf eine Ressource? Hiervon hängt die Art der möglichen Konflikte und damit auch der Konfliktlösungsmittel ab. Ressourcenknappheit kann beispielsweise durch Verrechnungspreise gesteuert werden, während dies zur Lösung von Wahrnehmungskonflikten nicht beiträgt.

(4) Wie hoch ist die Bedeutung des Problems? Wiederkehrende Schnittstellenprobleme mit hoher Bedeutung können den Einsatz aufwendigerer Instrumente eher rechtfertigen als selten auftretende, unbedeutende Randprobleme. Aufwendige Instrumente sind zum Beispiel der Einsatz von Verbindungsleuten oder Planungssysteme. Wenig aufwendig kann die Weitergabe bei der Tätigkeit anfallender, für andere entscheidungsrelevanter Information sein.

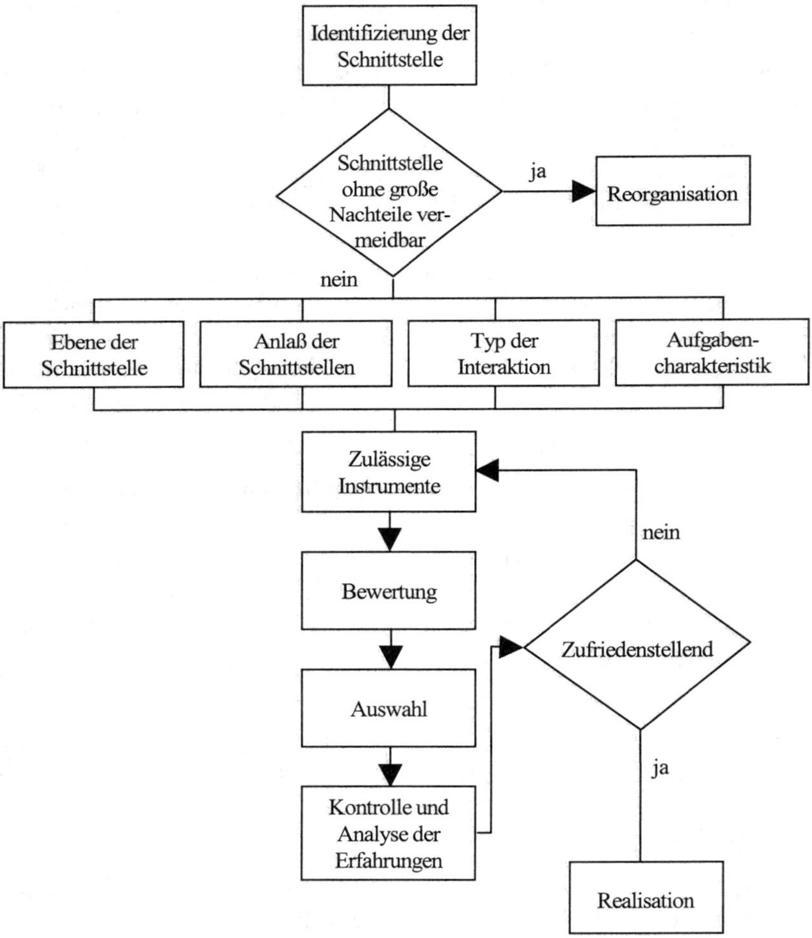

Abb. 6.1: Auswahlschritte von Instrumenten für das Schnittstellen-Management

Wechselseitige Unkenntnis der Arbeitsbedingungen in einzelnen Funktionsbereichen führt zur Formulierung von Erwartungen an die auszutauschenden Informationen, die schwerlich zu erfüllen sind (Gupta, Wilemon [Connection]; Staudt, Bock, Münchmeyer [Information]). Allerdings ist auch festzustellen, daß die Verfolgung von Partialinteressen (z. B. hohe Bereitschaft des Marketing, Produktvariationen für einzelne Kunden zu akzeptieren, deren Kosten von Entwicklungsbereichen zu tragen sind) zum Teil durch fehlende Verrechnungspreise erleichtert wird und - u. U. unterstützt durch die Orientierung der Instrumente der Marketing-Forschung an gegenwärtigen Kundenwünschen - zu eher bescheidenen Produktvariationen statt zu bedeutenderen Produktinnovationen führt. Zur Eindämmung von Partialinteressen ist auch innerbetrieblich der Planung oder Organisation ein Mehr an Markt vorzuziehen. Zur Abstimmung der Planungshorizonte auf eine ausreichend weite Zukunftssicht ist die Entwicklung von Szenarien hilfreich, die über die Grenzen der Funktionsbereiche hinausreichen. Vor allem aber, und dies mag überraschen, ist für den Ausgangspunkt aller Planungen ein Konsens über den gegenwärtigen Zustand des Unternehmens in seiner Wettbewerbsumwelt über die Grenzen der Funktionsbereiche hinweg herbeizuführen. Er fehlt heute vielfach (Brockhoff [Schnittstellen-Management]). Ohne diesen Konsens kann aber die Bewertung von Alternativen für die Planung nicht zu gemeinsamen Stoßrichtungen der Produktpolitik führen.

Zwischen Marketing- und Entwicklungsbereichen treten häufig Koordinationsprobleme auf. Sie erfordern zur Aufgabendefinition und -durchführung eine Zusammenarbeit, die durch systematisches Schnittstellen-Management gefördert wird.

6.2 Entscheidungsaufgaben

Die Entscheidungsaufgabe besteht in der *Planung eines Forschungs- und Entwicklungsprogramms*. In ihm wird eine Auswahl aus den bekannten Projektvorschlägen getroffen, die ein vorgegebenes Ziel bestmöglich erfüllt und bekannte Beschränkungen nicht verletzt. Schon wegen der Berücksichtigung von Ungewißheiten handelt es sich dabei typischerweise um nichtlineare Optimierungsprobleme, wegen der Notwendigkeit der echten Alternativenauswahl zusätzlich um Probleme mit binär ausgeprägten Variablen. Insbesondere eine große Anzahl von Variablen und Nebenbedingungen erschwert es, für solche

Probleme Lösungen zu finden. Ein häufig beschrittener Ausweg wird auch hier wieder darin gesucht, *Teilprobleme* optimal zu lösen, die dann nach heuristischen Regeln zu einem Programm aggregiert werden.

Das bedeutendste *Teilproblem* bietet die Entscheidung über die *Versuchs- oder Durchführungsplanung* für einzelne Forschungs- oder Entwicklungsprojekte. Aufgrund der oben (Abschn. 6.1) erwähnten *Interdependenzen* von Entwicklungszielen, Aufwand und Zeitbedarf ist diese Aufgabe besonders kompliziert. Diese Interdependenzen betreffen die folgenden Beziehungen:

(1) *Beziehungen zwischen Entwicklungszielen und Aufwand*:
Diese Beziehung kann zunächst darin gesehen werden, daß mit zunehmender Anzahl der Teilaufgaben oder Versuche der Koordinationsaufwand ansteigt. Es ist denkbar, daß dieser Aufwand bei der Analyse von Projektkostenabrechnungen nicht erkannt wird, weil er durch erhöhten Planungsaufwand, der häufig in den Gemeinkosten verrechnet wird, kompensiert wird. An zweiter Stelle ist eine positive Beziehung zwischen dem Aufwand und dem Neuigkeitsgrad anzunehmen.
Für die Absatzplanung ergibt sich die Frage, ob Abweichungen von einer der Entwicklungsabteilung vorgeschlagenen Produktspezifikation Einbußen bei den Erlösen erwarten lassen, die von entsprechend begründeten Kosteneinsparungen überkompensiert werden können. Dieser Gesichtspunkt wurde bereits bei der Produktpositionierung angesprochen (vgl. Abschn. 5.4). An dieser Stelle wird wiederum ein Problem der bestmöglichen Abstimmung zwischen Partialmodellen sichtbar.

(2) *Beziehung zwischen der geplanten Fertigstellungszeit des Projekts und dem Aufwand:*
Mit zunehmender Bearbeitungszeit eines Projekts kann ceteris paribus mit abnehmendem Aufwand gerechnet werden. Theoretisch findet dieser Zusammenhang eine interne und eine externe Erklärung. Bei der *internen Erklärung* wird angenommen, daß die Reduktion paralleler Abwicklung von Teilaufgaben zugunsten einer sequentiellen Abwicklung den Informationsstand so beeinflußt, daß einzelne zur Erreichung von Meilensteinen vorsorglich eingeplante Versuche unterlassen werden können. Darüber hinaus könnten mit der Kompression der Entwicklungsdauer des Projekts Zusatzkosten einer mehr als normalen Kapazitätsausnutzung anfallen (z. B. Überstundenzuschläge). Bei der *externen Erklärung* wird angenommen, daß außerhalb des Projekts (ggf. auch außerhalb des Unternehmens) gewonnenes Wissen mit geringeren Kosten für die Entwicklung nutzbar gemacht werden kann (Wissenstransfer), als wenn dieses Wissen für das Projekt selbst zu gewinnen wäre. Die Wahrscheinlichkeit für seine Verfügbarkeit

steigt mit der Zeit an. Für die Absatzplanung ist zu beachten, daß eine Verlängerung der Projektentwicklung die Markteinführung eines Produktes hinausschiebt und damit Absatz- sowie Gewinneinbußen auslösen kann. Die Festlegung der Projektentwicklungszeit ist unter Berücksichtigung beider Einflußgrößen auf die Unternehmensziele optimal zu bestimmen (vgl. Abschn. 8.1).

(3) *Beziehung zwischen der Wahrscheinlichkeit des technischen Erfolgs und dem Aufwand:*
Mit der Forderung nach zunehmender Wahrscheinlichkeit des technischen Erfolges wird der geplante Aufwand ansteigen. Dieser Zusammenhang ist theoretisch daraus zu begründen, daß die Sicherheit des sach- und zeitgerechten Projektabschlusses gesteigert werden kann, wenn zu Teilaufgaben (Aktivitäten) mit ungewisser Realisierungschance ebenfalls ungewisse Parallelaktivitäten definiert und durchgeführt werden können (vgl. die Äquivalenzbeziehung Nr. 5 in Abb. 4.5).
Für die Entwicklungsplanung der Teilaufgaben oder Versuche bietet sich in erster Linie die Methode GERT an (vgl. Abschn. 4.2).

Auf der Grundlage eines oder mehrerer alternativer Durchführungspläne für ein Projekt muß eine mit den Entwicklungskapazitäten abgestimmte und zielbezogene *Auswahlentscheidung zwischen Projekten (oder Durchführungsplänen)* getroffen werden. Es seien x_i, $i = 1, 2, \ldots, n$, die Entscheidungsvariablen, $z(\cdot)$ eine Zielfunktion und $g_r(\cdot)$, $r = 1, 2, \ldots, m$, eine Menge von Restriktionen. Es sind dann

$$\max z(x_1, x_2, \ldots, x_n),$$
$$g_r(x_1, x_2, \ldots, x_n) \leq 0, \; r = 1, 2, \ldots, m,$$

zu spezifizieren und zu lösen. Um die Fülle der Spezifizierungen zu erkennen, muß auf die Spezialliteratur verwiesen werden (Brockhoff [Forschung]; Dietrich [Auswahl]).

> *Die Entscheidungen über Versuchs- und darauf aufbauende Programmplanung von Entwicklungsprojekten sind durch Interdependenzen zwischen Projektzielen, Aufwand und Zeitbedarf besonders schwer zu treffen. Sie können durch nichtlineare Planungsmodelle unterstützt werden.*

Aufgaben zu Abschnitt 6

Aufgabe 6.1

H. Kreibich, ehem. Aufsichtsratvorsitzender eines Industrieunternehmens, schlägt im "manager magazin" vor, "interne Lizenzgebühren in Form von Prozentsätzen vom Umsatz bei der Übernahme der Problemlösungen in den Vertrieb zwischen Forschungsleitung und Vertriebsleitung (auszuhandeln), als ginge es dabei um fremde Partner. Nur werden die internen Lizenzen selbstverständlich nicht ausgezahlt."

(a) Beurteilen Sie diesen Vorschlag als Lösung für das Abstimmungsproblem zwischen Forschungs- und Vertriebsleistungen bei Produktentwicklungen. Achten Sie dabei auch auf zeitliche Aspekte.

(b) Wie kann die Forderung, "als ginge es . . . um fremde Partner" operationalisiert werden?

Aufgabe 6.2

Welche Probleme können aus der Vereinbarung von Projekten in Pflichtenheften einerseits und einer Programmplanung für Forschung und Entwicklung andererseits entstehen?
(Eine Lösung ist angegeben).

Aufgabe 6.3

Formulieren Sie ein spezifiziertes Programmplanungsmodell für eine einperiodige Projektbearbeitung und -auswahl, das knappe Finanzmittel und eine beschränkte Verfügbarkeit einer Testeinrichtung berücksichtigt und die erwarteten Projektkapitalwerte maximiert.

7. Testphase

7.1 Testzwecke

Während der Entwicklung von Produkten und nach ihrem Abschluß muß in einer Vielzahl von Prüfungen ermittelt werden, ob den geplanten Produktspezifikationen entsprochen ist, ob eventuelle Abweichungen davon toleriert werden können und ob unerwünschte Nebenwirkungen bei der Nutzung des Produktes zu erkennen, ggf. zu vermeiden sind. Diese *ingenieurtechnisch-naturwissenschaftlichen Tests* sind für die Absatzwirtschaft zwar in ihren Details irrelevant, nicht aber hinsichtlich ihrer den Einführungszeitpunkt bestimmenden Wirkung, hinsichtlich ihrer Aufwendungen und ihrer potentiellen Erlöswirkungen (z. B. Aufnahme der Tatsache regelmäßiger Lebensmittelüberwachung in die Werbeaussage für den Brotaufstrich Nutella). Insbesondere solche Produkte, von denen eine potentielle Gefährdung des Menschen ausgeht, unterliegen intensiven Prüfungen mit dem Zweck, solche Gefährdungen auszuschließen oder zu reduzieren.

So sind dem Antrag auf Zulassungen von Arzneimitteln zum Handel u. a. Angaben beizufügen, die nach Art, Umfang und Zeitpunkt der Prüfungen Auskunft geben über: "1. die Ergebnisse physikalischer, chemischer, biologischer oder mikrobiologischer Versuche und die zu ihrer Ermittlung angewandten Methoden (analytische Prüfung), 2. die Ergebnisse der pharmakologischen und toxikologischen Versuche (pharmakologisch-toxikologische Prüfung), 3. die Ergebnisse der klinischen oder sonstigen ärztlichen, zahnärztlichen oder tierärztlichen Erprobung (klinische Prüfung)" (Gesetz zur Neuordnung des Arzneimittelrechts - Zweites Arzneimittelgesetz - vom 11.4.1990, BGBl. 1, S. 717 ff., § 22,2). Diese Angaben sind durch Sachverständigengutachten zu ergänzen (§24 des zitierten Gesetzes). Soweit klinische Prüfungen am Menschen vorzunehmen sind, ist hierfür nicht nur § 40 des Gesetzes zu beachten, sondern es sind auch Empfehlungen wie die "Voraussetzungen für die Prüfung von Arzneimitteln am Menschen" (vom 1.11.1971) zu berücksichtigen. Die Zulassung wird aufgrund von Prüfungen durch nationale Zulassungsbehörden erteilt oder verweigert. Nationale Zulassungsregeln können sogar internationale Wirkungen haben. Die "besonders restriktive Zulassungspraxis" der amerikanischen Food and Drug Administration (FDA) übt "einen weltweit dominierenden Einfluß auf die pharmazeutische Forschung und Entwicklung aus.

Würde eine Firma sämtliche von der FDA zur Zeit vorgeschriebenen Untersuchungen nacheinander durchführen, so benötigte sie für die Entwicklung eines NCE (new chemical entity, d. V.) heute etwa 30 Jahre, während es vor 20 Jahren weniger als 5 Jahre waren. Die tatsächliche Entwicklungszeit liegt heute ... bei 10-15 Jahren, weil viele Tests gleichzeitig durchgeführt werden" (Kaufer [Kostendämpfung] 63). In Deutschland rechnet die Industrie mit einem

Zeitbedarf von etwa zehn Jahren, wenn eine teilweise Paralleldurchführung der Tests erfolgt. Es wird berichtet, daß 1995 durchschnittlich etwa 2300 Testpersonen je Neuzulassung eines Arzneimittels benötigt wurden und die Zulassungsdokumentation 105 Aktenordner umfaßten. Die beschriebenen Wirkungen sind zwar nicht repräsentativ für alle Produktentwicklungen, demonstrieren aber doch die Bedeutung technisch-naturwissenschaftlicher Prüfungen für absatzwirtschaftliche Entscheidungen.

Der Unterschied zwischen objektiven Eigenschaftsräumen und Produktmarkträumen ruft in Erinnerung, daß die in den technisch-naturwissenschaftlichen Tests primär untersuchte Erfüllung von technischen oder naturwissenschaftlichen Produktspezifikationen keine ausreichende Grundlage für die Erwartung von Verkaufserfolgen ist. Dafür sind Tests aus Sicht des Marktes vorzunehmen. *Aufgrund des Zeitbedarfs für Produktentwicklungen ist zu prüfen, ob und wie sich der Produktmarktraum unter dem Einfluß von Kommunikation, neuen Produkten der Konkurrenten, Bedürfnisänderungen usw. verändert.* Gleichzeitig damit muß untersucht werden, *wie die Produktentwicklung aus Käufersicht in den Produktmarktraum eingeordnet wird.* Es muß geprüft werden, ob die Entwicklungsergebnisse erkennbar und erlebbar zur besseren Bedürfnisbefriedigung beitragen, sie deshalb absetzbar sind, und wie die Kombination absatzpolititscher Instrumente mit dem Produkt wirkt. Diese Aufgaben sind durch *Markttests* zu erfüllen.

Markttests haben den Zweck, Informationen bereitzustellen, durch die der erwartete Erlösbeitrag der Produktentwicklung zum Unternehmensziel beurteilt werden kann. Selten kann diese Fragestellung direkt zum Gegenstand eines Tests werden. Meist wird sie durch Konstrukte wie Einstellung, Präferenz, Kaufabsicht und beobachtete Auswahl aus mehreren Alternativen approximiert (zu weiteren Aufgaben von Produkttests: Bauer [Produkttests]). Von solchen Konstrukten ausgehend wird auf Marktanteil oder erwarteten Umsatz geschlossen. Durch kontrollierte Beobachtung der Reaktionen oder Befragung einer Teilmenge künftiger Käufer des Produktes in einem Experiment werden Informationen gewonnen. Sie dienen der Entscheidung über das dem Test folgende Schicksal der Produktentwicklung: ihren Abbruch, die Wiederholung bereits durchlaufener Entwicklungsphasen oder ihre Weiterführung, zuletzt die Markteinführung.

Da unterschiedliche Tests zur Verfügung stehen und Testergebnisse von der Art eines Tests abhängen (Bengston, Brenner [Test] zeigen dies schon sehr früh; siehe auch Penny, Hunt, Twyman [Product]), schlagen Batsell und Wind [Product] vor, eine Auswahl zwischen ihnen nach den folgenden Kriterien zu treffen:

- der Möglichkeit, durch den Test die erwünschten Informationen gewinnen zu können,
- der Angemessenheit des Tests für die spezifischen Produkt- und Markteigenschaften,
- der Reliabilität und der Validität des Tests,
- den Kosten und dem Zeitbedarf des Tests,
- der Vergleichbarkeit der Testergebnisse mit anderen Testergebnissen.

Obwohl der Wert von Testmarkt-Informationen prinzipiell anerkannt wird, scheuen auch große Unternehmen vor ihrer Gewinnung zurück, sei es, weil der Prozeß als zu aufwendig, zu zeitraubend oder zu störanfällig gilt (vgl. Abschn. 1.1). Dies birgt aber andere Risiken. So wurde in der Zeitschrift "Business Week" vom 25. Juni 1984 der Mißerfolg des IBM PCjr auf drei Gründe zurückgeführt: "Designed in a vacuum. Limited performance. Insufficient market testing: Once designed, the PCjr was not adequately test-marketed to determine whether it had the features consumers wanted."

Unter dem Eindruck neuer rechnergestützter (computer aided) Produktionstechniken (die es erlauben, geringe Losgrößen wirtschaftlich zu fertigen) und Entwicklungstechniken (die die Entwicklungsdauer senken) wird Investitionsgüterherstellern als Alternative zum Testen empfohlen, Grundmodelle mit der Möglichkeit modularer Variationen in den Markt einzuführen (z. B. durch Gestaltungsalternativen für Bedienungspanels bei Spülmaschinen), um aus den Reaktionen zu lernen und schnell schrittweise Verbesserungen vorzunehmen (Sanchez, Sudharshan [Research]). Es scheint zweifelhaft, daß diese Empfehlung durchsetzbar ist, wenn man an die notwendige Kooperationsbereitschaft des Handels denkt und an die Notwendigkeit, schon ein den potentiellen Käufer ansprechendes Grundmodell bereitzustellen. Entscheidender ist aber, daß Produkttests so wirksam sein sollen, daß die Kosten letztlich erfolgloser Nullserien oder Prototypen vermieden werden.

Neben den die sichere Zweckerfüllung der Produkte prüfenden Tests sind Markttests nötig, die die Reaktionen potentieller Käufer messen. Damit soll der Produkterfolg nach einer Markteinführung abschätzbar werden.

7.2 Arten von Markttests

Insbesondere die in jüngerer Zeit entwickelten Darstellungsmöglichkeiten virtueller Räume, "in" denen sich eine Person auch bewegen kann ("cyber spaces"), eröffnen neue Möglichkeiten der testweisen Erfahrungsbildung mit neuen Produkten. Grundsätzlich sind folgende vier Möglichkeiten gegeben:

(1) Präsentation eines realen Produktes in einem realen Umfeld. Das sind die im folgenden ausführlicher behandelten Produkttests in ihren "klassischen" Formen.

(2) Präsentation eines virtuellen Produktes in einem realen Umfeld. Bei den nur als Konzept beschriebenen Produkten, z. B. auch im Rahmen der Verbundmessung, kommt dies schon vor. Multimedia-Präsentationen erlauben es, ein ausschließlich elektronisches Abbild eines Produktes aus verschiedenen Blickwinkeln zu betrachten und auf dieser Grundlage zu beurteilen. Auch "Konzepttests" (s. u.) sind hier zu erwähnen.

In einem Video zeigt Renault die Nutzungsmöglichkeiten eines virtuell in eine reale Umwelt hineinkopierten Stadtautos (Citadine). Das Fahrzeug ist nutzungsabhängig flexibel auszurüsten, indem Module ausgetauscht werden. Der Zuschauer erhält den Eindruck, als wenn das reale Fahrzeug sich in der realen Stadtumwelt bewegt, bestiegen, gefahren, geparkt und verlassen wird. Das erleichtert die Sammlung von Kundenurteilen.

Ebenso werden Mercedes-Kunden in Zukunft die Möglichkeit erhalten, ihr Wunschauto in einer künstlichen Welt zu beurteilen: "Immer häufiger geraten Autohändler in die Bredouille: Ihre Fahrzeugpalette wächst, die Ausstattungspalette wird größer - die Kapazität der Präsentationsräume aber ist vor allem in den Ballungsgebieten schon seit langem ausgelastet. Den Kunden individuell zu beraten und ihm "sein" Fahrzeug vorzustellen, wird damit immer schwieriger. Seit kurzem verfügt Daimler-Benz nun über ein System, das dieses Dilemma löst. Virtual Reality heißt das Zauberwort, mit dem der künftige Kunde sich beliebige Fahrzeugmodelle mit allen Ausstattungsmerkmalen und sämtlichen Varianten originaltreu ansehen kann. Als Navigationshilfe dient ein 20-Zoll-LCD-Farbbildschirm, der kardanisch aufgehängt ist und den man mühelos in alle Richtungen schwenken kann. Jeder Schritt mit dem Display entspricht dabei einem Schritt in der Computerwelt. (...) Da die virtuelle Welt im Maßstab 1:1 angelegt ist, erhält er mit jedem Schritt zugleich einen Eindruck von den realen Maßen seines künftigen Fahrzeugs. (...) Die Demonstration der 72 Innenraum-Varianten der A-Klasse - im realen Ausstellungsraum des Händlers wäre dies wahrlich schweißtreibender Service - geschieht in der virtuellen Welt in Sekundenschnelle. Mit sanftem Fingerdruck legt man kurzerhand einen Sitz um, baut ihn aus, schafft Raum für Gepäck. Wer nun in das am Bildschirm gestaltete Fahrzeug einsteigen will, begibt sich via LCD-Display an den gewünschten, imaginären Ort im Fahrzeuginneren. Dieses "Fly-Thru-Erlebnis" vermittelt dem Kunden einen detaillierten Eindruck, den er sich in der Realität allenfalls mit geradezu gymnastischen Übungen verschaffen könnte. (...) Eine Akzeptanzanalyse zeigt, daß die hohe Qualität auch von den Kunden geschätzt wird. 87 Prozent der Befragten würden mit dem System selbständig ihr Wunschfahrzeug zusammenstellen." (Quelle: o. V. [Wahl])

(3) Präsentation eines realen Produktes in einem virtuellen Umfeld. Dieses Umfeld soll die Umweltbedingungen für die künftige Nutzung eines Produktes erlebbar machen. Damit soll erreicht werden, daß Produktbeurteilungen nicht vor dem Hintergrund jeweils aktueller Nutzungsbedingungen erfolgen und damit allzu "konservativ" ausfallen. Mit realen Produkten wird man solche Tests durchführen, um ihre Überlebensfähigkeit abschätzen zu können. Die valide Prognose des Umfelds und seine Gestaltung ist natürlich eine besonders kritische Aufgabe. Die Schaffung eines solchen Umfelds und die Sammlung der darin gewonnenen Reaktionen wird als "accelerated information" bezeichnet (Urban, Weinberg, Hauser [Forecasting]).

(4) Präsentation eines virtuellen Produktes in einem virtuellen Umfeld (Burke [Laden]). In diesem Fall soll eine Neuentwicklung vor dem Hintergrund des erwarteten Umfelds der Nutzungsbedingungen beurteilt werden. Kundenreaktionen auf einen neuen Kameratyp und auf einen PKW mit Elektroantrieb sind Ende der achtziger Jahre in den USA auf diese Weise ermittelt worden, bevor die Testmöglichkeit (1) angeboten wurde. Es ist zu erwarten, daß die Tests virtueller Produkte in virtuellen Umfeldern weiter entwickelt und weiter verbreitet werden. Erfahrungen aus Fahrzeug-, Schiffs- und Flugsimulatoren zeigen, daß die "Künstlichkeit" der Situation sehr schnell verdrängt und die Simulation als Realität wahrgenommen wird.

Vergleichsuntersuchungen zeigen, daß den in (3) und (4) geschilderten Testmöglichkeiten in- und externe Validität zukommen kann (Urban et al. [Information]).

Produkttests können nach einer Vielzahl weiterer Kriterien gegliedert werden (Bauer [Produkttests]). Wir betrachten hier zuerst eine Gliederung nach der Aufgabenstellung (Abb. 7.1). Wenn Produkttests nach Markteinführung von Produkten durch Organisationen, die vom Produkthersteller unabhängig sind, primär zur Verbraucherinformation durchgeführt werden, spricht man von *Warentests*. Aufgrund ihrer direkten und indirekten kommunikativen Wirkungen können Warentests die Produktpolitik der Hersteller erheblich beeinflussen. Raffée und Fritz [Warentest] stellten bei 53 Herstellern von Waschvollautomaten und Hifi-Kompaktanlagen fest, daß es bei 68% der in den Test eingeschlossenen Fabrikate (bzw. bei 31% der nicht getesteten Fabrikate) zu einer Berücksichtigung der Prüfkriterien der Stiftung Warentest in der Entwicklung der Produkte kommt; bei 54% der Fabrikate (bzw. 6% der nicht getesteten Fabrikate) ist es zu Produktverbesserungen aufgrund von Testergebnissen gekommen. Die Produktverbesserung der Mercedes A-Klasse nach dem sogenannten "Elchtest" im Jahre 1998 ist ein besonders herausragendes Beispiel für die Wirkung von Warentests. Trotz dieser bedeutenden Wirkungen wollen wir uns hier nur mit den durch oder im Auftrage von Herstellern zur Erfassung von Käuferreaktionen durchgeführten Produkttests im engeren Sinne, den Hersteller-Produkttests, befassen.

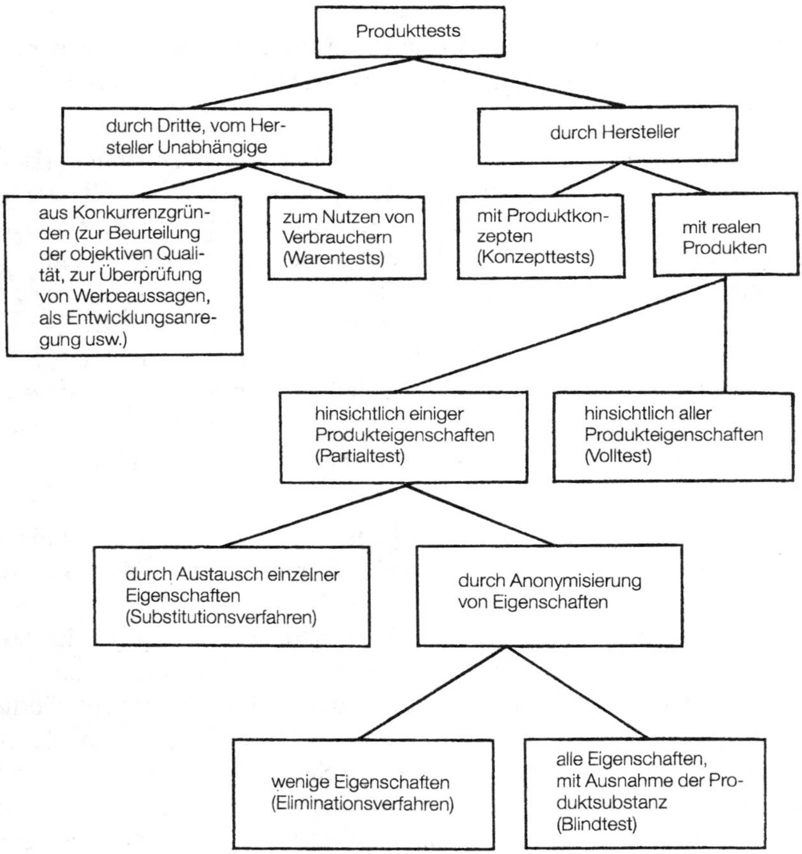

Abb. 7.1: Wichtige Typen von Produkttests, geordnet nach der Aufgabenstellung

Man unterscheidet *Konzepttests* mit virtuellen Produkten von Tests mit realen Produkten, den *Volltests*. Der Ausgang der Konzepttests soll erkennen lassen, ob den Konsumenten deutlich ist, welche Bedürfnisse durch ein Produkt befriedigt werden sollen, d. h. es wird geprüft, ob die Produktkonzeption verstanden wird. Beim Konzepttest konnte früher nur die verbal oder schriftlich erläuterte Idee eines Produktes, eine Modelldarstellung, ein Funktionsmuster o. ä. (Page, Rosenbaum [Concept]) einzelnen oder Personengruppen als Testgegenstand präsentiert werden. Von den Reaktionen gegenüber dem Konzept wird auf die Reaktionen gegenüber dem durch das Konzept repräsentierten realen Produkt geschlossen (Rehorn [Markttests] 10-18). Die Bauzeichnung, das Holz-, Gips- oder Kunstharzmodell von Fahrzeugen oder Bauten sind Beispiele für die bei Konzepttests präsentierten Gegenstände. Durch moderne, computergestützte Präsentationen von Produktkonzepten kann die Testperson sogar in Interaktion mit dem Konzept treten, es z. B. aus verschiedenen Blickwinkeln betrachten. Damit sind sehr realistische Präsentationen des Konzepts möglich. Allerdings sind Konzepttests nicht für alle Produktarten gleich geeignet. Bratensoße kann kaum sinnvoll einem Konzepttest unterworfen werden. Das Konzept erlaubt keinen ausreichenden Rückschluß auf das tatsächliche Produkterlebnis. Gut kontrollierte, auf intensives sinnliches Erleben der Konzepte abgestellte Untersuchungen können allerdings interessante und für die Gestaltung aller absatzpolitischen Instrumente wichtige Assoziationen freisetzen. Dies ist einer der Ansatzpunkte für ihre starke Stellung (Stefflre [Products]).

Als Übergang vom Konzepttest zum Volltest können *Partialtests* angesehen werden. Solche Tests werden auf zwei Arten durchgeführt. Beim *Substitutionsverfahren* werden einzelne Produkteigenschaften variiert und dann beurteilt. Beim *Eliminationsverfahren* werden einzelne Eigenschaften "anonymisiert": beispielsweise wird der Markenname entfernt. Bei besonders starker Anonymisierung spricht man von *Blindtests*: Es sollen z. B. Geschmacksmuster von Kaffee beurteilt werden, wozu dieser in gleichartigen, von keinem Hersteller benutzten Gefäßen dargeboten wird und die Hersteller- sowie die Markennamen der Alternativen ungenannt bleiben. Soweit Blindtests nicht im Labor, sondern durch Produktgebrauch zu Hause durchgeführt werden, heißen sie "nicht überwachte" (nondirective) Tests (Boyd, Massy ([Marketing] 300).

Die Durchführung von Blindtests erfordert besonders sorgfältige Prüfungen möglicher Einflüsse der Versuchsbedingungen auf die Testergebnisse. So spricht z. B. gegen die häufig verwendete Kennzeichnung der Alternativen durch Buchstaben die Feststellung, daß es offenbar Vorlieben für einzelne

Buchstaben gibt (Peacock, Davis [Alphabet]). Diese können an Stelle anderer Produktkomponenten, vor allem anonymisierter Komponenten, präferenzbildend wirken. Damit würden dann die Testergebnisse verfälscht. Ähnliches gilt für die Verwendung von Zahlen.

Ein Hersteller von Waschmitteln vermittelt die Erfahrung, daß Blindtests lediglich zur Beurteilung der "nackten, objektiven Produktleistung" fähig sind. So könnte etwa die Frage untersucht werden, ob ein bestimmter Zusatz von Perborat bei einem Waschmittel die Waschleistung fühlbar oder erlebbar steigert.

Durch Partialtests können parallel die Wirkungen einzelner Produktkomponenten oder des anonymisierten Produktes gegenüber dem Produkt im Volltest untersucht werden. Für sich genommen, d. h aus dem Vergleichstest gelöst, haben sie kaum Bedeutung zur Prognose von Produkterfolgen. Ein besonderer Partialtest ist der *Namenstest* von Produkten. Durch ihn sollen vor allem Merkfähigkeit und Assoziationen aufgedeckt werden (Alternative Testanforderungen bei Rehorn [Markttests]) 45).

Die bisher genannten Tests differieren nach der Art der Aufgabenstellung (vgl. Abb. 7.1). Wir wenden uns nun Unterschieden bei der Durchführung der Tests zu. In dieser Hinsicht können *Einzeltests* und *Vergleichstests* unterschieden werden. Im ersten Fall wird ein Produkt einer Beurteilung unterzogen, im zweiten Fall wird ein vergleichendes Urteil zwischen mehreren Produkten gesucht. Man expliziert dabei einen bedeutenden Teil der Referenzpunkte, an denen die Urteilsbildung sich vermutlich orientiert. Der Vergleichstest kann praktisch parallel (simultan) oder sequentiell (sukzessiv) erfolgen. Jede dieser Vorgehensweisen kann Nachteile mit sich bringen, denen man durch entsprechende Versuchsanordnungen entgegenzuwirken versucht. Nicht in allen Fällen stehen überhaupt geeignete Vergleichsobjekte zur Verfügung, so daß nur Einzeltests möglich sind.

Schwierigkeiten bereitet die Definition von Standards für die Auswertung von Einzel- oder Vergleichstests: Wann kann ein Testgegenstand als ausreichend überlegen im Vergleich mit einem anderen Gegenstand angesehen werden? Die Praxis behilft sich mit Erfahrungssätzen, z. B. einer 60:40 Überlegenheit des Testgegenstands über alle Vergleichsobjekte oder einer mehr als sechzigprozentigen Beurteilung mit "gut" im Einzeltest, um weitere Entwicklungsschritte freizugeben. Je weiter die Produktentwicklung zum Testzeitpunkt fortgeschritten ist und je stärker das Testangebot gemeinsam mit anderen Absatzinstrumenten kombiniert eingesetzt wird, um so strenger wird auf die Einhaltung der Erfahrungs-Standards geachtet. Dies erscheint vernünftig, weil die Aufwendungen der Vergangenheit die Produkteinführung nicht rechtfertigen können und "Entschuldigungs-Interpretationen" für verfehlte Standards im Test vom Markt nicht gehört werden.

Nach dem Durchführungsort werden *Feldexperimente* (nach dem Ort der Produktnutzung auch "inhome-tests" genannt, im Gegensatz zu "studio-tests") und *Laborexperimente* unterschieden, in deren Rahmen jeweils Tests vorkommen. Die Übergänge sind allerdings fließend. Feldtests kommen insbesondere im Rahmen der verschiedenen Typen von Testmärkten vor, die im folgenden näher erläutert werden.

Für die Beteiligung als Versuchspersonen an Tests können unterschiedliche Personengruppen angesprochen werden. In sehr frühen Phasen der Produktentwicklung werden häufig "Experten" oder als besonders erfahren geltende "Pilotkunden" (Brockhoff [Kunde]) um die Urteilsabgabe gebeten, von denen man Kenntnis des später allgemein erwarteten Käuferverhaltens vermutet. In späteren Phasen werden tatsächliche Käufer oder Verwender der Produktart bevorzugt angesprochen. Auch Händlerbefragungen sind für Produktentwicklungen wichtig. Sie können z. B. erkennen lassen, daß die Produktverbreitung durch ungängige Packungsformate oder ungenügende Lager- und Kontrolleigenschaften behindert wird. Wir verfolgen diesen Ansatz nicht, um uns auf Tests mit potentiellen Käufern konzentrieren zu können.

Die dargestellten Tests sind nicht als Alternativen anzusehen. Vielmehr können sie teilweise in zeitlicher Folge und aufeinander aufbauend die verschiedenen Phasen einer Produktentwicklung begleiten. Das wird in jedem Einzelfall unterschiedlich zu entscheiden sein. Ein Praktiker aus der Reifenindustrie beschreibt beispielsweise das Zusammenwirken technischer Untersuchungen und mehrfach gestaffelter Markttests, die Einzelbefragungen, Focusgruppen usw. umfassen (Lauglaug [Research]).

Markttests, insbesondere Produkttests, können nach ihrer Aufgabe und Durchführung differenziert werden. Im folgenden werden Volltests behandelt.

7.3 Testmärkte

7.3.1 Grundlagen

Die in diesem Abschnitt geschilderten Experimente weisen viele Unterschiede auf, aber hinsichtlich ihrer Annahmen über die Struktur und den Ablauf von Kaufentscheidungsprozessen haben sie Gemeinsamkeiten. Diese können an verallgemeinerten Vorstellungen über einen extensiven Kaufentscheidungsprozeß eines Konsumgutes orientiert werden (Claycamp, Liddy [Prediction]). In diesem Modell sollen Erst- und Wiederholungskäufe für neue Produkte prognostiziert werden (vgl. Abb. 7.2). Die unabhängigen Variablen des Modells werden operationalisiert und bei verschiedenen Einführungsaktionen gemessen. Die Daten werden zur Schätzung der unbekannten Parameter in Regressionsgleichungen benutzt, durch die die pfeilförmigen Beziehungen spezifiziert werden. Die geschätzten Regressionen sollen benutzt werden, um die Käufe künftiger Neueinführungen zu prognostizieren, indem die Variablenwerte dieser Neueinführungen in die Regressionsgleichungen eingesetzt werden.

Diese Vorstellungen abstrahieren soweit noch von Besonderheiten einzelner Produktmärkte. Kaufentscheidungsprozesse für Zahnpasta, Zigaretten und Papiererzeugnisse können aber a priori nicht als gleich ablaufend angenommen werden. Diesem Einwand wird durch differenzierte Modelle (Urban, Hulland, Weinberg [Forecasting] zeigen dies am Beispiel des Autokaufs) und in produktartbezogenen Testmarktexperimenten entsprochen.

Die Vorstellungen sehen Kaufentscheidungsprozesse als vergleichsweise einfach strukturierte Stimulus-Reaktions-Muster. Dagegen wird in den umfangreicheren Systemmodellen des Kaufentscheidungsprozesses angenommen, daß zwischen Stimuli und Reaktionen intervenierende Variablen treten und so personenunabhängige Stimulus-Reaktions-Muster unterbinden. Soweit diese Variablen operationalisiert und gemessen werden können, ergänzt man die hier dargestellten, eher behavioristischen Ansätze.

Die Bedeutung der Erhebung von Erst- und Wiederholungskaufraten ergibt sich daraus, daß erst bei hoher Ausprägung beider Raten eine Produkteinführung in Frage kommen kann. Sind beide Raten gering, muß das Produkt aufgegeben werden. Ist die Erstkaufrate hoch, die Wiederholungskaufrate gering, so muß produktpolitisch nachgebessert oder ebenfalls aufgegeben werden. Bei niedriger Erst-, aber hoher Wiederholungskaufrate liegt dagegen eher ein Problem der Kommunikationspolitik vor (Kotler [Management] 502). Bei dieser plausiblen Argumentation liegen die Grenzen für "hoch" oder "niedrig" allerdings nicht von vornherein fest. Hierüber müssen Erfahrungen gewonnen oder Wirtschaftlichkeitsrechnungen auf der Grundlage von Testergebnissen angestellt werden.

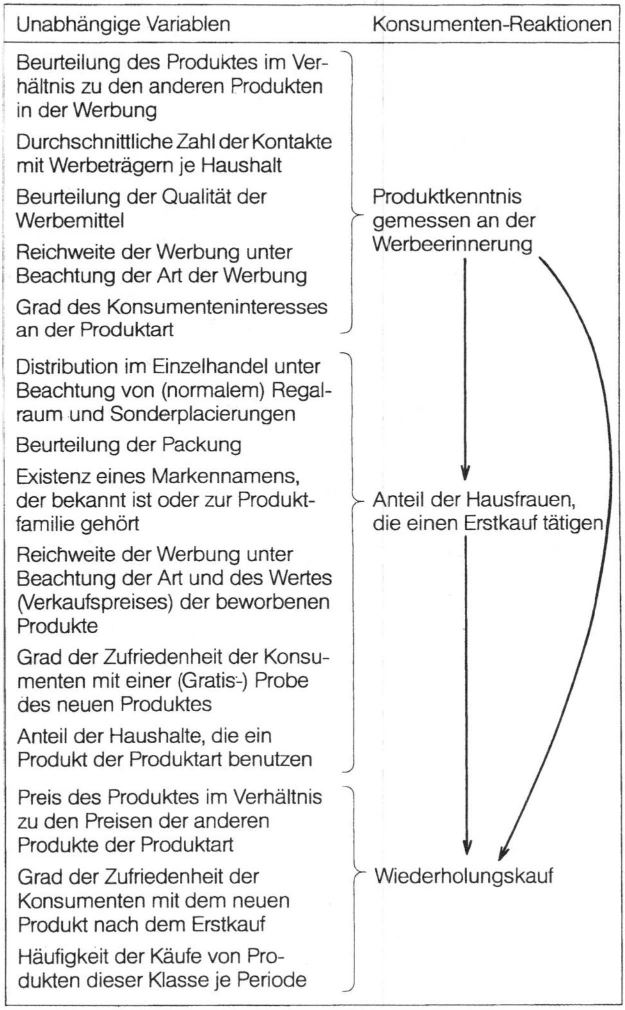

Abb. 7.2: Vereinfachtes Modell des Kaufentscheidungsprozesses (Claycamp, Liddy [Prediction] 415)

Zur Beurteilung von Testergebnissen können verschiedene Kriterien herangezogen werden. Als Hauptkriterien hat Lienert [Testaufbau] Objektivität, Stabilität, Reliabilität, Zulänglichkeit und Validität bezeichnet. Die Kriterien werden in Abb. 7.3 kurz gekennzeichnet und wirken nach dem dort gezeigten Muster aufeinander. So ist z. B. Reliabilität nur zu erreichen, wenn ein Test objektiv und stabil ist und das zu messende Merkmal konstant bleibt. Jedes dieser Merkmale kann mehrdimensional beschrieben werden, was für die entscheidenden Merkmale in Abb. 7.4 und 7.5 gezeigt wird. Die Erfüllung der Kriterien wird durch den Aufbau von Tests partiell kontrollierbar. Die Alternativen (T1 bis T6) werden im folgenden kurz angesprochen.

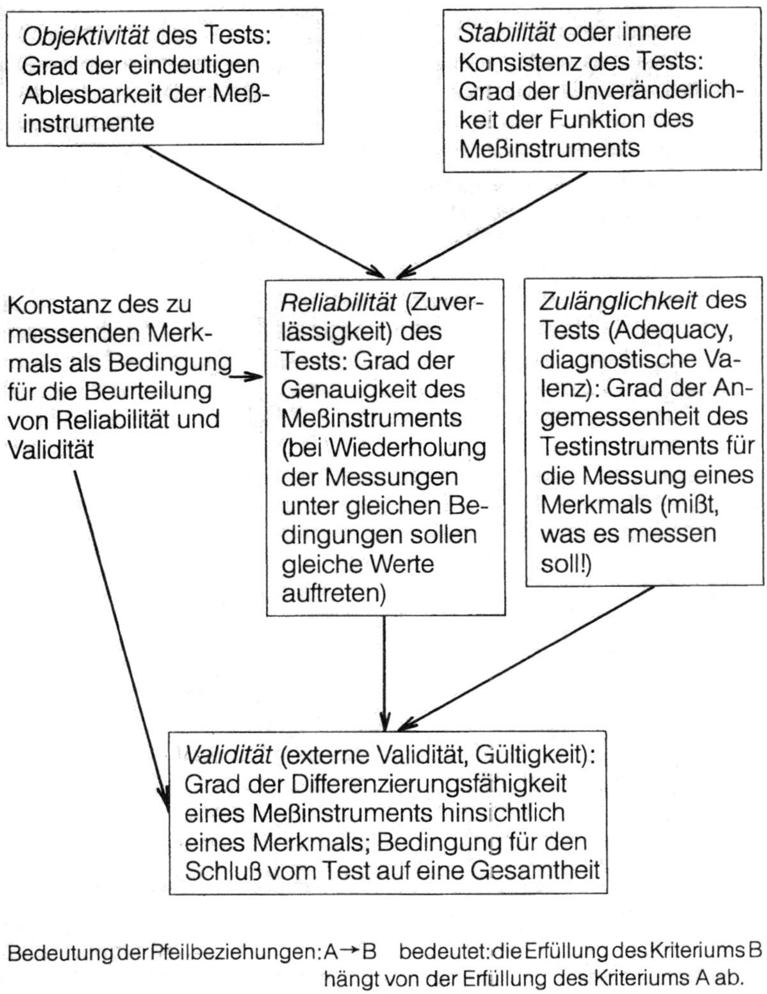

Abb. 7.3: Abhängigkeit von Gütekriterien für Tests (nach Lienert [Testaufbau] 17)

Mögliche Störquellen:	Design-Alternativen T1	T2	T3	T4	T5	T6
Alternativeinflüsse, die sich neben dem Experiment zwischen zwei Messungen ereignen	+	+	+	-	+	+
Reifung der Versuchspersonen (Altern, Ermüdung, hungrig werden usw.)	+	+	+	+	+	+
Instabilität der Meßeinrichtungen (einschl. Effekte aus Veränderungen in der Zusammensetzung der Versuchspersonengruppen)	+	?	?	-	-	?
Testeffekte (z. B. Einflüsse aus dem Bekanntwerden früherer Testergebnisse)	+	+	+	+	+	+
Instrumentenwechsel (z. B. Einflüsse aus dem Wechsel von Experimentleitern, Interviewern, der Eichung von Meßgeräten)	+	+	+	?	+	+
Regressionsartefakte (können auftreten, wenn Personen aufgrund extremer Eigenschaftsausprägungen ausgewählt werden)	+	+	+	+	+	+
Differenzierte Auswahl von Versuchspersonen in Experimental- und Kontrollgruppen	+	+	+	+	+	+
Selektiver Ausfall von Versuchspersonen aus Kontrollgruppen	+	+	+	+	+	+
Auswahl-Reifung-Interdependenzen (unterschiedliche Reifung in verschiedenen Gruppen)	+	+	+	+	+	?

Symbole:
+ Durch den Testaufbau kontrollierbarer Einfluß
- Schwäche des Testaufbaus: Wirkung des Einflusses nicht kontrolliert
? Möglicher Einfluß auf die Ergebnisse
/ Irrelevanter Einfluß

Abb. 7.4: Beurteilung der Reliabilität verschiedener Testaufbau-Alternativen (nach Campbell [Reforms])

Mögliche Störquellen:	Design-Alternativen					
	T1	T2	T3	T4	T5	T6
Reaktive Testeinflüsse (z. B. Reaktionsveränderungen aufgrund von vorhergehenden Tests)	+	?	+	-	-	?
Interaktion von Versuchspersonenauswahl und experimenteller Behandlung (z. B. nicht repräsentative Reaktionsweisen, Paneleffekte des Over- oder Underreporting)	?	?	?	?	-	?
Reaktive Effekte der Testsituation (z. B. das Empfinden "untypischer" Laborsituationen)	?	?	?	?	?	?
Überlagerungen aus mehrfachen Stimuli (die von der Reaktion auf getrennt dargebotene Stimuli abweichen)	?	?	?	?	?	+
Irrelevante Meßkomponenten bei komplexen Messungen	?	?	?	?	?	?
Irrelevante Effekte bei Wiederholungen von Tests	/	/	/	/	/	?

Symbole: Vgl. Abb. 7.4.

Abb. 7.5: Beurteilung der Validität verschiedener Testaufbau-Alternativen (nach Campbell [Reforms])

Die Prognosefähigkeit von Testmarktdaten oder ihre externe Validität erscheint wenig zufriedenstellend. Nach Durchsicht einschlägiger empirischer Untersuchungen und Erfahrungsberichte teilen Silk und Urban ([Evaluation] 172) mit: Im Markt für abgepackte Verbrauchsgüter sind 40% bis 60% der nach Markttests national eingeführten Produkte Fehlschläge (Fehler erster Art). Der normalerweise gewählte experimentelle Aufbau von Testmärkten läßt aber kaum bessere Ergebnisse erwarten, weil er nicht alle Reliabilitäts- und Validitätsstörungen kontrollieren läßt. Insofern erstaunen die positiven Beurteilungen, die Höfner ([Markttest] 114 ff.) aufgrund einer Umfrage bei deutschen Markenartikelherstellern gewonnen hat. Durch Umfragen kann nicht erfaßt werden, ob der Test in dem Sinne fehlerhaft anzeigt, daß nach einem Testmißerfolg auf eine Einführung auf dem Gesamtmarkt verzichtet wird, obwohl diese erfolgreich gewesen wäre (Fehler zweiter Art).

Zur Darstellung eines experimentellen Aufbaus führen wir folgende Kurzbezeichnungen ein:

R Versuch zur Herstellung von Repräsentativität, z. B durch Zufallsauswahl,

E Durchführung eines (Testmarkt-)Experiments,

B Beobachtung, insbesondere von Marktentwicklungen im Testmarkt,

C Beobachtung von Marktentwicklungen in einer Kontrollgruppe (Kontrollmarkt).

Der "Schnellschuß", ein Test, bei dem beliebige Personen nach einem Produkturteil gefragt werden, kann als E – B dargestellt werden. Mangels Zufallsauswahl sind Rückschlüsse auf die Grundgesamtheit nicht möglich, ein Vergleich mit Alternativen oder einer Ausgangssituation fehlt, so daß die Ergebnisse für Erfolgs- oder gar Marktanteilsprognosen unbrauchbar sind. Es müssen also bessere Testanordnungen betrachtet werden.

Ein Produkttest bei einer Test- und einer Kontrollgruppe verbessert die Aussagefähigkeit. Er wird durch

R – E – B
(T1)
R – – C

dargestellt und könnte eine völlig neue Produktart betreffen. Die Symbole in einer Zeile stellen eine zeitliche Abfolge von Untersuchungsschritten dar. Parallel zu einer Folge von Untersuchungsschritten ablaufende Arbeiten werden jeweils in weiteren Zeilen abgebildet. Die Versuchsanordnung (T1) ist reliabel (vgl. zu den Kriterien Abb. 7.4), kann aber nicht voll valide sein (vgl. dazu Abb. 7.5). Hinsichtlich einiger Kriterien sind Störungen möglich, die eine Übertragung der Testmarktergebnisse auf den Gesamtmarkt verfälschen können. Verzichtet man auf eine repräsentative Auswahl von Testmarkt und Kontrollgruppe, so bricht allerdings die Qualität des Testaufbaus zusammen. Wenigstens drei der Reliabilitäts-Kriterien können dann nicht erfüllt werden: Differenzierte Auswahl, selektiver Ausfall und Auswahl-Reifung-Interdependenzen. Damit ist dann auch die Validität nicht mehr herzustellen (vgl. nochmals Abb. 7.4).

Ist der Markt für eine Produktart bereits entwickelt, so können vier Testmarkt-Designs benutzt werden, die schon vor der experimentellen Produkteinführung eine oder mehrere Marktbeobachtungen zulassen. Eine unmittelbare Weiterentwicklung von (T1) ist

$$\text{(T 2)}\quad \begin{array}{l} R - B_1 - E - B_2 \\ R - C_1 - \quad - C_2 \end{array}$$

Durch Indizes wird jeweils die zeitliche Reihenfolge der Beobachtungen deutlich gemacht. Die Reliabilitätsbeurteilung leidet gegenüber (T1) unter der Möglichkeit, daß Instabilitäten der Meßeinrichtungen, d. h. der Instrumente zur Datenerhebung, während des Zeitablaufs zwischen den Beobachtungen eintreten können. Daß die Validität durch interaktive Testeinflüsse gestört wird, ist bei Testmärkten dann zu befürchten, wenn die Testpersonen bewußt mehrfach an Tests teilnehmen. Die von Höfner [Markttest] empirisch festgestellte Häufigkeit der Benutzung deutscher Testmarktregionen konnte eine solche Gefahr vor der Vereinigung z. B. in Berlin entstehen lassen. Um diesen Einfluß zu kontrollieren, ist das wesentlich aufwendigere Design

$$\text{(T3)}\quad \begin{array}{l} R - B_1 - E - B_2 \\ R - C_1 - \quad - C_2 \\ R - \quad - E - B_2 \\ R - \quad - \quad - C_2 \end{array}$$

erforderlich. Es ist nicht bekannt, ob dieser aufwendige Aufbau bei Testmarktexperimenten bereits praktisch erprobt worden ist.

Kann die Anzahl der Beobachtungen vor allem vor dem Experiment erhöht werden, so empfiehlt es sich, den naheliegenden einfachen Zeitreihen-Ansatz (hier nur für jeweils zwei Beobachtungen dargestellt)

$$\text{(T4)}\ B_1 - B_2 - E - B_3 - B_4$$

wenigstens um eine Kontrollgruppe zu ergänzen:

$$\text{(T5)}\quad \begin{array}{l} B_1 - B_2 - E - B_3 - B_4 \\ C_1 - C_2 - \quad - C_3 - C_4 \end{array}$$

Die Empfehlung beruht auf der besseren Reliabilitätssicherung. Die erheblichen Validitäts-Probleme beider Anordnungen sind besonders deshalb bemerkenswert, weil Höfner ([Markttest] 39) gerade (T5) als die bei Markttests überwiegende Versuchsanordnung ansieht.

Die bisher dargestellten experimentellen Anordnungen, bei Hüttner ([Informationen] 136) werden sie zu den "klassischen Experimenten" gezählt, unterstellen die Präsentation *eines* neuen Produktes am Markt. Sollen mehrere Varianten eines Produktes untersucht werden, ist zu befürchten, daß z. B. die Reihenfolge ihrer Präsentation an einem Ort oder der Wechsel des Ortes für verschiedene Varianten Effekte in die Beobachtungen hineinträgt, die die Verkaufserwartungen der letztlich als überlegen ausgewählten und realisierten Variante verfälschen. Es muß deshalb nach Anordnungen gesucht werden, die solche Einflüsse erkennen lassen, so daß sie statistisch eliminiert werden können. Diese Anordnungen werden der Gruppe der "statistischen Experimente" (Hüttner [Informationen] 138), der rotierenden Anordnungen und speziell der "counter-balanced designs" (Campbell, Stanley [Designs] 50 ff.) zugerechnet. In den Anordnungen wird der Grundsatz realisiert, daß jede Variante zufällig oder systematisch die gleiche Chance hat, auf jedem Testmarkt ggf. in Kombination mit anderen Variablen aufzutreten. Hier können nicht alle gebräuchlichen Möglichkeiten dargestellt werden. Nehmen wir deshalb nur an, daß in drei Tests mit jeweils drei Arten von Einzelhandelsgeschäften (Supermarkt, Filialgeschäft, Fachgeschäft) drei Varianten eines Produktes angeboten werden sollen. In diesem Falle hat jede der drei "Variablen" (Testmärkte, Einzelhandelsgeschäfte, Produktvarianten) dieselbe Anzahl von Ausprägungen. Deshalb kann eine Versuchsanordnung mit systematischer Kombination der Ausprägungen gewählt werden, die man "lateinisches Quadrat" nennt. Sie hat die Form

$$\begin{array}{ll} & E_1 - B_1 - E_2 - B_2 - E_3 - B_3 \\ \text{(T6)} & E_2 - B_1 - E_3 - B_2 - E_1 - B_3 \\ & E_3 - B_1 - E_1 - B_2 - E_2 - B_3, \end{array}$$

wobei man sich in den Zeilen die Testmärkte, in den Spalten die Arten von Einzelhandelsgeschäften (hier durch den Index von B zu unterscheiden) angeordnet denkt. Die Indizes von E bezeichnen dann die Produktvarianten. Auch diese Anordnung wird in Abb. 7.4 und 7.5 beurteilt. Es zeigen sich zwar problematische Kriterien bei der Reliabilitäts- und Validitätsbeurteilung, doch im ganzen ergibt sich ein zufriedenstellendes Bild. Das Fragezeichen-Symbol in der letzten Zeile der Abb. 7.5 (irrelevante Effekte bei Wiederholungen) weist etwa auf solche Fälle hin, in denen eine der experimentellen Variablen die Zeit ist. Statt z. B. drei Arten von Einzelhandelsgeschäften zu betrachten, könnten Märkte in drei Zeitpunkten beobachtet werden (womit der Index von B wieder seine ursprüngliche Bedeutung erhielte). Das Fragezeichen-Symbol in der letzten Zeile der Abb. 7.4 (Auswahl-Reifung-Interdependenzen) könnte erst beseitigt werden, wenn alle 3 x 3 x 3 = 27 Kombinationen der drei Experiment-Variablen untersucht werden können. Das bedingt eine Erweiterung des Untersuchungsprogramms. Ein Vorteil der Anordnung (T6) liegt in der Möglichkeit der varianzanalytischen Auswertung der Untersuchungsergebnisse (Hisrich, Peters [Marketing] 131-152). Nachteile liegen in einer realistischerweise kaum zu erwartenden Bereitschaft des Handels zum Angebot der Varianten in zeitlicher Folge, der leichten Erkennbarkeit der Tests für Wettbewerber und dem hohen Aufwand für Testmaterial, Werbung etc. Deshalb werden einfachere Ansätze vorgezogen.

> *Produkttests sind nach Kriterien Objektivität, Reliabilität und Validität zu beurteilen. Ihre Einhaltung kann geprüft werden. Sie hängt vom Testaufbau ab.*

7.3.2 Feldexperimente

Feldexperimente mit Produktentwicklungen können in Testmärkten unterschiedlicher Ausdehnung durchgeführt werden. Wir unterscheiden hier den auf eine Region innerhalb einer Nation begrenzten *Testmarkt*, den *Mini-Testmarkt* und den *Store-Test-Markt*, der auch als Verkaufstest bezeichnet wird (Höfner [Markttest] 9 f.). Dieser wird hier nicht weiter betrachtet, weil er keine Individualdaten über das Kaufverhalten liefert. Testmarktsimulatoren werden in einem weiteren Abschnitt behandelt.

7.3.2.1 Regional begrenzter Testmarkt

Die nationale Einführung einer Produktentwicklung kann mit erheblichen Ungewißheiten belastet sein. Deshalb liegt die Idee nahe, zunächst eine genau beobachtete oder kontrollierte Produkteinführung in einem beschränkten regionalen Bereich zu versuchen. Auf dem Testmarkt sollen auch Interdependenzen zwischen absatzpolitischen Instrumenten erkennbar werden. Daraus sollen Informationen gewonnen werden, um das Produkt und seine Einführungsstrategie ggf. zu ändern *(Kontrollfunktion)*, das Produkt zurückzuziehen oder auch ohne weitere Veränderungen national einzuführen. Für diesen Fall interessieren die unternehmenszielbezogenen Wirkungen der Einführung *(Prognosefunktion)*. Um diese Zwecke zu erreichen, *muß ein Testmarkt gewisse Bedingungen erfüllen:*

(1) Der Testmarkt soll den später zu beschickenden *Markt repräsentieren*. Das bedeutet, daß die sozio-ökonomische und demographische Schichtung der durch den Testmarkt erreichten potentiellen Käufer der auf dem nationalen Markt vermuteten Schichtung der Käufer entspricht. Wenn auf regionaler

und auf nationaler Ebene beschreibende Daten zur Verfügung stehen, kann die Repräsentativität eines Testmarkts z. B. durch einen Mittelwerttest beurteilt werden. Für Produkte mit hohem Neuigkeitsgrad fehlen manchmal die Beschreibungskriterien der Grundgesamtheit, nach denen sich die Testmarktauswahl richten könnte.

(2) Das *Gebiet* soll regional *zusammenhängend* und auf möglichst natürliche Weise von den übrigen Regionen abgegrenzt sein, so daß in der betrachteten Produktklasse möglichst wenige Käufe über die Regionengrenze hinweg getätigt werden.

(3) In dem Gebiet sollen *Distributionskanäle* (Schwierigkeiten z. B. bei zentralem Einkauf für Handelsketten) und *Medien* (Schwierigkeiten z. B. bei wenig regionalisierter Ausstrahlung von Werbesendungen in Rundfunk und Fernsehen) *verfügbar* sein wie auch im Gesamtmarkt (vgl. Einzelgesichtspunkte bei: Höfner [Markttest] 44 ff.).

Wenn ein Gesamtmarkt durch eine *Vielzahl von Merkmalen* beschrieben wird, so liegt es nahe, diesem Gesamtmarkt ähnliche Teilmärkte nach klassifikationsanalytischen Verfahren zu bestimmen (Green, Frank, Robinson [Cluster]). Wir skizzieren die Vorgehensweise hier anhand der möglichen Fragestellung eines Herstellers von Investitionsgütern, welches Land hinsichtlich seiner den Input-Output-Tabellen zu entnehmenden Wirtschaftsstruktur am ehesten die Europäische Gemeinschaft repräsentieren könne. Eine andere Frage könnte lauten, welche Länder solche Wirtschaftsstrukturen aufweisen, daß in ihnen ähnliche Nachfragestrukturen zu vermuten sind.

Die Märkte sollen durch jeweils m = 1, 2, ..., M Merkmale (von denen nicht vorausgesetzt werden muß, daß sie metrisch seien) beschrieben werden. Wenn diese annähernd unabhängig voneinander sind, was durch absolut gering ausgeprägte Korrelationskoeffizienten bestätigt würde, können sie in eine Clusteranalyse eingehen. Insbesondere im Verfahren von Ward, einem Standardverfahren, werden sukzessiv die Länder (Merkmalsträger) nach dem Grad der Ähnlichkeit der Kriterienausprägung zu Klassen zusammengeschlossen. Dasselbe gilt für den Koordinatenmittelwert (Schwerpunkt) aller derjenigen Länder, die bereits zu einer Klasse zusammengeschlossen sind. Die Ergebnisse der Zusammenfassungen werden in einem Dendrogramm dargestellt (vgl. Abb. 7.6).

Auf der Grundlinie des Dendrogramms werden die Länder bezeichnet. Auf der Ordinate wird der beim Zusammenschluß von Ländern zu Clustern auftretende Zuwachs der Fehlerquadratsumme in Relation zum größten Fehlerquadratsummen-Zuwachs angegeben. Je näher an der Grundlinie eine Zusammenfügung der von den Ländernamen ausgehenden Linien erfolgt, um so ähnlicher sind die Länder oder Ländergruppen untereinander.

Zu unserem Ausgangsproblem wurde hier festgestellt, daß die Wirtschaftsstruktur Frankreichs der Wirtschaftsstruktur der Europäischen Gemeinschaft im Beobachtungszeitraum am ähnlichsten ist. Länder mit ähnlichen Wirtschaftsstrukturen können z. B. den durch die Ziffern 1 bis 6 angezeigten Klassen zugeordnet werden. Dabei bilden Griechenland und die UdSSR jeweils eine eigene Klasse. Gegenüber anderen Ländern weisen sie besonders große Unterschiede in der Wirtschaftsstruktur auf. Das Beispiel weist auf eine faktische Grenze hin, die der Auswahl von Testmärkten durch Klassifikationsverfahren entgegen steht. Für die in Aussicht genommenen regionalen Einheiten müssen die relevanten Daten zur Verfügung stehen. Es können also nicht beliebig kleine Regionen und vor allem nicht solche Regionen in das Verfahren eingehen, die von den durch politische Grenzen bestimmten Regionen abweichen. Auf dieser Grundlage wird nämlich die Mehrzahl der Daten erhoben.

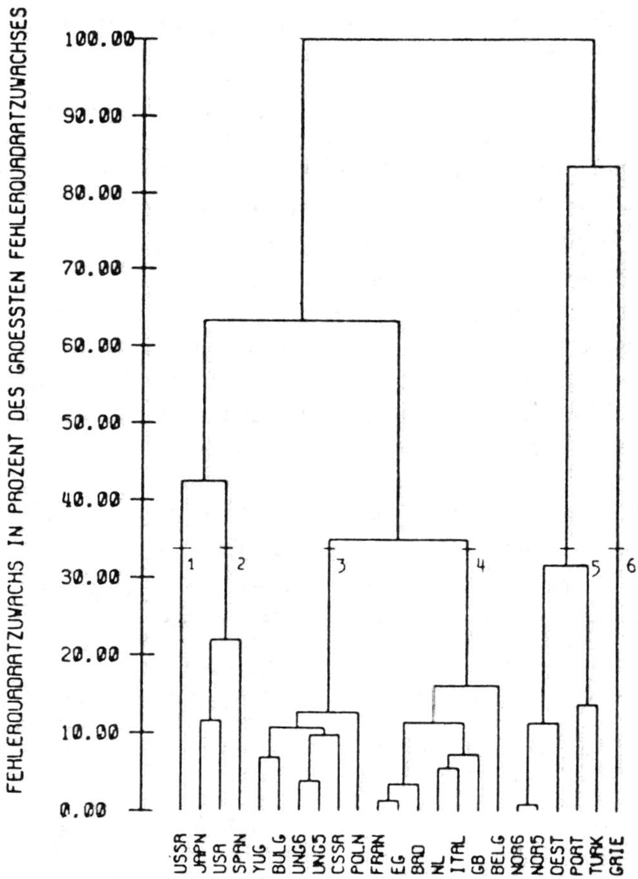

Wroclaw Taxonomy (nicht transformiert)
Methode von Ward

Abb. 7.6: Dendrogramm einer Klassenbildung von Nationen entsprechend ihrer Wirtschaftsstruktur (nach Vogel [Anmerkungen])

Nach der Einführung eines Produktes auf einem Testmarkt wird sein Absatz gemessen. Marktforschungsinstitute stellen auch Absatzzahlen der Konkurrenzprodukte zur Verfügung. Für die Absatzmessung sollte so viel Zeit vorgesehen werden, daß nicht nur Erstkäufe, sondern auch Wiederholungskäufe erfaßt werden. Dies setzt Kenntnis der durchschnittlichen Gebrauchsdauer oder Verbrauchshäufigkeit für die Produktart voraus. So werden als Erfahrungsregel für die Dauer der Markttests auf Testmärkten für Konsumgüter acht bis zwölf Monate genannt. Der Grund für die Einbeziehung der Wiederholungskäufe liegt nicht nur im Interesse an der numerischen Ausprägung ihres Wertes. Es kommt darauf an, Erklärungen für diese Werte aufgrund von ergänzenden Befragungen zu finden, die dann wieder für die Produktpolitik genutzt werden können.

Testmärkte werden aus mehreren Gründen kritisch betrachtet.

(1) Die regionale und zeitliche Ausdehnung von Testmärkten verursacht relativ hohe direkte Kosten.

(2) Insbesondere wenn nur wenige Regionen als Testmärkte zur Verfügung stehen, kann der Handel der Aufnahme neuer Produkte im Testmarkt ablehnend gegenüberstehen.

(3) Verbraucher könnten enttäuscht werden, wenn Produkte nur im Testmarkt verbreitet sind und dort u. U. keinen hohen Verbreitungsgrad erreichen.

(4) Das Verbraucherverhalten in "übertesteten" Märkten kann sich verändern. Es ist praktisch unmöglich, solche spezifischen Reaktionsverzerrungen durch eine Variation der Intensität des absatzpolitischen Instrumenteneinsatzes gerade zu kompensieren. Eine solche Maßnahme würde als "vitality test" bezeichnet (Achenbaum [Testing] 4-41). Auch Korrekturen durch Schätzungen der Differenzeffekte sind nicht überzeugend (vgl. Höfner [Markttest] 116).

(5) Konkurrenzreaktionen auf Produkteinführungen an Testmärkten bedürfen genauer Beobachtung und Analyse. Diese Reaktionen können in der Konzeption und im Einsatz von absatzpolitischen Gegenmaßnahmen bestehen. Ihre Ziele liegen entweder in der Verhinderung der nationalen Produkteinführung und der möglichst schnellen Einstellung des Testmarktexperiments durch Intensivierung konkurrierender Absatzpolitiken oder in der Herbeiführung eines Testmarkterfolges durch Reduktion absatzpolitischer Intensitäten der Konkurrenz, um einen Fehlschluß auf den Gesamtmarkt zu provozieren. Kann nicht erwartet werden, diese Ziele zu erreichen, so könnte die möglichst genaue Auswertung der Ergebnisse der Konkurrenten am Testmarkt Informationen für die eigene Absatzpolitik, ggf. beson-

ders die Produktpolitik, liefern. Man kann also nicht davon ausgehen, daß es generell "das Dümmste" (Achenbaum [Testing] 4-45) ist, Testmarktexperimente von Konkurrenten zu stören. Mit zunehmender Testmarktgröße wird es Wettbewerbern schwerer, Testmarktergebnisse durch Störungen zu verzerren.

(6) Je heterogener der angestrebte Gesamtmarkt zusammengesetzt ist, um so umfangreicher muß der Testmarkt sein, wenn bei ausreichendem Sicherheitsniveau eine angemessene Diskriminierungsfähigkeit der Testmarktergebnisse durch geringe Varianzen der Beobachtungen erreicht werden soll. Achenbaum ([Testing] 4-40, 4-46) sieht dieses Ziel in den USA erst ab 20% des Gesamtmarktes erreicht.

7.3.2.2 Mini-Testmarkt

Ein Teil der in Mini-Testmärkten erhobenen Informationen wird über *Haushaltspanels* gesammelt. "Unter einem Panel versteht man einen bestimmten, gleichbleibenden, repräsentativen Kreis von Auskunftspersonen, der über einen längeren Zeitraum hinweg fortlaufend oder in gewissen zeitlichen Abständen über im Prinzip den gleichen Gegenstand befragt wird" (Hüttner [Informationen] 147). Die Panels weichen in der Realität allerdings von den in der Definition erfaßten Idealbedingungen ab. So kann z. B. nicht garantiert werden, daß der befragte Personenkreis gleich bleibt: Urlaub, Umzug, Antwortverweigerung, Krankheits- und Todesfälle können eine ungleiche Zusammensetzung des Panels bewirken (*Panelsterblichkeit*); es können dann korrigierende Neubesetzungen erforderlich werden.

Panels werden häufig über eine größere Region als die oben behandelten Testmarktregionen aufgebaut. Sie können so im Gesamtmarkt repräsentativ gebildet werden. Damit können aber die in Testmärkten benutzten normalen Distributionswege des Produktes nicht verwendet werden, um die Panel-Mitglieder zu erreichen.

Bei einer Auswahl von Versuchspersonen nach dem Quotenauswahlverfahren dürfen die für die Fehlerabgrenzung in Zufallsauswahlverfahren - und damit für die Bestimmung des Stichprobenumfangs für Aussagen mit vorgegebenem Sicherheitsniveau - entwickelten Formeln nicht als exakt angesehen werden.

Für die Distribution des Produktes an die Panel-Mitglieder kommen drei Wege vor:

(1) Angebot des Produktes in "Testgeschäften", aus deren Kundenkreis Panel-Mitglieder geworben werden. Ihre Käufe werden über Identitätsnummern

an den Kassen registriert. Um die Panel-Mitglieder auf ein neues Produkt aufmerksam zu machen, erhalten sie eine spezielle Ausgabe einer Programmzeitschrift mit Werbeanzeigen für das neue Produkt. In Frankreich bietet "Emploi Rational de l'Informatique en Marketing", in der Bundesrepublik Deutschland die GfK (Gesellschaft für Konsum- und Absatzmarkt-Forschung) diese Testmöglichkeit an. Da in Deutschland aber nur 600 Haushalte erfaßt sind, die in zwei Supermärkten und in vier Verbrauchermärkten einkaufen können, ist die Validität der Ergebnisse kaum gegeben.

(2) Angebot des Produktes an die Panel-Mitglieder über Kataloge und wöchentliche Auslieferung. Das Verfahren wird in England in 1400 Testhaushalten und in Italien in 400 Testhaushalten eingesetzt. In Deutschland hat sich das schriftliche Bestellsystem nicht als erfolgreich erwiesen.

(3) Angebot des Produktes an die Panel-Mitglieder in Verkaufswagen, die nach dem Selbstbedienungsprinzip anbieten und die Panel-Mitglieder mehrmals wöchentlich besuchen (Erichson [Prognose] 257). So wird der IVE-Pre-Test-Markt in Norddeutschland mit 13 Verkaufswagen angeboten und von etwa 2000 Haushalten genutzt. Auch hierbei ist die Validität kritisch zu beurteilen, da schon der Verkauf vom Verkaufswagen Reliabilitätsprobleme mit sich bringt. Alternativen mit Coupon-Anzeigen zum verbilligten Einkauf neuer Produkte (Rehorn [Markttests] 101 f.) sind besonders in den USA üblich, in Deutschland aber nur sehr beschränkt einzusetzen aufgrund der Zugabenverordnung (Verordnung des Reichspräsidenten zum Schutze der Wirtschaft - Erster Teil: Zugabewesen, vom 9.3. 1932, RGBl. 1, S. 121, zuletzt geändert am 2.3. 1974, BGBl. I, S. 469), die die Höhe des Wertes von Zugaben begrenzt.

Während Achenbaum ([Testing] 4-50 f.) diese Ansätze von Mini-Testmärkten eher emotional als kostenminimale, aber kaum Nutzen versprechende Lösungen des Informationsproblems bezeichnet, kommen z. B. Silk und Urban [Evaluation] zu einer differenzierteren Beurteilung. Das kann schon daran liegen, daß heute lokal konzentrierte Kombinationen von Handels- und Konsumentenpanels eingesetzt werden (Huppert [Konsumentenpanels]).
Die Kosten sind vergleichsweise gering, der notwendige Zeitaufwand ist kürzer als bei Testmarkt-Experimenten (nicht zuletzt deshalb, weil die Auffüllung der gesamten Distributionskanäle im Testmarkt hier entfällt), die eingesetzten absatzpolitischen Instrumente sind gut kontrollierbar und die Ergebnisse sind Konkurrenten und Handel schwerer zugänglich als beim normalen Testmarkt. Demgegenüber ist die Wahl der absatzpolitischen Instrumente im Vergleich zur Realität eingeschränkt, die Zusammenarbeit mit dem Handel kann nicht

erprobt werden und es besteht die Gefahr, daß aus der besonderen Versuchsanordnung validitätsstörende Effekte entstehen. Diese Verzerrungen des Kaufverhaltens gegenüber dem für "natürliche" Situationen erwarteten Verhalten werden aber nicht als gravierend angesehen. Wie beim Versuchsverfahren (T1) erwähnt, sollte wenigstens die Beobachtung einer repräsentativ ausgewählten Kontrollgruppe ermöglicht werden, um Reliabilitäts- und Validitätsmängel zu vermeiden, ohne letztere vollständig ausschließen zu können.

Ein bedeutender Teil der Probleme kann seit der Verbreitung von *Scanner-Kassen* überwunden werden. Damit ist die kontinuierliche und exakte Erfassung der Verkäufe möglich. Panelhaushalte können sich an den Kassen durch elektronisch lesbare Kundenkarten ausweisen. Um keine Verzerrungen durch eine Beschränkung der Panel-Mitglieder bei der Wahl ihrer Einkaufsstätte zu erzeugen, sind in den USA von einem Marktforschungsinstitut (Information Resources Incorporated, IRI) alle Einzelhandelsgeschäfte in sechs Städten mit Scanner-Kassen versehen worden, deren Daten regelmäßig ausgewertet werden. In jeder Stadt sind etwa 2000 Panelhaushalte verteilt (weitere Ansätze: Simon, Kucher, Sebastian [Scanner-Daten]). Andere Institute beschränken sich auf die Erreichung hoher Marktabdeckung durch Geschäfte mit Scanner-Kassen in einzelnen Regionen. Um auch den Effekt von Fernsehwerbung testen zu können, werden von IRI, Nielsen ("Telerim") und der GfK (GfK-Behaviorscan) Testmärkte angeboten, bei denen Panelhaushalte Kabelfernsehprogramme empfangen. Dies wird schematisch in Abb. 7.7 gezeigt. Einen Vergleich der Vorgehensweisen bietet Stoffels [Minitestmarkt]. Durch den Kabelanschluß können Test- und Kontrollgruppen gebildet werden, denen unterschiedliche Arten und Mengen von Werbung zugehen. Durch Rückkanäle oder andere technische Einrichtungen (z. B. C-Boxen) wird gemessen, ob überhaupt Werbung empfangen wird und ob Personen anwesend sind, die diese Werbung wahrnehmen können.

Mini-Testmärkte mit Panels können besonders gut auch dadurch realisiert werden, daß den Panel-Mitgliedern der Kauf über das Internet ermöglicht wird. Dies gilt insbesondere für solche Produkte, die auch unabhängig von der Testsituation auf diesem Wege erworben werden. Zur Zeit ist die Nutzung des Internet aber nicht repräsentativ für die gesamte Bevölkerung, was für bestimmte Warengruppen nicht nachteilig sein muß.

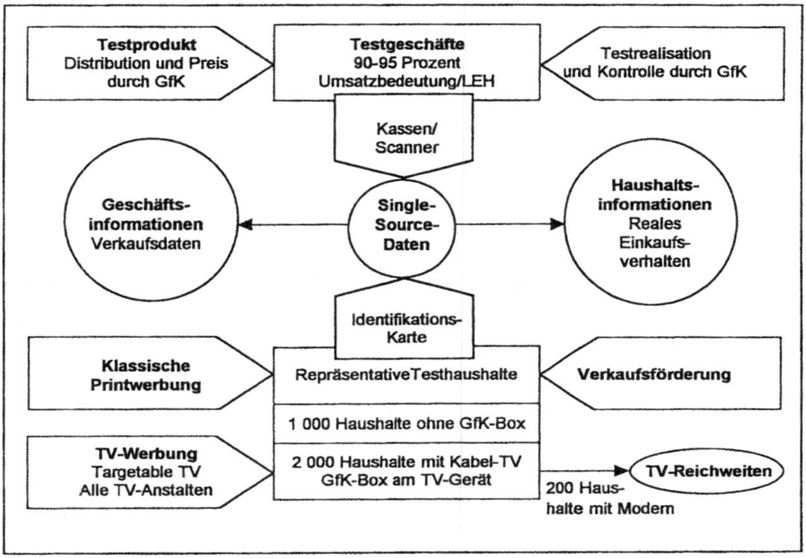

Erläuterung: GfK-Box mißt Zuschauerzahlen

Abb. 7.7: Mini-Testmarkt-Aufbau mit Scannerkassen und Kabelfernsehen (GfK [Behavior-scan])

7.3.3 Testmarktsimulatoren

"Testmarktsimulatoren" sind Volltest-Experimente unter Laborbedingungen im Markt (Silk, Urban [Evaluation]; Erichson [Tesi]; Albers, Brockhoff [Gültigkeit]). Sie unterscheiden sich von *Laborexperimenten*, in denen als Partialtests einzelne Produktkomponenten untersucht werden. Das geschieht häufig unter Zuhilfenahme von Instrumenten wie Schnellgreifbühne, Tachistoskop und Blickaufzeichnungsgerät zur Feststellung vom Auge fixierter Reize. Daraus wird auf die Informationsaufnahme geschlossenen (Rehorn [Markttests] 62 ff.; Kroeber-Riel [Konsumentenverhalten] 232 ff.). Sie unterscheiden sich auch von *Diskussionsrunden (Focusgruppen)* willkürlich ausgewählter Personen, die Produktkonzepte diskutieren. Das Ziel dieser Diskussion kann in der Generierung von Hypothesen, der Aufdeckung von Meinungen, Einstellungen oder Motiven und dem Test von Produktideen bestehen (Fern [Groups]; Krueger [Groups]). Stefflre ([Products] 430) macht darauf aufmerksam, daß solche Diskussionen nach seiner Erfahrung allein dazu geeignet sind, das für die Kommunikation wichtige Sprachverhalten von Verwendern in einem Produktmarkt zu erfassen.

Die Testmarktsimulatoren werden eingesetzt, um *vor* der Produkteinführung auf Testmärkten eine Informationssammlung zu ermöglichen. Sie sollen:

(1) den Testmarkt überflüssig machen, indem entweder eine Einführung des Produktes auf dem Gesamtmarkt vorbereitet werden kann oder auf die Produkteinführung ganz verzichtet wird, oder

(2) Hinweise auf die Ausgestaltung eines nachfolgenden Testmarkt-Experiments geben.

Eine grobe Abgrenzung zu den vorher dargestellten Alternativen für Produkttests zeigt Tab. 7.1. Die Hauptschritte und das Zusammenwirken der hier diskutierten Verfahren findet man in Abb. 7.8. Inzwischen wird eine Vielzahl, in ihrer Durchführungsweise unterschiedlicher Testmarktsimulatoren angeboten. Für häufig eingesetzte Testmarktsimulatoren sind ihre Verwandtschaftsbeziehungen anzeigende Stammbäume (Gaul, Baier, Apergis [Verfahren]; Shocker, Hall [Models]) und Vergleiche (Rehorn [Simulanten]; Shocker, Hall [Models]; Stoffels [Minitestmarkt] 190) zu finden. Die historische Entwicklung, Anwendungserfahrungen und künftige Kombinationen mit Expertensystemen besprechen Clancy, Shulman, Wolf [Test].

Der Testaufbau bei Testmarktsimulatoren hat grundsätzlich die Form

(T7) $R - B_1 - E_1 - B_2 - E_2 - B_3 \ldots$

Dabei variieren in den verschiedenen Vorschlägen die Inhalte der einzelnen experimentellen Aktivitäten ebenso wie die Auswertungstechniken. Kann eine Kontrollgruppe beobachtet werden, so sind die Reliabilität und die Validität wie bei (T2) zu beurteilen. Ist dies nicht möglich, können Probleme der Validitätskontrolle entstehen.

Die abstrakte Symbolik von (T7) wird inhaltlich in den Verfahren TESI (Erichson [Tesi]) sowie ASSESSOR (Silk, Urban [Evaluation]) bzw. in der Weiterentwicklung DESIGNOR durch folgende Arbeitsschritte ausgefüllt:

(1) In der Nähe einer Einkaufsstätte wird eine ausreichende Anzahl von etwa 300 Testpersonen mit der Bitte um Beteiligung angesprochen. Bei TESI findet der Testmarktsimulator bewußt von einer dominierenden Einkaufsstätte entfernt statt, z. B. in einem Hotel, wo ein Studio aufgebaut ist. Damit sollen Effekte der Einkaufsstättenwahl ausgeschaltet werden, doch müssen die potentiellen Teilnehmer stärker zur Teilnahme motiviert werden. Zur Zeitersparnis können mehrere Testmarktsimulatoren an unterschiedlichen Orten gleichzeitig betrieben werden.

Tab. 7.1: Klassifikation von Produkttestinstrumenten und Beschreibung einiger ihrer Eigenschaften

Testinstrument	Getestete Konsumentenreaktion	Detaillierung der Testergebnisse	Relative Höhe der Kosten für die Testdurchführung	Know-How-Anforderungen	
				Experimentaufbau	Ergebnisauswertung
Reiner Labortest, z. B. Schnellgreifbühne, Blickaufzeichnung, Messung von Körperreaktionen, Gebrauchstest	Aufmerksamkeit, Erkennen, Interesse, Erinnerung.	Vorteilhaftigkeit beliebig detaillierter Produkeigenschaftsausprägungen, in der Regel keine Erkenntnisse über die Bedeutung der Eigenschaften untereinander.	Geringe Ausgaben für die Produktion von Testprodukten, aber evtl. hohe Ausgaben bei Einschaltung von Instituten.	Hohe Anforderungen an Operationalisierung und Meßkonzepte zur Erfassung der Konsumentenreaktion. Hohe Anforderung an Gestaltung der Laborexperimente.	Hohe Anforderungen bei Auswertung apparativ gewonnener Ergebnisse. Fortgeschrittene Kenntnisse der statistischen Auswertung.
Testmarktsimulator z. B. als - Präferenztest - Kaufabsichtstest	Präferenzen bzw. simulierte Käufe.	Teilnutzen einzelner Produkteigenschaftsausprägungen, Bedeutung der Produkteigenschaften untereinander, Rückschluß auf optimale Kombination von Produkteigenschaftsausprägungen.	Etwas höhere Ausgaben für die Produktion von Nullserien, Proben, dafür geringe Ausgaben für die eigentliche Durchführung.	Mittlere Anforderungen an Kenntnisse und Erfahrungen im Experimentaufbau.	Auswertung möglich mit kommerziell verfügbarer Standardsoftware; Einarbeitung auf der Basis von Grundkenntnissen in Statistik möglich.
Testmarkt	Reale Käufe.	Marktchancen des Testprodukts, evtl. Hinweise auf Verbesserungensmöglichkeiten einzelner Produkteigenschaftsausprägungen.	Hohe Ausgaben für die Produktion verkaufsreifer Produkte.	Lediglich Anforderungen bei der optimalen Auswahl des Testmarktgebietes.	Auswertung mit geringen Kenntnissen in Statistik möglich.

Quelle: Albers, Kemnitz, Kurtz [Testmarktsimulator] 240.

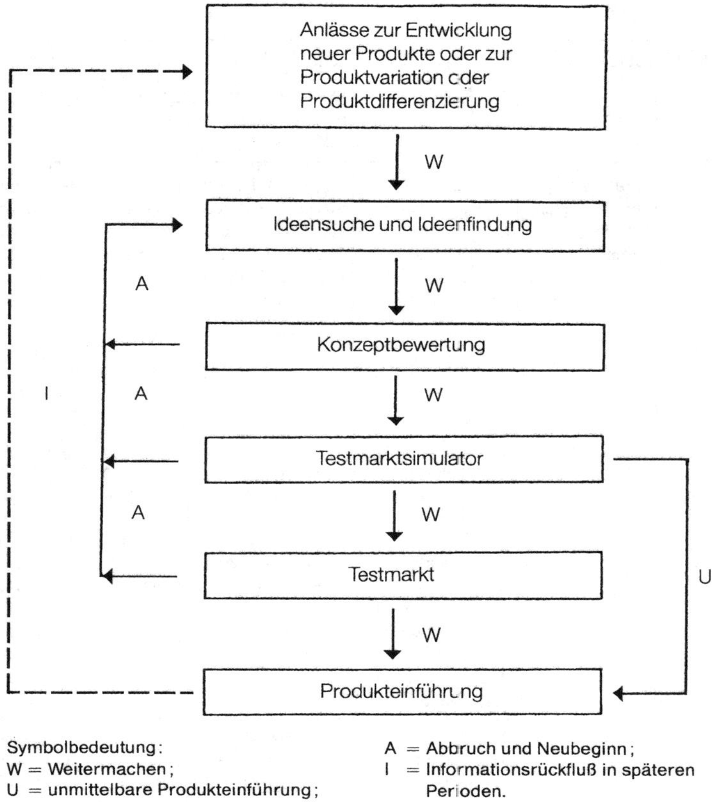

Abb. 7.8: Zusammenwirken von Testmarktsimulator, Testmarkt und Produkteinführung

(2) In einem ersten Interview werden Informationen über soziodemographische Merkmale, Markenkenntnis und Markenpräferenzen bezüglich existierender Marken im Produktmarkt eingeholt sowie Kaufabsichten ermittelt. An dieser Stelle besteht die Möglichkeit, z. B. nach dem Quoten-Auswahlverfahren die Erfüllung des Repräsentativitäts-Erfordernisses (R in (T7)) zu prüfen. Im übrigen wird die Beobachtung B_1 gemacht.

(3) Konfrontation der Testpersonen mit einem Werbemittel für das zu testende Produkt und Konkurrenzprodukte, wobei auf eine zufällige Variation der Reihenfolge der Präsentationen zu achten ist (E_1 in (T7)). Es werden fünf

bis sechs Fernseh-Werbefilme (je Produkt aber nur einer) vorgeführt. Natürlich sind hier auch andere Werbemittel einsetzbar, z. B. speziell montierte Zeitschriften, die während einer Wartezeit durchgesehen werden können. Die Vorführung von Werbefilmen dürfte deutsche Versuchspersonen auch dann wenig irritieren, wenn sie hintereinander erfolgt. Dasselbe ist im Kino oder im Werbefernsehen zu beobachten.

(4) Es folgt eine Messung von Reaktionen auf E_1. Damit werden die Informationen B_2 verfügbar.

(5) Den Versuchspersonen wird ein Geldbetrag ausgehändigt, der wenigstens zum Kauf des zu testenden Produktes oder einer normalerweise teureren Alternative ausreicht. Sie erhalten Gelegenheit, das Produkt oder die bekannten Konkurrenzprodukte in einem speziell präparierten "Supermarkt" zu kaufen, dessen Angebot sich auf die interessierende Produktart beschränkt (in anderen Verfahren auch in einem realen Geschäft). Eine Kaufverpflichtung besteht nicht. Beim Verlassen der Einkaufsstätte wird an der Kasse festgestellt, ob und welche Marke von welcher Versuchsperson gekauft wurde. Nichtkäufern wird das getestete Produkt geschenkt. Bei TESI wird den Käufern das zweitpräferierte Produkt geschenkt. Eine getrennte Registrierung derjenigen, die das neue Produkt gekauft oder gratis erhalten haben, ist wichtig.

(6) Entsprechend der normalen Ver- oder Gebrauchsdauer der angebotenen Güter wird den Testpersonen telefonisch die Möglichkeit zu einem (neuen oder erstmaligen) Kauf des zu testenden Produktes geboten (E_3). Das Produkt wird im Postversand zugestellt. Gleichzeitig wird ein Interview durchgeführt, in dem wie in B_1 nach Markenkenntnis, Markenpräferenzen, Markeneigenschaften usw. unter Einschluß des zu testenden Produktes gefragt wird (B_4). Hierbei ist vor allem nach denjenigen Versuchspersonen zu trennen, die das Produkt genutzt haben bzw. nicht genutzt haben, sowie nach denjenigen, die sich zum Kauf entschließen bzw. nicht entschließen. Bei TESI wird das Interview wiederum im Studio durchgeführt und eine erneute Kaufgelegenheit geboten, um die Situation des wiederholten Kaufes realitätsnah zu gestalten.
Es besteht aber die Gefahr, daß die in B_1 interviewten Personen für B_4 aus den verschiedensten Gründen nicht mehr vollständig zur Verfügung stehen. Dem wird bei TESI durch hohe Teilnahmemotivation und eine angenehme Atmosphäre entgegengewirkt, so daß nur etwa 20% der Versuchspersonen dem zweiten Teil des Tests fernbleiben.

Als Vorteile der Testmarktsimulatoren werden genannt: (1) relativ geringer Zeitaufwand und (2) relativ geringe Kosten für die Experimentdurchführung, (3) Geheimhaltungsmöglichkeit der Ergebnisse, (4) intensive Befragung der Testpersonen in verschiedenen Stadien ihres Entscheidungsprozesses (Erichson [Prognose] 258), einschließlich der Möglichkeit, Informationen über die Nutzungserfahrungen zu sammeln. Durch diese kann vor allem bei neuen Produkten mit bisher nicht als entscheidungsrelevant erachteten Eigenschaften die u. U. bestehende Unverständlichkeit oder Unglaubwürdigkeit von Produktversprechen in den Werbeaussagen korrigiert werden. (5) In den Testmarktsimulator kann eine Verbundanalyse eingebaut werden, um detaillierte Hinweise auf bevorzugte Gestaltungsalternativen zu erhalten und nicht nur relativ pauschale Urteile über die zu erwartenden Marktanteile bei einer oder zwei vorgegebenen Gestaltungsalternativen (Albers, Brockhoff [Gültigkeit]) (vgl. Abschn. 5.4.4).

Nachteile der Vorgehensweise sind (1) bei der Erläuterung der Testanordnung sichtbar geworden. (2) Die Bereitschaft der Versuchspersonen zum Test, (3) die einhundertprozentige Reichweite der eingesetzten Werbemittel bei nur einmaligem Kontakt sowie (4) die "Künstlichkeit" der Einkaufssituation beim Einsatz des speziell präparierten "Supermarkts" sind Quellen für Validitätsstörungen. Um dem entgegenzuwirken, werden in verschiedenen Verfahren der Testmarktsimulation (TESI, BASES, MICROTEST, QUARTZ) auch unterschiedliche Formen der Anwerbung der Versuchspersonen sowie der Nachinterviews angeboten.

In Anlehnung an Erichson [Tesi] wird der modellmäßige Aufbau des Testmarktsimulators in Abb. 7.9 grafisch dargestellt. Ein Teil der Modelle wird im Abschn. 7.5.2 erläutert.

In erster Linie wird nach dem Marktanteil des Testproduktes gesucht. Nach der Bestimmung möglicher Substitute sind auch Partizipations- und Kannibalisierungseffekte zu ermitteln. Diese Ergebnisse sind einem geeignet formulierten Marktmodell zu entnehmen, in dem das Wechselverhalten der Käufer abgebildet wird.

Der Marktanteil ergibt sich als Produkt aus der Erstkaufrate (das sind Umsätze mit Käufern, die das Produkt erstmals erwerben bezogen auf das Marktpotential des Testmarktes) und der Wiederholungskaufrate (das sind Umsätze mit Erstkäufern, die das Produkt wiederholt erwerben bezogen auf die Umsätze von Erstkäufern). Damit wird berücksichtigt, daß Produkterfahrung, Wettbewerbsaktionen, Präferenzänderungen aufgrund eines Bedürfnisses nach Produktwechseln usw. die durch die Erstkaufrate gemessene Produktakzeptanz reduzieren. Außerdem wird eine relative Kaufintensität (Umsatz pro Einkauf in der Realität bezogen auf den Umsatz pro Einkauf im Testmarkt) als Korrekturfaktor berücksichtigt. Damit werden Effekte der Testsituation korrigiert.

Die Erstkaufrate kann als Verhaltensweise beobachtet und aus einem Präferenzmodell, wie z. B. in der Verbundmessung, erklärt werden. Diese Erklärung ist für die Produktgestaltung interessant.

Die Wiederholungskaufrate läßt sich wie die Erstkaufrate beobachten und aus alternativen Modellen erklären. Zur Erhöhung der Reliabilität werden Präferenz-, Einstellungs- und Verhaltensdaten erhoben, die in diese Modelle eingehen.

Obwohl Testmarktsimulatoren schon seit dem Anfang der siebziger Jahre in den USA im Einsatz waren, wurden sie erst etwa zehn Jahre später auch in der Literatur dargestellt. Im Jahre 1983 wurden für ASSESSOR schon 215 Anwendungen gemeldet, von denen 81 einer genaueren Analyse hinsichtlich der Prognosequalität der damit erzielten Ergebnisse unterzogen werden konnten (Urban, Katz [Models]). Die Testmarktergebnisse werden durch die Testmarktsimulatoren im Durchschnitt auf etwa 2 Prozentpunkte des Marktanteils angenähert. Durch zusätzliche subjektive Beurteilungen kann der Wert auf etwa einen Prozentpunkt reduziert werden, wenn man die oben genannten Biases der Testmarktsimulation auszuschließen versucht. Ähnliche Erfolgsdarstellungen liegen auch für andere Testmarktsimulatoren vor.

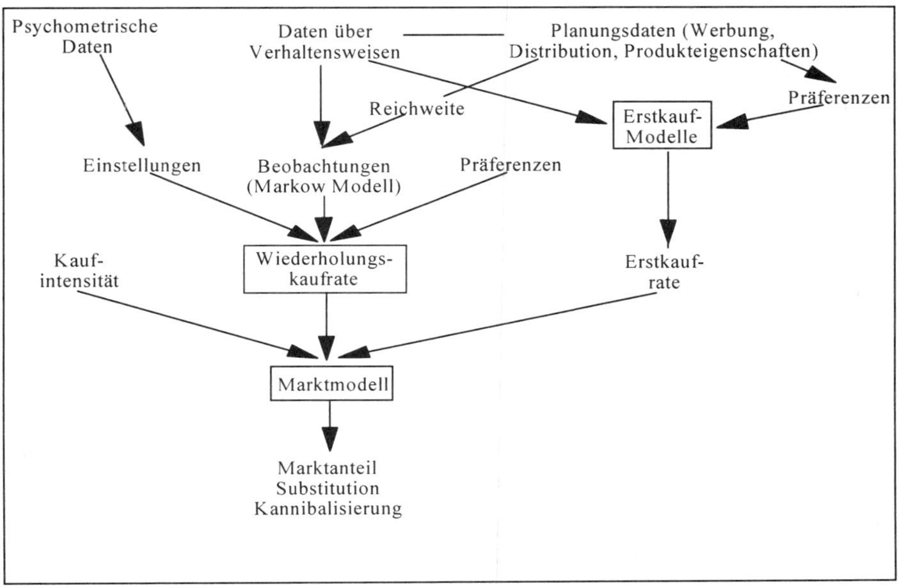

Abb. 7.9: Konzept des Testmarktsimulators

TESI wird seit 1980 von G & I Forschungsgemeinschaft, Nürnberg, in Europa eingesetzt (Erichson [Tesi]). Es folgt damit zeitlich lange nach dem ersten Modell, dem Laboratory Test Market LTM (Yankelovich, Skelly and White [LTM]) und dem annähernd ebenso alten Comprehensive System for the Evaluation of New Products, COMP (Burger, Gundee, Lavidge [COMP]). Robinson [Comparison] hat die amerikanischen Angebote (das sind die Genannten und zusätzlich Purchase Action, Micromarket, Speedmarkt sowie der herkömmliche Testmarkt) nach 37 Kriterien miteinander verglichen. Aufgrund einer Bewertung dieser Kriterien auf einer fünfstufigen Skala wurden die Merkmalsausprägungen sowohl einer Clusteranalyse als auch einem Verfahren der Multidimensionalen Skalierung unterworfen. Danach ergibt sich, daß COMP und ASSESSOR einander besonders ähnlich sind. Eine gewisse Ähnlichkeit mit beiden Verfahren hat LTM. Eine zweite Gruppe von Verfahren bilden Purchase Action und Micromarket und eine dritte Gruppe, allerdings mit hoher Unähnlichkeit untereinander, der klassische Testmarkt und Speedmarkt. Dieses Modell unterscheidet sich von anderen vor allem hinsichtlich der Möglichkeit, viel mehr Alternativen als üblich in den Test einzubeziehen. Obwohl für TESI nicht alle 37 Bewertungskriterien beurteilt werden können, ist zu vermuten, daß dieses Verfahren der Gruppe mit ASSESSOR und COMP ähnlich ist.

Einen Modellvergleich zwischen TESI, DESIGNOR und SENSOR bietet Stoffels ([Minitestmarkt] 190). Kontinuierlich werden Verfahrensverbesserungen und -alternativen vorgestellt, so daß veröffentlichte Verfahrensvergleiche allenfalls unter methodischen Gesichtspunkten über längere Zeit gültig sind.

Eine Weiterentwicklung herkömmlicher Testmarktsimulatoren liegt in Modellen, in denen Käufersegmente identifiziert, ihr Produktwahlverhalten bestimmt und Präferenzänderungen aufgrund probeweisen Produktgebrauchs geschätzt werden (Böckenholt, Dillon [Methods]).

> *Regionale Testmärkte, Mini- und Storetests unter Heranziehung von Verbraucherpanels sowie Testmarktsimulatoren sind wesentliche Alternativen von Volltests neuer Produkte im Feld. Sie haben spezifische Vor- und Nachteile und kommen in unterschiedlichen methodischen Formen vor.*

7.4 Auswertung von Testmarktbeobachtungen

7.4.1 Hochrechnungs-Modelle

Bei der Auswertung von Testmarktbeobachtungen sind grundsätzlich zwei Auswertungsschritte zu kombinieren:

(1) Von den jeweiligen Beobachtungen, insbesondere der Absolutzahlen für Marktpotentiale oder Umsätze eines Teilmarktes, ist ein Schluß auf den Gesamtmarkt zu ziehen *(Hochrechnung)*.

(2) Von den jeweils beobachteten Variablen, z. B. der Kaufabsicht oder dem Kauf im Testmarkt, ist ein Schluß auf die interessierenden Absatzgrößen, z. B. die Umsatzerwartung, zu ziehen *(Prognose)*; daraus soll dann z. B. die Einführungsentscheidung abgeleitet werden.

Die Lösung beider Fragestellungen wird durch entsprechende Modellrechnungen unterstützt.

Bei dem in (1) geforderten Schluß wird die Repräsentativitäts-Annahme über den Teilmarkt ausgenützt, um Teilmarktergebnisse durch geeignete Proportionalitätsfaktoren auf den Gesamtmarkt umzurechnen. So werden insbesondere die Beziehungen

- Umsatz des Gesamtmarkts = β · Umsatz des Teilmarkts
- Marktpotential des Gesamtmarkts = β · Marktpotential des Teilmarkts

verwendet. Je nachdem, welche primäre Einflußgröße auf den Umsatz festgestellt oder vermutet wird, erhält β eine der folgenden Erklärungen:

$$\beta_1 = \frac{\text{Disponibles Einkommen am Gesamtmarkt}}{\text{Disponibles Einkommen am Teilmarkt}}$$

(Einkommensmethode; alternativ auch mit Kaufkraftkennziffern zu verwenden),

$$\beta_2 = \frac{\text{Anzahl der potentiellen Nachfrager am Gesamtmarkt}}{\text{Anzahl der potentiellen Nachfrager am Teilmarkt}}$$

(Nachfragerverhältnismethode),

$$\beta_3 = \frac{\text{Umsatz der Produktart am Gesamtmarkt}}{\text{Umsatz der Produktart am Teilmarkt}}$$

(Marktanteilsmethode).

Die einfache Betrachtung führt zu erheblichen Unterschieden zwischen den durch die Anwendung verschiedener β-Werte ermittelten Ergebnissen sowie zwischen den errechneten und den tatsächlichen Umsätzen (Gold [Test]; Sabel [Produktpolitik] 158 ff.). Die Vorgehensweise ist also wenig reliabel. Das leuchtet aber nicht nur wegen der einfachen Struktur der Formel ein. Auch z. B. der Verzicht auf die Angabe eines Zeitraums, für den die Ergebnisse gelten sollen, ist eine mögliche Erklärung.

Zumindest ist deshalb zu raten, den Umsatz oder das Marktpotential in Komponenten zu zerlegen. Dann kann bei jeder Komponente geprüft werden, wie sie im Gesamt- und im Teilmarkt ausgeprägt ist, d. h., ob sie im Testmarkt systematischen Abweichungen ausgesetzt ist. Für den Umsatz könnte z. B. die jeweils periodenbezogene Zerlegung

Umsatz	=	Preis x Absatzmenge
Absatzmenge	=	Anzahl der Käufer x durchschnittlich gekaufte Menge
Durchschnittlich gekaufte Menge	=	Anzahl der Käufe x durchschnittliche Kaufmenge je Kauf

zusätzliche Aufschlüsse und Anknüpfungspunkte für Hochrechnungen geben. Z. B. könnte der Testmarktpreis vom Gesamtmarktpreis abweichen.

Daneben kann die Anwendung von Faktoren zur Korrektur nicht repräsentativer Testmarktergebnisse geboten sein. Ahl ([Forecasting] 166 f.) läßt diese Faktoren multiplikativ auf β_3 einwirken und nennt (neben den oben schon berücksichtigten Unterschieden in der Kaufintensität) drei Anlässe für ihre Einfügung:

(1) Bessere Distribution des Neuproduktes im Testmarkt als im Gesamtmarkt;

(2) höhere Effizienz des Einsatzes absatzpolitischer Instrumente im Testmarkt als im Gesamtmarkt;

(3) andere Saisonfigur der Nachfrage im Testmarkt als im Gesamtmarkt.

Die beiden ersten Anlässe können natürlich im Testmarkt auch weniger günstig ausgeprägt sein als im Gesamtmarkt. Das muß empirisch festgestellt werden. Der dritte Punkt ist von um so höherer Bedeutung, je ausgedehnter der Gesamtmarkt ist. Daneben ist zu beachten, daß durch kurze Testmarktperioden u. U. eine Saisonfigur des Absatzes nicht erkennbar ist. Natürlich können diese Korrekturanlässe nur als Anregungen und nicht als vollständige Aufzählung verstanden werden.

Durch proportionale Hochrechnung sollen aus Testmarktergebnissen Gesamtmarktergebnisse ermittelt werden.

7.4.2 Prognose-Modelle

Charakteristisch für die Prognose des Absatzerfolges von Produkten aus Testmarkt- oder Testmarktsimulatordaten ist, daß nur wenige Beobachtungen vorliegen und keine langen Zeitreihen. Bei innovativen Produkten fehlt außerdem ein Leitindikator, der zur Prognose herangezogen werden könnte. Deshalb könnten Expertenschätzungen über kurzfristige Absatzerfolge herangezogen werden. Allerdings ist bekannt (Brockhoff [Delphi]), daß solche Schätzungen erhebliche Unsicherheiten aufweisen. Deshalb liegt die Suche nach geeigneteren Prognosemodellen nahe. Tatsächlich liegt auch eine Fülle solcher Modelle vor.

Im folgenden gliedern wir Modelle einmal nach dem Kriterium der *Differenzierung der Produkterfahrung*. Hierbei ist besonders entscheidend, ob zwischen Erstkauf und Wiederholungskauf unterschieden wird. Nur Modelle, die dies zulassen, sind hier relevant.

Als zweites Gliederungskriterium wird die *Differenzierung und Beeinflussung der Kaufmotive* benutzt. Genau genommen handelt es sich dabei um zwei Kriterien, die unabhängig voneinander betrachtet werden können. Der einfacheren Übersicht halber behandeln wir nur bestimmte Kombinationen beider Kriterien und betrachten sie deshalb wie ein Kriterium. Mit Differenzierung wird die Frage angesprochen, ob für alle Käufer im Modell identische Kaufmotive angenommen werden oder ob dies nicht zutrifft. In diesem Fall unterscheiden wir schwache Differenzierung, bei der zwei Käufergruppen mit unterschiedlichen Motiven unterschieden werden, und starke Differenzierung. Mit Beeinflussung soll ausgedrückt werden, ob die Modelle eine Beeinflussung der Kaufentscheidungen durch den Einsatz absatzpolitischer Instrumente vorsehen oder nicht. Die so entstehende Grobgliederung zeigt Abb. 7.11. Da sich stark differenzierte Modelle als zu unhandlich erwiesen haben und unbeeinflußte Kaufmotive für das Marketing wenig interessant sind, kommen nur die im Feld (4,2) dargestellten Arten von Modellen in die engere Wahl. Sie werden auch zusammen mit Testmarktsimulatoren genutzt.

Im folgenden sollen nun wichtige Eigenschaften der Prototypen aus der verbleibenden Gruppe geschildert werden, woran sich ein tabellarischer Modellvergleich anschließt.

Differenzierung der Produkterfahrung bedeutet, daß in den Diffusions- oder Marktdurchdringungsmodellen eine Unterscheidung von Erstkäufen und Wiederholungskäufen vorgenommen wird:

Absatzvolumen = Erstkäufe + Wiederkäufe.

Diese Beziehung gilt als Definition für jede Beobachtungsperiode. Um die Komplexität der Zusammenhänge im Zeitablauf zu verstehen, wird zunächst der Fall dargestellt, in dem keine Einflußnahme durch Absatzinstrumente erfolgt. Es wird angenommen, daß der Zuwachs der Erstkäufe im Laufe der Zeit nach der Produkteinführung abnimmt. Die kumulierte Zahl der Erstkäufe strebt einem Grenzwert von weniger als 100% der angenommenen Grundgesamtheit zu (Fourt, Woodlock [Prediction] 32). Es sei a_0 der Anteil der in einer Popula-

Differenzierung und Beeinflussung der Kaufmotive		Differenzierung der Produkterfahrung	
		undifferenziert	differenziert
		(1)	(2)
(1)	undifferenziert und unbeeinflußt	Produktlebenszyklus (Abschn. 5.1.)	
(2)	undifferenziert und beeinflußt	Makrosimulation (Kotler, 1965)	
(3)	schwach differenziert und unbeeinflußt	Innovatoren/Imitatorenkäufer (Bass, 1969; Mansfield, 1961; Bonus, 1967)	(Fourt, Woodlock, 1960; Parfitt, Collins, 1968; Massy, 1969; Eskin, 1973)
(4)	schwach differenziert und beeinflußt	Marketing-Mix-Modell (Schmalen, 1979; Parker, Gatignon, 1994)	(Urban, 1970; Nakanishi, 1973; Assmus, 1975; Blattberg, Golanty, 1978; Erichson, 1981; Pringle, Wilson, Brody, 1982)
(5)	stark differenziert und beeinflußt		(Amstutz, 1967; Klenger, Krautter, 1972; Hansen, Thabor 1973)

Abb. 7.10: Ein Überblick über Absatzprognosemodelle[1]

[1] Literaturhinweise erfolgen hier nur beispielhaft. Im einzelnen sind genannt: Kotler [Strategies]; Bass [Product] 215-227; Mansfield [Imitation] 741-766; Bonus [Ausbreitung]; Fourt, Woodlock [Prediction] 31-38; Parfitt, Collins [Prediction] 131-145; Massy [Forecasting] 405-412; Eskin [Forecasts] 115-129; Schmalen [Marketing-Mix]; Parker, Gatignon, [Effects]; Urban [Sprinter] 805-854; Nakanishi [Response] 242-249; Assmus [New Products] 16-23; Blattberg, Golanty [Tracker] 192-202; Erichson [Tesi] 201-207; Pringle, Wilson, Brody [News] 1-29; Amstutz [Simulation]; Klenger, Krautter [Simulation]; Hansen, Thabor [Marketing-Modelle].

tion je Periode erreichbaren Erstkäufer. Der Grenzwert für den Anteil der letztlich überhaupt erreichbaren Erstkäufer sei a_1. Der Zuwachs des Anteils von Erstkäufern in der t-ten Periode, ΔK_t, ist dann:

$$\Delta K_1 = a_0 \cdot a_1$$
$$\Delta K_2 = a_0 \cdot a_1(1 - a_0),$$
$$\vdots \quad \vdots$$
$$\Delta K_t = a_0 \cdot a_1(1 - a_0)^{t-1}$$

Daraus erhält man die kumulierte Erstkäuferanzahl in der Periode $\tau \geq 1$

$$K_t = \sum_{t=1}^{\tau} \Delta K_t = \sum_{t=1}^{\tau} a_0 \cdot a_1(1 - a_0)^{t-1}.$$

Eine Darstellung wird in Abb. 7.12 gegeben.

Zu diesem Modell sind drei Bemerkungen anzubringen:

(1) Das Modell berücksichtigt nicht, daß sich Erstkäufe K_τ häufig nach einer s-förmigen Funktion entwickeln. Insbesondere für langlebige Gebrauchsgüter könnte deshalb eine auf einer solchen Funktion aufbauende Formulierung überlegen sein.

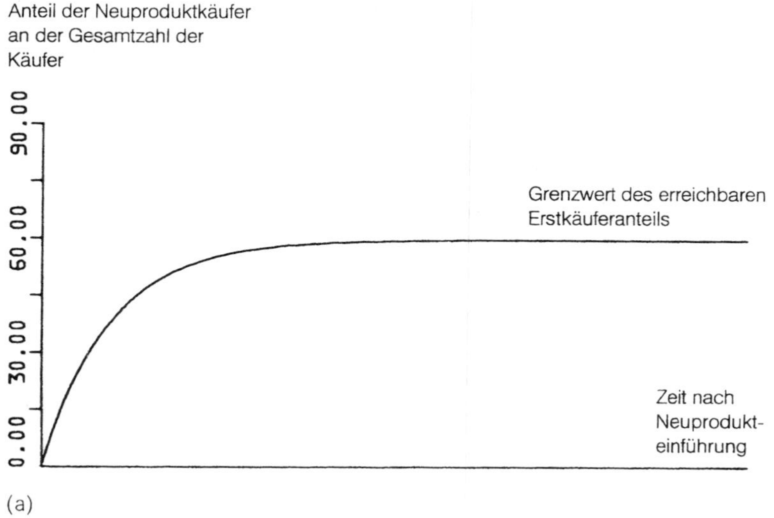

Abb. 7.11: Verlauf der Erstkaufrate über die Zeit

2) Das Modell geht von zeitinvarianten Parametern aus. Insbesondere a_1 kann aber zeitabhängig wachsen, was schon die Autoren des Modells durch eine additive Konstante $a_2 > 0$ zuzüglich zu ΔK_t berücksichtigen. Die Begründung wird im unterschiedlich ausgeprägten Zeitpunkt für Erstkäufe durch Käufergruppen mit verschiedener Bedarfsintensität der Produktart gesehen. Hierdurch werden typische Verzerrungen befürchtet, die eher zu einer Unterschätzung von a_1 führen. Andere Verläufe sind ebenfalls plausibel, insbesondere auch die Berücksichtigung z. B. einkommensabhängiger Terme. Das erschwert aber die Schätzung der Modellparameter.

(3) Das Modell geht bei Prognosen von im ganzen stabilen Einsatzintensitäten absatzpolitischer Instrumente aus, die aber gerade bei Neuprodukteinführungen (besonders auf Testmärkten) fehlen.

Schließlich sind die Wiederholungen des ersten Kaufs zu berücksichtigen. Dies erfolgt über die multiplikative Anwendung von *Wiederkaufraten* (oder Wiederholungskaufraten) auf die Erstkäufe einer Periode. Durch die Kaufzahl b = 1, 2, . . . werde der erste, zweite, . . . Kauf nach einem Erstkauf bezeichnet (für den der Vollständigkeit halber der Index b = 0 gesetzt werden kann). Man bestimmt die Wiederkaufrate (R) des b-ten Kaufes aus:

$$R_b = \frac{\text{Anzahl der Käufer mit } b - \text{ter Wiederholung des Erstkaufs}}{\text{Anzahl der Käufer mit}(b-1) - \text{ter Wiederholung des Erstkaufs}},$$

jeweils auf die Beobachtungsperiode bezogen. Eine Annahme über den Verlauf der Wiederkaufraten über die Zeit zeigt Abb. 7.13. Zwei heuristisch bestimmte Abgrenzungen sind bei Anwendungen einzufügen:

(1) Es ist ein maximaler Wert für b festzulegen.

(2) Es ist zweckmäßig, im Nenner mit einer von Beginn der Periode an gemessenen, aber nicht die gesamte Beobachtungsperiode für den Zähler umfassenden Zeitspanne zu rechnen. Der Unterschied sollte jeweils etwa der durchschnittlichen Verbrauchsdauer der Käufer mit b-ter Wiederholung des Erstkaufs entsprechen. Der Grund liegt darin, daß solche Käufer, die gegen Ende der Beobachtungsperiode ihren b-ten Wiederholungskauf getätigt haben, eine geringere Chance zum (b+1)-ten Wiederholungskauf haben als solche, die zu Beginn der Periode ihren b-ten Wiederholungskauf tätigten.

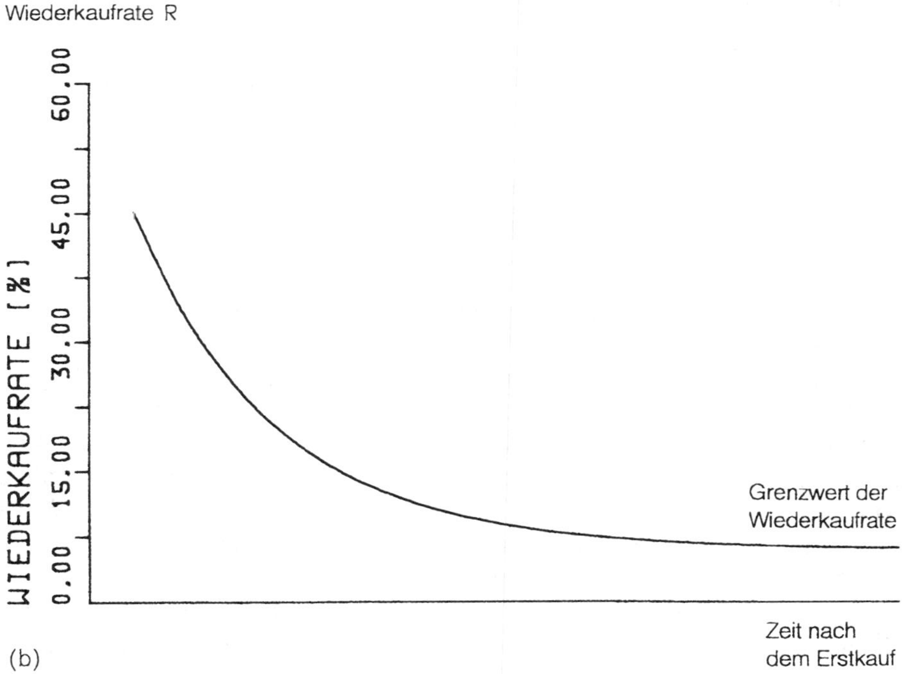

Abb. 7.12: Verlauf der Wiederkaufrate über die Zeit

Eine Zusammenfassung der Wirkungsweisen von Erst- und Wiederkäufen wird bei Fourt und Woodlock an Hand eines Beispiels gezeigt; in ihm werden beobachtete Ausgangswerte über eine Periode prognostiziert. Um den Wirkungszusammenhang allgemeiner zu demonstrieren, nehmen wir hier an, daß ΔK_t prognostiziert worden und R_b für b = 1, 2, 3 ermittelt seien. In der Abb. 7.14 wird gezeigt, wie sich die Gesamtkäuferanteile an einer Population im Laufe von zwei Perioden ermitteln lassen.

Käufertyp	Periode 1	Periode 2	...
Erstkäufer	ΔK_1	ΔK_2	
Wiederkäufer b=1	$R_1 \Delta K_1$	$R_1[\Delta K_2 + (1-R_1)\Delta K_1] \equiv R_1 \cdot \Delta K_2^+$	
Wiederkäufer b=2	$R_1 R_2 \Delta K_1$	$R_1 R_2[\Delta K_2^+ + \Delta K_1] \equiv R_1 R_2 \Delta K_2^{++}$	
Wiederkäufer b=3	$R_1 R_2 R_3 \Delta K_1$	$R_1 R_2 R_3[\Delta K_2^{++} + \Delta K_1] \equiv R_1 R_2 R_3 \Delta K_2^{+++}$	
...	...	...	...
Summe	$\Delta K_1(1 + R_1 + R_1 \cdot R_2 + R_1 \cdot R_2 \cdot R_3 \ldots$	$\Delta K_2 + R\ K_2^+ + R_1 R_2 \Delta K_2^{++} + R_1 R_2 R_3 \Delta K_2^{+++}$	...

Abb. 7.13: Allgemeine Ermittlung der Gesamtkäufe (nach dem Ansatz von Fourt, Woodlock [Prediction])

Die außerordentlich einfache Gestaltung des Modells von Fourt und Woodlock [Prediction] hat dazu geführt, daß unzuverlässige Ergebnisse bei der Anwendung festgestellt wurden. Deshalb hat man in verschiedener Weise auf eine Erweiterung hingearbeitet. Einen Überblick über diese Erweiterungen zeigt Abb. 7.15. Sie geht nicht auf spezifische Modellierungsaspekte ein, wie etwa die Frage, ob und auf welche Weise in den Modellen die Wahrnehmung erfaßt wird (Mahajan, Muller, Sharma [Comparison]) oder welche Annahmen über das Wiederkaufverhalten gemacht werden, ob dies zum Beispiel Vergessenseffekte einschließt oder nicht (Mahajan, Muller [Behavior]).

Eine wichtige *Frage* ist, *welche Variable ein Modell zu erklären versucht.* Käuferanteile an einer Population können unbefriedigend sein, wenn die durchschnittliche Kaufmenge für das getestete Produkt von der Menge für andere Produkte derselben Produktgruppe abweicht, wenn die Menge der Erstkäufer und der Wiederkäufer sich voneinander unterscheidet oder die Menge der Wiederkäufer in Abhängigkeit von der Kaufzahl b variiert. Deshalb können die Käuferzahlen entsprechend gewichtet (Ahl [Forecasting]) oder langfristige Marktanteile betrachtet werden (Parfitt, Collins [Prediction]), die sich aus dem Produkt des Grenzwerts der Erstkaufrate in der jeweiligen Produktgruppe, des Grenzwerts der Wiederkaufrate und der relativen Kaufintensität für das getestete Produkt in der Produktgruppe errechnen lassen.

Eine Variante des Ausgangsmodells liegt in der *stochastischen Verhaltensbeschreibung des Kaufverhaltens.* Im Modell von Massy [Forecasting] interessiert es zu wissen, wann ein Käufer nach seinem letzten Kauf einen Wiederkauf tätigt. Dieser Zeitpunkt wird aus einer bestimmten Verteilungsannahme heraus bestimmt, für die die Parameter empirisch festzustellen sind (Hazard-Modell). Eskin [Forecasts] hat Vereinfachungen der Modellanwendung entwickelt.

Strukturaspekte der Modelle	Autor / [Modellname] / (Jahr)								
	Fourt, Woodlock (1960)	Parfitt, Collins (1968)	Massy [Steam] (1969)	Urban [Sprinter] (1970)	Assmus [Newprod] (1975)	Blattberg, Golanty [Tracker] (1978)	Silk, Urban [Assessor] (1978)	Pringle, Wilson, Brody [News] (1982)	Erichson [Tesi] (1981)
Datenquelle	P	P	P	P	S	S	T	S	T
Abhängige Variable	K	M	U	U	M	U	M	U	M
Unabhängige Variablen	ER	ER	ER	ER	WER	WER	WER	WER	WER
Explizite Marketing-Mix-Variablen	-	-	-	APDV	AV	AP	Dx	ADV	PDx
Schätzverfahren angegeben	n	t	j	j	j	j	j	j	j
Modellspezifizierung angegeben	j	t	j	j	t	j	j	j	J
Einfluß der Wahrnehmung auf Erstkaufwahrscheinlichkeit									
- nach Stimuli differenziert	-	-	-	j	j	n	j	j	n
- zeitlich differenziert	-	-	-	j	j	j	n	j	n
Erstkauf abhängig vom Erstkaufzeitpunkt	n	j	j	n	n	j	n	j	n
Wiederkauf abhängig von Kaufzahl	j	n	j	j	n	j	n	j	j

Bedeutung der Abkürzungen: P = Panel, S = Befragung, T = Pre-Testmarkt, K = Käufer, M = Marktanteil, U = Umsatz, E = Erstkäufe, R = Wiederkäufe, W = Wahrnehmung, - = trifft nicht zu, A = Werbung, P = Preis, D = Distribution, V = Verkaufsförderung, x = Produkteigenschaften und andere Variablen können bei Präferenzbestimmung berücksichtigt werden, j = ja, n = nein, t = teilweise.

Abb. 7.14: Vergleich der Struktur von Marktdurchdringungsmodellen (Quellen der Modelle: vgl. Abb. 7.10)

Im Testmarktsimulator TESI wird der langfristig erzielbare Marktanteil als Produkt von Kaufintensität, Wiederholungskaufrate und Erstkauf- (Penetrations)rate gemessen (Abb. 7.16). Dabei wird die Kaufintensität des neuen

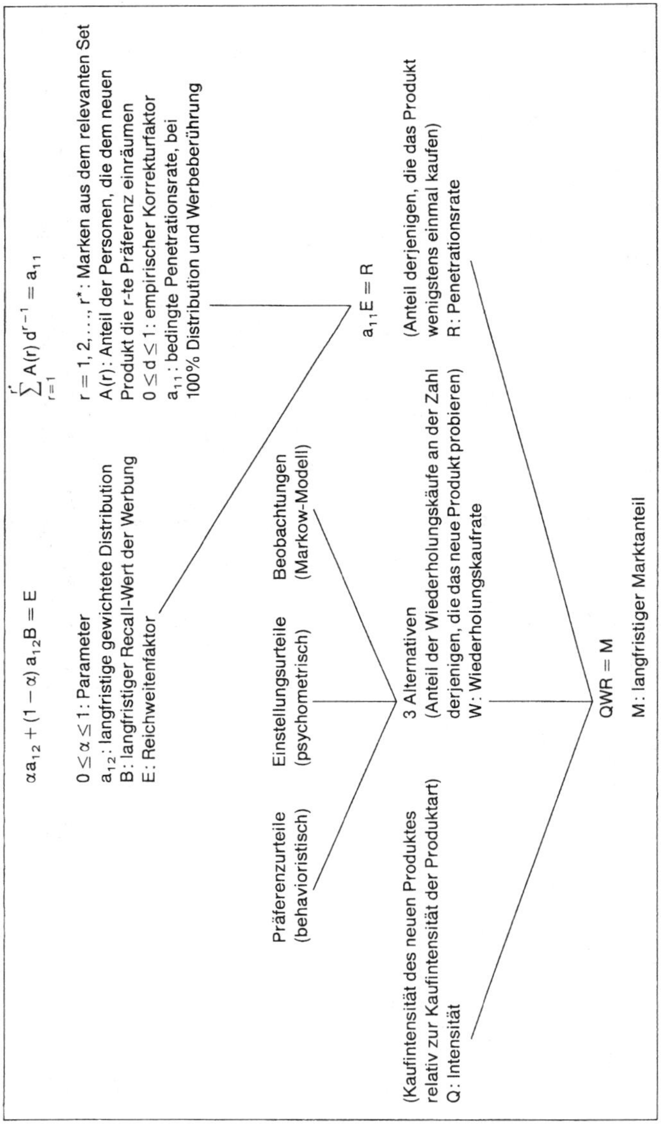

Abb. 7.15: Vorstellungen zum meßtechnischen und formalen Aufbau eines Testmarktsimulators auf der Grundlage von TESI

Produktes relativ zur Kaufintensität der Produktart aus dem Testmarktsimulator ermittelt. Kaufintensität oder Erstkaufrate können durch Abweichungen zwischen den Bedingungen im Testmarktsimulator und im Gesamtmarkt (z. B. hinsichtlich der Werbeberührung, der Distribution oder der Probennutzung, die im Testmarktsimulator jeweils alle Personen erreichen) korrigiert werden.

Die Wiederholungskaufrate kann nach drei unterschiedlichen Methoden gemessen werden:

(1) Die Wiederholungskaufrate wird aus Einstellungsmessungen abgeleitet, d. h. psychometrisch geschätzt.

(2) Die Wiederholungskaufrate wird als Gleichgewichtsgrenzwert eines Markow-Prozesses bestimmt, wozu unmittelbare Beobachtungen des Kaufverhaltens im Testmarktsimulator erfolgen. Man unterscheidet nur die Käufe des neuen von denen irgendeines der herkömmlichen Produkte (vgl. Abb. 7.17).

Der Markow-Prozeß läßt sich kurz dadurch kennzeichnen, daß Anteilswerte $q_1(t)$, $q_2(t)$, ..., $q_n(t)$ für einen Zustand t (z. B. Marktanteile der Marken 1, 2, ..., n) durch eine Matrix von Übergangswahrscheinlichkeiten $p_{i',i}$, i, i′ = 1, 2, ..., n in Anteilswerte des Zustandes t + 1 nach der Formel

$$q_i(t+1) = \sum_{i'=1}^{n} p_{i'i} \cdot q_{i'}(t)$$

transformiert werden. Es sei der langfristig gleichwertige Marktanteil für die Wahl des NeuProduktes beim nächsten Kauf gleich dem Grenzwert der Wiederholungskaufrate (q_1) und damit im Prozeß mit zwei Zuständen die Gegenwahrscheinlichkeit q_2, so daß $q_1 + q_2 = 1$. Im Markow-Prozeß gilt dann ein langfristiges Gleichgewicht, wenn sich q_1 und q_2 nicht mehr ändern:

Zustände		Wahl beim nächsten Kauf der Produktart	
		Neuprodukt (i=1)	Eines der übrigen Angebote (i=2)
Wahl beim letzten Kauf der Produktart	Neuprodukt (i′ = 1)	p_{11}	p_{12}
	Eines der übrigen Angebote (i′ = 2)	p_{21}	p_{22}

Abb. 7.16: Ausgangssituation und Übergangswahrscheinlichkeiten $p_{i'i}$ für den Markow-Prozeß zur Bestimmung der Wiederholungskaufrate

$$q_1 = q_1 \cdot p_{11} + q_2 \cdot p_{21}$$

$$q_2 = q_1 \cdot p_{12} + q_2 \cdot p_{22}$$

Bestimmt man nun

$$q_1 = \frac{p_{21}}{1 - p_{11}} q_2 = \frac{p_{21}}{1 - p_{11}} (1 - q_1)$$

so erhält man

$$q_1 = \frac{p_{21}}{1 + p_{21} - p_{11}}$$

Die Daten für diese Schätzung der Wiederkaufrate sollen wie folgt ermittelt werden: p_{11} ist der Anteil derjenigen, die nach dem Erwerb des Neuprodukts eine weitere Bestellung aufgeben; p_{21} wird entweder unmittelbar beobachtet oder aus dem Modell der Präferenzbestimmung übernommen.

(3) Die Wiederholungskaufrate wird aufgrund von Präferenz- und Nutzenurteilen über Produkte ermittelt. Die Präferenzurteile können nach einem der oben geschilderten Verfahren (Abschn. 2 oder 5) ermittelt werden. Es sei U_{ki} ein Präferenzwert des potentiellen Käufers k für das i-te Produkt. Dann kann die Kaufwahrscheinlichkeit P_{ki} aus

$$P_{ki} = \frac{U_{ki}^{b_0}}{\sum_{i=1}^{I_k} U_{ki}^{b_0}}$$

mit der dem k-ten Befragten bekannten Menge von Produkten i = 1, 2, ..., I_k und mit dem Parameter $b_0 > 0$ ermittelt werden. Dieser Zusammenhang wird von Luce (für $b_0 = 1$) axiomatisch begründet, allerdings - wie schon oben (Abschn. 5) erwähnt - in letzter Zeit auch kritisiert und durch andere Ansätze von "choice models" ersetzt; er ist uns bereits vom Produktpositionierungsproblem (Abschn. 5.4) her bekannt. Der produktklassenspezifische Schätzwert von b_0 kann zunächst aus der Beobachtung vor Konfrontation mit dem neuen Produkt oder Informationen über das Produkt gewonnen werden. Bleibt b_0 von der Neuprodukteinführung unberührt, so kann die Kaufwahrscheinlichkeit für ein neues Produkt $\hat{i}$ nach seiner Benutzung aus

$$P_{k\hat{i}} = \frac{U_{k\hat{i}}^{\,b_0}}{\sum_{i=1}^{I_k} U_{ki}^{\,b_0} + U_{k\hat{i}}^{\,b_0}}$$

ermittelt werden.

Der Marktanteil des neuen Produkts in einem Markt mit k = 1, 2, ..., K potentiellen Käufern mit etwa gleichem Nachfragevolumen für die Produktart in einer Periode wird bestimmt nach:

$$\text{Marktanteil des Neuprodukts} = \frac{b_1}{K} \cdot \sum_{k=1}^{K} P_{k\hat{i}} \, .$$

Die Größe b_1 gibt den Anteil derjenigen wieder, die das neue Produkt in die Menge der ihnen bekannten Kaufalternativen aufnehmen. Die Schätzung von b_1 soll aus der ungestützten Markenerinnerung abgeleitet werden. Durch diese Korrektur wird die Testmarktsimulatorensituation, in der für alle Personen die Konfrontation mit der Marke erfolgt, der Realität angenähert.

Die Varianten von Testmarktsimulatoren unterscheiden sich in Details der experimentellen Gestaltung, den Methoden zur Bestimmung von Erst- und Wiederholungskäufern sowie den berücksichtigten Einflußgrößen auf Präferenzen, Wahrnehmungen, Kaufbereitschaft, die kausal mit den beobachteten Käufen verknüpft sind (Silk, Urban [Evaluation]; Blattberg, Golanty [Tracker]; Erichson [Tesi]).

Eine grundsätzliche *Problematik* liegt darin, daß ein *Einfluß eines neuen Produkts auf die Gesamtmarktentwicklung ausgeschlossen* wird. Das ist aber keineswegs generell anzunehmen. Mason [Product] stellt für etablierte Märkte, in die neue Produkte eingeführt werden, ein Modell dar, in dem überdurchschnittlich attraktive Produkte die gesamte Nachfrage ausweiten, unterdurchschnittlich attraktive Produkte diese schrumpfen lassen. Diese Effekte folgen einer logistischen Funktion. Damit wird erkennbar, daß die erfolgreiche Markteinführung neuer Produkte eben nicht allein auf die Verdrängung von Wettbewerbern bei gegebenem Marktvolumen ausgerichtet sein kann. Sie kann sich auf die Steigerung des Marktvolumens richten, was bei geeigneter Modellformulierung sogar dazu führen kann, daß alle Wettbewerber einen Mehrabsatz erfahren, wenn ein neuer in den Markt eintritt.

Testmarktsimulator-Modelle sind in jüngster Zeit *auf langlebige Gebrauchsgüter*, wie Autos, *ausgedehnt* worden (Urban, Hauser, Roberts [Forecasting]). Dabei ist vor allem der komplizierte Informations- und Kommunikationsprozeß dieses Typs von Kaufprozessen zu modellieren und zu schätzen. Für innovative Produkte wird versucht, *die künftige Umwelt der Kaufentscheidung* ebenso wie die kaufrelevanten Eigenschaften des neuen Produkts durch "information acceleration" (Kapitel 7.2) glaubwürdig *erlebbar* zu *machen*. Damit wird deutlich, daß im Laufe der Zeit die Prognosemodelle realistischer gestaltet wurden, indem auf neue Meßkonzepte und Erkenntnisse der Marketingtheorie zurückgegriffen wurde. Die Verschiedenheit der Fragestellungen und der Bedingungen, unter denen eine Datengewinnung möglich ist, lassen die Modellauswahl zu einem Entscheidungsproblem werden, das nur durch ein detailliertes Studium der Modelle selbst und der mit ihnen gewonnenen Anwendungserfahrungen gelöst werden kann.

Die Marktanteilsschätzungen für den Gesamtmarkt werden im Rahmen von Entscheidungsmodellen benutzt, die über den Zielerfüllungsgrad der Produkteinführung oder -variation Aufschluß geben sollen. Der Aufbau der Entscheidungsmodelle sollte grundsätzlich den Kapitalwertmodellen entsprechen (vgl. Sabel [Produktpolitik] 164f.), wie sie aus der Investitionstheorie bekannt sind. Die den Erlösprognosen inhärente Ungewißheit kann u. U. auch vom Umfang des Markttests abhängen. Wenn durch Variation des Testumfangs die Verteilungsschätzung für den Marktanteil eines neuen Produktes verbessert werden kann, so kann unter Berücksichtigung der Testkosten und einer Verlustfunktion für eine Fehlentscheidung der optimale Umfang des Markttests ermittelt werden (Conrad [Sampling]). Diesem Ansatz liegt allerdings eine einfache break-even-Betrachtung zugrunde. Wir gehen nicht weiter auf ihn ein.

Auf der Grundlage bestimmter Verhaltensannahmen und Beobachtungen werden im Testmarkt Schätzungen für Marktanteile ermittelt, die auf Erst- und Wiederholungskaufraten zurückgehen. Sie dienen der Prognose des Produkterfolgs.

7.5 Entscheidung über den Einsatz von Tests

Wir haben gesehen, daß es verschiedene Arten von Produkttests gibt. Urban und Hauser ([Design] 50 ff.) zeigen die hohen Erfolgspotentiale von Testmärkten. Gleichwohl wird man diese Hinweise nicht als Regel für die generelle Anwendung von Testmarktsimulatoren interpretieren wollen. Idealerweise ist in einer Entscheidungsrechnung zu prüfen, ob ein Test (und gegebenenfalls auch welcher) durchgeführt werden soll. Hier wird das Grundmodell für die Vorbereitung dieser Entscheidung dargestellt. Zu diesem Modell existiert eine Fülle von Erweiterungen.

Das *Grundmodell* beruht auf der sogenannten *Bayes-Formel*. Es wurde von J. Marschak [Theory] entwickelt. Es wird heute zu den Standardinstrumenten der Entscheidungsvorbereitung gerechnet. Für die Produktpolitik sind schon früh Anwendungsvorschläge vorgelegt worden (vgl. Bass [Expenditures] und Kritik dazu von Berndt [Anwendungsmöglichkeiten] oder Beattie [Product]).

Zunächst sei angenommen, daß vor Eintritt in die Testphase *ein* Produkt-Prototyp den Entwicklungsbereich verlassen habe. Alternativ zur Einführung am Gesamtmarkt werde auf die Markteinführung verzichtet. Damit sind zwei Handlungsalternativen (a_1, a_2) für Sachentscheidungen bekannt ($A = \{a_1, a_2\}$). Die Indexmenge der Alternativen sei I, mit $i \in I$. Außerdem können drei verschiedene Umweltkonstellationen erwartet werden: ein hoher Marktanteil (s_1), ein mittlerer Marktanteil (s_2) und ein kleiner Marktanteil (s_3), $S = \{ s_1, s_2, s_3\}$. Die Indexmenge der Umweltkonstellationen sei Q mit $q \in Q$. Dafür werden Wahrscheinlichkeiten $p(s_q)$, $s_q \in S$, geschätzt. Es gelte $p(s_q) \geq 0$ und

$\sum_{q \in Q} p(s_q) = 1$. Aus dem vermuteten Zusammentreffen einer Handlungsalternative $a_i \in A$ mit einer Umweltkonstellation $s_q \in S$ könne auf einen erwarteten Zielfunktionsbeitrag (z. B. Gewinn) von y_{iq} geschlossen werden. Die Situation wird in einer Entscheidungsmatrix (Tab. 7.2) abgebildet und mit Beispielswerten versehen.

Mit diesen Kenntnissen läßt sich für jedes $a_i \in A$ ein Zielerwartungswert nach der Formel

$$\text{Zielerwartungswert}_i = \sum_{q \in Q} p(s_q) \cdot y_{iq}$$

Tab. 7.2: Entscheidungsmatrix

	$p(s_1) = 0{,}1$ $s_1 = 20\%$	$p(s_2) = 0{,}7$ $s_2 = 15\%$	$p(s_3) = 0{,}2$ $s_3 = 8\%$	Erwartungswert
a_1: Einführung	$y_{11} = 10$	$y_{12} = 6$	$y_{13} = -8$	3,6
a_2: keine Einführung	$y_{21} = 0$	$y_{22} = 0$	$y_{23} = 0$	0

errechnen. Er ist ebenfalls aus Tab. 7.2 abzulesen. Ein risikoneutraler Entscheidungsträger wird im Beispiel die Alternative a_1 auswählen, allgemein diejenige, für die der Zielerwartungswert maximal ist:

$$\text{Wähle } a_{i^*} \in A \text{, so daß } EZ := \sum_{q \in Q} p(s_q)\, y_{i^*q} = \max_{i \in I} \left\{ \sum_{q \in Q} p(s_q)\, y_{iq} \right\}$$

Nehmen wir nun an, daß eine Informationsmöglichkeit bestehe, die die zukünftigen Marktanteile *sicher* erkennen lasse. Es fragt sich, welchen Wert eine solche Information hätte. Wären keine Informationskosten zu berücksichtigen, so bildete dieser Wert die Obergrenze des Wertes aller in der Realität vorkommenden unvollkommenen Informationsmöglichkeiten. Der gesuchte Wert läßt sich nach der Überlegung ermitteln, daß bei Kenntnis des Eintritts von $s_q \in S$ jeweils $\max_{i \in I} \{y_{iq}\}$ zur Auswahl der optimalen Sachentscheidung herangezogen würde. Unter der Erwartung wiederholten Durchspielens der Entscheidungssituation ergibt sich der

$$\text{Zielerwartungswert vollkommener Information} = \sum_{q \in Q} p(s_q) \cdot \max_{i \in I} \{y_{iq}\}\ ,$$

der in unserem Beispiel 5,2 ausmacht. Der Wert der vollkommenen Information beträgt also 1,6. Würden die Kosten der Information diesen Wert übersteigen, so sollte ohne ihre Beschaffung entschieden werden. Damit müßte im Zustand s_3 die Möglichkeit einer Fehlentscheidung (a_1 statt a_2) in Kauf genommen werden, deren Vermeidung gerade den Wert der vollkommenen Information ausmacht.

Wir nehmen nun an, daß ein Markttest möglich ist, durch den keine Zeitverzögerungen eintreten (dazu Berndt [Modelle]). In ihm solle die Kaufbereitschaft auf einer vierstufigen Skala $B = \{b_1, ..., b_k, ..., b_4\}$, (allgemeiner sei $k \in K$, wobei K die Indexmenge für die Elemente B bezeichnet) ermittelt werden. Es ist zu vermuten, daß die bedingten Wahrscheinlichkeiten $p(b_k | s_q)$, $b_k \in B$, $s_1 \in S$, geschätzt werden können. Man nennt sie Likelihoods für das Informationsergebnis b_k unter der Hypothese, daß der Umweltzustand s_q eintritt. Numerische Beispielswerte enthält die Tab. 7.3. Wenn also der Umweltzustand s_2 ist, so wird mit der Wahrscheinlichkeit 0,4 auf dem Testmarkt eine Kaufbereitschaft von b_2 festgestellt.

Tab. 7.3: Schätzungen für Likelihoods $p(b_k|s_q)$

	s_1	s_2	s_3
b_1	0,4	0,3	0,1
b_2	0,3	0,4	0,1
b_3	0,2	0,2	0,2
b_4	0,1	0,1	0,6

Nun können die den alternativ möglichen Feststellungen der Kaufbereitschaft auf den Testmärkten entsprechenden bedingten a posteriori-Wahrscheinlichkeiten für die Umweltkonstellationen $p(s_q|b_k)$ nach dem *Theorem von Bayes* errechnet werden:

$$p(s_q|b_k) = \frac{p(b_k|s_q) \cdot p(s_q)}{\sum\limits_{q \in Q} p(b_k|s_q) \cdot p(s_q)} = \frac{p(b_k|s_q) \cdot p(s_q)}{p(b_k)}$$

Für unsere Beispielswerte ermittelten wir:

$p(s_1|b_1) = 0{,}1481$ $p(s_2|b_1) = 0{,}7778$ $p(s_3|b_1) = 0{,}0741$

$p(s_1|b_2) = 0{,}0909$ $p(s_2|b_2) = 0{,}8485$ $p(s_3|b_2) = 0{,}0606$

$p(s_1|b_3) = 0{,}1000$ $p(s_2|b_3) = 0{,}7000$ $p(s_3|b_3) = 0{,}2000$

$p(s_1|b_4) = 0{,}0500$ $p(s_2|b_4) = 0{,}3500$ $p(s_3|b_4) = 0{,}6000$

Der Wert der Testmarkt-Information kann zunächst unter der Annahme ermittelt werden, daß eine bestimmte Kaufbereitschaft festgestellt wird. In diesem Fall ist jeweils

$$\max_{i \in I} \left\{ \sum_{q \in Q} p(s_q|b_k) \cdot y_{iq} \right\}$$

zu berechnen und die zulässige Alternative auszuwählen. Da im Entscheidungszeitpunkt die tatsächlich festgestellte Kaufbereitschaft noch unbekannt ist, muß aus den zuletzt ermittelten Werten durch Gewichtung mit den Eintreffwahrscheinlichkeiten

$$\sum_{q \in Q} p(b_k|s_q) \cdot p(s_q)$$

der Bruttowert der Testmarktinformation

$$ET := \sum_{k \in K} \left\{ \left(\sum_{q \in Q} p(b_k | s_q) \cdot p(s_q) \right) \cdot \max_{i \in I} \left(\sum_{q \in Q} p(s_q | b_k) \cdot y_{iq} \right) \right\}$$

gebildet werden. Im Beispiel wird dafür 4,04 ermittelt. Der Wert der Testmarktinformation ist 4,04 - 3,6 = 0,44 oder

$$ET - EZ \geq 0.$$

Es kann gezeigt werden, daß diese Beziehung dann als Ungleichung gilt, wenn die optimale Auswahl einer Handlungsalternative vom Ergebnis der Informationsbeschaffung abhängt. Im anderen Fall gilt das Gleichheitszeichen, d. h. der Markttest erweist sich als überflüssig. Werden nun die Kosten des Markttests in die Überlegungen einbezogen, so bleibt die bisher ermittelte Empfehlung für die Einschaltung des Markttests erhalten, so lange die Kosten den Wert 0,44 nicht übersteigen.

Das Grundmodell kann auf verschiedene Weise, z. B. auch als Entscheidungsbaum oder - mit der Chance, bei der Analyse Rechenarbeit zu sparen - als Zustandsbaum (Laux [Grundfragen] 58 ff.) dargestellt werden. Das Modell kann auch in verschiedener Weise erweitert werden. So kann etwa die Entscheidung zwischen den alternativen Informationsgewinnungs-Konzepten $h \in H$ durch

$$\max_h \{ET_h - EZ\}$$

herbeigeführt werden. Außerdem können Konzepte mehrstufiger Informationsgewinnung berücksichtigt werden. Soll schließlich die Annahme der Risikoneutralität aufgehoben werden, so müssen die Werte y_{iq} in Risikonutzen-Werte transformiert werden, bevor sie in die Rechnung eingehen. Der dargestellte Ansatz kann auch zur Vorbereitung anderer Entscheidungssituationen eingesetzt werden, in denen Informationen zu a posteriori-Wahrscheinlichkeiten zu verarbeiten sind. Ein Beispiel für die Beurteilung von Produktalternativen zeigen Reinmuth und Hawkins [Selection].

Es wird darauf hingewiesen, daß der Anwendung des Konzepts der Bayesschen Analyse auch Barrieren entgegenstehen. Sie resultieren einerseits aus der Unfähigkeit und aus der Unwilligkeit zur Abgabe von Wahrscheinlichkeitsschätzungen. Unfähigkeit kann durch theoretische oder inhaltliche Unkenntnis begründet sein, Unwilligkeit durch die Furcht vor Schätzungen und ihren Folgen. Beides kann durch Schulung beeinflußt werden. Weiterhin könnten die Kosten und Zeitbedarfe einer so intensiven Entscheidungsvorbereitung abschreckend wirken, insbesondere wenn die Akzeptanz der Ergebnisse in Zweifel gezogen wird, was wieder auf Unkenntnis zurückgehen kann (Assmus [Bayesian Analysis]). Dazu ist der Hinweis wichtig, daß die Bayessche Analyse durch Software für PC unterstützt werden kann. Im Programm TESTER ist es dabei auch möglich, eine risikoscheue Einstellung der Entscheidungsträger oder systematische Fehler der zu beurteilenden Testmarktergebnisse zu berücksichtigen (Chatterjee et al. [Approach]).

> *Die Bayes-Analyse ist ein geeignetes Instrument zur Abschätzung des Informationswertes von Tests. Sie ermöglicht damit eine Entscheidung über den Einsatz von Tests unter Beachtung ihrer Kosten.*

Aufgaben zu Abschnitt 7

Aufgabe 7.1

Ein neuer Freizeitartikel konnte vor allem bei jüngeren, alleinstehenden Personen in Mittelstädten und ihrer Umgebung Kaufinteresse auslösen. Allerdings kommt nur eine Einführung im "alten" Bundesgebiet in Frage. Außerdem glauben Sie, daß in Gebieten mit relativ hohem Einzelhandelsumsatz pro Kopf der Bevölkerung eine leichtere Markteinführung gelingt als in Gebieten mit niedriger Ausprägung dieses Merkmals. Um Testmärkte auszuwählen und um zu erfahren, welche Gebiete sich hinsichtlich der die Absatzerwartungen mitbestimmenden Merkmale als ähnlich erweisen, sollen Sie eine Klassifikations- oder Clusteranalyse durchführen. Sie werden mit metrischen Daten arbeiten, so daß das Verfahren von Ward herangezogen werden kann. Die Daten werden standardisiert, um zu vermeiden, daß allein die Mehrdimensionen verschiedener Merkmale das Ergebnis bestimmen. Wegen der erwarteten Ausstrahlungseffekte der Städte entschließen Sie sich, die Daten aus 30 Regierungsbezirken bzw. Bundesländern zur Grundlage Ihrer Untersuchung zu machen. Als Quelle werden die GfK-Basiszahlen zur Berechnung regionaler Absatzkennziffern verwendet. Die benutzten Merkmale werden in der folgenden Tabelle der Ausgangsdaten angegeben.

Region	Lfd. Nr.	Umsatz-Kennzahl	Anteil der 1-Personen-Haushalte	Anteil der 6 - 30jährigen	Anteil der Bevölkerung in Mittelstädten
SHOL	1	104,200	0,264	0,229	0,274
HH	2	148,400	0,371	0,181	0,000
HB	3	134,800	0,277	0,189	0,000
BS	4	100,400	0,277	0,198	0,268
H	5	100,900	0,281	0,186	0,332
LG	6	85,300	0,213	0,188	0,312
WEMS	7	88,500	0,199	0,198	0,290
D	8	118,100	0,265	0,191	0,244
K	9	106,600	0,262	0,206	0,408
MS	10	94,600	0,212	0,212	0,465
DETM	11	100,800	0,224	0,190	0,438
ARNS	12	101,000	0,235	0,194	0,382
DARM	13	102,000	0,272	0,201	0,236
KS	14	90,400	0,232	0,199	0,174
KOBL	15	89,600	0,199	0,196	0,158
TRIE	16	92,000	0,172	0,201	0,209
RHHE	17	95,900	0,230	0,206	0,201
S	18	90,700	0,263	0,197	0,339
KARL	19	101,400	0,279	0,208	0,164
FREI	20	89,800	0,249	0,210	0,300
TUEB	21	81,700	0,241	0,211	0,395
OBAY	22	97,000	0,320	0,206	0,081
NBAY	23	71,900	0,201	0,200	0,178
OPFA	24	73,600	0,216	0,209	0,145
OFRA	25	75,500	0,232	0,188	0,279
MFRA	26	95,200	0,260	0,200	0,114
UFRA	27	81,200	0,210	0,212	0,111
SWAB	28	88,000	0,236	0,193	0,129
SAAR	29	99,200	0,216	0,211	0,371
B	30	129,200	0,462	0,175	0,000
BRD	31	100,000	0,266	0,198	0,250

Quelle: GfK-Basiszahlen zur Berechnung regionaler Absatzkennziffern.

Zwischen den Merkmalen bestehen die folgenden Korrelationen:

Merkmal	1	2	3
1	0,7145		
2	-0,4200	-0,4331	
3	-0,3598	-0,4689	0,2985

Das Dendrogramm wird in der folgenden Abbildung angegeben.

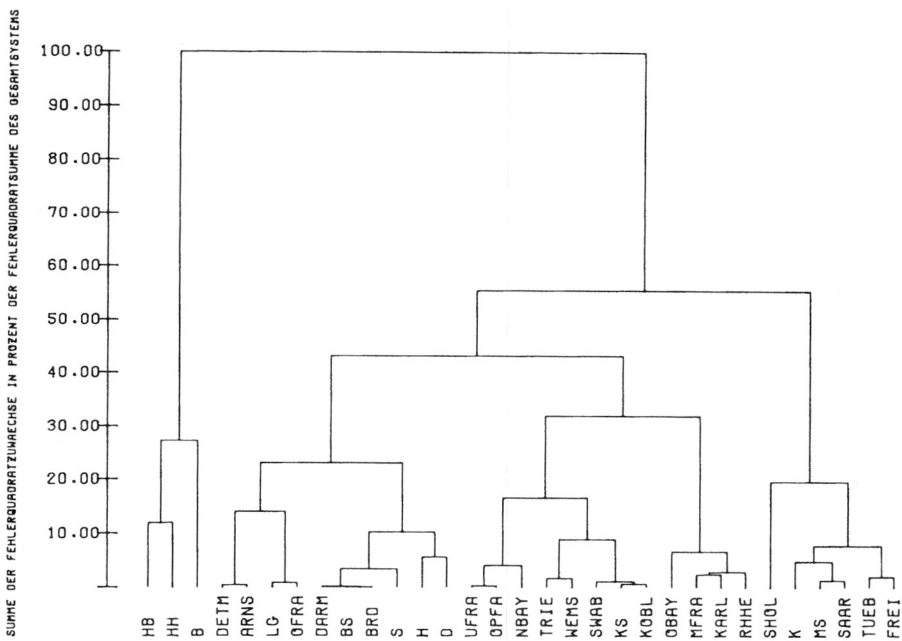

Merkmale für eine Testmarktauswahl durch Klassifikationsanalyse nach dem Verfahren von Ward (Programm KDIAD von F. Vogel und H. Forst, benutzt mit Genehmigung)

(a) Welche Bedeutung können die Werte der Korrelationsmatrix für die Ergebnisse der Klassifikation haben?

(b) Interpretieren Sie das Dendrogramm.

(c) Wählen Sie Testmärkte aus und begründen Sie die Auswahl.

(d) Welche Gründe sprechen für oder gegen Berlin als Testmarkt?

(e) Bezeichnen Sie fünf Klassen untereinander ähnlicher Regionen.

Bemerkungen: Die Umsatzkennziffer gibt den relativen Wert des Umsatzes je Einwohner der Region bezogen auf den Bundesdurchschnitt an, der auf 100 normiert ist. Mittelstädte sind solche mit 20000 bis 100000 Einwohnern. Die Abkürzungen der Regionen werden auch im Dendrogramm wieder verwendet. BRD steht für Bundesrepublik Deutschland.

Aufgabe 7.2

Zwei Varianten eines neuen Klebstoffes haben nach Meinung ihres Herstellers bessere Anwendungseigenschaften als ein bereits eingeführtes Produkt. Der Kleber soll Hausfrauen, Hobbywerkern und Sekretärinnen angeboten werden. Der Hersteller bittet um den Entwurf eines experimentellen Designs, durch das erkennbar werden soll, welcher der Kleber als "besser" erkannt wird. Unterbreiten Sie Vorschläge und begründen Sie diese, ohne eventuell gravierende Nachteile zu verschweigen. Ergebnisse einer eventuellen Studie sollen allerdings schnell verfügbar werden, um eine geeignete Werbekonzeption noch vor der in neun Monaten geplanten Produkteinführung zu entwickeln.

(Eine Lösung ist angegeben.)

Aufgabe 7.3

Seit 1968 veranstaltet die Firma D. Yankelovich (heute: Yankelovich, Skelly and White) neben politischen Meinungsumfragen in New Jersey und an anderen Orten Labor-Testmärkte nach dem im folgenden geschilderten Muster. Gruppen von etwa 30 Verbrauchern, die nach dem Quotenverfahren ausgewählt werden, besuchen einen Vorführraum und füllen dort unter Anleitung einen Fragebogen aus, der persönliche Daten betrifft.

Anschließend wird ihnen ein Fernsehprogramm mit eingestreuter Werbung vorgeführt. Diese Werbung muß nicht auf den Testgegenstand beschränkt sein. In kleineren Gruppen erhalten die Teilnehmer dann, versehen mit einem Geldbetrag, der etwa ein Viertel des Kaufpreises des getesteten Produktes ausmacht, Gelegenheit zum Einkauf in einem Selbstbedienungsgeschäft. Sie können beliebige Produkte einer Produktgruppe kaufen oder auf den Kauf verzichten. Der Einsatz eigenen Geldes soll die Entscheidung und die Produktbeurteilung realistischer machen. Es folgen dann Diskussionen in kleinen Gruppen, die Kauf- oder Nichtkaufgründe erhellen sollen. Später wird ein nicht angekündigtes Telefoninterview geführt, gegebenenfalls auch mit dem Angebot zum erneuten Kauf des Produktes. Die gesamte Testdurchführung soll in der Regel zwölf bis 14 Wochen umfassen.

(a) Entwickeln Sie die Testanordnung.

(b) Identifizieren Sie mögliche Störungen von Reliabilität und Validität.

(c) Beurteilen Sie die Vorgehensweise im Vergleich zum Testmarkt im Feld.

Aufgabe 7.4

Für ein Produkt wird ein Anteil von 10% Erstkäufern in Frankfurt und München festgestellt. Der Grenzwert für die überhaupt erreichbaren Erstkäufer liegt bei 22%.

(a) Ermitteln Sie die kumulativen Erstkäuferanteile für drei, fünf und zehn Perioden.

(b) Nehmen Sie kritisch zu dem Ansatz Stellung.

(c) Schlagen Sie ein Hochrechnungsverfahren vor und schildern Sie die Vor- und Nachteile des vorgeschlagenen Verfahrens.

Aufgabe 7.5

Benutzen Sie die Daten aus der Aufgabe 7.4 und die Wiederkaufraten $R_1 = 0{,}7$, $R_2 = 0{,}5$, $R_3 = 0{,}4$, um die Gesamtkaufentwicklung nach Fourt und Woodlock zu ermitteln.

Aufgabe 7.6

Der Grenzwert der Wiederkaufrate sei 0,3 und der Grenzwert der relativen Kaufintensität betrage 0,8.

(a) Errechnen Sie den langfristigen Marktanteil nach Parfitt und Collins.

(b) Welche Überlegungen sprechen gegen die Verwendung des Ergebnisses, wenn die Daten im Testmarkt, im Labortest, in den ersten Wochen einer Produkteinführung am nationalen Markt gewonnen wurden? Ist Ihre Argumentation von der Art des Produktes abhängig?

Aufgabe 7.7

Außer dem im Abschn. 7 des Textes vorgesehenen Markttest (Tab. 7.3) wird die Veranstaltung eines Mini-Testmarkts angeboten. Während der Markttest Aufwendungen von 0,4 erfordert, soll der Mini-Testmarkt nur 0,05 Geldeinheiten kosten. Er weist die Kaufbereitschaft auch nur auf einer zweistufigen Skala (hoch und niedrig) aus. Die anbietende Agentur kann für ähnliche Fälle folgende Likelihoods belegen:

	s_1	s_2	s_3
b_1 (hohe Kaufbereitschaft)	0,7	0,8	0,2
b_2 (niedrige Kaufbereitschaft)	0,3	0,2	0,8

(a) Berechnen Sie den Bruttowert der Mini-Testmarkt-Information.

(b) Bestimmen Sie, welche Testinstrumente eingesetzt werden sollen.

(c) Überlegen Sie, welche zusätzlichen Argumente die Auswahl bestimmen können.

(Eine Lösung ist angegeben.)

Aufgabe 7.8

Einem erfindungsreichen Ingenieur ist in Zusammenarbeit mit einem Arzt die Entwicklung eines neuen medizinischen Diagnosegeräts gelungen. Ob sich das Gerät durchsetzt oder nicht, schätzen die beiden Partner mit $p(s_1) = p(s_2) = 0,5$ ein. Nach Beratung mit ihren Hausbanken kommen sie zu dem Ergebnis, daß im Falle der Durchsetzung mit einem Kapitalwert von $y_{11} = 10$ Millionen DM zu rechnen ist; schlägt die Durchsetzung fehl, würden allerdings $y_{12} = -8$ Millionen DM zu kalkulieren sein. Verzichten beide ganz auf das Projekt, so wird sich $y_{21} = y_{22} = 0$ einstellen. Es scheint verständlich, daß die beiden Erfinder ebenso wie ihre Geldgeber zunächst durch weitere Marktuntersuchungen testen wollen, ob sich die Erkenntnisse über die Wahrscheinlichkeit der Durchsetzung der Erfindung besser angeben lassen. Da das Gerät unmittelbar an Haushalte vertrieben werden kann, kommen für die beiden Erfinder entweder Produkttests mit Erprobung im Haushalt zu 16.000 - 20.000 DM oder ein Testmarkt (4-6 Monate) zu 160.000 - 240.000 DM in Frage.

Gespräche mit einem Institut führen zu der Empfehlung, entweder einen Test durch Erprobung im Haushalt oder durch Veranstaltung eines Testmarkts durchzuführen. Er wird darüber Auskunft geben, ob Kaufbereitschaft besteht (b_1) oder nicht (b_2). Mit den folgenden bedingten Wahrscheinlichkeiten kann gerechnet werden:

Für den Testmarkt: $p(b_1|s_1) = 0,8$; $p(b_1|s_2) = 0,6$.

Für die Erprobung im Haushalt: $p(b_1|s_1) = 0,6$; $p(b_1|s_2) = 0,3$.

(a) Stellen Sie den Wert einer perfekten Information über die Durchsetzbarkeit des Geräts am Markt fest.

(b) Prüfen Sie, ob ein Testinstrument eingesetzt werden soll.

(c) Welches Testinstrument soll ausgewählt werden, wenn nach der Beantwortung von (b) der Eindruck besteht, daß beide Instrumente ausgewählt werden könnten?

Aufgabe 7.9

In der Literatur werden folgende Befürchtungen geäußert:
"Asking laymen whether they prefer metal to ceramic engines is likely to 'prove' that metal engines are the wave of the future. In fact, that may be false" (Foster [Call] 16). "Consumers may know what their needs are, but they often define those needs in terms of existing products ..." (Hayes, Abernathy [Managing] 71).

Entwickeln Sie Vorschläge für die Gestaltung von Produkttests, die diesen Befürchtungen Rechnung tragen.

8. Markteinführung neuer Produkte

Ist die Produktentwicklung so weit fortgeschritten, daß mit ihrem erfolgreichen Abschluß gerechnet werden kann, so ist über die Markteinführung des Produktes zu entscheiden. In diesem Zusammenhang ist eine Fülle von Fragen zu beantworten, die rechtliche Aspekte, Standorte, Klärungen von Produktions-, Distributions-, Kommunikationsmöglichkeiten usw. betreffen. Es ist nicht beabsichtigt, diese hier auch nur in einem Überblick darzustellen. Wind ([Product] 178) hat dies unternommen, wobei verdeutlicht wird, daß gegenwärtige und erwartete Einstellungen und Verhaltensweisen von Zulieferern, Wettbewerbern, Handelsorganisationen, gegenwärtigen und künftigen Kunden einen unmittelbaren Einfluß auf die Entscheidungsträger produktpolitischer Entscheidungen ausüben. Sowohl unmittelbare als auch über die übergeordnete Organisation eines Unternehmens, seiner Ziele und Beschränkungen mittelbar wirkende Einflüsse gehen von der Unternehmensumwelt aus: der nahen Umwelt von Aufsichtsgremien und der ferneren Umwelt der gegenwärtigen sowie erwarteten ökonomischen, politischen, rechtlichen, soziokulturellen, wissenschaftlich-technischen und ökologischen Bedingungen. Das schließlich entstehende Produkt kann auch auf alle diese Einflußnehmer zurückwirken, insbesondere, wenn es sich um eine radikale Innovation handelt, mit der neue Märkte entstehen.

Wenn hier die *Markteinführung* neuer Produkte als punktuelles Ereignis betrachtet wird, so sollte doch nicht übersehen werden, daß sie erst als *Bestandteil einer* auf Erfolgsfaktoren aufbauenden *Strategie* und unter Berücksichtigung der jeweiligen Umweltkonstellationen zu Gewinnen führt. Auch wenn eine solche Strategie nicht bewußt entwickelt wird, müssen doch ihre wichtigsten Elemente vorhanden sein, um Erfolge zu begründen.

In diesem Sinne gibt die Entwicklung der "Gesellschaft für Linde's Eismaschinen AG" (vgl. Abb. 8.1) ein instruktives Beispiel. Ein Bedürfnis, vorteilhafte Umwelt- und Marktbedingungen, schlanke Organisation und Berücksichtigung des Mißtrauens in die neue Technik sowie ihrer Finanzierbarkeit durch geeignete Marketingmaßnahmen kennzeichnen die erfolgreichen ersten Jahre des Unternehmens. Kontinuierliche Innovation und Aufbau eines zweiten Kompetenzbereichs sichern es in der Folgezeit. Ähnliche Abläufe können zweifellos auch bei anderen Unternehmen beobachtet werden. Wo aber wesentliche Strategie-Elemente fehlen, treten eher Mißerfolge auf.

1870	C. Linde, Professor in München, beginnt aufgrund eines Preisausschreibens mit Arbeiten über Kältetechnik. Später tritt er in Kontakt mit Brauereien, die einen Bedarf an zuverlässigen, von klimabedingten Schwankungen des Natureisangebotes unabhängigen Möglichkeiten der Kühlung haben.
1876	Erfindung des Lindeschen Kühlsystems mit Ammoniak.
1879	Gründung der Gesellschaft für Linde's Eismaschinen A.G. Wiesbaden • „auf dem von ihr selbst geschaffenen Arbeitsgebiet fast ohne Wettbewerb", • 1883 und 1884: milde Winter machen vielen Brauereien eine ausreichende Natureisernte unmöglich, • „schlanke Organisation": das Unternehmen läßt bei einigen der „größten und besten Maschinenfabriken" seine meist kundenspezifisch konstruierten Anlagen bauen, • Errichtung von Eiswerken - als Demonstrationsobjekte für interessierte Kunden - ermöglicht den Kunden die Nutzung des Produktes entsprechend der Nachfrageentwicklung ohne hohe Investitionsausgaben - die schon bald verkauft werden, weil sich das Kernprodukt durchsetzt und sich das Unternehmen damit auf seine Kernkompetenzen konzentriert.
1890 ff.	• Kühltechnik wird Allgemeingut, • Preisverfall, • Einführung von Verbesserungen, • Know-how-Transfer durch Auslandsbeteiligungen an Kühlhäusern und Eisfabriken, • wieder Bau von Kühlhäusern und Eisfabriken als Stabilisator für stark schwankende Investitionsgüternachfrage.
1895	Versuche mit Gasverflüssigung.
1904	Aufnahme des Geschäfts mit Gasverflüssigungsanlagen.

Abb. 8.1: Skizze einer Unternehmensstrategie mit Produkteinführungen (Linde [Entwicklung] 175 ff.)

Bei der Markteinführung sollte gesichert sein, daß die zu diesem Zeitpunkt erfolgversprechende Kombination von Eigenschaften und Eigenschaftsausprägungen erreicht wird. Andernfalls können Erst- und Wiederkaufentscheidungen gegen das Produkt getroffen werden. Um dies zu vermeiden, sind unter

Umständen auch geplante Markteinführungszeitpunkte zu verschieben. Aus der Automobilindustrie sind solche Verschiebungen als Folge von Qualitätsmängeln bei Prototypen oder "Null-Serien" bekannt (o. V. [Premiere]). Mit 101 Verschiebungsankündigungen aus der amerikanischen Investitionsgüterindustrie waren signifikante Einbußen des Börsenwertes der Unternehmen in Höhe von 5,25 % (Mittelwert; Median 2,10 %) verbunden (Hendricks, Singhal [Consequences]). Im folgenden wird von solchen Problemen abstrahiert.

Hier wollen wir uns auf grundlegende wirtschaftliche Entscheidungsprobleme konzentrieren. Sie richten sich darauf, wann zweckmäßigerweise eine produktpolitische Maßnahme, vor allem eine Produkteinführung, erfolgen sollte und nach welchem Kalkül über eine Produkteinführung zu entscheiden ist.

8.1 Produkteinführungszeitpunkt

Bevor ein Produkt physisch am Markt eingeführt wird, kann es psychisch eingeführt werden, indem der Hersteller eine "*Vorankündigung*" vornimmt (Preukschat [Vorankündigung]). So macht er das Produkt zum Gegenstand der Wahrnehmung sowie der Präferenzbildung. Allerdings sind mit der Entscheidung zur Vorankündigung, dem Detaillierungsgrad, der Auswahl des Zeitpunkts und der Medien schwierige Nutzen-Kosten-Abwägungen verbunden, die auch die Reaktionen der Wettbewerber und des Handels zu berücksichtigen haben. Einen Eindruck von den zu berücksichtigenden Nutzen und Kosten vermitteln die *Faktoren*, die in *zwei empirischen Untersuchungen* (in den USA: Eliashberg, Robertson [Product]; in Deutschland: Preukschat [Vorankündigung]) nachgewiesen wurden (Tab. 8.1). Soweit gleiche Faktoren untersucht wurden, zeigen die Untersuchungen bemerkenswerte Übereinstimmung. Die "Nutzenfaktoren" sind für die Diskriminierung vorangekündigter gegenüber nicht vorangekündigten Produkten von größerer Bedeutung als die "Kostenfaktoren". Einer dieser Faktoren betrifft nachteilige Wettbewerbsreaktionen.

Die Ankündigung neuer Produkte kann bei Wettbewerbern produktpolitische *Gegenmaßnahmen* auslösen. Nach einer Befragung in den USA ist dies bei etwa 13% der Wettbewerber zu erwarten; weitere 6% reagieren mit anderen Marketing-Instrumenten (Robertson, Eliashberg, Rymon [Announcement]).

Die spektakuläre Vorankündigung der Mercedes A-Klasse sollte frühe Aufmerksamkeit erzielen und die möglichen Kaufentscheidungen für Golf, Astra usw. beeinflussen. Die Ankündigung sollte aber auch nicht zu früh erfolgen, um den Produkteindruck aktuell und präsent zu halten (Pläcking [Kommunikation]).

Tab. 8.1: Nutzen- und Kosten-Faktoren, die die Entscheidung für eine Vorankündigung neuer Produkte beeinflussen

Faktor	Art	USA	BRD
Image-Verbesserung des Anbieters	N	x	-
Distributionsvorteil	N	x	x
Nachfrage-Anregung	N	x	x
Verminderung des Wettbewerbsdrucks	N	-	*
Beschleunigung der Diffusion	N	-	x
Gewinnung von Marketingforschungsinformation	N	-	x
Kannibalisierung	K	x	*
Nachteilige Wettbewerbs-Reaktionen	K	x	x
Unmöglichkeit, die Vorankündigung einzuhalten	K	x	x
Gefahr der Auslösung wettbewerbsrechtlicher Schritte (Antitrust)	K	x	-

N = Nutzenfaktor; K = Kostenfaktor; USA aus Eliashberg, Robertson [Product]; BRD aus Preukschat [Vorankündigung]; * nicht signifikant diskriminierender Faktor; x signifikant diskriminierender Faktor; - nicht untersuchter Faktor.

Über den *Zeitpunkt der physischen Produkteinführung* ist unter Berücksichtigung der Ziele für die Produktpolitik zu entscheiden. Dabei können *taktische und strategische Überlegungen* eine Rolle spielen. Unter taktischen Gesichtspunkten ist zum Beispiel zu entscheiden, zu welchem *Zeitpunkt innerhalb eines Jahres* eine Produkteinführung zweckmäßig ist, ob es beachtenswerte Saisoneffekte bei der Handelspräsentation gibt, auf welcher von verschiedenen Messen die erstmalige Präsentation erfolgen soll usw. Diesen Überlegungen wird hier nicht nachgegangen. Statt dessen befassen wir uns mit einigen Aspekten der strategischen Zeitplanung für Produkteinführungen.

Aus *strategischer* Sicht sind *unternehmensinterne und auf den Markt gerichtete Gesichtspunkte* zu berücksichtigen. Aus rein unternehmensinterner Sicht stellt die Gapanalyse eine einfache, normative Grundlage für die Entscheidung über späteste Zeitpunkte für Produkteinführungen, -variationen und -differenzierungen dar. Sie setzt eine Abschätzung der Zielbeiträge der produktpolitischen Maßnahmen bei Variation der Einführungszeitpunkte voraus. Darin liegt aber ein bedeutendes Prognoseproblem, da der Erfolg der eigenen absatzpolitischen Maßnahmen auch von den Maßnahmen des Wettbewerbs abhängt.

So war der "Berliner Verlag" veranlaßt, seine "Wochenpost" erstmals am 18.2.1993 (statt wie geplant am 4.3.1993) erscheinen zu lassen, weil der Hoffmann und Campe Verlag an diesem Tag erstmals "Die Woche" mit "vorgezogenem Erscheinungstermin" offerierte. Mit einer solchen erzwungenen Planrevision sind erhebliche Planungsprobleme und Aufwendungen verbunden, die offenbar mit erwarteten Erlöseinbußen bei Nichtreaktion gerechtfertigt werden müssen.

Symptomatisch für die mit der Bestimmung des Markteintrittszeitpunktes verbundenen Probleme sind auch die folgenden Beobachtungen über interaktive Compact Discs von Philips:

"Announced in 1985 and shipped only in 1991, CD-i was to offer a myriad of educational and entertainment possibilities as it transmitted text, images, and digital sound via compact disc (CD-ROM) to a TV screen. Philips had hoped CD-i would tap a huge market niche by proving to be a system more versatile than game players such as Nintendo's and Sega's but less expensive than computers.

But by the time CD-i hit the market, the niche it sought was vanishing. Consumers either opted for personal computers with CD-ROM capabilities, which offered more performance for the money, or simple game machines, which had better software and cost less. Now game machines, too, are adding CD-ROM drives. "Their potential market is being eaten at from both sides," says Dataquest Inc. multimedia analyst Bruce Ryon, who expects Philips to sell only 200,000 units this year, vs. Timmer's projected 700,000.

"The game is over [for Philips]," sniffs Satjiv Chahil, vice-president for new media at Apple Computer Inc., which has sold 3 million PCs with double-speed CD-ROM drives. "Their technology is dated, and the market has taken off in another direction." Philips says that it still sees a niche for CD-i. But bowing to the inevitable, it has started developing CD-ROM software for PCs.

"They may not be technologically behind, but they are unequivocally behind in bringing the technology to market," says Arthur Firester, director of display research at SRI International Inc.'s David Sarnoff Research Center in Princeton, N.J." (Edmondson et al. [Philips]).

Ein wesentliches Teilproblem liegt darin, *ob ein Anbieter Vorteile aus der erstmaligen Einführung eines Produktes am Markt ziehen kann*, das heißt, wenn er als Innovator oder Pionier auftritt, im Gegensatz zu den darauf zeitlich folgenden Imitatoren oder Folgern. Aus Plausibilitätsüberlegungen und Erfahrungen können spezifische Vor- und Nachteile der Übernahme der produktpolitischen Pionierrolle zusammengestellt werden (Abb. 8.2). Sie gelten entsprechend umgekehrt für die Imitatoren. Besonders die Lern- und Behaltenseffekte zugunsten des Pioniers bei Käufern und potentiellen Käufern beeinflussen ihr Kaufverhalten und damit den Produkterfolg (Kardes, Kalyanaram [Effects]; Alpert, Kamins [Brand]; Carpenter, Nakamoto [Reflections]). Da aber Pioniere nicht nur Vorteile aus Sicht der Käufer haben, können ihre Produkte auch Ablehnung auslösen, vor allem bei Innovationen, die auf risikoscheue Käufer treffen. Es ist daher nicht überraschend, daß es sowohl erfolgreiche als auch erfolglose Pioniere und Folger gibt. Dafür zeigt Abb. 8.3 einige Beispiele.

Vorteile	Nachteile
- Ausnutzung einer zeitweise monopolistischen Angebotssituation zur Erwirtschaftung hoher Produzentenrenten - Errichtung von Markteintrittsschranken, z. B. durch Aufbau eines zeitlich übertragbaren Produktimage, Prägung des Produktgattungsbegriffs durch den eigenen Markennamen. Einführung von Standards. Aufbau von Erfahrungen in der Produktverwendung usw. - Ausnutzung von Größenvorteilen (scale economics) - Aufbau von Produktionserfahrungen zur Senkung der Herstellkosten - Kontrolle knapper Inputfaktoren - Aufnahme von mehr Information und besserer Beurteilung von Pioniermarken im Vergleich zu Folgemarken (Lern- und Behaltenseffekte) - Besetzung von Distributionskanälen	- Große Schwierigkeiten bei der Abschätzung der Nachfragebedingungen - Notwendigkeit der Weckung der latenten Bedürfnisse - Auftreten von «Kinderkrankheiten» am neuen Produkt - Keine (oder nur beschränkte) Nutzung von Verwendererfahrungen - Keine Nutzung fremder Vorbilder zur Senkung eigener Entwicklungsaufwendungen

Abb. 8.2: Vor- und Nachteile eines Produktinnovators

Die Gegenüberstellungen der Abb. 8.2 und 8.3 lassen erkennen, daß generelle Aussagen, wonach entweder die Pionier- oder die Folgerrolle grundsätzlich vorteilhafter sei, nicht zutreffend sein können. Vielmehr sind die Bedingungen des Einzelfalles zu prüfen. Dies kann mit Hilfe theoretischer Modelle oder empirischer Untersuchungen geschehen.

Baldwin und Childs [Fast Second] haben zum Beispiel ein Gewinnmaximierungsmodell für Konkurrenten mit gleichen Kosten entwickelt, nach dem sich ableiten läßt, daß eine schnelle Imitation vorteilhafter sein kann als eine Innovation, wenn der Imitator eine schnelle Marktdurchdringung erreichen und einen hohen Ziel-Marktanteil durchsetzen kann. Die Situation eines Imitators mit reduzierten Entwicklungsaufwendungen gegenüber dem Innovator ist natürlich noch günstiger. Eine schnelle Marktdurchdringung kann vermutlich erreicht werden, wenn die Preise des Imitators ceteris paribus unter denen des Innovators liegen oder wenn die Produktqualität diejenige des Innovators übersteigt.

	Führer/Pionier	**Folger**
Erfolgreich	Minolta (Autofocus-Kleinbildkamera) Ferrero (Überraschungseier) Brita (Wasserfilter) Nintendo (Game Boy) Pilkington (Floatglas) Sony (Compact Disk) Searle (Nutrasweet Süßstoff) DuPont (Teflon) Procter & Gamble (Pampers)	IBM (Personal Computer) Intel (32 Bit-Mikroprozessor) Seiko (Quarzuhren) Matsushita (Videorecorder) Fischer (Dübel) Procter & Gamble (Höschenwindel)
Erfolglos	RC Cola (Diät-Cola) Hell (Telefax) Royal Crown (zuckerfreies Erfrischungs-getränk) Inse (Computer) Philips (Videorecorder) EMI (Computer Tomographie) Bowmar (Taschenrechner) Xerox (Personal Computer) Chux (Höschenwindel) De Havilland (Comet-Düsenflugzeug)	Kodak (Sofortbildfotografie) Northrup (F 20) DEC (Personal Computer) Hoechst (Rekombiniertes Humaninsulin) Sega (Computerspiele)

Abb. 8.3: Produkterfolge und -mißerfolge von Pionieren und Folgern (Perillieux [Technologietiming] 271; Hoffritz [Schlucker])

Empirische Untersuchungen der Einstellung gegenüber der Reihenfolge des Markteintritts konkurrierender Produkte (Alpert, Kamins, Graham [Examination]) sind nur von beschränktem Interesse, weil in ihnen die Stärke des vermuteten Zusammenhangs zwischen Einstellung und Kauf offen bleibt. Die Mehrzahl der Untersuchungen orientiert sich deshalb am Marktanteil als einer extern relativ leicht feststellbaren Variablen (mit einem vermuteten positiven Bezug zu anderen Unternehmenszielen). Die Umsatzrendite ist deutlich weniger mit der Markteintrittsrangfolge der Wettbewerber korreliert als der Marktanteil (Lambkin [Pioneering] 11).

Zum *Zusammenhang zwischen Markteintrittsrangfolge, zeitlichem Abstand zwischen aufeinanderfolgendem Markteintritt von Wettbewerbern und kurz- oder langfristigen Marktanteilen liegen so viele Untersuchungen* vor, daß hier nur auf Übersichtsstudien verwiesen wird (Clement, Litfin, Vanini [Pionierrolle]; Kerin, Varadarajan, Peterson [Advantage]; Szymanski, Troy, Bharadwaj [Entry]; Kalyanaram, Robinson, Urban [Order]; Perillieux [Technologietiming]; Call [Entstehung] 36ff.). Einige der Hauptergebnisse empirischer Forschung werden in folgenden Aussagen gesehen:

(1) In *etablierten Märkten*, insbesondere in etablierten Konsumgütermärkten, haben diejenigen Anbieter höhere Marktanteile, die *früher in den Markt eintreten.* Es wird sogar eine *Gesetzmäßigkeit* behauptet, wonach die Marktanteilsverhältnisse der Folger zu denen des Pioniers den Wert $1/\sqrt{r}$ annehmen, wobei r die Rangziffer des Markteintritts ist. In Investitionsgütermärkten ist im Durchschnitt nur eine schwache Ausprägung von Pioniervorteilen festzustellen. Mit *Marktanteilsvorteilen* von Pionierunternehmen sind *nicht* notwendigerweise auch *Renditevorteile* verbunden (Van der Werft, Mahon [Meta-Analysis]).

(2) In Märkten mit *hohen relativen Forschungs- und Entwicklungsaufwendungen* der Wettbewerber (Elektronik, Chemie, Pharmazie) sind *Vorteile* frühen Markteintritts nachgewiesen, während in Märkten mit niedrigen relativen Forschungs- und Entwicklungsaufwendungen (Meßgeräte, Werkzeugmaschinen) die Folger höhere Marktanteile erreichen können als die Pioniere. In statistischen Analysen kann also durch systematische Beschränkung auf bestimmte Märkte ein Bias erzeugt werden.

(3) Pioniervorteile werden deutlicher erkennbar, wenn die *Zeitspanne bis zum Markteintritt der folgenden Wettbewerber* wächst. Das ist mit den erwähnten Lerneffekten und Größenvorteilen zu erklären.

(4) Pioniervorteile können *von Folgern durch eigene Marketingmaßnahmen*, besonders auch durch Produktvorteile, *erfolgreich angegriffen werden.* Sie bleiben dann langfristig nicht erhalten. Deshalb reicht die Beobachtung der Markteintrittsstrategie von Unternehmen nicht aus, um Markterfolge zu erklären (Clement, Litfin, Vanini [Pionierrolle]).

(5) Erfolgreiche Ausnutzung von Pionier- und Folgerpositionen setzt *unterschiedliche Marketingstrategien und -fähigkeiten voraus.* So können Pioniere ihre Position durch breite Angebotsprogramme absichern und von Synergien mit ihrem bisherigen Angebotsprogramm profitieren.

(6) Kritisch ist bei allen empirischen Untersuchungen, daß *nur ausreichend erfolgreiche Pionieranbieter betrachtet werden*, die - das impliziert der Vergleich mit den Imitatoren - relativ lange am Markt bleiben. Weder der Rückzug des Pioniers vom Markt wegen "zu frühen" Markteintritts noch der schnelle "Sieg" eines Imitators über einen Pionier sind in den betrachteten Daten erfaßt und durch die Variablen erklärt. Die Identifikation von Pionieren durch Befragung ist anfällig für systematische Antwortfehler.

(7) Die meisten amerikanischen Untersuchungen nutzen *PIMS-Daten* oder Daten aus *ASSESSOR-Testmarktsimulatoren*. Diesen Daten haften spezielle Verzerrungen an, die Marktpioniere begünstigen: sie umfassen *ausschließlich überlebende Unternehmen*, beruhen zum Teil auf Selbsteinschätzungen und grenzen den Marktpionier nicht ausreichend klar ab (Lambkin [Pioneering]; Golder, Tellis [Pioneer]). Deshalb ist eine über *mehrere Jahrzehnte reichende, historische Studie* aufgrund von Berichten in der Wirtschaftspresse angefertigt worden, in der zwar kein Zufallssample untersucht werden kann, aber doch einige der sonst auftretenden Verzerrungen auszuschließen sind. Diese Untersuchung zeigt, daß
- 47% aller Marktpioniere bis zum Untersuchungsdatum ihr Produktangebot zurückgezogen hatten,
- der Median-Wert der Marktführerschaft (nur) 5 Jahre beträgt,
- der Marktanteil der Pioniere bei 10% liegt, was deutlich niedriger ist als in anderen Untersuchungen, und nur in einer verschwindend geringen Anzahl von Fällen (1 oder 4 von 50, je nach Interpretation) von den Marktpionieren eine Führerstellung am Markt aufrechterhalten wird (Golder, Tellis [Pioneer]).

Eine Differenzierung der Vorteilhaftigkeit von Pionier- und Folgerstrategien hinsichtlich bestimmter Charakteristika der Produkte, der mit ihnen nutzbaren Synergien und ausgewählter Marktcharakteristika führt zu den Tendenzaussagen der Abb. 8.4.

Risikoaspekte der Pionierrolle sind zwar implizit in mehreren Kriterien enthalten, nicht aber explizit hervorgehoben worden. Diese Risikoaspekte können mit Strukturbedingungen eines Marktes (z. B. Größenvorteilen, Netzwerkeffekten, Synergien mit komplementären Produkten eines Anbieters, vgl. Abb. 8.5 sowie Rotemberg, Saloner [Competition]) ebenso zusammenhängen wie mit der Schnelligkeit des Aufbaus von Glaubwürdigkeit bei den Nachfragern.

Für den Markt von Diskettenlaufwerken wird unter Berücksichtigung des Marktlebenszyklus argumentiert, daß vor allem in der Wachstumsphase und in der Schrumpfungsphase (vgl. dazu die Erläuterungen zum Produktlebenszyklus in Abschn. 5.1) Pionierunternehmen neuer, überlegener Produktalternativen sich durch einen frühen Markteintritt Vorteile sichern können (Christensen [Maturity]). In der Startphase sei dagegen die Unsicherheit über das letztlich überlegene Eigenschaftsbündel zu hoch, in der Stagnationsphase ist bereits ein "dominantes" Design durchgesetzt, so daß es primär zum Preiswettbewerb komme. Damit werden weitere Aspekte zur Relativierung der Pionierrolle in der Produktpolitik beigesteuert.

Kriterien	**Pioniervorteile**	**Folgervorteile**
Synergien	Hohe Synergien in Produkt, Produktion und Markt • Enge Beziehung Neuprodukt/ Produktprogramm • Einsatz vorhandener Produktionsanlagen • Hohe Technologiespezialisierung	Niedrige Synergien • Keine Beziehung Neuprodukt/ Produktprogramm • Einsatz neuer, unbekannter Produktionsanlagen • Geringe Technologiespezialisierung • Neue Abnehmergruppen
Produktcharakteristika	Hohe Produktkomplexität • Große Anzahl Komponenten ("Systeme") • Hohe technische Komplexität • Hoher Innovationsgrad • Hoher Dienstleistungsanteil	Geringe Produktkomplexität • Geringe Anzahl Komponenten (Bauteile, Verbrauchsgüter) • Geringe technische Komplexität • Niedriger Innovationsgrad • Niedriger Dienstleistungsanteil
Marktentwicklung/ Wettbewerberverhältnisse	Schnelle Marktentwicklung • Schneller Diffusionsverlauf • Geringe Marktöffnungskosten • Hohe technologiebedingte Eintrittsbarrieren - Patent-/Know-how-Schutz - Zeit für Technologieentwicklung • Hohe Wettbewerbsintensität • Hohe Produktvorteile bei geringen Produktwechselkosten ("integrale Qualität") • Kontinuität der technologischen Entwicklung	Zögernde Marktentwicklung • Langsamer Diffusionsverlauf • Hohe Marktöffnungskosten • Niedrige Technologie-Eintrittsbarrieren • Geringe Bedeutung der Produkttechnologie im Wettbewerb • Niedrige Wettbewerbsintensität • Hohe Produktwechselkosten der Abnehmer • Technologische Diskontinuitäten

Abb. 8.4: Kriterien zur Bestimmung der Vorteilhaftigkeit von Pionier- und Folgerstrategien (Perillieux [Technologietiming] 277)

Grad der wechselseitigen Beziehungen	*hoch*	Chaotische Produktverbreitung Beispiel: *Textverarbeitungssoftware* Eigenschaften: • Viele gleichartige erfolgreiche Innovationen • Nachfrager würden weniger Alternativen bevorzugen, daher: • Hoher Marketingaufwand • Gefahr ruinösen Wettbewerbs • Niedrige Renditen • Suche nach Marktnischen	Vorsorglicher Markteintritt Beispiel: *Elektron. Reservierungssysteme* Eigenschaften: • «Der Gewinner nimmt alles» • Hohe Pioniervorteile • Hoher Marketingaufwand • Entwicklung von Eintrittsbarrieren
	niedrig	„Kneipenschlägerei“ Beispiel: *Faxgeräte* Eigenschaften: • Leichter Markteintritt • Scharfer Wettbewerb • Spezialisierte Anbieter, aber keine dominierenden Firmen • Suche nach Differenzierungs- und Preissenkungsmöglichkeiten	„Kampf der Titanen“ Beispiel: *Geldautomaten* Eigenschaften: • Wenige Großanbieter • Massenproduktion mit Eintrittsbarrieren durch Erfahrungskurvenvorteile • Wenig Produktdifferenzierung
		niedrig	*hoch*
		Grad der Marktausbeutungsmöglichkeit durch einen Anbieter	

Abb. 8.5: Marktstrukturen und Folgen für das Marketing (Rotemberg, Saloner [Competition] 105; MacDonald [Strategy] 166f.)

Diese *Risikogesichtspunkte* auf Seiten der Anbieter wie auf Seiten der Nachfrager können den gewünschten Markteintrittszeitpunkt beeinflussen. Dies wird anhand einiger einfacher, statischer Überlegungen verdeutlicht (Brockhoff [Entwicklungsdauer]).

Mit der Markteinführung eines Produktes ist aus der Sicht der Anbieter ein *Risiko* V_t verbunden, das vermutlich im Laufe der Zeit t abnehmen wird, z. B., $V_t = d \cdot e^{-gt}$, mit den positiven Parametern d und g. Dafür gibt es auch empirische Hinweise (Kalish, Lilien [Entry]).

Mit der Markteinführung verbindet sich eine "*Renditeerwartung*", die durch die erwartete Kapitalwertrate[1] P_t gemessen werden soll. Sie wird nicht unter der Rendite für risikolose Anlagen, r, liegen und im Laufe der Zeit nicht monoton ansteigen, so daß z. B. die Formel

$$P_t = r + t^a e^{-ct},$$

mit jeweils positiven Parametern a und c, eine angemessene Beschreibung darstellt. Für a = 0 wird ein dauernder Renditeverfall erfaßt. Die Parameter kann man sich durch die Marktbedingungen, insbesondere die Vor- und Nachteile der Abb. 8.2, bestimmt vorstellen. Das bedeutet, daß es sowohl eine verfrühte als auch eine verspätete Einführung neuer Produkte in den Markt geben kann. Während der letzte Fall unmittelbar plausibel ist, können für den ersten Fall sowohl innerbetriebliche Gründe als auch solche der Nachfrageentwicklung geltend gemacht werden. Innerbetrieblich kann es z. B. schwerfallen, *Produktionskapazitäten* für ein Nachfolgemodell *frei zu machen*; das ist etwa die Situation, in der sich Volvo mit der 400-er Serie als Nachfolgerin der 300er Serie sah (o. V. [Nachfolger]). Am Markt kann die Furcht vor *Kinderkrankheiten*, die geringe Kompatibilität mit vorhandenen Produkten oder jeder andere Grund, der die schnelle Diffusion einer Innovation behindert, für den Mißerfolg einer besonders frühen Produkteinführung sprechen.

Nimmt man nun an, daß die Entscheidungsträger *risikoscheu* sind, so wird ihre *Nutzenfunktion N* den Verlauf

$$N = be^{-r}(1 - e^{-(P-r)}) - V$$

haben. Darin ist b ein nicht-negativer Parameter, durch den der Grad der Risikoscheu ausgedrückt werden kann, und r ist die Kapitalwertrate der risikolosen Anlagealternative. Der Tangentialpunkt dieser Nutzenfunktion mit der Innovationsfunktion (die für identische Werte von t die jeweiligen Werte von P_t und V_t festlegt)

$$I_t = f(P_t, V_t)$$

bestimmt den optimalen Zeitpunkt t_{opt} der Produkteinführung. In Abb. 8.6 wird dies grafisch gezeigt. Die Nutzenfunktion erreicht dabei das Niveau 0,857, das in linear beliebig variierbaren Nutzeneinheiten gemessen wird.

[1] Die Kapitalwertrate stellt den Quotienten aus dem Kapitalwert oder dem Gegenwartswert eines Projekts und seiner Anfangsauszahlung dar. Der Gegenwarts- oder Kapitalwert ist die Summe der auf den Entscheidungszeitpunkt abgezinsten, mit einem Projekt verbundenen Ein- und Auszahlungen, die nach dem Entscheidungszeitpunkt anfallen. Die Abzinsung erfolgt mit dem Kalkulationszinsfuß, der sich aus der Verzinsung der besten Alternativanlage oder aus der Konsumpräferenz ergibt. Das wird in der Literatur zur Investitionstheorie ausführlich behandelt.

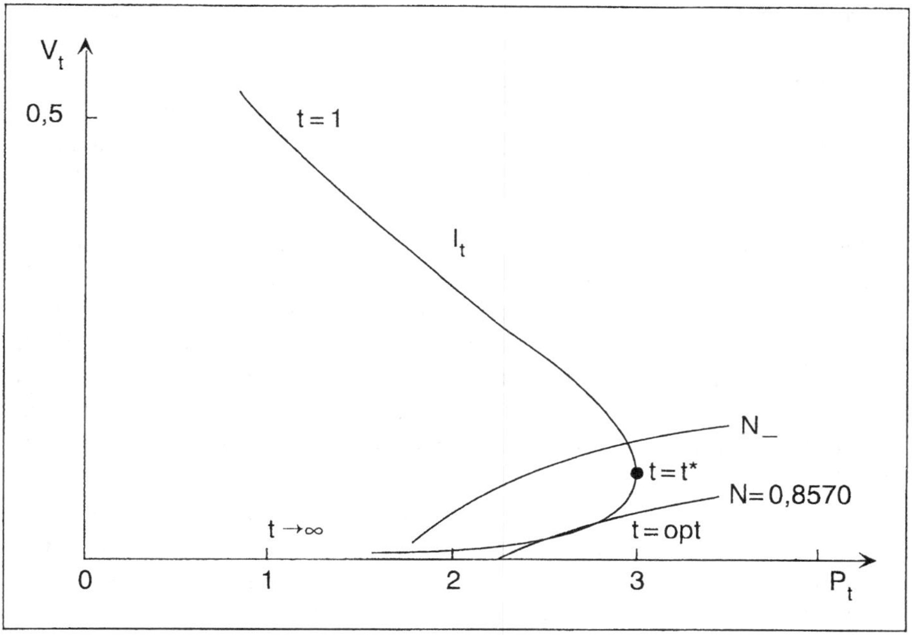

Abb. 8.6: Optimierung des Produkteinführungszeitpunktes

Es gibt eine Nutzenfunktion, die alle diejenigen risikobehafteten Anlagen miteinander verbindet, die der risikolosen Anlage als äquivalent erachtet werden. Sie wird in Abb. 8.6 mit N_ bezeichnet. Sollte sich herausstellen, daß diese Nutzenfunktion in ihrem gesamten Verlauf unter der Innovationsfunktion liegt, also kein Tangentialpunkt festgestellt wird, so ist aus der Sicht des Entscheidungsträgers heraus gegenwärtig eine Produkteinführung nicht zu rechtfertigen.

Interessant ist auch die Beobachtung, daß wegen der angenommenen *Risikoscheu* des Entscheidungsträgers der Zeitpunkt t_{opt} *immer nach dem Zeitpunkt* t* = -a/c liegt, zu dem die Funktion P_t ihr Maximum erreicht. Der Zeitpunkt t* würde nur realisiert, wenn bei einem risikoneutral eingestellten Entscheidungsträger die hier mit 1 gewichtete Komponente V in der Nutzenfunktion mit 0 gewichtet würde. Ein noch früherer Zeitpunkt kann nur durch einen risikofreudigen Entscheidungsträger realisiert werden, in dessen Risikonutzenfunktion N die Komponente V negativ gewichtet würde.

Nimmt man an, daß in der Formel für die Bestimmung der Kapitalwertrate $a = 0$ gilt, so hat man einen Fall vor sich, bei dem die Kapitalwertrate mit zunehmender Zeit kontinuierlich abnimmt. Man kann sich grafisch verdeutlichen, daß dann entweder eine Produkteinführung in $t = 0$ oder ein Verzicht auf die Produkteinführung zu einem maximalen Nutzen führt (oder, bei übereinstimmenden Innovations- und Nutzenkurven, jeder zulässige Einführungszeitpunkt denselben Nutzen erbringt). Die beiden ersten Fälle beschreiben die Situation, die für manche Produkte der Spitzentechnik als typisch angesehen wird. Der konkrete Verlauf der Funktion ist also von großer Bedeutung für die Lösungen.

Die Innovationsfunktion I_t gilt implizit für ein gegebenes Qualitätsniveau des einzuführenden Produktes, z.B. das Qualitätsniveau Q_1 der Produkteinführung in $t = 1$. Es ist plausibel anzunehmen, daß eine spätere Produkteinführung ($t > 1$) mit Qualitätsniveaus von maximal Q_t , $dQ_t/dt > 0$, realisiert werden kann (Cohen, Eliashberg, Ito [Product]). Aus Sicht des Anbieters macht dies Sinn, wenn die auf I_1 folgenden Punkte der Innovationsfunktion nach unten oder nach rechts verschoben werden oder beide Effekte gemeinsam auftreten. Anhand der Abbildung 8.6 macht man sich klar, daß der Zeitpunkt t* der neuen Kurve nicht kleiner ist als der der alten Kurve, daß ein höheres Nutzenniveau erreicht werden kann und der nutzenmaximierende Zeitpunkt der Produkteinführung sich verlagern kann, auch in Richtung auf eine spätere Produkteinführung im Vergleich zur Produkteinführung mit der Qualität Q_1.

Welche Kräfte behindern die Optimierung des Markteinführungszeitpunktes? Wissensmängel, Prozeßverzögerungen durch Mangel an Ressourcen, Störungen der innerbetrieblichen Zusammenarbeit oder Managementfehler und Fehlplanungen werden in empirischen Untersuchungen als Ursachen entdeckt (Gupta, Wilemon [Accelerating]). Die Herbeiführung eines abgestimmten Gesamtkonzepts für die Neuprodukteinführung unter der Berücksichtigung umweltbezogener Erfolgsfaktoren (vgl. Abschn. 1 und den Beginn dieses Abschnitts) muß deshalb noch einmal gefordert werden.

Die strategische Wahl des Markteintrittszeitpunktes ist ein Optimierungsproblem, dessen Lösung durch Vor- und Nachteile einer Pionierrolle und die Risikoeinstellung beeinflußt wird. Die Pionierrolle kann erfolgreich angegriffen werden.

8.2 Entscheidungskalkül

Grundsätzlich ist ein Produkt als ein Investitionsprojekt aufzufassen. Auf einen Strom von Auszahlungen, die der Produktentwicklung dienen, erwartet man einen Strom von Einzahlungen zu erwirtschaften, der die Erfüllung der Unternehmensziele ermöglichen soll. Deshalb können sich die Entscheidungen investitionsrechnerischer Kalküle bedienen.

Im einfachsten Fall ist anzunehmen, daß ein risikoneutral eingestellter Entscheidungsträger ein Produkt dann einführt, wenn dessen *erwarteter Kapitalwert* (C) positiv ist.

Geht man davon aus, daß die Nettozahlungen (Einzahlungen abzüglich Auszahlungen) jeder t-ten Periode Z_t bereits Erwartungswerte darstellen, so ist der erwartete Kapitalwert (mit dem Abzinsungsfaktor $q = 1 + r$ und dem Kalkulationszinsfuß r) wie folgt zu bestimmen:

$$C = \sum_{t=0}^{T} Z_t q^{-t}$$

Das Entscheidungskriterium für die Einführung eines Produktes lautet $C > 0$. Seine Bestimmung macht nun besonders deshalb Schwierigkeiten, weil man die Entwicklung der Zahlungsströme nicht genau genug vorhersagen kann. Die Rechenoperationen sind dagegen leicht zu programmieren, z. B. in der Form eines Tabellen-Kalkulationsprogramms.

In der Praxis ist es hilfreich, wenn die Vorhersage der Zahlungsströme aufgrund üblicher Verläufe auf die Abschätzung einfacher Einflußgrößen reduziert werden kann. Für den Fall der Kalkulation der optimalen Entwicklungsdauer eines Projekts, nach deren Abschluß die Markteinführung des entsprechenden Produktes erfolgen soll, ist ein entsprechend einfaches Verfahren vorgeschlagen und beschrieben worden (Braun, Brockhoff [PED]).

In diesem Verfahren wird angenommen, daß die Zahlungsströme für die Entwicklung des Produktes, die Vorbereitung seiner Markteinführung durch entsprechende Auszahlungen für Investitionen in Anlagen oder Einführungswerbung sowie die Deckungsbeiträge über den Produktlebenszyklus während der Marktphase die typischen Verläufe der Abb. 8.7 zeigen. Verschiedene Produkt- und Marktcharakteristika sind als Einflußgrößen auf die Zahlungsgrößen und damit auch auf die Optimierung des Einführungszeitpunktes eines Produktes nachgewiesen worden (Bayus [Speed]).

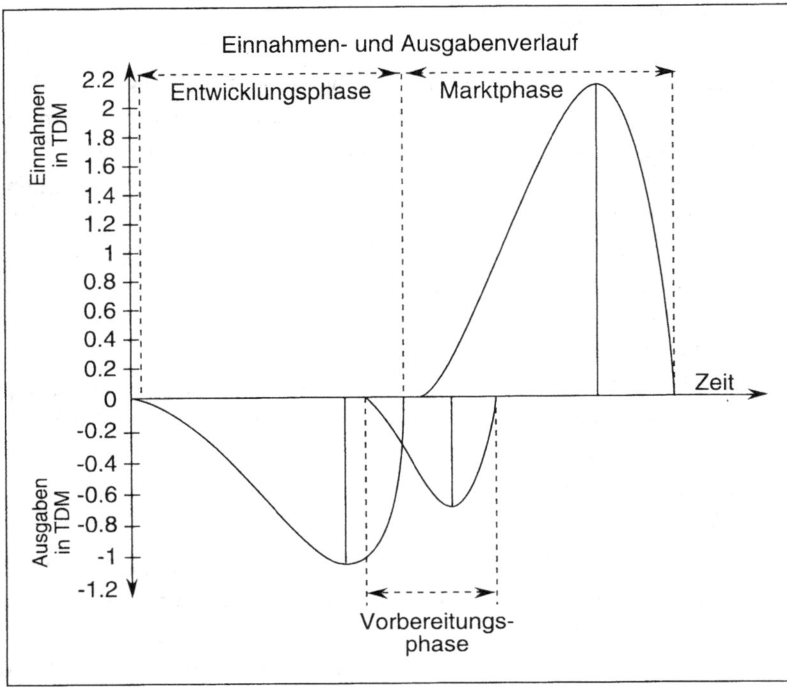

Abb. 8.7: Typischer Verlauf von Auszahlungen und Einzahlungen (hier gleich Einnahmen und Ausgaben)

In Abb. 8.8 wird ein Formular gezeigt, durch das alle notwendigen Angaben zur Darstellung der Zahlungsströme erhoben werden. Dabei sind zwei Gesichtspunkte erwähnenswert. Erstens kann nicht erwartet werden, daß die Zahlungsverläufe in der Praxis durch ihre funktionale Form spezifiziert und dann dafür Parameter geschätzt und eingesetzt würden. Deshalb werden hier Angaben abgefragt, wie etwa der gesamte Deckungsbeitrag, der Zeitpunkt des Deckungsbeitragsmaximums und der Wert des Maximums zum durchschnittlichen Deckungsbeitrag je Periode, mit deren Hilfe der typische Verlauf abgebildet werden kann. Zweitens werden Angaben über die Folgen für die Zahlungsströme gesammelt, die sich einstellen, wenn die Entwicklungsdauer - und damit der Zeitpunkt der Markteinführung - sich gegenüber dem geplanten Wert verschiebt. Damit gelingt es dann, den Verlauf des Kapitalwerts in Abhängigkeit von der Entwicklungsdauer darzustellen. Ein Beispiel zeigt Abb.

Phase	Art der notwendigen Daten	Werte
Ent-wick-lungs-phase	(1) Vorgesehene normale Entwicklungsdauer	24 Monate
	(2) Gesamte vorgesehene normale Entwicklungsausgaben	100 TDM
	(3) Nach Ablauf von wieviel % der normalen Entwicklungsdauer werden die maximalen Entwicklungsausgaben erwartet?	80%
	(4) Um wieviel % liegen zu dem in (3) festgestellten Zeitpunkt die Entwicklungsausgaben höher als die durchschnittlichen Entwicklungsausgaben?	80%
	(5) Welche prozentuale Veränderung der gesamten Entwicklungsausgaben ist zu erwarten:	
	a) bei Verkürzung der normalen Entwicklungsdauer aus (1)	
	um 10%	20%
	um 25%	60%
	b) bei Überschreitung der normalen Entwicklungsdauer aus (1)	
	um 10%	-5%
	um 25%	-10%
	(Vorzeichen beachten)	
Vor-berei-tungs-phase	(6) Gesamte Ausgabe für Produktvorbereitung und Materialerschließung	25 TDM
	(7) Dauer der Vorbereitungsphase	4 Monate
	(8) Beginnt die Vorbereitungsphase vor Abschluß der Entwicklung? Falls ja, geben Sie die Anzahl der Monate des Vorlaufs an.	-3 Monate
	(9) Nach Ablauf von wieviel % liegen die dem in (9) festgestellten Zeitpunkt die Anlaufausgaben höher als die durchschnittlichen Anlaufausgaben?	50%
	(10) Um wieviel % liegen zu dem in (9) festgestellten Zeitpunkt die Anlaufausgaben höher als die durchschnittlichen Anlaufausgaben?	100%
Markt-phase	(11) Dauer der Markphase	48 Monate
	(12) Gesamte erwartete Deckungsbeiträge [(Preis ./. variable Kosten)∗Menge] in der überschaubaren Marktphase	1000 TDM
	(13) Nach Ablauf von wieviel % der Marktphase wird der maximale Deckungsbeitrag erwartet?	30%
	(14) Um wieviel % liegen zu dem in (13) festgestellten Zeitpunkt die Deckungsbeiträge höher als die durchschnittlichen Deckungsbeiträge?	100%
	(15) Welche prozentuale Veränderung der gesamten Deckungsbeiträge ist zu erwarten:	
	a) bei einem Markteintritt, der früher erfolgt, als nach (1) vorgesehen um 10%	5%
	um 25%	10%
	b) bei einem Markteintritt, der später erfolgt, als nach (1) vorgesehen um 10%	-20%
	um 25%	-50%
	(Vorzeichen beachten)	
	(16) Wieviel Monate vor (-) oder nach (+) Abschluß der Entwicklung beginnt die Marktphase?	4 Monate
Finanz.	(17) Anzuwendender Kalkulationszinssatz	10%

Abb. 8.8: Formular zur Datenerfassung für die Ermittlung des von der Entwicklungsdauer abhängigen Kapitalwertes (mit Beispielswerten)

8.9. Ist der Verlauf der Kapitalwertfunktion über der gesamten betrachteten Zeitskala fallend, so sollte - positive Kapitalwerte am Beginn der Kurve vorausgesetzt - eine möglichst schnelle Produkteinführung angestrebt werden. Hat dagegen der Verlauf die in Abb. 8.9 gezeigte Form, so sollte ein Markteinführungszeitpunkt angestrebt werden, der dem Maximum der Kapitalwertkurve entspricht.

Das Verfahren ist natürlich auch dann anwendbar, wenn man die Planungen erst mit der Vorbereitungsphase beginnen läßt. In jedem Falle sind nur die vom Entscheidungszeitpunkt aus zeitlich folgenden Zahlungen für die Entscheidung von Bedeutung.

Je nachdem, ob die Kapitalwertkurve über der Zeitachse sehr "spitz" oder sehr "flach" verläuft, sind die entsprechenden Projekte sehr zeitsensitiv oder sehr wenig zeitsensitiv. Wenig zeitsensitive Projekte erlauben am ehesten, daß man ihren Markteinführungszeitpunkt verschiebt. Dabei ist allerdings zu beachten, daß hier nur einzelne Projekte betrachtet werden und kein Programm mit mehreren Projekten.

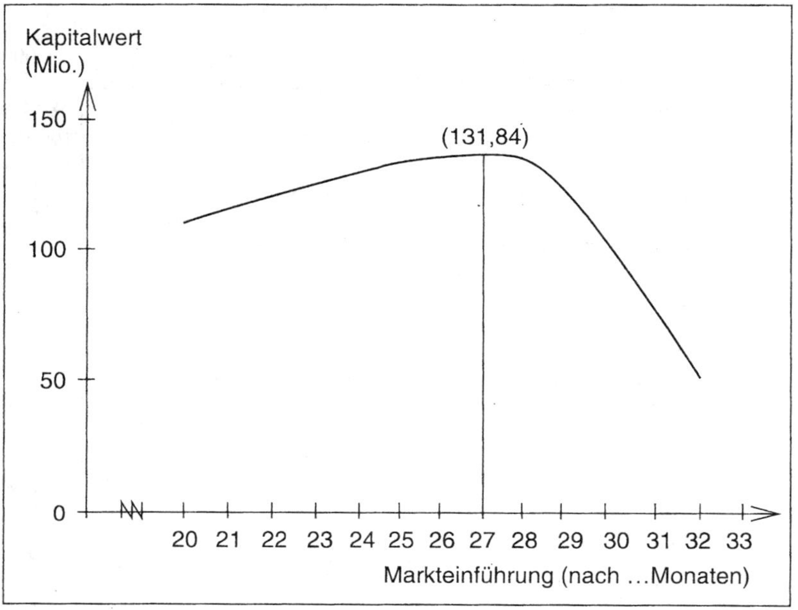

Abb. 8.9: Kapitalwerte in Abhängigkeit vom Markteintrittszeitpunkt (Beispiel mit Daten aus Abb. 8.8)

Die wenigsten Entscheidungsträger handeln risikoneutral; tatsächlich ist Risikoscheu vorherrschend. Das bedeutet aber, daß die mit der Produktentscheidung verbundene Ungewißheit in die Rechnungen einzubeziehen ist.

Ist das Maß für das *Risiko die Varianz des Kapitalwertes* (V) und die Stärke der Risikoscheu $k \geq 0$, so können Produkteinführungsentscheidungen nach der Regel

$$C - k \cdot V \overset{!}{\geq} 0$$

getroffen werden. Ein entsprechendes Vorgehen schildert Kotler ([Marketing] 265), wobei nur statt des Kapitalwerts ein Maß für die Rendite gewählt wird.

Gegen diese Vorgehensweise wird Verschiedenes eingewendet.

(1) Das Maß der Risikoscheu *k sei schwer zu ermitteln*. Das ist sicher richtig, doch muß man sich verdeutlichen, daß man es häufig auch implizit benutzt. Wenn z. B. bei einer Sensitivitätsanalyse gefragt wird, welche Wirkung die Veränderung einer Marktbedingung auf C hat, insbesondere: wann der break-even-Punkt erreicht wird, und nach deren Feststellung positiv oder negativ entschieden wird, so sind damit implizit bestimmte Wertebereiche für k erkennbar.

(2) Die *Varianz sei ein schlechtes Risikomaß* und deshalb durch ein anderes Maß zu ersetzen. In solchen Fällen ist zu prüfen, ob durch die anderen Risikomaße die Logik des Entscheidungsmodells erhalten bleibt. Das hier erwähnte Entscheidungskriterium impliziert eine exponentielle Risikonutzenfunktion.

(3) Erwartungswert und Varianz *reichten als Kriterien nicht aus*, weil die Verteilungsfunktion der unsicheren Größen nur durch zusätzliche Parameter zu beschreiben sei. Dieser Faktenfrage kann man besonders gut durch die Risikoanalyse nachgehen.

Die *Risikoanalyse* beruht auf einer Simulation der Wirkung der unsicheren Einflußgrößen, z. B. Marktvolumen, Preis, Wiederkaufrate usw. auf die Entscheidungsvariable, z. B. den Kapitalwert (C). Im ersten Schritt werden Verteilungen für alle unsicheren Einflußgrößen geschätzt, die auch bedingte Verteilungen sein können, wenn diese Einflußgrößen voneinander abhängen. Aus diesen Verteilungen wird jeweils zufällig eine Realisation ausgewählt. Damit berechnet man C. Anschließend wiederholt man diesen Prozeß ausreichend häufig. Dadurch entsteht eine Verteilung für C. Die Produkteinführungsentscheidung kann nun diese ganze Verteilung benutzen. Das ist immer dann von Interesse, wenn sie nicht nur von Erwartungswert und Streuung vollständig beschrieben wird oder wenn diese Parameter schlecht abgeschätzt werden können wegen des komplexen Zusammenwirkens leichter schätzbarer Ausprägungen der unsicheren Einflußgrößen.

Eine Weiterentwicklung der ursprünglich von Hertz [Risk] entwickelten Risikoanalyse ist das Modell RESCUE von Claycamp [New]. Es stellt mehrere Entscheidungskriterien zur Verfügung, z. B. interne Verzinsung und cash flow neben dem Kapitalwert, und generiert die Verteilungen dieser Kriterien aufgrund einfacher Angaben von minimalen, wahrscheinlichsten und maximalen Ausprägungen der unsicheren Einflußgrößen sowie einem Vertrauensniveau für dieses Intervall. Eine genauere Darstellung gibt Wind [Product].

Die Modelle DEMON (Charnes et al. [Demon]) und SPRINTER (Urban [Sprinter]) unterstützen an Meilensteinen orientierte, stufenweise Entscheidungen. Dabei wird jeweils gefragt, ob auf die Produkteinführung verzichtet werden soll (NO), ob weitere Prüfungen vorzunehmen oder Daten zu beschaffen sind (ON) oder ob definitiv die Einführung beschlossen werden kann (GO). Soll weiter geprüft werden, so wird auch über die Art dieser Prüfungen entschieden. Die Auswahl zwischen den drei Entscheidungen erfolgt aufgrund einer Abwägung von erwarteten Kapitalwerten oder Renditen und Unsicherheit. In DEMON wird diese gemessen durch die Varianz. In SPRINTER gilt: Ist die Wahrscheinlichkeit, ein bestimmtes Niveau der Zielgröße zu überschreiten, ausreichend, so wird GO entschieden, ist sie unterhalb eines vorgegebenen Niveaus, so bedeutet dies NO. Die Grenzwerte sind jeweils außerhalb des Modells zu bestimmen.

Das Modell SPRINTER berücksichtigt im Unterschied zu DEMON zusätzlich Verbundbeziehungen zwischen den Produkten sowie Carryover-Effekte. Es bezieht Konkurrenzreaktionen explizit in die Modellierung ein und erlaubt eine Suboptimierung der Kosten für die durch die Nachfrage bestimmten Produktionsprogramme. Als Lösungsverfahren kommt für beide Modelle theoretisch die Dynamische Optimierung, in der Praxis aber eine heuristische Suche in Frage. Man muß sich dafür verdeutlichen, daß z. B. SPRINTER die Lösung von etwa 500 linearen oder nichtlinearen Gleichungen erfordert.

Ein aus mehreren Modulen aufgebautes Modell unterstützt die Auswahl zwischen Neumarkenstrategie und dem Transfer einer vorhandenen Marke auf ein neues Produkt (Sattler [Markenbewertung]). Dabei werden auch weitere künftige Markenverwendungen berücksichtigt.

Weitere Modelle sind vorgeschlagen und in der Praxis eingesetzt worden. Sie unterscheiden sich nicht hinsichtlich der Entscheidungsvariablen: Erfolgserwartung und Risikomaß. Regelmäßig muß auch auf einen subjektiv bestimmten Parameter, der etwa die Funktion von k hat, zurückgegriffen werden. Die Unterschiede liegen in der Detailstruktur der Modelle, der Art der Datengewinnung und der Abbildung spezifischer Realitätserfordernisse.

Das wesentliche Problem der Berücksichtigung von Konkurrenzeinflüssen ist bisher nur implizit behandelt worden: Es wird angenommen, daß sich ein ganz bestimmtes Konkurrenzverhalten in den Zahlungsströmen niederschlägt, die für die Berechnungen benutzt werden. Die explizite Berücksichtigung unterschiedlicher Handlungsmöglichkeiten des Wettbewerbs erfordert spieltheoretische Modelle.

Die Produkteinführungsentscheidung sollte am erwarteten Kapitalwert oder – bei Risikoscheu – an einem um einen Varianzbeitrag korrigierten Kapitalwert orientiert werden. In Simulationsrechnungen können auch kapitalwertmaximale Einführungszeitpunkte bestimmt oder Risikoprofile des Entscheidungskriteriums dargestellt werden.

9. Produktvariation

Produktvariation ist eine *Veränderung im Bündel der Eigenschaften*, durch die ein bereits angebotenes Produkt bisher bestimmt ist. Sie wird durch einen festgestellten oder vermuteten Nachfragewandel ausgelöst. Dieser Wandel kann einerseits auf einen Wandel in der Bedürfnisstruktur der Nachfrager zurückgehen, andererseits auf einen Wandel in der Angebotsstruktur der Konkurrenten auf dem Produktmarkt, wobei die Bedürfnisstruktur gleich bleibt. In dem zuletzt genannten Fall erscheint besonders plausibel, Preissenkungen oder erhöhten Werbeaufwand als Alternativen zur Produktvariation anzusehen. Im Vergleich zum Verzicht auf Produktvariation sollen also *Erlössteigerungen* oder *Vermeidung von Kostensteigerungen durch die Produktvariation erreicht werden.* Diesen Zwecken stehen allerdings die Kosten der Produktvariation selbst gegenüber (Schlegel [Produktvariation]). Die Saldowirkung soll so bestimmt werden, daß eine bestmögliche Erreichung der Unternehmensziele möglich ist.

Ob die gewünschten *Erlössteigerungen erreichbar* sind, muß allerdings sorgfältig geprüft werden.

So ist der Versuch, eine neue Geschmacksformel für Coca Cola einzuführen, gescheitert. Auch der Versuch von Waddington, des Herstellers von Monopoly, zum 60. Geburtstag des Spieles den Preis der Parkstraße zu senken und andere Spielsteine einzuführen, wurde von den Monopoly-Clubs und Spielern zurückgewiesen.

Demgegenüber ist es der Volkswagen AG gelungen, dem ab 1970 verbreiteten und im März 1974 erstmals eingeführten Modell "Golf" in den Jahren 1983, 1991 und 1997 neue Golfgenerationen folgen zu lassen und diese durch Differenzierungen zu ergänzen. Damit wurden beachtliche Marktanteile gesichert oder hinzugewonnen (vgl. Abb. 9.1).

Auch Produktvariationen müssen also sorgfältig geplant und überwacht werden.

Wirkungen von Produktvariationen sind auf indirekte Weise durch einen Vergleich der Preisentwicklung in Abhängigkeit von der kumulierten Absatzmenge von Volkswagen-Modellen *zu erkennen.* In Abb. 9.2 werden Produktdifferenzierungen und Produktvariationen von VW-Käfer-Modellen festgehalten. Die Abbildung ist unvollständig insoweit, als Ausstattungsvarianten wie Schiebedach, unterschiedliche Polsterbezüge usw. nicht dargestellt werden; erfaßt werden aber unterschiedliche Motorleistungen, Getriebearten (Automatik) und in mehreren Fällen veränderte Ausstattungspakete (Luxus-

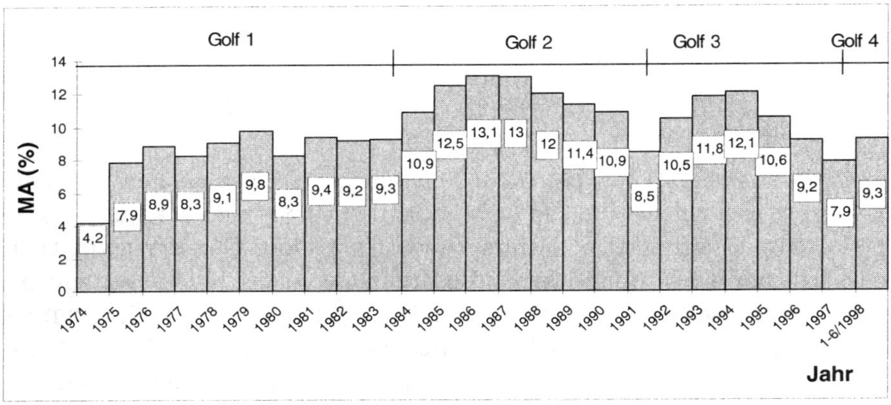

Abb. 9.1: Entwicklung der Deutschland-Marktanteile des VW-Golf (Volkswagen AG)

Ausstattung). Offensichtlich sind beim Exportmodell und seinen Nachfolgemodellen häufiger Produktvariationen festzustellen als beim sog. Standardmodell. In Abb. 9.3 werden die mit einem Lohnkostenindex deflationierten Preise der Standard- und Exportmodelle (jeweils je kg Gewicht, was in der Automobilindustrie damals als grober Maßstab der Produktqualität galt) sowie ihrer Nachfolgemodelle dargestellt. Man erkennt deutlich, daß die Preissenkungen bei den Export-Modellen wesentlich geringer sind als bei den Standard-Modellen.

Die in Abb. 9.2 erkennbaren *Produktvariationen können auch in Räumen "objektiver" Produkteigenschaften dargestellt werden.* Ein Beispiel dafür zeigt Abb. 9.4. Sie ist so zu lesen, daß die Projektionen der Koordinaten eines Produktes in jeweils einem Zeitpunkt auf die als Vektoren eingetragenen objektiven Eigenschaften jeweils relative Eigenschaftsausprägungen angeben. Die Richtung der Eigenschaftsvektoren weist auf höhere Ausprägungen der Eigenschaften hin. Die gleichzeitige Darstellung so vieler Eigenschaften in nur zwei Dimensionen weicht konzeptionell von Abb. 2.1 ab und bedingt zugleich, daß nicht in allen Fällen eine korrekte Abbildung der Eigenschaftsausprägungen in der Zeit gelingt. Immerhin läßt sich nun im einzelnen nachvollziehen, welcher Art beispielsweise die Änderungen waren, die in Abb. 9.2 angezeigt wurden. Es wird auch sichtbar, daß die zwischen 1970 und 1973 einmalige Änderung beim VW 1200 geringere Positionsverschiebungen auslöste als die mehrfachen Änderungen bei den anderen Typen des "Käfer"-Modells, insbesondere der Nachfolger der "Export"-Version.

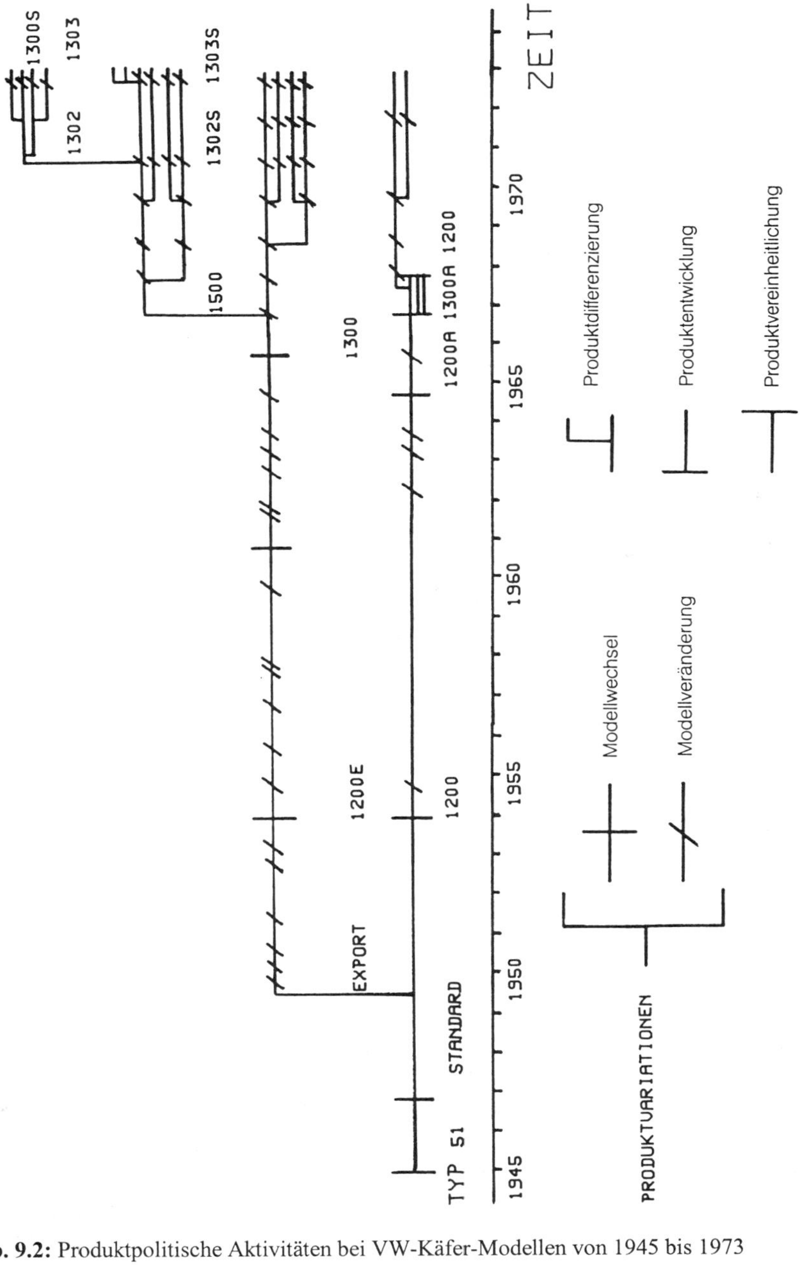

Abb. 9.2: Produktpolitische Aktivitäten bei VW-Käfer-Modellen von 1945 bis 1973

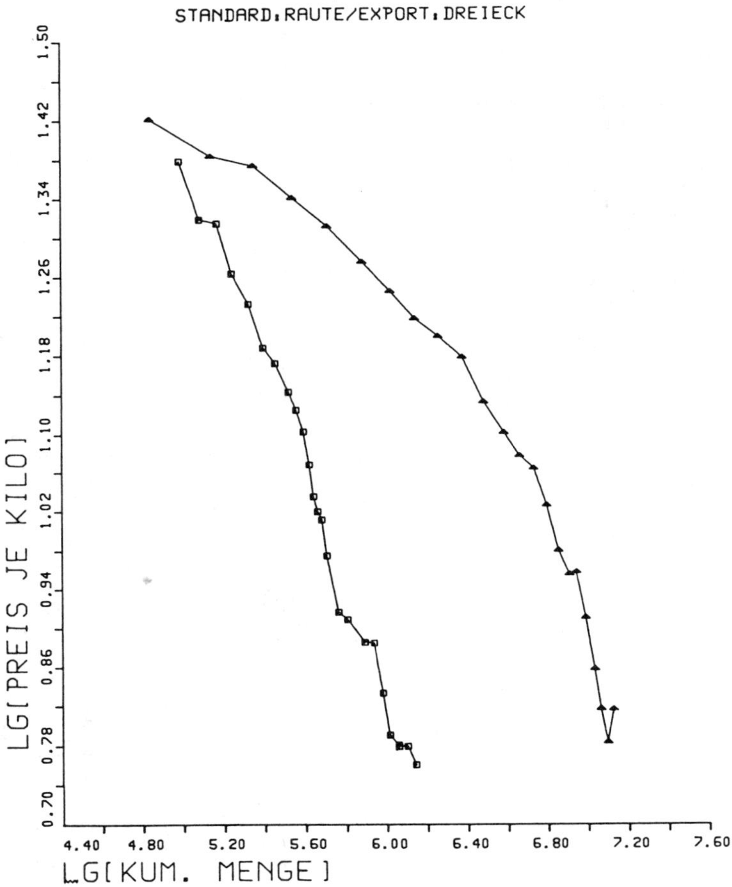

Abb. 9.3: Bereinigte Preisentwicklung bei VW-Käfer-Modellen (Standard- und Export bzw. Nachfolgemodelle) (LG bedeutet Logarithmus)

Erste Vorschläge zur *Planung von Produktvariationen* stammen von Abbott ([Quality] 150 ff.). Er unterscheidet zwischen horizontaler Qualitätsvariation, bei der die Produktvariation praktisch keine Kosten bedingt, und vertikaler Qualitätsvariation, die mit gleichgerichteten Kostenänderungen einhergeht. (Eine dritte Form, die innovatorische Qualitätsvariation, braucht hier nicht gesondert behandelt zu werden. Im Vergleich zum Produktmarktraumkonzept kann durch diese Form die Überlegenheit des Ansatzes von Abbott nicht begründet werden.) Die optimale Qualitätsbestimmung bei horizontaler Qualitätsvariation wird aus einem anschaulichen Modell abgeleitet, das aber nur schwer über die in der Mikrotheorie oft anzutreffenden Annahmen *gleichmäßiger Verteilung der Nachfragerpräferenzen* auf *einer* Eigenschaftsachse hinaus erweitert werden kann. Optimale Qualitätsbestimmung bei heterogener Qualitätsvariation setzt unter anderem die Kenntnis einer "Optionskurve" voraus; das ist eine qualitätsabhängige Nachfragekurve. Damit wird die Aggregierbarkeit der Präferenzen sowohl über die potentiellen Nachfrager als auch über Eigenschaften (zum Qualitätsmaß) unterstellt. Auf beide Unterstellungen kann im Produktmarktraum verzichtet werden, weil die Produktvorstellungen jedes potentiellen Nachfragers einzeln abgebildet und im Entscheidungsmodell weiterverarbeitet werden.

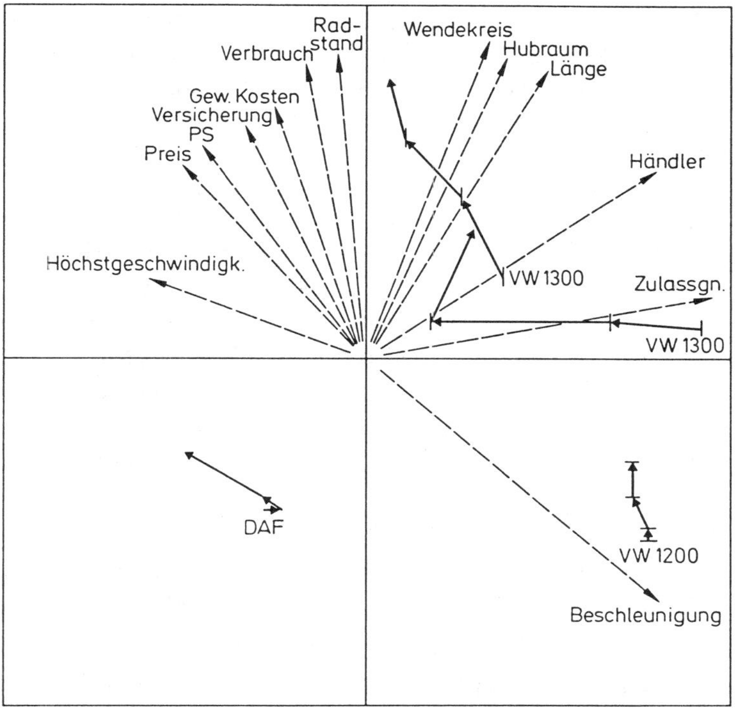

Abb. 9.4: Auszug aus einer simultanen Dynamisierung des Automobilmarktes von 1970 - 1973 mit MDSCAL (nach Schobert [Dynamisierung]) (Beginn der gerichteten Strecken: 1970, Ende der gerichteten Strecken: 1973)

In der Realität muß von der Möglichkeit von Idealpunktclustern der Käufer ausgegangen werden. Damit sowie mit der in analytischen Modellen üblichen Rechnung mit beliebig hoher Anzahl von Produkteigenschaften erweist sich das Konzept des Produktmarktraumes und die darauf aufbauende Planung als überlegen. Die *Planung der Veränderung des Eigenschaftsbündels eines Produktes soll sich also auf den Produktmarktraum stützen.* Die Ermittlung eines solchen Raumes bei Konstanz der Dimensionen über die Zeit behandeln Moore und Winer [Method]. Sie zeigen auch die Verbindung zwischen der Produktposition, ihrem Abstand zum Idealpunkt und dem Marktanteil. Die in Abschn. 5.4 entwickelten Planungsmodelle für die optimale Positionierung eines neuen Produktes können für Produktvariationen entsprechend eingesetzt werden. Das potentiell zu variierende Produkt wird bei den Optimierungsrechnungen so behandelt, als wenn es nicht existierte. Das errechnete optimale Eigenschaftsbündel eines neuen Produktes wird dann mit dem potentiell zu variierenden Produkt verglichen, woraus Art und Umfang der Änderungen erkennbar werden.

Natürlich gelten die aus den Optimierungsrechnungen im Produktmarktraum abgeleiteten Empfehlungen nur, soweit die angestrebte Produktvariation keine Rückwirkungen im Produktmarkt oder im eigenen Angebotsprogramm auslöst. Eine Produktvariation, die vorhandene Komplementaritäten zwischen Produkten im eigenen Angebotsprogramm schwächt oder zerstört, ist auf diese Weise nicht zu erfassen (z. B. Veränderungen von Blitzlichtern, die dann nicht mehr auf Photoapparate desselben Herstellers passen). Hierfür sind jeweils gesonderte Variationsbeschränkungen zu berücksichtigen.

Neben der Frage nach der Art des durch Variation gestalteten neuen Eigenschaftsbündels ist die damit interdependente Frage nach dem Zeitpunkt der Variation zu lösen. Hier sind zwei Fragen zu beantworten:

(1) Ist es *vorteilhaft*, zu einem *künftigen Zeitpunkt t* eine durch das Produktpositionierungsmodell (und gegebenenfalls erforderliche Ergebniskorrekturen) ermittelte Produktvariation durchzuführen?

(2) Ist es *vorteilhafter*, die Produkt*variation zum Zeitpunkt (t + 1)* durchzuführen?

Aus der Antwort auf die zweite Frage kann geschlossen werden, ob tatsächlich zum Zeitpunkt t zu handeln ist oder ob ein Aufschub der vorgesehenen Variationen um wenigstens eine Periode sinnvoll erscheint. Zur Beantwortung der Fragen ist in Rechnung zu stellen, daß es einen *zeitlichen Imagetransfer* geben kann. Das bedeutet, daß im Zeitpunkt der Ablösung eines Vorläufer-Produktes ein Teil seines Images auf ein Nachfolger-Produkt übertragen werden kann. Bei "Persil" ist dies trotz starker Änderung der Produkteigenschaften immer wieder gelungen (Henkel [Persil]). Besteht die Gefahr, daß die negativen Image-Bestandteile dabei überwiegen, so muß versucht werden, den Transfer zu unterbinden, z. B. durch eine neue Benennung des Produktes. Behauptete Schwierigkeiten mit dem Automatikgetriebe des Audi 5000 in den USA haben den Hersteller bewogen, die dort benutzte Typenbezeichnung in Audi 100 zu ändern. Diese Entscheidung wird man so schnell wie möglich treffen und realisieren. Überwiegen die positiven Image-Bestandteile im Transfer, so wird damit der optimale Zeitpunkt des Übergangs vom Vorläufer- zum Nachfolger-Produkt beeinflußt. Der optimale Zeitpunkt ist erreicht, wenn der Grenzdeckungsbeitrag bezüglich der Zeit dem Wert der Imageänderung bezüglich der Zeit entspricht; die Werteinheit soll die Kapitalwerterhöhung des Nachfolge-Produktes messen, wenn die Absatzmenge des Vorläufer-Produktes im Ablösungszeitpunkt um eine Einheit höher liegt (Simon [Goodwill]). Man wird dies nur subjektiv schätzen können.

Der *Ablösezeitpunkt liegt bei positivem Imagetransfer um so später*,

- je *höher der Deckungsbeitrag des Vorläufer*-Produktes ist,
- je *geringer der Wert der Image-Übertragung* ist und
- je *höher die Entwicklungskosten für das Nachfolger-Produkt* sind, die sich in seiner Annuität niederschlagen.

Eine Ablösung ist im Falle eines Imagetransfers also nicht so lange hinauszuschieben, bis der Deckungsbeitrag des Vorläufer-Produktes auf Null sinkt. In Abb. 9.5 werden die Zusammenhänge verdeutlicht.

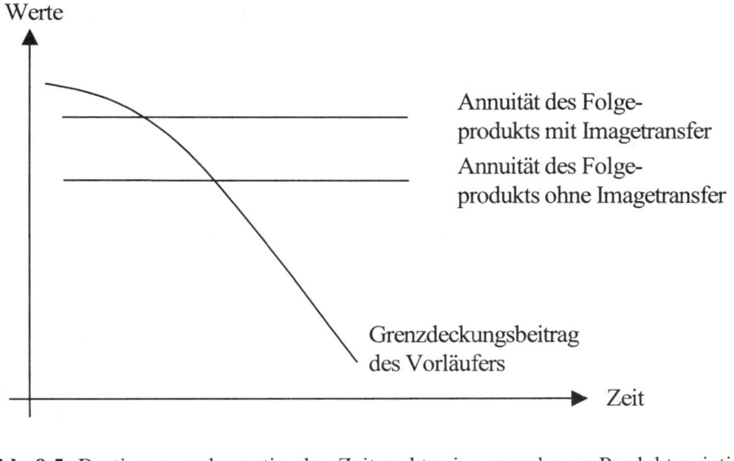

Abb. 9.5: Bestimmung des optimalen Zeitpunkts einer gegebenen Produktvariation

Als *Vorteilhaftigkeitskriterium der Produktvariation* (ohne Imagetransfer) könnte der *Kapitalwert des Zahlungsstroms* herangezogen werden, der sich als *Differenz zwischen dem Produkt vor und nach seiner Variation* ergibt. In erster Linie sind dazu Auszahlungen für Vorbereitung und Durchführung der Produktvariation und erwartete Erlöszuwächse nach der Durchführung der Produktvariation auf den Entscheidungszeitpunkt zu diskontieren. Allerdings kann diese Aufgabenstellung durch Interdependenzen zwischen den Produkten erschwert werden. Dämpft z. B. ein Nachfolgeprodukt mit höheren Stückerlösen die Nachfrage nach dem Vorgängerprodukt eines Monopolisten, so sollte bei geringen Produktverbesserungen das alte Produkt auslaufen, bei größeren Produktverbesserungen aber sogar der Rückkauf der Handelsbestände erwogen werden, um die Abverkäufe des neuen Produktes zu erleichtern (Levinthal, Puroleit [Goods]). Die Vorankündigung des Nachfolgeprodukts ist dann grundsätzlich günstiger als der Verzicht darauf.

Interdependenzen auf der Produktionsseite bleiben hier außer Betracht. Diese können in der Realität die Kalkulationen zusätzlich erschweren. Darauf weisen folgende Beobachtungen hin: Je stärker Produktionsprozesse spezialisiert werden, um so eher können in ihnen mit steigender Ausbringungsmenge Kostensenkungen erwartet werden; die Spezialisierung erfordert gleichzeitig aber eine "systemische" oder integrative Abstimmung zwischen Produktionsprozessen; je weiter diese beiden Erscheinungen fortschreiten, um so höher werden die mit Produktvariationen verbundenen Aufwendungen zur Produktionsumstellung. Abernathy [Dilemma] hat gezeigt, wie Ford sich mit der Produktion des Modells T durch fortgesetzte Spezialisierung der Produktionsanlagen in einen "systemischen" Zustand brachte, in dem eine Produktvariation nur noch um den hohen Preis der mehrmonatigen Fabrikstillegung und damit hoher Erlöseinbußen möglich war, während vor diesem Zeitpunkt aufgrund real sinkender Fahrzeugpreise eine Marktentwicklungs-Strategie verfolgt wurde.

Regelmäßige und unregelmäßige Variation

Produktvariationen können an den Produktlebenszyklus anknüpfend in unregelmäßiger Folge ausgelöst werden. Sie können aber auch regelmäßig vorgenommen werden, so daß sie durch Käufer und Wettbewerber prognostizierbar sind. Das schwächt prinzipiell die Position des Anbieters.

Die *Politik unregelmäßiger Produktvariation* kann dazu führen, daß der Lebenszyklus selbst für Güter des täglichen Bedarfs über viele Jahrzehnte hin ausgedehnt wird.

Ein Beispiel hierfür ist das seit 1907 angebotene Vollwaschmittel "Persil" von Henkel. Seine Zusammensetzung wurde im Laufe der Zeit mehrfach variiert, z. B. um

(1) verändertem Rohstoffangebot zu entsprechen (im Ersten Weltkrieg bis 1920 und vor dem Zweiten Weltkrieg, schließlich 1959 mit der Einführung des Waschmittels auf synthetischer Basis),

(2) veränderter Waschtechnik entgegenzukommen (Waschmaschinen nach 1950),

(3) veränderte Gewebearten behandeln zu können (Übergang von natürlichen zu synthetischen Fasern),

(4) einen höheren Weißegrad zu erreichen (durch optische Aufheller),

(5) einem gestiegenen Umweltbewußtsein Rechnung zu tragen, durch Verzicht auf schwer abbaubare Phosphate,

(6) farberhaltendes und gewebeschonendes Waschen zu ermöglichen (Henkel [Persil]).

Bei der *Politik zeitlich regelmäßiger* Produktvariation ist unter verschiedenen zeitlichen, den Variationsrhythmus bestimmenden und produktgestalterischen Alternativen die vorteilhafteste zu wählen. Hierfür können die oben (Abschn. 5.4 und 5.5) erwähnten Planungsmodelle mit vorgegebenen Produktalternativen eingesetzt werden.

Diese *Politik regelmäßiger Produktvariationen* ist in die Automobilindustrie offenbar eher unmerklich eingedrungen:

"At the General Sales Committee meeting on July 29, 1925, ... we called our new cars "annual models" but did our best to avoid a formal commitment to the concept.

General Motors in fact had annual models in the twenties, every year after 1923, and has had them ever since, but ... we had not in 1925 formulated the concept in the way it is known today. When we formulated it I cannot say. It was a matter of evolution. Eventually the fact that we made yearly changes, and the recognition of the necessity of change, forced us into regularizing change. When change became regularized, some time in the 1930s, we began to speak of annual model" (Sloan [General Motors] 165, 167).

Es kann nicht davon ausgegangen werden, daß Käufer eines Produktes auch deren Produktvariation erwerben, selbst wenn dafür ein latentes Bedürfnis besteht. Die Erwartung auf aufeinander folgende Produktvariationen kann ein Überspringen eines oder mehrerer Generationen des Produktes zur Folge haben. Man spricht auch vom "*Leapfrogging*". Dafür sind Wahrnehmungen der Eigenschaften des derzeit genutzten Produktes, Erwartungen über die Eigenschaften neuer Produkte sowie der Zeitpunkt ihrer Verfügbarkeit und die damit verbundenen Unsicherheiten relevant (Gierl [Leapfrogging]).

Kontrolle

Nach der *Durchführung einer Produktvariation ist zu kontrollieren*, ob und in welchem Ausmaß die gewünschten Effekte erreicht werden. Eine bloß visuelle Betrachtung von Datenreihen reicht wegen der Vielfalt der ihren Verlauf bestimmenden Effekte dafür nicht aus. Es geht vielmehr darum, einen Testansatz zu finden, der eine schlüssige Interpretation erlaubt.

Ein möglicher, sehr einfacher Testansatz beruht auf dem *Regressionsmodell.* Es sei angenommen, daß der Absatz eines i-ten Produktes in der t-ten Periode U_{it} linear von den exogenen Variablen $z_{l_{it}}$, $l = 1, 2, ..., L$, abhänge:

$$(1)\ U_{it} = a_0 + \sum_{l=1}^{L} a_{l_i} z_{l_{it}} + e_{it},$$

worin e_{it} eine Störvariable und a_o, a_{l_i}, für alle i und alle l Parameter sind. Man führt nun die Hilfsvariable (dummy)

$$(2)\ Z_{it} = \begin{cases} 0, \text{für } t < t' \\ 1, \text{für } t \geq t' \end{cases}$$

ein, wobei t' die Zeitperiode ist, in der die Produktvariation am Markt eingeführt wird. Wir erweitern nun:

$$(3)\ U_{it} = a_0 + \sum_{l=1}^{L} a_{l_i} z_{l_{it}} + a_{L+1,i} Z_{it} + e_{it}.$$

Eine wirksame Produktvariation wäre im Idealfall daran zu erkennen, daß sich die in (1) und (3) übereinstimmenden Parameter bei einer Schätzung nicht signifikant unterscheiden und für $a_{L+1,i}$ ein positiver Wert geschätzt wird. Er ist als der auf die Produktvariation zurückzuführende Umsatz des i-ten Produktes je Periode zu interpretieren.

In einem Konsumgütermarkt wurde im Oktober 1978 eine Produktvariation vorgenommen. Abb. 9.6 zeigt die Entwicklung des Marktanteils des betrachteten Produktes. Obwohl tendenziell bis zum Oktober 1981 eher Marktanteilsverluste auftreten, zeigt die schwarze Fläche einen "Produktvariationserfolg". Diese Fläche entspricht im Idealfall dem über die Zeitspanne vom Oktober 1978 bis zum Oktober 1981 addierten Wert von

$$\sum_{t} a_{L+1} \cdot Z_t$$

aus der Gleichung (3), worin der Produktindex i weggelassen ist, und der Zufallsabweichung der Schätzung. In der unternehmensinternen Diskussion ist die Zufallsabweichung fälschlich nicht vom Effekt der Produktvariation getrennt worden. Wenn der Zufallsfehler, wie die Regressionsrechnung annimmt, den Erwartungswert Null hat, ist dies für eine Gesamtbetrachtung über eine Vielzahl von Monaten unbedeutend. Es verzerrt aber die Werte in den Einzelmonaten.

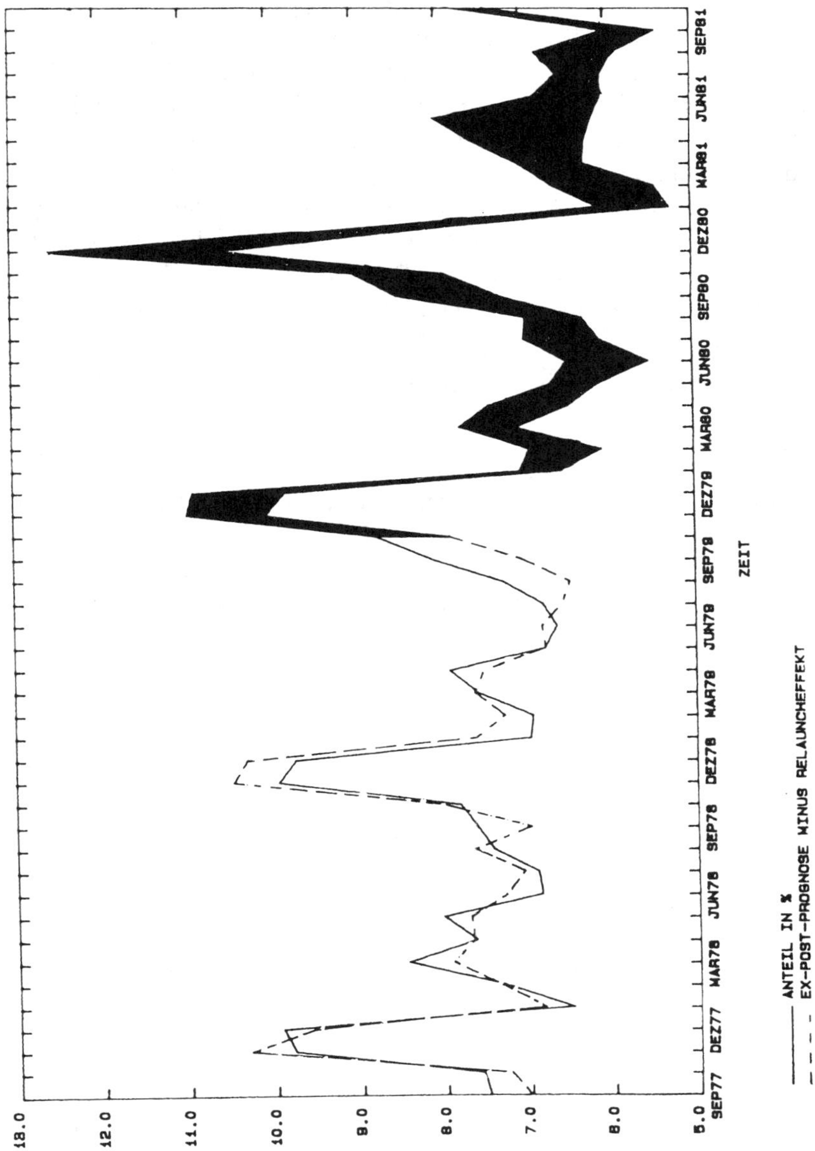

Abb. 9.6: Marktanteil und Ex-Post-Prognose durch multiple Regression mit Produktvariationseffekt

Ein *zweiter möglicher Testansatz beruht auf einem zeitreihenanalytischen Modell*, das hier aber nicht vollständig darstellbar ist (Nenning, Topritzhofer, Wagner [Produktrelaunch]). Neben dem Wirkungsmodell (2) wird dabei auch ein Wirkungsmodell untersucht, bei dem die *Produktvariation als zeitraumbezogenes Ereignis* betrachtet wird. In diesem Fall wird der ursprünglichen Zeitreihe von Absatzwerten ein sprunghaft in t' einsetzender Impuls überlagert, dessen Wirkung nicht - wie oben angenommen - gleich bleibt, sondern langsam wieder abklingt. Eine ähnliche Wirkung könnte durch eine Gewichtung von Z_{it} mit $f(t'-t)$ erreicht werden, wenn eine Modellvorstellung für $f(\cdot)$ vorweg spezifiziert werden kann. Von Schlegel [Produktvariation] wird z. B. der leicht zu schätzende lineare Verlauf $f(t'-t) = a_{L+1,i} \cdot (t'-t)$ angenommen.

Die besprochenen Schätzverfahren haben allerdings einen gravierenden Nachteil. Sie unterstellen einen sehr einfachen experimentellen Aufbau der Form

$$B_1 - E - B_2$$

(vgl. dazu Abschn. 7.3.2.1). Dabei kann die Reliabilität z. B. deshalb gestört sein, weil parallel zu dem Relaunch-"Experiment" fördernde oder störende Einflüsse wirken können. Es müßte deshalb im einzelnen geprüft werden, ob diese kontrollierbar sind oder ein Relaunch-Test in der Versuchsanordnung (T2) möglich ist, wenigstens aber in der Form

$$\begin{array}{l} B_1 - E - B_2 \\ C_1 - \quad - C_2. \end{array}$$

Produktvariation dient der Wiederbelebung sinkender Produktattraktivität. Sie kann auf der Grundlage von Produktpositionierungsmodellen geplant werden. Regelmäßige und unregelmäßige Produktvariationen kommen vor. Ihre Wirkungskontrolle kann aufgrund von Regressionsmodellen erfolgen.

Aufgabe zu Abschnitt 9

Aufgabe 9.1

Schlegel [Produktvariation] hat eine Untersuchung der Zweckmäßigkeit von "facelifts" während der Modellaufzeit von Personenkraftwagen im Vergleich zur früheren Einführung eines neuen Modells vorgelegt. In seinem Grundmodell macht er die Annahmen:

(1) Stückzahl und Ertrag eines Modells fallen während seiner Laufzeit linear.

(2) Ertragszuwächse sind den Sonderkosten (für Entwicklung und Investition) bei Produktvariationen proportional.

(3) Facelifts verlängern die Modellaufzeit um genau eine Jahresperiode. Damit werden Sonderkosten zur Modellentwicklung freigesetzt, die für eine Neuentwicklung eingesetzt werden sollen.

(4) Facelifts werden nach der halben Modellaufzeit durchgeführt. Die Entwicklung der durch sie ausgelösten Ertragszuwächse baut sich bis zum Zeitpunkt des nachfolgenden Modellwechsels linear ab.

Er ermittelt dann, daß bei Modellaufzeiten von mehr als zwei Jahren "facelifts" im Vergleich mit vorgezogenen Modellwechseln immer unvorteilhaft sind. Dabei wird ein Zeitraum von t (t-1) Jahren betrachtet, wobei t die Modellaufzeit ohne "facelift" ist.

Stellen Sie Argumente zusammen, die gegen das eigentlich überraschende Ergebnis sprechen könnten und damit ein anderes Verhalten der Automobilhersteller erklären könnten.

(Eine Lösung ist angegeben).

10. Produktdifferenzierung

10.1 Statische Aspekte

Bei *Produktdifferenzierung* bietet *ein Hersteller zu einem gegebenen Zeitpunkt in einem Produktmarkt mehrere Produkte* an. Eines dieser Produkte kann willkürlich, z. B. weil es als erstes überhaupt angeboten wurde oder weil es die höchste Nachfrage auf sich zieht, als Grundmodell bezeichnet werden. Die übrigen Produkte desselben Herstellers heißen *Varianten.* Zwischen Grundmodell und Varianten ist ein ein- oder wechselseitiger Imagetransfer möglich. Die hier gewählte Definition eines Produktes erlaubt es ohne weiteres, als Richtung der Produktdifferenzierung die Kombination des Grundmodells mit verschiedenen Dienstleistungen (value added services) vorzusehen.

Beispiele für die Produktdiffernzierung sind "Abrundungen" von Angebotsprogrammen nach "unten" (Volvo 343; Mercedes 190; Mercedes A-Klasse; Swatch) oder nach "oben" (Audi A 8; Eintritt des Volkswagenkonzerns in die Luxusklasse durch Unternehmenserwerb; Maybach-Planung bei Daimler Benz).

In Abb. 9.2 wurde die zeitliche Folge von Produktvariationen und Produktdifferenzierungen bei PKW-Modellen des VW-Käfer-Typs dargestellt. Andere Modelle desselben Herstellers (Transporter, PKW in Ponton-Form, Sonderfertigungen) werden dabei vernachlässigt. Die Produktdifferenzierung führt zur Überlagerung der an der Produktionsmenge gemessenen Produktlebenszyklen, wie dies schematisch in Abb. 5.1 dargestellt wurde. Aus einer Überlagerung der Absatzmengen der in Abb. 9.2 betrachteten Produkte erhält man die Darstellung der Abb. 10.1.

Eine Ursache ist im *Wettbewerbsdruck* zu sehen. In der Elektronikindustrie führt die Verkürzung der Produktneueinführungsintervalle dazu, daß verschiedene Produktlinien gleichzeitig am Markt angeboten werden. Tatsächliche und ideale Intervalle von Produktneueinführungen liegen signifikant unter den entsprechenden Marktlebensdauern der Produkte (Coenenberg, Prillmann [Variantenvielfalt] 1240 f.).

Eine weitere *Ursache* der Produktdifferenzierung ist die *Heterogenität der Bedürfnisse.* Diese äußert sich aber aus wohlverstandenen Nutzenüberlegungen der Käufer als nicht so groß, daß Einzelfertigungen erforderlich werden.

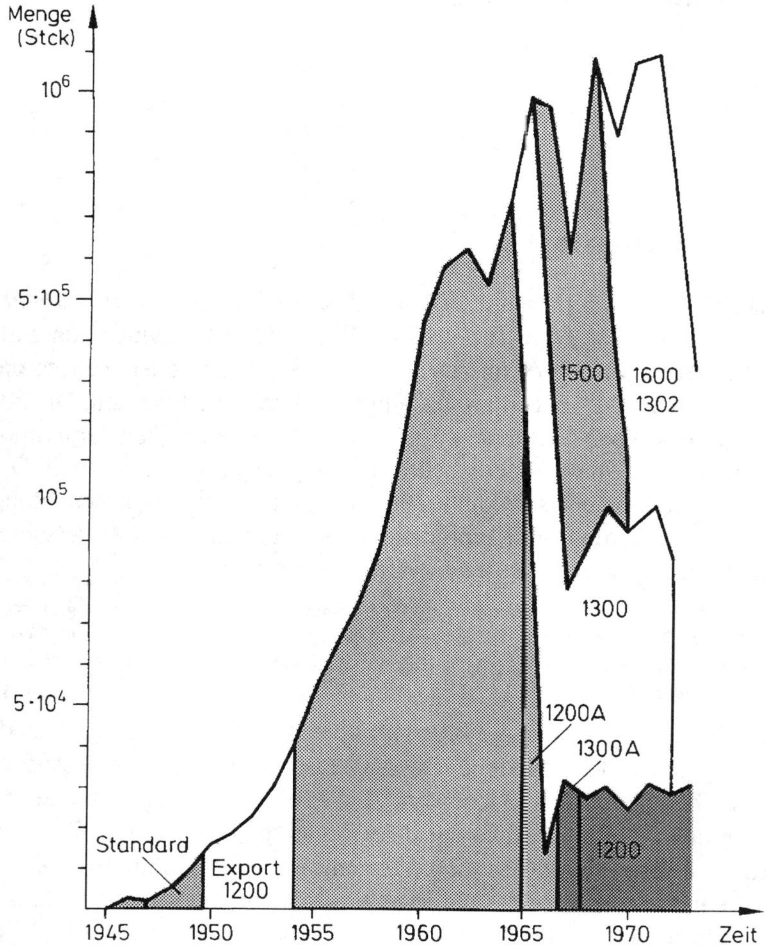

Abb. 10.1: Jährliche Produktionsmengen des VW-Käfer-Modells

Einzelfertigung stellt den höchstmöglichen Grad an Produktdifferenzierung dar. Sie erlaubt, eine optimale Zusammenstellung von Produkteigenschaften aus Sicht *eines* Käufers zu finden, d. h. die Idealproduktvorstellung zu realisieren. Sie ist ein produktionstechnisch sehr aufwendiges Verfahren, woraus hohe Preisforderungen folgen. Demgegenüber führt völliger Verzicht auf die Produktdifferenzierung dazu, daß die Produkte sich nur für wenige Käufer mit ihren Idealproduktvorstellungen decken, sie aber in der Regel kostengünstiger herzustellen sind. Zwischen beiden Extremen liegt die Befriedigung der vergleichsweise homogenen Idealproduktvorstellungen von Käufergruppen, die als Marktsegmente bezeichnet werden.

Bei der willkürlichen Marktsegmentierung gilt die aus der Preispolitik ableitbare Regel, daß die Grenzerlöse jedes der Segmente die Grenzkosten nicht unterschreiten dürfen. Diese Aussage ist aber als Entscheidungsregel vor allem durch Informationen über zu erwartende Erlöse der Segmente zu operationalisieren. Zuvor muß gezeigt werden, wie sich die Zahl der Varianten bei Veränderungen von Eigenschaften entwickelt, wenn man davon ausgeht, daß die Kosten durch die Variantenanzahl bestimmt werden.

Planungsmodelle

Das Grundmodell eines Produkts sei in $j' = 1, 2, ..., J'$ Eigenschaften variabel. Die j'-te Eigenschaft könne diskontinuierlich in $s_{j'} = 1, 2, .., S_{j'}$ Stufen variiert werden, wobei das Grundmodell jeweils die Stufe Eins einnehme. Die Zahl der Produkte ist dann:

$$\text{Grundmodell} + \text{Zahl der Varianten} = \prod_{j'=1}^{J'} s_{j'} \,.$$

Jede der Eigenschaften j' kann nur mit einer Stufe $s_{j'}$ in einem Produkt vorkommen. Darüber hinaus (oder alternativ) ist denkbar, daß Varianten dadurch gebildet werden können, daß aus einer Gesamtzahl von J" Ausstattungsmöglichkeiten jeweils $\hat{j} = 1,2,...,\hat{J} \leq J''$ ausgewählt werden können, nicht aber ausgewählt werden müssen. Daraus kann die

$$\text{Gesamtzahl der Varianten aus Ausstattungsmöglichkeiten} = \sum_{\hat{j}=1}^{\hat{J}} \binom{J''}{\hat{j}}$$

gebildet werden (*Kann-Varianten*). Beispiele hierfür wären Schiebedach, zusätzlicher Heckscheibenwischer und Nebelschlußleuchte am Auto. Da gerade auch diese Möglichkeiten die Variantenvielfalt erhöhen, werden häufig statt freier Wahl aller denkbaren Kombinationen bestimmte "Pakete" von Ausstattungsmöglichkeiten angeboten, z. B. Pakete für die Produktnutzung unter bestimmten, außergewöhnlichen Bedingungen (Ralley-Ausstattung) (Beispiele bei Schlegel [Produktdifferenzierung]; Dichtl et al. [Bestellverhalten]).

Häufig werden modular aufgebaute Geräte oder Anlagen angeboten. Die Alternativen werden einem hierarchisch gegliederten "*Baukasten*" entnommen. Er enthält die zu verknüpfenden *Muß- und Kann-Elemente*, aus denen eine Anlage zusammengebaut werden soll. Zur Verwaltung aller Möglichkeiten ist spezielle Software erforderlich. Einen Ausschnitt aus einem solchen Baukasten zeigt Abb. 10.2 für eine Werkzeugmaschine.

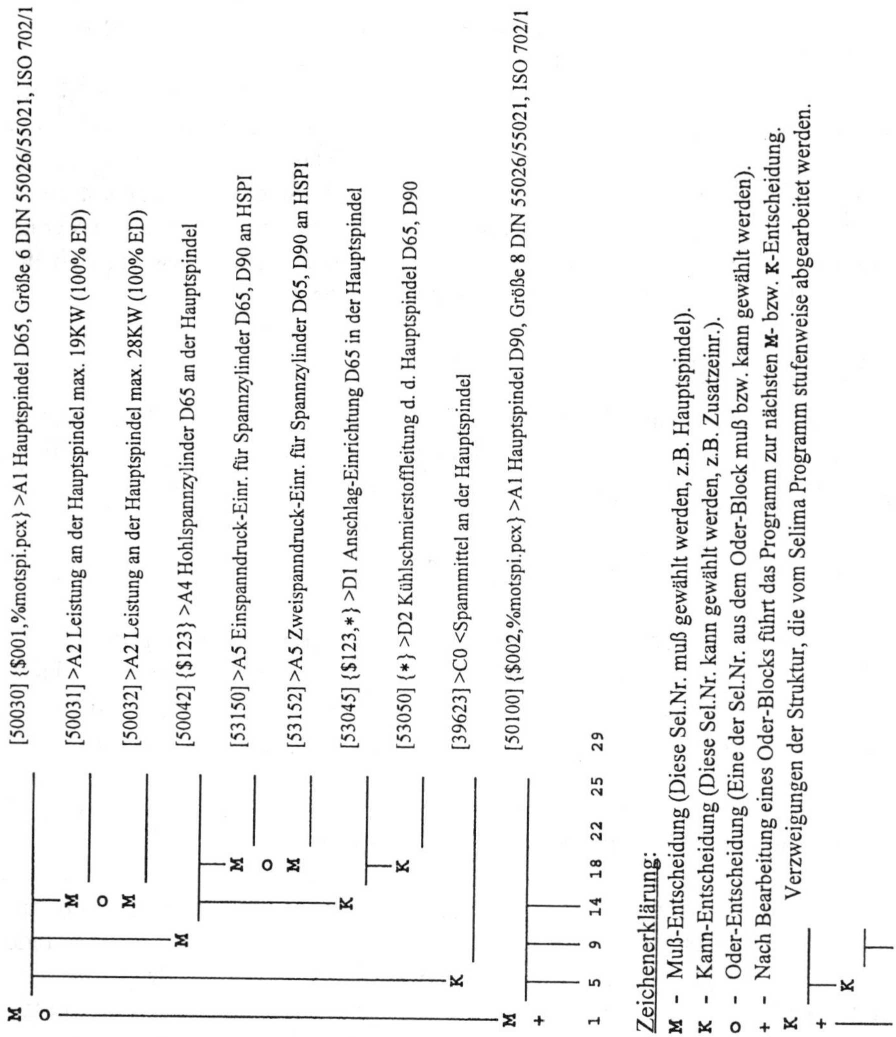

Abb. 10.2: Baukasten von Muß- und Kann-Elementen einer Werkzeugmaschine (Index-Werke GmbH & Co. KG Hahn und Tessky, Esslingen)

Die nach den Formeln schnell anschwellende Anzahl von Produkten *kann grundsätzlich gemeinsam mit der Bildung von Käufersegmenten optimiert werden*. Da diese Aufgabe aber erhebliche Lösungsschwierigkeiten vor allem für Probleme praxisnaher Größenordnung bietet, muß nach Möglichkeiten schrittweiser Problemlösung gesucht werden.

Die vergleichsweise einfachste Aufgabe besteht darin, eine Bewertung der Varianten vorzunehmen und auf dieser Grundlage auszuwählen. Dieser Ansatz erfordert, daß der Nutzen der Varianten für die Käufer festgestellt wird. Dazu kann man wieder auf die *Verbundmessung* zurückgreifen, vorausgesetzt, daß vorweg eine überschaubare Variantenzahl ausgewählt wurde (Green, Krieger [Approach]; Dobson, Kalish [Positioning]; McBride, Zufryden [Approach]). Dabei besteht natürlich die Gefahr, daß suboptimale Varianten präsentiert werden.

Die simultane optimale Ausstattung von Varianten mit Produkteigenschaften kann durch Erweiterung der Produktpositionierungsmodelle geplant werden. Nehmen wir an, daß die Zielfunktion des Anbieters darin bestehe, den Absatz zu maximieren:

$$(1)\quad \max \sum_{k=1}^{K} \sum_{l=1}^{L} s_k x_{kl},$$

wobei s_k der Bedarf des k-ten Käufers in der Produktgruppe ist und $x_{kl} = 1$, falls der k-te Käufer das *l*-te Produkt kauft, während sonst $x_{kl} = 0$ angenommen wird. Dabei gelten für k und *l* die bei den Summenzeichen angegebenen Laufindizes. Es werden nun folgende Annahmen als Nebenbedingungen formuliert (McBride, Zufryden [Approach] 130):

$$(2)\quad \sum_{l=1}^{L} x_{kl} \leq 1, \qquad k=1, 2, ..., K,$$

d. h. jeder Käufer kann höchstens einmal in der betrachteten Periode kaufen. Der Kauf des l-ten Produkts setzt voraus, daß dieses angeboten wird, was durch die (0,1)-ganzzahlige Variable y_l ausgedrückt werden soll. Damit ist zu fordern:

$$(3)\quad x_{kl} \leq y_l, \quad k=1, 2, ..., K, \quad l=1, 2, ..., L.$$

Der Käufer wird ein Produkt aber nur dann akzeptieren, wenn sein Nutzen höher ist als der von einem anderen Produkt erwartete Nutzen. Bezeichnet man den Produktnutzen des *l*-ten Produktes aus der Sicht des k-ten Käufers mit u_{kl}, so ist zu fordern:

$$(4)\quad y_m u_{km} - y_l u_{kl} \leq (1 - x_{kl}) M, \quad k=1, 2, ..., K,$$
$$m, l = 1, 2, ..., L, \quad m \neq l,$$

darin sind m und *l* Laufindizes für Produktvarianten. M ist eine beliebige, große Zahl. Es kann also zum Kauf der *l*-ten Variante durch den k-ten Käufer ($x_{kl} = 1$) kommen, wenn die *l*-te Variante angeboten wird ($y_l = 1$) und der Nutzen u_{kl} nicht kleiner ist als der Nutzen der übrigen angebotenen Varianten u_{km}.

Durch zusätzliche Nebenbedingungen kann zum Ausdruck gebracht werden, daß die Anzahl der Varianten zu beschränken ist (z. B. auf $L^* < L$) oder jede Variante eine Mindestzahl von Käufern finden muß; außerdem müssen die (0,1)-Bedingungen für die Variablen eingeführt werden.

Die hohe Anzahl der durch (2) bis (4) erforderlichen Nebenbedingungen ($K(1+L^2)$) erschwert eine Lösung des Problems. Deshalb schlagen die Autoren ein vereinfachtes Verfahren bei speziellen Annahmen über die Parameter vor. Beispielsrechnungen für 200 Käufer, 64 mögliche Varianten und eine Beschränkung auf 10 davon sind auf PCs schnell gelöst worden.

Zwei *Erweiterungen* bestehen in einer realistischeren Gestaltung der Zielfunktion. Hierbei wird einmal angenommen, daß der Entscheidungsträger nicht nur am Absatz interessiert sei, sondern an einer Maximierung der *Deckungsbeiträge* (p_l - c_l) der *l*-ten Variante, wobei p den Preis und c die Stückkosten angibt. Weiterhin soll die Einführung jeder Variante zu *variantenspezifischen Fixkosten* g_l führen. Damit erhält man statt (1) die Zielfunktion

$$(5) \quad \max \sum_{k=1}^{K} \sum_{l=1}^{L} (p_l - c_l) s_k x_{kl} - \sum_{l=1}^{L} g_l y_l \, .$$

Wird der *Preis als variabel* betrachtet, so ist die *Zielfunktion nichtlinear,* weil s_k von p_l abhängt. Der Zielfunktion entsprechend muß auch die Nebenbedingung (4) so formuliert werden, daß an die Stelle der Nutzen u_{kl} nun der Nettonutzen ($u_{kl} - u(p_l)$) tritt, also der Preis unmittelbar nutzensenkend wirkt.

Bei den bisher dargestellten Modellen fällt auf, daß die Planung der Eigenschaftsausprägung der Varianten nicht explizit möglich ist. Das erkennt man daran, daß Nutzen (u) nicht nach Eigenschaften disaggregiert sind.

Soll auch die Positionierung in den Kalkül einbezogen werden, das heißt die Eigenschaftsausprägungen simultan mit der Entscheidung über die anzubietenden Varianten getroffen werden, so muß der Nutzen aus einem Nutzenmodell erklärt werden. Hierzu kann, wie bei der Positionierung eines Produktes, das Idealpunkt-Modell herangezogen werden oder, wie bei den auf Verbundmessung beruhenden Ansätzen, das Teilpräferenzwertmodell.

Einer der Ansätze geht so vor, daß die Nebenbedingung (4) durch Bedingungen ersetzt wird, in denen der Nutzen durch ein Idealpunktmodell für jede Variante erklärt und in weiteren Bedingungen die Kaufannahme nach dem single choice-Modell abgebildet wird (Albers [Multiple Products]). Dies ist eine Erweiterung der im Kapitel 5.4.2 dargestellten Ansätze. Ein weiterer Ansatz versucht, solche Differenzierungsmöglichkeiten zu finden, die den dadurch möglichen Nachfragezuwachs über die Zielfunktion maximieren (Sudharsan, May, Gruca [Diffstrat]). In diesem Modell sind zugleich unterschiedliche Kaufverhaltensannahmen zu erfassen.

Die komplexen Modelle erfordern hohen Lösungsaufwand. Da oft aber heuristisch erarbeitete, gute Lösungen ausreichen, sind mehrere solcher heuristischen Verfahren entwickelt worden (Kohli, Sukumar [Heuristics]; Nair, Thakur, Wen [Solutions]). Das zur Beurteilung herangezogene Kriterium "Rechenzeit" wird allerdings wegen seiner sinkenden Kosten immer unbedeutender.

Abstimmung mit der Käufersegmentierung

Produktdifferenzierung kann nur sinnvoll sein, wenn die Präferenzen der potentiellen Käufer ebenfalls differenziert sind. In der empirischen Forschung sind drei unterschiedliche Vorgehensweisen bekannt, nach denen die beiden Problemkomplexe Produktdifferenzierung und Käufersegmentierung behandelt werden:

(1) *Zweistufiges, sequentielles Vorgehen*: es stand am Anfang der Bemühungen (Green, Krieger [Approach]).

(2) *Simultanes Vorgehen unter ausschließlicher Berücksichtigung von Produkteigenschaftsbewertungen* (Teilnutzenwerten) als Segmentierungsvariable: Dabei sind unterschiedliche Annahmen über die Zuordnung von Käufern zu Segmenten möglich, die in Aufteilungsmatrizen (partitioning matrices) erfaßt werden können (Vriens, Wedel, Wilms [Segmentation]). Diese Ansätze sind dem sequentiellen Vorgehen überlegen und deshalb vorzuziehen.

(3) *Simultanes Vorgehen unter Berücksichtigung weiterer Variablen*: das folgt der Idee von DeSarbo und Rao [Unfolding], wobei ausschließlich lineare Beziehungen zwischen den Variablen bestehen.

Insgesamt ist zu erkennen, daß es für die Planung der Produktdifferenzierung Lösungsmodelle gibt, die - wie im Falle des einzelnen Produktes - auf der Multidimensionalen Skalierung oder auf der Verbundmessung aufbauen, je nachdem, ob die Produkteigenschaftsausprägungen erst noch aufzudecken sind oder vorgegeben werden können.

Berücksichtigung von Wettbewerbseinflüssen

In den bisher betrachteten Modellen wird der Wettbewerb als gegeben und unbeeinflußt von den Aktionen des betrachteten Unternehmens angenommen. In mikrotheoretischen Modellen wird unterstellt, daß sich die Produkte nur hinsichtlich einer Eigenschaft unterscheiden, die als "Qualität" interpretiert werden kann. Es wird dann die Frage gestellt, ob höhere Gewinne dadurch zu erzielen sind, daß die Produkte der Wettbewerber identische Qualitäten haben oder die Wettbewerber abwechselnd ansteigende Qualitätsniveaus realisieren (vgl. Abb. 10.3). Man spricht von "*interlacing*" im Unterschied zu "*specialization*".

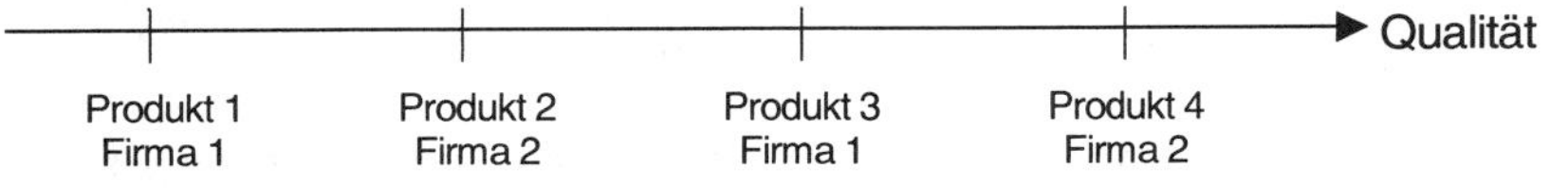

Abb. 10.3: Abwechselnde Belegung von Qualitätsniveaus (Verflechtung)

Folgende Ergebnisse sind dafür abgeleitet worden:

- Sind die Nachfragerbedürfnisse (Idealpunkte) gleichmäßig über die Qualitätsachse verteilt, so ist die Spezialisierung der Verflechtung vorzuziehen, weil mit den am weitesten auseinanderliegenden Produkten eine fast autonome Preispolitik betrieben werden kann (Brander, Eaton [Rivalry]).
- Sind die Nachfragerbedürfnisse über die Qualitätsachse ansteigend verteilt, so gilt dies nicht mehr, weil eines der Unternehmen die unvorteilhaftere Spezialisierungsposition innehat.
- Identische Produktqualitätsangebote der Wettbewerber können sinnvoll sein, wenn Nachfrager ein Bedürfnis nach Qualitätswechseln haben und zugleich Wettbewerber bevorzugen, die alle Qualitätsniveaus anbieten (Klemperer [Equilibrium]).

Es ist also erkennbar, daß Interdependenzen mit der Preispolitik, die Verteilung der Idealpunkte und das Kaufverhalten von entscheidendem Einfluß auf die optimale Produktdifferenzierung sind.

> *Produktdifferenzierung hat Erlös- und Kostenwirkungen. Es ist zwischen Differenzierungen durch Kann- und Mußkomponenten zu unterscheiden. Zur Planung der Differenzierung sind Erweiterungen der Ansätze für die optimale Produktpositionierung geeignet.*

10.2 Dynamische Aspekte

Auch für die Produktdifferenzierung ist die Frage zu beantworten: Wann soll eine Produktdifferenzierung erfolgen? Die Antwort wird im wesentlichen durch zwei, in ihren wirtschaftlichen Folgen unterschiedliche Wirkungen der Produktdifferenzierung beeinflußt.

Einmal nämlich kann die Produktdifferenzierung zu einer Ausweitung des Marktes führen. Kunden, die bisher keinen Kauf erwogen haben, können nun als Käufer gewonnen werden, weil das differenzierte Produkt ihren Bedürfnissen in ausreichendem Maße entspricht. Zum anderen kann ein Kannibalisierungseffekt auftreten, indem ein Teil der Käufer der ursprünglichen Produktversionen nun zu den neuen Angeboten wechselt. Ausmaß und Bedeutung dieses Effekts werden aus dem folgenden Beispiel ersichtlich:

"Gnadenlos und verzweifelt ist wohl der Wettbewerb im Autogeschäft. Mit dem A3, seinem neuen Modell der Golfklasse, nimmt der Autohersteller Audi Kannibalisierungseffekte im eigenen und im Mutterhaus in Kauf, um junge Kunden (beruflich erfolgreich, kinderlos und gut ausgebildet) frühzeitig an die Marke zu binden und im Verdrängungswettbewerb mit anderen Herstellern Punkte zu machen.

So wird der komfortable, spurtstarke und preiwerte kleine Audi nicht nur dem VW Golf GTI Kunden abjagen, sondern auch dem etwas größeren und teureren Audi A4. Vielleicht 30 Prozent der A3-Verkäufe gingen auf Kosten anderer Produkte des Volkswagen-Konzerns, vermutet Audi-Vertriebsvorstand Graham Morris. Doch der Nettoeffekt von 70 Prozent scheint sein Geld wert zu sein, zumal das Image der Marke damit jugendlicher wird und einmal gewonnene Kunden später vielleicht größere und teurere Audis kaufen.

Einen Marktanteil von 6,6 bis 6,7 Prozent soll Audi in Deutschland Ende 1997 erreicht haben, dann, wenn der kleine A3 sein erstes volles Jahr auf dem Markt ist. Derzeit sind es 5,7 Prozent; 6,5 waren es im ersten Quartal 1995, als sich der A4 sehr gut verkaufte. Aufgrund dieses Basiseffekts seien die A4-Auslieferungen gesunken, erklärt Morris.

20 000 bis 30 000 sollen in diesem Jahr noch vom A3 verkauft werden, der von September an zu Preisen zwischen 30 900 und 34 500 DM zu haben ist. 100 000 sollen es im kommenden Jahr werden." (Quelle: Frankfurter Allgemeine Zeitung, 06.07.1996, S. 18).

Je nachdem, wie diese Marktausweitungs- und Kannibalisierungseffekte im Laufe der Zeit zu bewerten sind, sollte es zu früheren oder späteren Differenzierungen kommen. Der Verzicht auf die sehr schnelle Einführung von Taschenbuchausgaben nach Markteinführung gebundener Werke läßt z. B. vermuten, daß die Kannibalisierungsgefahren hoch und die Marktausweitung niedrig eingeschätzt werden.

Die modellmäßige Behandlung dynamischer Differenzierungsentscheidungen ist wegen der Vielfalt der Einflußgrößen sehr schwierig. Coenenberg, Prillmann ([Variantenvielfalt] 1234 f.) zeigen dies für den Zusammenhang zwischen Variantenvielfalt und Unternehmenserfolg in der Elektroindustrie.

Sudharshan, May, Gruca ([Diffstrat] 52 ff.) meinen, daß wenn überhaupt Differenzierung vorgenommen werden soll, diese mit der Markteinführung des ursprünglichen Produktes simultan und zeitgleich vorzunehmen sei. Dies sei günstiger als eine spätere Differenzierung, die sie "sequentiell" nennen. Allerdings beruht diese Erkenntnis darauf, daß für eine "sofortige" Differenzierung keine finanziellen Beschränkungen bestehen. Außerdem wird die Nachfrage in der einzigen betrachteten Periode ausgeübt, es werden also keine Lebenszyklen der Produkte mit mehr oder weniger an einer Neuheit interessierten Käufern angenommen. Moorthy und Png [Segmentation] behandeln dagegen einen etwas allgemeineren Fall, bei dem maximal zwei Produktqualitäten angeboten werden sollen, für die es auch zwei Nachfragersegmente gibt. Es ist zu entscheiden, ob beide Qualitäten angeboten werden sollen, diese sofort oder nacheinander einzuführen sind. Es wird gezeigt, daß

(1) bei einer starken Kannibalisierungsgefahr nur ein Produkt eingeführt werden sollte, wenn die Kunden relativ "geduldig" sind, also eine geringe Diskontierung vornehmen, bei Ungeduld der Kunden aber beide Produkte nacheinander zu den vorher festgelegten Zeitpunkten;

(2) bei geringer Kannibalisierungsgefahr beide Produkte gleichzeitig eingeführt werden können;

(3) grundsätzlich das Produkt mit der höheren Qualität vor dem mit der geringeren Qualität eingeführt werden sollte (weil sich sonst die Käufer aus dem das hochqualitative Produkt bevorzugenden Segment zum Kauf des weniger guten Produkt entschließen, dies aber kaum umgekehrt gilt);

(4) die geringere Qualität niedriger liegen sollte als bei einer unabhängig von der höheren Produktqualität vorgenommenen Qualitätsoptimierung, womit dem Kannibalisierungsverhalten entgegengewirkt werden kann;

(5) bei Netzwerkgütern, deren Wert mit ihrer Verbreitung zunimmt, spezifische Effekte auftreten können, vor allem aber laufende Produktverbesserungen (upgrading) eine optimale Differenzierungsstrategie darstellen (hierzu: Padmanabhan, Rajiv, Srinivasan [Products]).

Objektive Qualität und subjektive Qualitätswahrnehmung stimmen bei der Ableitung dieser Ergebnisse annahmegemäß überein. Davon abgesehen wird sichtbar, daß die befürchtete Stärke der Kannibalisierungseffekte und die Diskontierungsraten (neben weiteren, hier nicht hervorgehobenen Größen) die Differenzierungsentscheidung beeinflussen, selbst dann, wenn über den Zeitpunkt der Differenzierung selbst nicht nachgedacht werden muß. An diesem Aspekt der Entscheidung setzen Wilson und Norton [Entry] an. Sie verwenden das Diffusionsmodell von Bass [Product] (vgl. Abschn. 5.1), um die Diffusion der Information über die zu jedem Zeitpunkt verfügbaren Produkte darzustellen. Analog zum Modell von Bass handelt es sich dabei um Gebrauchsgüter, die in der betrachteten Zeitspanne höchstens einmal von den informierten Käufern erworben werden. Im wesentlichen bestimmen nun die Deckungsbeiträge des Originals (π_1) und des Folgeprodukts ((π_2), der Anteil der Käufer des Originals vor (m_1) und nach Einführung des Folgeprodukts (m_2), der Anteil der Käufer des Folgeprodukts (m_3) und der Planungshorizont, wann die optimale Produkteinführung zu erfolgen hat. Differenzierungsspezifische Fixkosten werden ebensowenig angenommen wie ein Diskontierungszinsfuß für die Zahlungen. Aus dem Modell ist abzulesen, daß:

(1) bei kurzen Planungszeiträumen, relativ kleinen Gesamtdeckungsbeiträgen des Folgeprodukts im Vergleich zum Original und deutlichem Rückgang der Käufer für das Original bei Einführung des Folgeprodukts auf eine Differenzierung zu verzichten ist;

(2) bei kurzen Planungszeiträumen, relativ hohem Gesamtdeckungsbeitrag des Folgeprodukts im Vergleich zum Original oder nur geringfügigem Käuferrückgang für das Original bei Einführung des Folgeprodukts schon mit der Markteinführung des Originals auch eine Produktdifferenzierung vorgenommen werden sollte;

(3) Produktdifferenzierung zu einem späteren Zeitpunkt als bei der Markteinführung des Originals nur bei einem langen Planungszeitraum zweckmäßig ist, und zwar um so eher, je schneller der Gesamtdeckungsbeitrag des Folgeprodukts an den des Originals herankommt und das Original durch die Differenzierung eine deutliche Absatzeinbuße erleiden wird.

In Abb. 10.4 wird dieses Ergebnis der Modellrechnungen für Planungshorizonte von 125 und 150 Perioden dargestellt. Die Abszisse zeigt das Verhältnis der Käufer des Originals vor und nach Einführung einer Differenzierung (m_2/m_1). Die Ordinate zeigt das Verhältnis der Gesamtdeckungsbeiträge der Differenzierung zum Original vor Einführung der Differenzierung ($\pi_2 m_3/\pi_1 m_1$). Unterhalb der von links oben nach rechts unten verlaufenden, etwa diagonalen Kurve wird auf Differenzierung ganz verzichtet, oberhalb dieser Kurve ist Differenzierung angezeigt. In dem hellen Gebiet soll zeitgleich mit der Markteinführung des Originals differenziert werden, in dem kleineren, schraffiert erscheinenden Gebiet geben die Schraffurlinien den optimalen Zeitpunkt für eine Differenzierung an.

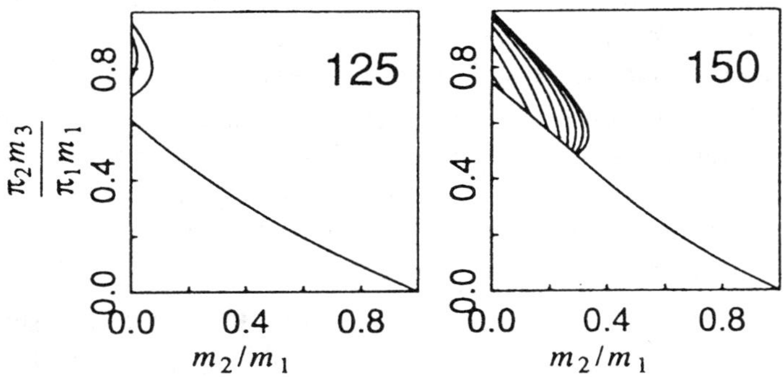

Abb. 10.4: Bestimmung des optimalen Differenzierungszeitpunktes (Wilson, Norton [Entry])

Bisher wurde von *einem* Zeitpunkt für die Differenzierungsentscheidung ausgegangen. In der Realität kann aber auch eine Folge weiterer Differenzierungen vorkommen, die noch komplexere Investitionskettenmodelle zur Entscheidungsunterstützung erfordern, als sie bisher betrachtet wurden. In Abbildung 10.5 wird dafür ein Beispiel gegeben. Die dabei angegebenen Zeiträume sind als ungefähre Zeitangaben anzusehen.

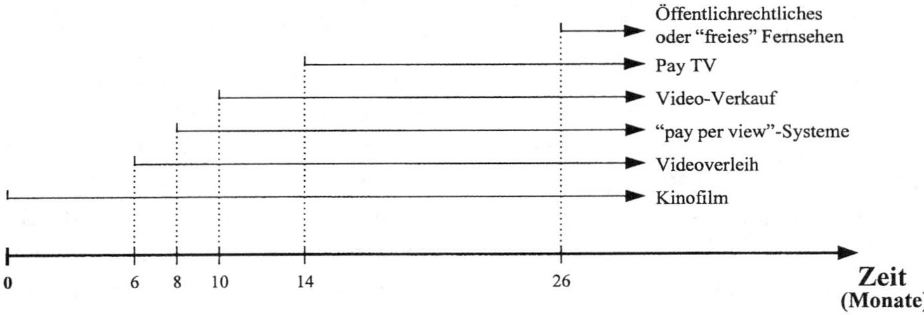

Abb. 10.5: Produktdifferenzierung eines Spielfilms

Die Möglichkeiten des Image- und des Goodwill-Transfers (vgl. Abschn. 3.4) können die Entscheidung über den vorteilhaften Markteintrittszeitpunkt weiter komplizieren. Im Unterschied zur Verwendung eines bis dato unbekannten Markennamens für ein differenziertes Produkt könnte auch der Name eines bereits eingeführten Produktes derselben Produktart (line extension) oder einer anderen Produktart (brand extension; vgl. Abschn. 5.5) verwendet werden. Es gibt Gründe für und Gründe gegen einen früheren oder späteren Markteintritt mit "brand extension" im Vergleich zum Markteintritt von differenzierten Produkten ohne Verwendung eingeführter Markennamen. In diesem Sinne kann früherer Markteintritt Image- und Kostenvorteile aufbauen, wie sie generell bei frühem Markteintritt relativ zum Wettbewerb entstehen (vgl. Abb. 8.2) sowie positive Imagebestandteile der Marke zur Erhöhung der Erfolgswahrscheinlichkeit der Produktdifferenzierung nutzen. Ein relativ späterer Markteintritt erscheint vorteilhaft, wenn durch die längere Marktbeobachtung Mißerfolgsrisiken reduziert und Positionierungsvorteile ausgenutzt werden können, die von der Verwendung der Imagebestandteile des Markennamens mitbestimmt sind. Es liegt also wieder ein Optimierungsproblem bei der Entscheidung über die Produktdifferenzierung vor. Tatsächlich zeigt sich in Konsumgütermärkten der USA, daß relativ später Markteintritt mit "brand extensions" im Vergleich zum Markteintritt von differenzierten Produkten ohne Verwendung eingeführter und relativ früher Markteintritt mit neuen Markennamen das Risiko des Scheiterns der Produktdifferenzierung senkt und ihre Marktanteile erhöht (Sullivan [Brand]).

Das Gegenstück zur Produktdifferenzierung ist die *Produktvereinheitlichung*. Dadurch können dann hohe Kosteneinsparungen erzielt werden, wenn die Produktdifferenzierung über das Optimum hinaus betrieben wurde. Die Kosteneinsparungen können sich auf Material-, Lager-, Kommunikations- und Distributionskosten beziehen. Zusätzlich sind sogar Erlössteigerungen möglich, wenn ein übersichtlicheres Angebot mehr Käufer auf sich zieht oder der Handel durch weniger Anreize zur Aufnahme einer stark differenzierten "Produktpalette" bewegt werden muß. Es ist zu berücksichtigen, daß sich die Kostenwirkungen meist früher einstellen als die Erlöswirkungen. Dadurch werden Erfolgsanalysen erschwert.

Als Beispiel für die Folgen unbegrenzter Differenzierung und der Notwendigkeit der Programmbereinigung wurde auf den Pumpen- und Armaturhersteller "Rheinhütte" verwiesen. Die durch Differenzierung ausgelösten Kostenschübe wurden in den Preisen weitergegeben, was zu Absatzeinbußen führte. Als Gegenmaßnahme wurde mit der Sanierung ein Bausteinkonzept der Differenzierung eingeführt (Deutsch [Risiken]).

Die Stärke des Kannibalisierungseffekts, die Wartebereitschaft von Kunden auf eine Differenzierung, die Verhältnisse der Deckungsbeiträge der Varianten und der Planungshorizont sind wesentliche Einflußgrößen auf die Wahl eines Differenzierungszeitpunktes.

10.3 Empirische Messung

Zur Erklärung und Wirkungskontrolle von Produktdifferenzierungen ist - ähnlich wie bei der Produktvariation - ein Regressionsansatz geeignet. Allerdings ist hier zusätzlich zu beachten, daß neben dem Absatz des differenzierten Produktes beim "Grundmodell" Kannibalisierungseffekte auftreten können (z. B. sinkt der Absatz eines gebundenen Buchtitels bei Einführung der entsprechenden Taschenbuchausgabe). Solche Effekte werden im Laufe der Zeit nicht konstant bleiben, was ihre Erfassung zusätzlich erschwert. Schematisch betrachtet, ergeben sich die Zusammenhänge wie in Abb. 10.6.

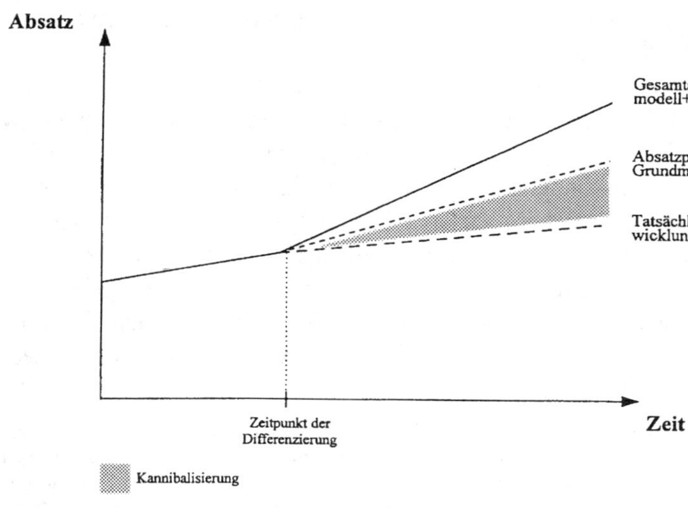

Abb. 10.6: Schema der Produktdifferenzierungswirkungen

In einer Untersuchung der Produktdifferenzierung auf dem amerikanischen Zigarettenmarkt ist als abhängige Variable nicht der Absatz, sondern der Marktanteil des differenzierten Produktes benutzt worden (Reddy, Holak, Bhat [Extend]). Der Marktanteil der differenzierten Zigarettenmarken wird positiv beeinflußt

(1) vom Alter, Symbolwert und Werbeaufwand des "Grundmodells" (parent brand),

(2) von dem frühen Markteintritt der Differenzierung und ihrer kommunikativen Unterstützung sowie

(3) von der Größe und Kompetenz des Unternehmens.

Kannibalisierung tritt nur bei einigen Differenzierungen (z. B. sog. Light-Zigaretten) tatsächlich auf. Sie ist kurz nach der Produktdifferenzierung am stärksten und nimmt im Laufe der Zeit ab. Bei Menthol-Zigaretten war dagegen keine Kannibalisierung festzustellen.

Diese Ergebnisse können nicht auf andere Märkte übertragen werden, sondern erfordern jeweils neue Untersuchungen. Immerhin steht die Mehrzahl der empirischen Feststellungen in guter Übereinstimmung mit den aufgrund theoretischer Erkenntnisse abgeleiteten Hypothesen.

Differenzierungswirkungen können regressionsanalytisch gemessen werden. Dabei sind Kannibalisierungs- und Erlössteigerungseffekte möglichst getrennt zu erfassen.

Aufgaben zu Abschnitt 10

Aufgabe 10.1

Ein Grillgerät wird als Tischmodell, als Einbaumodell für einen fahrbaren Grillwagen und mit Fußstützen angeboten. Das Windschirmblech ist in vier Farben lieferbar. Die Holzablagen des Grillwagens können in hellem oder dunklem Holz geliefert werden. Die Geräte werden montiert oder zerlegt (zum Selbstbau) angeboten und dabei jeweils mit oder ohne elektrisch betriebenen Bratspieß geliefert.

Stellen Sie fest, in wievielen Ausführungen das Grillgerät geliefert werden kann.

(Eine Lösung ist angegeben.)

Aufgabe 10.2

Ermitteln Sie die Zahl der Varianten eines PKW-Typs aus dem Prospektmaterial des Herstellers.

Aufgabe 10.3

Stellen Sie absatzwirtschaftliche und produktionswirtschaftliche Argumente zur Optimierung der Varianten des Grundmodells eines Produktes zusammen.

Überlegen Sie, wie die Argumente in einem Entscheidungskalkül zusammengefaßt werden könnten.

Aufgabe 10.4

Wir nehmen an, daß eine Produktklasse durch zwei Eigenschaften beschrieben werden kann. Insgesamt 30 potentielle Käufer äußern die Idealproduktvorstellungen der folgenden Tabelle. Wie früher nehmen wir wieder an, daß die bereits angebotenen Produkte völlig übereinstimmend beurteilt werden. Auch über diese Urteile liegen Angaben vor.

(a) Zeichnen Sie den Produktmarktraum.

(b) Überlegen Sie, mit welchen Eigenschaftskombinationen zwei neue Produkte auszustatten sind, wenn Sie eine maximale Zahl von Käufern erreichen wollen, die nach dem Wahlaxiom handeln, alle Eigenschaften gleich gewichten und ein euklidisches Distanzmaß verwenden.

(c) Zeichnen Sie die in der Lösung angegebenen optimalen Produktpositionen ein. Bestimmen Sie für wenigstens eine der Positionen, wie viele Käufer das Produkt erreichen kann. Vergleichen Sie das Ergebnis mit Ihrer Lösung aus (b).

(Beachten Sie die Lösungen.)

Idealvorstellungen der Käufer über ein Produkt:

Käufer	Krit. Distanz	Eigenschaften 1	Eigenschaften 2
1	0,27594	-0,40500	-0,13300
2	0,49830	-0,74900	-0,28400
3	0,64854	-0,10000	-0,99800
4	0,12022	-0,34400	-0,45300
5	0,13712	-0,23400	-0,23400
6	0,34259	-0,00500	-0,60000
7	0,42947	-0,66700	-0,50000
8	0,15438	-0,15000	0,15000
9	0,69701	-0,26700	0,87000
10	0,27873	-0,33300	0,40000
11	0,14475	-0,42700	0,05000
12	0,51646	-0,50000	0,60000
13	0,39071	-0,62000	0,35000
14	0,78160	-0,73000	0,77700
15	0,61215	-0,88800	0,30000
16	0,36842	0,10000	-0,45600
17	0,46521	0,18900	-0,76900
18	0,26654	0,25000	-0,25000
19	0,15297	0,33300	-0,33300
20	0,35020	0,50000	-0,05000
21	0,23357	0,70000	-0,35300
22	0,38554	0,80000	-0,60000
23	0,38441	0,08000	0,08000
24	0,31401	0,01200	0,12000
25	0,35731	0,20000	0,80000
26	0,56752	0,80000	0,20000
27	0,18021	0,40000	0,60000
28	0,31189	0,60000	0,40000
29	0,21183	0,50000	0,50000
30	0,48505	0,10000	0,90000

Positionen der Realprodukte:

Produkt	Eigenschaften	
	1	2
1	-0,25800	-0,36900
2	-0,30200	0,12300
3	0,47100	-0,39900
4	0,29300	0,45500

11. Produktelimination

Staatliche Auflagen können eine Produktelimination erzwingen. So dürfen in der Bundesrepublik Deutschland seit 1985 keine PCB-haltigen Holzschutzmittel mehr hergestellt und vertrieben werden. Solche externen Gründe für Produkteliminationen betrachten wir hier nicht. Wir wenden uns allein betriebswirtschaftlichen Gründen zu. Dabei nehmen wir an, daß als einzige Alternative zur Produktelimination die unveränderte Weiterführung des Produktangebots besteht. Trotz Elimination von etwa einem Drittel aller Produkte zwischen 1991 und 1996 konnte der Procter & Gamble-Konzern in den U.S.A. seinen Marktanteil und das Umsatzwachstum steigern.

Aus dem Verlauf des Produktlebenszyklus (Abb. 5.1) wird plausibel, daß Produkte nur über einen beschränkten Zeitraum hin wirtschaftlich abgesetzt werden können. Generell wird davon gesprochen, daß das Leben von Produkten immer kürzer werde. Daß diese Vorstellung in ihrer Allgemeinheit nicht haltbar ist, konnte sogar für den Markt von PCs, Speicherchips und durch Marken bezeichnete PC-Modelle nachgewiesen werden (Bayus [Analysis]). Allenfalls das Leben der auf bekannten Technologien aufbauenden Produkte neuer Anbieter ist kürzer als das der Produkte etablierter Anbieter. Wenn also mehr neue Anbieter auftreten, kann dadurch der Eindruck verkürzter Produktlebensdauer entstehen. Ohne dieses Beispiel zu verallgemeinern, zeigt es doch die Schwierigkeit, Aussagen über Produktlebensdauern zu treffen. Auf Dauer verlustbringende Produkte sind eine schwere Belastung für ein Unternehmen, wenn die Verluste nicht durch gewinnbringende Komplementaritätseffekte gerechtfertigt werden können. So wird auf verlustbringende Kurzstreckenflüge von Fluggesellschaften unter Umständen nicht verzichtet, weil diese eine Zubringerfunktion zu gewinnbringenden Langstreckenflügen haben.

Auch die Zurückführung von unwirtschaftlichen Produktdifferenzierungen kann Anlaß für Produkteliminationen sein, ebenso wie das Bestreben, sich von "Randsortimenten" zu trennen, für deren erfolgreichen Vertrieb eigene Kompetenzen fehlen. Solche Maßnahmen können in kostensenkende "Simplifizierungsstrategien" eingebettet sein.

Die Auseinandersetzung mit "Verlustträgern" wird oft lange hinausgezögert, weil eine emotionale Bindung an diese Produkte besteht, es z. B. diejenigen sind, mit denen ein Unternehmen gegründet wurde. Insbesondere Kotler ([Management] 460 f.) hat aber die Notwendigkeit betont, Eliminationsentscheidungen nicht bis auf Krisensituationen hin aufzuschieben. Auch empirisch ist belegt, daß eine aktive Eliminationspolitik vorteilhafter ist als eine Reaktion auf Krisen (Avlonitis [Linking]). Kotler schlägt vor, diese Entscheidungen regelmäßig zu erwägen, dafür entsprechende organisatorische Vorkehrungen zu treffen und Entscheidungsmodelle dafür einzusetzen. Im einzelnen empfiehlt er, fünf Maßnahmen zu realisieren:

(1) Bestimmung eines in regelmäßigen Zeitabständen tagenden Prüfungskomitees.

(2) Vorlage von Produktdaten, insbesondere Umsatz- und Kostendaten, durch die Controlling-Abteilung. Die Daten können automatisch ausgewertet werden, um Produkte mit unbefriedigenden Deckungsbeiträgen oder sinkenden Marktanteilen zu erkennen.

(3) Bewertung dieser Produkte durch das Prüfungskomitee.

(4) Einzelentscheidung über die Produkte aufgrund der Ergebnisse der Bewertungen.

(5) Entwicklung eines Auslaufplans für die zu eliminierenden Produkte, evtl. unter Benutzung von Netzplantechniken.

In einzelnen Fällen wird die Elimination von Produkten als Kernstück eines Sanierungsprogramms für Unternehmen in einer Krisensituation angesehen. Das geht aus den folgenden Beispielen hervor:

"Der Anbieter luxuriöser Artikel von Lederwaren über Bekleidung bis zu Kosmetik hat sein Programm beträchtlich reduziert und hofft, unter anderem durch diese Maßnahme schon in diesem Jahr den Sprung zurück in die Gewinnzone zu schaffen. Etwa 420 verschiedene Artikel hatte das Unternehmen normalerweise in seinem Bekleidungsprogramm, zur Zeit sind es nur noch 265. Einige weitere Straffungen kündigt Vorstandssprecher Wilhelm R. Müller noch für kleine Lederwaren, Schuhe und die gesamte Kosmetik an, ansonsten habe man 'die Grenzen erreicht'.

Dies sind die Konsequenzen aus einem Verlust von über 13 Millionen DM, den Aigner 1985 hinnehmen mußte. Er wurde durch Entnahme aus den offenen Rücklagen ausgeglichen, die damit stark auf 1,6 Millionen DM reduziert worden sind."(o. V. [Aigner]).

"Im Rahmen der Neuausrichtung des Unternehmens [Muelhens KG, u. a. Hersteller der "Markenrange" 4711] ... mußte das Markenportefeuille ... kräftig überarbeitet werden. So wurden verschiedene Marken völlig aufgegeben, die zuweilen immense Sortimentsbreite der übrigen Marken verkleinert und schließlich neue moderne Duftlinien entwickelt. Insgesamt wurde die Zahl der Artikel von 1220 auf 620 halbiert ... vor allem der Handel (wußte) die Straffung der Produktpalette zu schätzen: Immerhin habe sich dort von 1989 bis (1992) die Umschlagshäufigkeit der Düfte aus dem Hause Muelhens verdoppelt." (o. V. [Management]).

Entscheidungsverfahren

Die Entscheidungsvorbereitung für Produkteliminationen erfolgt insbesondere durch die Bewertung in Schritt (3). Hierfür wird eine Vielzahl von Entscheidungsregeln vorgeschlagen (Reinöhl [Produkteliminierung]; Lambert, Sterling [Identifying]). Man kann grundsätzlich produktbezogene und programmbezogene Entscheidungen und die zugehörigen Verfahren unterscheiden.

Bei den produktbezogenen Verfahren liegt zunächst der Hinweis auf Scoring-Modelle nahe, wofür Kotler ([Management] 460 f.) ein Beispiel gibt (vgl. zu diesen Modellen Abschn. 5.7). Es berücksichtigt viele Gesichtspunkte und kann auch auf Aspekte der Gesamtmarktentwicklung ausgedehnt werden (Boyd, Massy [Marketing] 325). Dies ist aber (wie wir oben gezeigt haben) auch problematisch. Insbesondere ist in dieser Phase kaum das Argument angebracht, Punktbewertungsverfahren müßten wegen großen Datenmangels anderen Ansätzen gegenüber vorgezogen werden. Deshalb werden für diesen Schritt auch Renditeindizes vorgeschlagen. Solche Indizes erscheinen teilweise willkürlich konstruiert. So soll z. B. der Quotient aus dem Quadrat des relativen Deckungsbeitrags des Produktes (bezogen auf den Gesamtkostenbeitrag) und der relativen Kosten (bezogen auf die Gesamtkosten) verwendet werden (Hamelmann, Mazze [Abandonment]). Soweit keine willkürlichen Konstruktionen vorkommen, ist die Bestimmung des minimal zu erfüllenden Indexwertes ebenso ein Problem wie die Berücksichtigung der Interdependenzen zwischen Produkten.

Eine einfache *Eliminationsregel* kann investitionsrechnerisch begründet werden. Die optimale Lebensdauer einer Investition ist in dem Zeitpunkt erreicht, wo die zeitliche Veränderung ihres Kapitalwerts (der zeitliche Grenzgewinn) gerade der Annuität der Folgeinvestition entspricht. Dieses Kriterium wurde bereits in Abb. 9.4 dargestellt. Ist die Folgeinvestition die Anlage zum Kalkulationszinsfuß, so ist ihre Annuität gerade Null. In anderen Fällen ist die beste, durch die freigesetzten Ressourcen aus dem alten Produkt erreichbare Alternative mit positiver Annuität einzusetzen.

Offensichtlich wird der Eliminationszeitpunkt ceteris paribus um so eher erreicht, je höher die Annuität der Folgeinvestition ist und je stärker der zeitliche Rückgang des Kapitalwerts des betrachteten Produktes ist. Hat dieses Produkt aber auf andere Produkte noch eine positiv ausstrahlende Wirkung oder gibt es Komplementarität, so läßt diese die Funktion der zeitlichen Kapitalwertänderungen nach rechts wandern und damit den Eliminationszeitpunkt später erreichen. Im Extremfall ist es deshalb denkbar, daß die zeitlichen Grenzgewinne des Vorgängerprodukts eine Weiterführung im Sortiment nicht rechtfertigen, wohl aber die hinzutretenden Effekte des Imagetransfers.

Um die Entscheidungsdynamik besser zu erfassen, sind an Stelle der üblichen Berechnung erwarteter Kapitalwerte Stopregeln auf der Grundlage der Dynamischen Programmierung vorgeschlagen worden. Hierbei wird durch retrograde Rechnung ("roll back-Verfahren") jede Entscheidung unter Berücksichtigung ihrer optimalen Fortführung in den Folgeperioden getroffen. Dadurch werden Teilentscheidungen mit negativem erwarteten Kapitalwert vermieden, die in der üblichen Kapitalwertformel noch enthalten sind. So erklärt sich auch die Aussage: Ergibt sich aus der erwarteten, am Kapitalwert orientierten Berechnung bereits eine Fortführungsentscheidung, so ergibt sie sich auch aus der dynamischen Stoptheorie (Norstrøm [Decision] 128). Allenfalls also für die nach einfachen Regeln zu eliminierenden Produkte kann die dynamische Regel eine Fortführungsentscheidung ermöglichen.

In den bisherigen Überlegungen ist die Unsicherheit nicht adäquat zu erfassen, zumal sich im Zeitverlauf der Informationsstand verändert und Entscheidungsrevisionen erfordern kann. Wenn es möglich ist, wenigstens den Verteilungstyp der zufallsbehafteten Werten der Folgeprodukte plausibel zu machen, so sind Wege zur Behandlung auch dieses Entscheidungsproblems bekannt (Drexl [Nutzungsdauer]). Eine praktische Anwendung steht freilich noch aus.

Neben den investitionsrechnerisch orientierten Verfahren gibt es solche, die unmittelbar an Marktergebnissen anknüpfen. Ein Grund dafür kann darin liegen, den Entscheidungsprozeß abzukürzen, indem offensichtliche Fälle nach einem Grobkriterium behandelt werden und nur Problemfälle einer weiteren Überprüfung zugeführt werden. Ein weiterer Grund kann darin liegen, daß Marktergebnisse, wie z. B. der Marktanteil, unter Umständen früher Warnsignale aussenden als andere Entscheidungskriterien. Allerdings zeigen die unterschiedlichen Beziehungen, die zwischen Marktanteil und Rendite empirisch nachgewiesen werden können, daß eine Orientierung der Eliminationsentscheidung allein am Marktanteil wenig zuverlässige Ergebnisse nach sich ziehen wird (Sever [Marktanteil]). Allein die Vorstellung, daß ein *rechtzeitiger* Marktaustritt eines Wettbewerbers den eigenen Marktanteil ansteigen läßt, spricht gegen die alleinige Verwendung dieses Kriteriums. Es ist außerdem statisch. Deshalb schlägt Kotler [Shortage] auch vor, die Umsatzwachstumsrate als dynamisches Kriterium zu verwenden und ihm die Kapitalrendite zur Seite zu stellen. Beide Kriterien werden als unabhängig voneinander betrachtet, was problematisch sein kann. Bei Annahme dieser Unabhängigkeit der Kriterien können diese ein Diagramm bilden, in das einzelne Eliminationskandidaten mit ihren jeweiligen Daten eingezeichnet werden. Niedrige Kapitalrenditen und niedrige Umsatzwachstumsraten zeichnen zu eliminierende Produkte aus, hohe Ausprägungen beider Werte sprechen gegen Eliminierung. Mittlere Ausprägungen erfordern weitergehende Prüfungen. Problematisch ist hieran weiter, daß die Grenzen für die Feststellung solcher normierter Vorgehensweisen (Normstrategien) willkürlich gezogen werden.

Zur Erfassung der Erlösinterdependenzen substitutiver oder komplementärer Produkte liegen verschiedene Vorschläge vor:

Locander und Scannell [Elimination] haben dazu ein optimierendes Rangordnungsverfahren entwickelt. Allerdings ist dieser Ansatz rechentechnisch aufwendig. Außerdem enthält er implizite Annahmen, die nicht generell akzeptabel sind (Albers [Lösung]). Deshalb wird ein vereinfachtes Entscheidungsmodell vorgeschlagen:

$$(1) \quad \sum_{i=1}^{I} \overline{c}_i \cdot y_i - w \cdot \sum_{i=1}^{I} \sum_{i'=1}^{I} CV(c_{ii'}) \cdot y_i \cdot y_{i'} \Rightarrow \max!$$

$$(2) \quad \sum_{i=1}^{I} y_i = r$$

$$(3) \quad y_i = \{0,1\} \; , \quad i = 1, 2, ..., I$$

In der Zielfunktion wird mit den ersten Summanden die erwartete Renditewirkung ($\overline{c}_i$) des i-ten Produktes erfaßt. Mit $CV(\cdot)$ wird eine Varianzen-Kovarianzenmatrix bezeichnet, hier diejenige der Renditen. In diesem Summanden kommen das Risiko und die Risikointerdependenzen zwischen den Produkten zum Ausdruck. Der Faktor $w > 0$ gewichtet dieses Maß je nach der Risikoscheu der Entscheidungsträger.

Die Summe der Entscheidungsvariablen y_i der Produkte i = 1, 2, ..., I, die möglicherweise zu erhalten sind, soll eine vorgegebene, parametrisch variierbare Rangzahl r erreichen. Diejenigen Produkte, für die die Lösung $y_i = 0$ gefunden wird, sind zu eliminieren. Bei einer niedrigen Rangzahl werden also viele, bei einer hohen Rangzahl (kleiner als n) dagegen nur wenige Produkte zur Elimination vorgeschlagen. Die Rangzahl muß versuchsweise verändert werden.

Erfahrungen mit einem Algorithmus für dieses quadratische Knapsack-Problem (Albers [Lösung]) lassen erwarten, daß Probleme realistischer Größe lösbar sind.

Bezieht man die Produktelimination in Programmplanungsmodelle ein, in denen noch über Kommunikationsstrategien, Mengen und Preise entschieden werden kann, dann sind vielfältige gegenseitige Abhängigkeiten zu schätzen. Überdies müssen Modelle formuliert werden, die Nichtlinearitäten aufweisen, so daß Lösungen u. U. nur durch Simulation zu finden sind.

Dynamische Aspekte

Die Produktelimination kann sofort vollzogen werden oder als ein Auslaufprozeß über längere Zeit hin gestaltet sein. Für die zweite Möglichkeit sprechen viele plausible, z. B. vertragliche Gründe. Man kann sich vorstellen, daß die Wahl zwischen diesen Möglichkeiten von Umweltfaktoren beeinflußt wird, wenn die Unternehmen in ihren Entscheidungen frei sind. Darauf deutet auch die Untersuchung von Avlonitis [Ecology] hin. Für 94 Unternehmen der britischen Investitionsgüterindustrie findet er einen Zusammenhang zwischen der Eliminationsstrategie, der Wettbewerbsintensität und der Stärke des technischen Wandels im jeweiligen Markt. Eine Auslaufstrategie wird von denjenigen Unternehmen bevorzugt, die in einem Umfeld mit schnellen Technologieänderungen arbeiten und die den Eliminationsprozeß als integralen Bestandteil der Neuproduktplanung ansehen. Die Strategie des schnellen Rückzugs (selling out strategy) wird bevorzugt, wenn Unternehmen sich starkem Preiswettbewerb ausgesetzt sehen (Avlonitis [Ecology] 179, 182f.). Allerdings ist der Beitrag zur Varianzerklärung durch die Umwelt-Einflußgrößen gering. Es paßt aber zu dem Ergebnis, daß amerikanische Konsumgüterhersteller, in deren Märkten starker Preiswettbewerb zu vermuten ist, ebenfalls die Strategie des schnellen Rückzugs bevorzugen (Rothe [Elimination] 49).

Führungsaspekte

Die Durchsetzung einer Politik regelmäßiger Überprüfung der Produkte auf Eliminationsnotwendigkeiten hin fordert bestimmte Qualifikationen des Managements. Darauf macht der ehemalige Vorstandsvorsitzende der Philips Kommunikations Industrie AG aufmerksam:

"Zunächst sei das Anforderungsprofil für ein innovatives Unternehmen betrachtet, das neue Produkte und neue Verfahren für neue Anwendungen entwickelt und auf den Markt bringt. Die fachliche, meist technische Qualifikation, Zusammenhänge zu erkennen, sowie Gespür für das Machbare, ohne die Grenzen zum Phantastischen zu überschreiten, sind Voraussetzung. Doch dazu kommen

- Kreativität, die Fähigkeit, noch nie Dagewesenes zu denken.
- Imagination und Phantasie, Neues auch anzuwenden, Märkte aufzuspüren, Kundenwünsche zu erkennen und erfüllen zu wollen.
- Fähigkeit, Mitarbeiter zu motivieren, Neues zu wollen und Teamgeist für Forschen, Entwickeln und Planen zu fördern.
- Toleranz, Konkurrenz im Unternehmen zuzulassen und auch einmal Doppelentwicklungen zu betreiben.

- Hohe Risikobereitschaft zu praktizieren und von seinen Mitarbeitern zu akzeptieren - frei nach dem Lehrsatz, daß Risiko dividiert durch Chance immer eine Konstante ist. Dazu gehört auch, Mißerfolge zu tolerieren.
- Ausdauer und finanzielle Mittel, die in der Regel nicht exakt kalkulierbar sind. ...

Ganz andere Qualifikationen sind gefordert, wenn es darum geht, alte Produkte und Verfahren zu ersetzen, also den Substitutionsprozeß durchzuführen. Hier zählen vor allem:

- Die Fähigkeit, Entscheidungen zu treffen mit dem Ziel, zu investieren, aber auch zu desinvestieren.
- Realistische Markt- und Kundenkenntnisse und exaktes Wissen um die Konkurrenzsituation.
- Fähigkeit, künftige Marktentwicklungen zu analysieren.
- Straffe Organisation mit hierarchischer Führungsstruktur.
- Autorität und Ausdauer.
- Durchsetzungsfähigkeit gegenüber beharrenden Kräften.
- Planungs- und Organisationstalent.
- Beherrschung des betriebswirtschaftlichen Instrumentariums zur Führung und Kontrolle" (Lorenz [Flexibilität] 141).

Produkteliminiation ist ein integraler Bestandteil der Produktpolitik und der Pflege von Angebotsprogrammen. Sie findet häufig emotionale Widerstände und erfordert deshalb besondere Führungsqualitäten und die Begründung in Entscheidungsmodellen. Dabei ist insbesondere auf Produktinterdependenzen zu achten.

Aufgaben zu Abschnitt 11

Aufgabe 11.1

In der folgenden Datenmatrix werden auf der Hauptdiagonalen die Werte $\overline{c}_i y_i - w \cdot CV(c_{ii}) y_i y_i$ für $y_i = 1, 2, ..., 5$ angegeben. Die Symbole sind im Text erläutert. Sie können $w = 1$ annehmen. Abseits der Hauptdiagonalen werden die Kovarianzen $-CV(c_{ii'})$, $i, i' = 1, 2, ..., 5, i \neq i'$ angegeben.

(a) Eliminieren Sie eines und zwei Produkte aus dem Programm von fünf Produkten, so daß der Zielfunktionswert im Sinne von (1) des Lehrbuchtextes maximiert wird.

(Eine Lösung ist angegeben.)

(b) Welche Aussagen über die Kaufverbundenheit der Produkte läßt die Datenmatrix zu?

Produkt	1	2	3	4	5
1	1560	-123	-258	-227	-155
2		1613	-122	-90	-253
3			1589	-87	-242
4				1603	-169
5					1590

Aufgabe 11.2

Einem Produkteliminationsprogramm liegt die folgende Datenmatrix zugrunde, deren Eintragungen wie in der Aufgabe 11.1 zu interpretieren sind. Wenn nacheinander acht, sieben oder sechs Produkte eliminiert werden, so bleiben die im folgenden genannten Produkte noch im Programm des Unternehmens:

Zielfunktionsmatrix:

Nr.	1	2	3	4	5	6	7	8	9	10
1	-1554	123	258	227	155	102	122	90	253	234
2	123	-1551	242	173	169	209	295	177	274	183
3	258	242	-1618	108	244	172	149	120	166	108
4	227	173	108	-1576	151	189	167	313	104	182
5	155	169	244	151	-1624	84	192	165	184	213
6	102	209	172	189	84	-1638	84	102	218	293
7	122	295	149	167	192	84	-1578	176	241	151
8	90	177	120	313	165	102	176	-1573	163	111
9	253	274	166	104	184	218	241	163	-1560	324
10	234	183	108	182	213	293	151	111	324	-1633

Alle Werte dieser Matrix wurden aus rechentechnischen Gründen mit -1 multipliziert.

Zahl der zu eliminierenden Produkte	8	7	6
Produktnummer der verbleibenden Produkte	6	6	6
	5	8	8
		1	1
			5

Erklären Sie, warum Produkt Nr. 5 bei Elimination von sieben Produkten herausfällt, nicht aber bei Elimination von acht oder sechs Produkten.

12. Organisation der Produktpolitik

Die Darstellung der Entscheidungsprobleme und einiger Vorschläge für ihre Lösung hat nicht erkennen lassen, durch wen die Planungen realisiert werden. Es ist nur eine formal-definitorische Festlegung, wenn der Vollzug der Planung der Organisation übertragen wird. Hierbei unterscheidet man die Ablauforganisation und die Aufbauorganisation oder Organisationsstruktur. Sie stellt die Rahmenbedingungen für den organisatorischen Ablauf bereit. Unter Aufbauorganisation versteht man "soziale Gebilde, die dauerhaft ein Ziel verfolgen und eine formale Struktur aufweisen, mit deren Hilfe Aktivitäten der Mitglieder auf das verfolgte Ziel ausgerichtet werden sollen" (Kieser, Kubicek [Organisation] 4). Die formale Struktur stellt dabei eine Menge autorisierter Regelungen dar, durch die unter bestimmten Umweltbedingungen die Erledigung gestellter Aufgaben auf das Organisationsziel hin orientiert und koordiniert wird.

Die Produktpolitik ist eine solche Aufgabe, die entsprechend den Produkten selbst, den produkt- und programmpolitischen Alternativen oder den verschiedenen Phasen der Produktentwicklung in Teilaufgaben zerlegt werden kann. Damit werden Gestaltungsmöglichkeiten für die Aufbauorganisation aufgezeigt, die allerdings nach herrschender Auffassung nicht völlig frei wählbar sind. Vielmehr gehen sowohl von der bestehenden innerbetrieblichen Umwelt der Produktpolitik als auch von der außerbetrieblichen Umwelt als beschränkende Einflüsse auf die Wahl der Organisationsstruktur aus. Man bezeichnet diese Einflußgrößen als situative Variablen oder *Kontextvariablen.* Auf sie wollen wir später zurückkommen.

Daneben ist auf generelle Einflüsse auf die organisatorische Gestaltung hinzuweisen. Die Bildung funktionenübergreifender Entwicklungsteams (Ittner, Larcker [Product]), ausreichende Unterstützung der Produktpolitik durch die Geschäftsleitung, Verhinderung zeitlicher Diskontinuitäten in den Informationsströmen, Sicherung ausreichender Motivation für die Prozeßbeteiligten werden als empirisch begründete generelle Einflußgrößen auf den Produkterfolg genannt (Tebbe [Organisation] 30; vgl. auch die "Sieben S" aus Abschn. 1). Es hat den Anschein, daß diese generellen Einflüsse die situativen Einflüsse in ihrer Bedeutung für die Produktinnovation übersteigen. So wird z. B., zwei der "Sieben S" betreffend, berichtet: "Einen großen Teil der jüngsten IBM-Mißerfolge im PC-Bereich führen Analysten auf eine fatale Tendenz im Konzern zurück: Erfahrungswerte aus dem Großrechner-Bereich wurden doktrinär auf den PC-Bereich übertragen. Hinzu kommt, daß wichtige Entscheidungen fernab vom Markt ... getroffen werden" (Dreysson [Ende] 152).

Stellen wir die produktpolitischen Aufgaben in den Mittelpunkt, so lassen sich zunächst allgemeine Anforderungen an die organisatorische Gestaltung aus diesen Aufgaben ableiten. Aufgrund seiner Beratungserfahrungen kleidet Wind ([Product] 474-481) diese in zehn Forderungen. Danach soll die Organisation:

1. unterschiedliche Anforderungen der einzelnen Phasen der Produktentwicklung berücksichtigen,
2. die Kooperation zwischen den beteiligten und betroffenen Organisationseinheiten ermöglichen,
3. innerbetriebliche Barrieren überwinden,
4. die Geschäftsleitung in den Entscheidungsprozeß einbinden,
5. eine kreative, innovationsfreundliche Haltung fördern,
6. Kontinuität des Innovationsprozesses ermöglichen,
7. die Auswahl zwischen Fremdentwicklung und Eigenerstellung erlauben,
8. einen angemessenen Zentralisationsgrad wählen lassen,
9. die Kooperation mit der Unternehmensumwelt zulassen,
10. suboptimale Lösungen vermeiden helfen, indem Entscheidungen auf einem angemessenen Hierarchieniveau der Organisation getroffen werden.

Es ist ersichtlich, daß nicht alle diese Forderungen unabhängig voneinander sind, sondern sich teilweise überschneiden. Das erkennt man deutlich beim Vergleich der Punkte 7. und 9., 3. und 5. oder 4. und 10. Im zuletzt genannten Falle kann man sogar eine gewisse Gegensätzlichkeit erblicken.

These der Vorteile unterschiedlich straffer Organisation

Greift man den ersten Punkt auf, so fragt es sich, welche Anforderungen einzelne Phasen der Produktpolitik an die Organisation stellen. Der Einfachheit halber sollen die oben (vgl. Abschn. 4.1) gebildeten Phasen einmal in nur zwei Abschnitten zusammengefaßt werden. Die Phasen 1-3 nennen wir kurz die Phasen der *Ideengenerierung* und die Phasen 4-5 diejenigen der *Ideendurchsetzung*. Die theoretische Literatur stimmt nun weitgehend darin überein, daß die Effizienz in diesen beiden Phasen so durch organisatorische Merkmale gefördert werden kann, daß die Ideengenerierung in einer möglichst "lockeren" ("loose") Organisationsstruktur erfolgt, die Ideendurchsetzung in einer "straffen" ("tight") Struktur (z. B. Tebbe [Organisation] 38 ff.). Was damit gemeint ist, verdeutlicht die Abb. 12.1. Im Verlauf der Realisierung einer produktpolitischen Alternative soll es zu einem Wechsel lockerer und straffer Phasen kommen. Ein Beispiel hierfür bietet die Darstellung der Produktentwicklung beim finnischen Mischkonzern Nokia (Abb. 12.2).

Ergebnisse einer Untersuchung in 16 britischen Industrieunternehmen zeigen, daß in der Neuproduktentwicklung erfahrene und überdurchschnittlich aktive Unternehmen im Vergleich mit den weniger aktiven Unternehmen tatsächlich dem Muster der Abb. 12.1 folgen (Johne [Substance] 298 f.). Das erfordert unterschiedliche organisatorische Gestaltung in verschiedenen, mit den Aufgaben der einzelnen Phasen betrauten Abteilungen. In 56 deutschen Unternehmen mit je einem erfaßten Produktinnovationsprozeß wurde festgestellt, daß

(1) in 62% dieser Innovationsprozesse signifikante phasentypische Unterschiede hinsichtlich der organisatorischen Spezialisierung, der Formalisierung von Abläufen, der Delegation und der Kommunikation bestehen,

(2) die Ausprägungen dieser Elemente theoriekonform variieren,

Organisatorische Dimension	Ausprägung	
	niedrig	hoch
Spezialisierungsgrad	x	*
Zentralisierungsgrad	x	*
Standardisierungsgrad	x	*
Formalisierungsgrad	x	*
Offenheit der Kommunikation	*	x

Ausprägung der organisatorischen Dimensionen

xxxxx zur Förderung der Ideengenerierung

***** zur Förderung der Ideendurchsetzung

Abb. 12.1: Zweckmäßige Ausgestaltung organisatorischer Dimensionen in verschiedenen Phasen (Köhler, Tebbe, Uebele [Einfluß] 12)

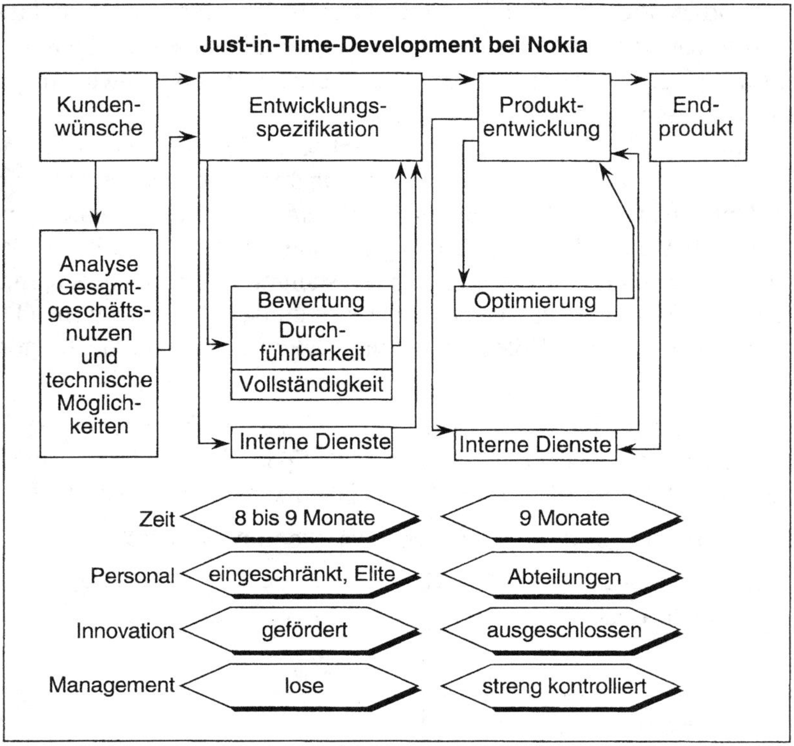

Abb. 12.2: Produktentwicklung bei Nokia

(3) außergewöhnlich erfolgreiche Produktinnovationen häufiger gemeinsam mit einer phasenorientierten Organisationsdifferenzierung auftreten als völlig fehlgeschlagene Projekte, ohne daß sich dieser Unterschied allerdings als signifikant erweist. Als Erklärung dafür werden die geringe Zahl der Fälle und weitere, auch persönliche Einflußgrößen vermutet (Tebbe [Organisation] 100 ff.); solche Beziehungsmuster können besonders in lange erfolgreich tätigen Gruppen durch Selbstbestätigung, gruppenorientiertes Denken, Ablehnung externer Anregungen usw. einen Kern zu späteren Mißerfolgen legen (Ayers, Dahlstrom, Skinner [Investigation] zeigen dies bei statischer Betrachtung empirisch).

Für weitere 70 deutsche Unternehmen bilden Albers und Eggers [Gestaltung] drei jeweils dreifach untergliederte Phasen der Produktentwicklung. Sie verwenden Innovationsgeschwindigkeit, Wachstum und Deckungsbeitragsanteil als Erfolgsmaße, um anhand ähnlicher organisatorischer Gestaltungsmerkmale wie bei Tebbe [Organisation] zu prüfen, ob ein Wechsel zwischen "lockeren" und "strafferen" Organisationsformen zwischen den Phasen diese Erfolgsmaße positiv beeinflußt. Anders als bei Tebbe [Organisation] finden sie, daß dieses Organisationskonzept nur relativ selten realisiert ist. Außerdem gibt es generell keine Zusammenhänge zwischen seiner Befolgung und den Erfolgsmaßen. Im Gegenteil: besonders bei hohen Neuheitsgraden scheint das Konzept eher störend zu wirken. Daraus wird geschlossen, daß persönlichkeitsbestimmte Einflüsse im Produktinnovationsprozeß von größerer Bedeutung sind als der Einfluß organisatorischer Gestaltung im Rahmen der betrachteten Alternativen. Den plausiblen theoretischen Überlegungen kann also bisher keine einheitliche erfolgsdeterminierende Bedeutung zugesprochen werden.

Schnittstellen-Probleme

Häufig wird davon ausgegangen, daß die phasenbezogenen Tätigkeiten ein Potential für *Spezialisierungsgewinne* darstellen. Wenn dies ausgenutzt werden soll, treten damit aber geradezu zwangsläufig Konflike und *Koordinationsprobleme* auf. Solche Konflikte sind insbesondere zwischen den Funktionsbereichen Forschung und Entwicklung, Marketing und Produktion festgestellt worden. Im hier besprochenen Zusammenhang ist es besonders problematisch, wenn eine Produktidee ohne potentiellen Markt und ein latentes Bedürfnis ohne zugehörige Produktidee existieren und in unterschiedlichen Instanzen ein Eigenleben führen. Neben offensichtlichen Kommunikationslükken kann dies auf drei Ursachen zurückzuführen sein:

(1) Die Produktidee wird auf dem Weg der Realisierung schrittweise weitergegeben, wobei in jedem Schritt ohne Rückkopplungen mit früheren Schritten oder dem Markt Entwicklungssprünge vorgenommen werden, die vor allem auf Anpassungen an organisatorische oder persönliche Ressourcenbeschränkungen zurückgehen.

(2) Auf der Suche nach Koalitionen, die die Produktidee unterstützen und zur Entwicklung bringen sollen, emanzipieren sich die "Lieblingsvorstellungen" von funktionalen Abteilungen des Unternehmens von den Marktbedürfnissen (Stefflre [Products] 422 ff.).

(3) Kommunikationsbarrieren behindern die Verständigung zwischen Abteilungen und gestatten deshalb ein zu langes Überleben oder erzwingen das zu frühe Aufgeben von Produktentwicklungen (Isenson [Coupling]).

Kommunikation ist der Austausch von Nachrichten zwischen einem oder mehreren Sendern und einem oder mehreren Empfängern. Kommunikationsbarrieren können aus folgenden Gründen bestehen:

(1) Sender und Empfänger sind zu weit voneinander entfernt, um häufige Kontakte zu erleichtern (Hough [Communication]).

(2) Sender und Empfänger arbeiten unter qualitativen Kapazitätsbeschränkungen; es ist unklar, welche Daten zur Bearbeitung eines Entscheidungsproblems notwendig sind.

(3) Sender- und Empfängerkapazitäten sind nicht harmonisch aufeinander abgestimmt (Gupta, Wilemon [Connection]).

(4) Nachrichten überlagern sich, ohne richtig entzerrt werden zu können.

(5) Die Art der Kommunikationskanäle verbietet die Übertragung bestimmter Mengen oder Arten von Nachrichten (Aram, Javian [Correlates]; Schuler, Blank [Relationships]).

Es ist bekannt, daß die Überwindung solcher Koordinationsprobleme effizienzsteigernd wirkt (Souder, Chakrabarti [Interface]). Zur Behebung von Koordinationsmängeln werden Koordinationsinstrumente eingesetzt. Einen Überblick über diese Instrumente vermittelt die Abb. 12.3. Über die Auswahl der Instrumente sollte nach den Kriterien entschieden werden, die in Abschn. 6 (Abb. 6.1) genannt wurden.

<table>
<tr><td colspan="3" rowspan="2">Träger und zeitliche Gültigkeit der Koordination</td><td colspan="3">Herbeiführung der Koordination durch</td></tr>
<tr><td>Hierarchie</td><td>Abstimmung</td><td>Lernen (Verhaltensanpassung)</td></tr>
<tr><td colspan="3" rowspan="3">personengebunden</td><td rowspan="3">Anweisung</td><td colspan="2">Überlappende Teams</td></tr>
<tr><td>Selbstabstimmung in Gruppen
Verbindungsleute ("gate keeper")</td><td>Schulung
Job Rotation
Vermittlung gemeinsamer Visionen oder Ziele</td></tr>
<tr><td colspan="2">Formulierung eines Selbstverständnisses ("mission statement")</td></tr>
<tr><td rowspan="3">nicht personengebunden</td><td rowspan="2">auf kürzere Zeit</td><td>Pläne</td><td>Hierarchische Planung (top down <u>oder</u> bottom up)</td><td>Simultanplanung
Multiprojektmanagement
Netzpläne</td><td>-</td></tr>
<tr><td>Märkte</td><td>-</td><td>Lenkungspreise</td><td>-</td></tr>
<tr><td colspan="2">auf Dauer</td><td>Programme</td><td>-</td><td>-</td></tr>
</table>

Abb. 12.3: Typisierung von Koordinationsinstrumenten

Realisierung der Produktpolitik

Auf welcher hierarchischen Ebene die Entscheidung über die Produktentwicklung anzusiedeln ist, kann nicht generell entschieden werden. Betrachtet man als Alternativen die Geschäftsleitung des Unternehmens und die Sparte (Abteilung), so können damit verbundene Vor- und Nachteile nach Hopkins [Options] zusammengestellt werden (vgl. Abb. 12.4). Im Einzelfall sind die

Ebene	Vorteil	Nachteil
Geschäfts-leitung	Bessere Koordination und Steuerung aller Entwicklungsprogramme. Konzentrierter, am Gesamtziel des Unternehmens orientierter Mitteleinsatz. Eher langfristige Entscheidungs-orientierung. Keine Bindung an den Erfahrungshintergrund der Abteilungen, Einleitung größerer Innovationsschübe. Größere Aufmerksamkeit und Unterstützung der Geschäftsleitung für Produktentwicklungen aufgrund besserer Information.	Entsprechend den Vorteilen der Entscheidung auf Abteilungsebene.
Abteilung	Wahrscheinlich bessere Abstimmung mit unmittelbaren, aktuellen Bedürfnissen, Marktchancen und Produktionsmöglichkeiten der Abteilung. Unterstützung der ganzen Abteilung.	Entsprechend den Vorteilen der Entscheidung auf Geschäfts-leitungsebene.
Geschäfts-leitung und Abteilung	Flexible Ressourcenaufteilung für die Produktentwicklung zwischen Geschäfts-leitung und Abteilung. Strategie und Taktik können gut verteilt werden. Förderung der Innovatorenbereitschaft im ganzen Unternehmen.	Aufgespaltene Verantwortlichkeit, die zu Kommunikationsproblemen, Parallelaktivitäten, Fehlern führen kann. Probleme einer fairen und logischen Verantwortlichkeitsteilung. Schwierige Steuerung des optimalen Innovationsumfangs. Hohe Personalanforderungen auf zwei Ebenen, daher allenfalls für größere Unternehmen geeignet.

Abb. 12.4: Beurteilungskriterien für die Wahl der Entscheidungsebene bei Produktentwicklungs-Entscheidungen (Nach Hopkins [Options])

Argumente gegeneinander abzuwägen. Grundsätzlich gilt, daß die Entscheidungsebene um so höher angesiedelt werden sollte, je bedeutsamer die produktpolitische Maßnahme für das Unternehmen ist. Bedeutsamkeit kann an der Ressourcenbeanspruchung oder am Neuigkeitsgrad gemessen werden.

Für die Realisierung produktpolitischer Maßnahmen kommen unterschiedliche Formen der Aufbauorganisation in Betracht. Sie sind nicht an die Existenz einer Neuproduktabteilung oder einer Geschäftsbereichsorganisation gebunden, sondern auch in einer funktional aufgebauten Organisation möglich. Je nach Häufigkeit der Maßnahmen, ihrer Bedeutung und der Größe des Unternehmens haben sich aber Vorstellungen über zweckmäßige Organisationsformen herausgebildet, die in Abb. 12.5 dargestellt werden.

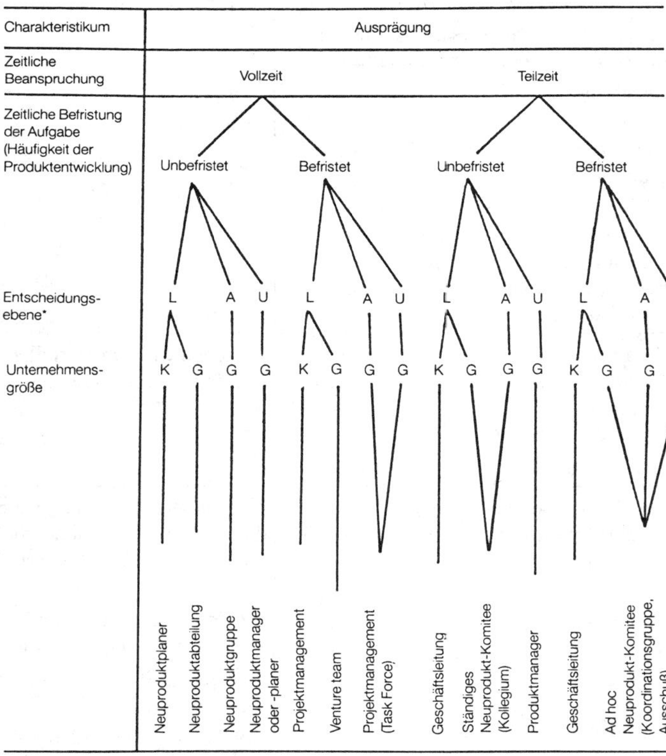

* L = Geschäftsleitung; A = Abteilung; U = Unterabteilung
** K = Klein; G = Groß
Quelle: (Benson, Chasin [Structure] 10) mit Ergänzungen

Abb. 12.5: Klassifikation unterschiedlicher Stellentypen für die Produktentwicklung (Benson, Chasin [Structure] mit Ergänzungen)

In der Praxis fehlt es nicht an Versuchen zur strukturellen Integration organisatorischer Teilbereiche. So wird z. B. im Elektronikunternehmen Alcatel SEL die Integration von Produktion, Marketing und Entwicklung durch systematische Überlappung der Verantwortungsbereiche angestrebt. Dabei wurden folgende Teilverantwortlichkeiten vergeben:

- Marketing und Entwicklung: Pflichtenheft,
- Marketing und Produktion: Produktplanung, Auslieferung,
- Marketing, Entwicklung und Produktion: Durchlaufzeit, Kosten, Qualität,
- Produktion und Entwicklung: Produktrealisierung.

Wir wollen einzelne Formen genauer betrachten.

(a) Das Konzept des *Produktmanagement* (durch Neuproduktmanager, Produktmanager, Neuproduktplaner) setzt häufig mit der Nullserie einer Produktentwicklung ein und kann damit einem Projektmanagement in der Entwicklung folgen. Denkbar ist aber auch, daß schon in früheren Phasen ein Produkt- und ein Projektmanager für wechselseitige Abstimmung sorgen. Das Produktmanagement stellt eine objektbezogene Koordinationsform dar. Es übernimmt die auf Produkte oder Produktgruppen bezogene Koordination funktionaler Tätigkeiten. Ob dabei nur marketingbezogene oder auch darüber hinausgehende Tätigkeiten zu koordinieren sind, bestimmt ebenso den "Typus" des Produktmanagers wie die Frage, ob ihm lediglich Kompetenz zur Entscheidungsvorbereitung (Stabsfunktion) oder auch Entscheidungskompetenz gegeben ist. Vier Erscheinungsformen des Produktmanagement-Konzepts sind zu unterscheiden (Abb. 12.6).

Ein bedeutender Vorteil des Konzepts wird bei ausreichender Selbständigkeit der Produktmanager darin gesehen, daß sie für ihre Produkte bestimmte Unternehmenstraditionen nicht übernehmen müssen (z. B. Erfahrungen aus dem Großrechnergeschäft im PC-Geschäft), was insbesondere den Eintritt in neue Märkte erleichtert.

Organisationsebene	Kompetenz	
	Entscheidungsvorbereitung	Entscheidung
Innerhalb des Marketing	Produktreferent Produktplaner	Produkt-Markt-Manager
Über das Marketing hinaus	Produktkoordinator	Produktmanager

Abb. 12.6: Formen des Produktmanagement-Konzepts (Nach Arnold [Grundlagen] 438)

"Solange das Produkt nicht *groß* genug ist, um eigene Produktions- und Konstruktionsabteilungen zu rechtfertigen, solange also sehr wesentliche kapitalintensive Ressourcen mit anderen Produkten geteilt werden müssen, kommt es noch nicht zur Bildung eines eigenen Geschäftsbereichs, und der Produktmanager ist ein Zwitter mit den Kompetenzschwierigkeiten des Projektmanagers, ohne vom Elan der einmaligen großen Anstrengung getragen zu werden. Der Verstoß gegen traditionelle Regeln, wodurch zusätzliche Konfliktmöglichkeiten auftreten, besagt natürlich nicht, daß nicht die Vorteile einer solchen Einrichtung es rechtfertigen, die Nachteile in Kauf zu nehmen. Schließlich leitet die Unternehmung ihre Existenzfähigkeit aus dem Markt, aus dem Produkt ab" (Poensgen [Geschäftsbereichsorganisation] 41).

Einrichtung und Aufgaben des Produkt-Managements hängen aber nicht nur vom Umsatz einzelner Produkte ab. Die Art des Marketing-Mix, die Stellung des Produktes im Produktlebenszyklus, die gewählten Distributionskanäle usw. lassen sich empirisch als weitere Einflußgrößen nachweisen (Josten [Determinanten] 77 ff.). Beispielsweise ist über nationale oder internationale Zuständigkeiten von Produktmanagern zu entscheiden.

Das *Produktmanagement in Stabsfunktion* wird vor allem Linienfunktionen im Marketing (vgl. Abb. 12.7) oder Spartenleitungen zugeordnet. Durch gestrichelte Linien wird angedeutet, daß trotz des Mangels an Entscheidungskompetenz der Stabsstellen gegenüber den nachgeordneten Linienfunktionen in der Praxis gewisse Einflußnahmen auf Entscheidungen vorkommen. Darin zeigt sich ein "gewisser Widerspruch" (Köhler [Organisation]).

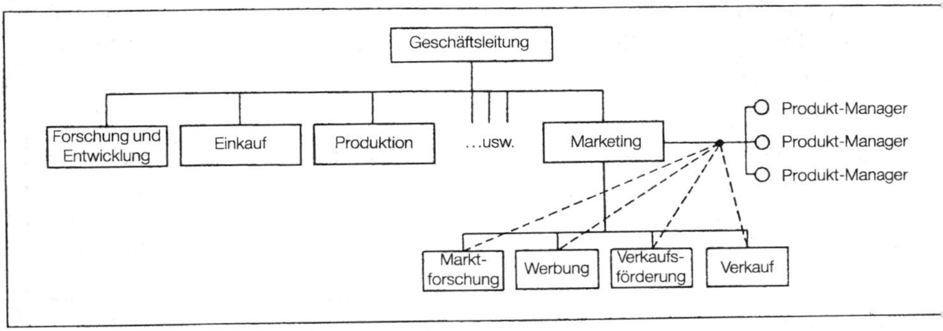

Abb. 12.7: Produkt-Management als Stab der Marketing-Leitung (Köhler [Organisation] 1927 f.)

Einen Weg zur Überwindung dieses Widerspruchs stellt das *Produktmanagement als Linienfunktion* dar. Im Bereich des Marketing wird damit Entscheidungskompetenz gegenüber Teilfunktionen wie Marktforschung, Verkaufsförderung, Produktgestaltung usw. erreicht. Es verbleiben aber Koordinationsprobleme mit anderen Funktionsbereichen.

Will man auch diese beseitigen, so kann das *Produktmanagement* entweder als *Linienfunktion einer Sparte* zugeordnet werden (Abb. 12.8) oder in der Form der *Matrixorganisation* auftreten (Abb. 12.9). Als potentieller Nachteil einer spartenbezogenen Einordnung ist zu werten, daß hierbei die Realisierung möglicher synergetischer Effekte aus Entwicklung, Produktion und Absatz der übrigen Produkte erschwert oder unterbunden wird. Die Lösung bietet die eindeutige Festlegung von Kompetenzbereichen und Kommunikationswegen als Vorteil. Das System kann beliebig fein gegliedert werden, z. B. durch je ein Produktmanagement für alle Produkte innerhalb einer Produktart. Es kann zweckmäßig sein, auf feine Gliederungen zur Förderung der Kundennähe zu verzichten, um im Rahmen eines "Warengruppen-Management" den Abstimmungsnotwendigkeiten innerhalb einer Warengruppe zu entsprechen. Je höher die Gliederung nach Produktarten oder Produkten in der Unternehmenshierarchie angesiedelt wird, um so eher gleicht das Unternehmen einem Konglomerat von Einzelunternehmen. Die Produktbereiche können deshalb auch ähnlich geführt werden, nämlich als für ihren Gewinn oder ihre Rendite verantwortliche Geschäftsbereiche (*profit oder investment center),* die nur den Einsatz weniger Ressourcen und Aktivitäten mit der Unternehmensleitung koordinieren müssen. Gehen andere Gliederungsprinzipien vor, so daß die Gliederung nach Produkten erst auf einer niedrigeren Ebene zum Zuge kommt, so lassen sich Mehrfachunterstellungen nicht mehr vermeiden.

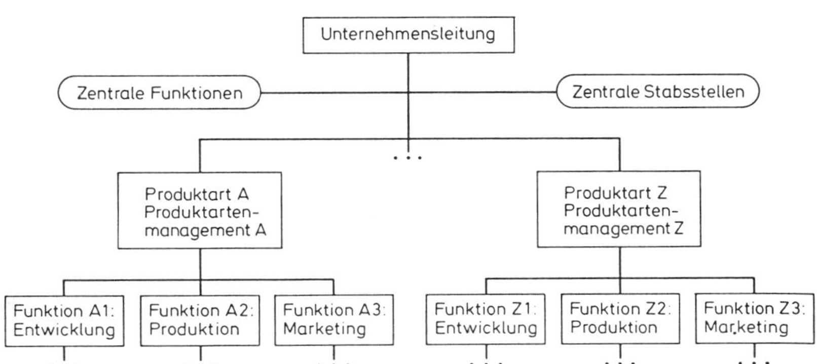

Abb. 12.8: Beispiel für die Einordnung des Produktmanagement als Linieninstanz in einer Spartenorganisation

In multinationalen Unternehmen ist zu entscheiden, ob das Produktmanagement zentral oder geographisch dezentralisiert zu organisieren ist. Für letzteres spricht viel, wenn länderspezifische Produktausstattungen erforderlich sind.

Der dritte Lösungsansatz sieht das *Produktmanagement als Leitstelle in einer Matrixorganisation*. Das kann funktionsbezogen unterhalb der Marketing-Leitung erfolgen, womit der Erfolg wiederum von dem Kompetenzbereich des Marketing und seiner Begrenzung abhängt. Interessanter ist deshalb die nicht an eine Funktion gebundene Einordnung.

Diese Stellung des *Produkt-Managers in einer Produkt-Matrix-Organisation* zeigt Abb. 12.9. Unter dem Namen Matrix-Organisation wird ein Organisationsaufbau verstanden, bei dem sich bei wenigstens einer Stelle eine Zweifachunterstellung ergibt, weil zwei organisatorische Gliederungsprinzipien zum Zuge kommen. In diesem Falle wird einerseits eine Funktionsgliederung (Spalten in Abb. 12.9), andererseits eine objektbezogene Gliederung nach Produkten oder Produktarten (Zeilen in Abb. 12.9) angewendet.

Das Produktmanagement kann schließlich so weit verselbständigt sein, daß es als "Neuprodukt-Abteilung" wie eine andere Sparte behandelt und unmittelbar der Unternehmensführung unterstellt wird. Das erleichtert die Querschnittsabstimmung zwischen den Funktionen, kann aber zur Überlastung führen, wenn die Funktionsbereiche sehr vielfältige Aufgaben wahrzunehmen haben. Dann kann es in diesen wieder zur Bildung von Produkt-Koordinations-Stellen kommen (Köhler [Organisation] 1930). Da die Neuprodukt-Abteilung

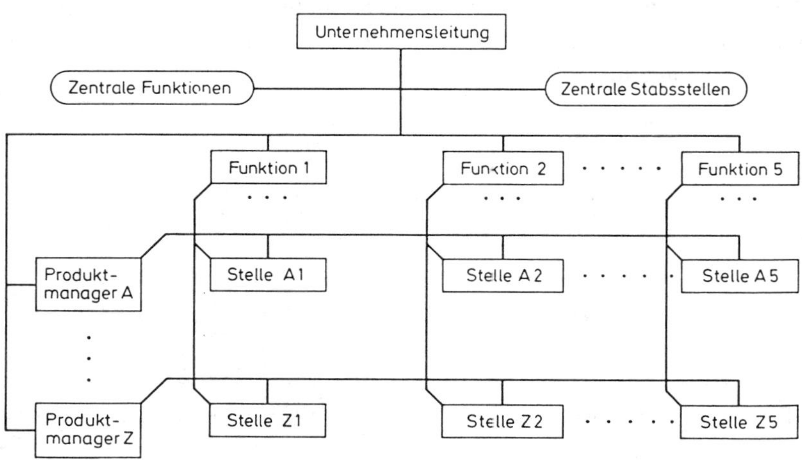

Abb. 12.9: Produkt-Matrix-Organisation

allein für Innovationen zuständig gemacht wird, besteht die Gefahr, daß andere Sparten den Blick für Innovationsgelegenheiten und -notwendigkeiten verlieren. Wenn die Neuprodukt-Abteilung als Profitcenter geführt wird, wie dies zum Beispiel aus einem Unternehmen der Chemieindustrie bekannt ist, bedarf es einer besonders motivierten Leitungsmannschaft, um auch die sich besonders gut entwickelnden Produkte nach einer gewissen Zeit abzugeben.

Köhler [Unternehmenssituation] berichtet über eine bereits zur Mitte der siebziger Jahre in deutschen Großunternehmen durchgeführte Untersuchung über Einsatzbedingungen und Planungsverhalten des Produktmanagement. Er vergleicht dabei Unternehmen, die dieses organisatorische Instrument nutzen, mit solchen, in denen es fehlt (vgl. Tab. 12.1). Man erkennt, daß Produktmanagement insbesondere in Umweltsituationen höherer Dynamik und Komplexität eingesetzt wird, bei geringerer Abhängigkeit von starken Abnehmergruppen. Anders als oben angenommen, spielt die Unternehmensgröße als diskriminierende Variable hier keine Rolle. Produktmanagement geht mit intensiverer Planungstätigkeit, intensiverer Nutzung von Informationsquellen und längerfristigerer Planung einher. Leider konnten keine Effizienzmaße in dieser Studie erhoben werden. Der Autor teilt nur den Eindruck mit, daß Unternehmen mit Produktmanagement ein höheres Umsatzwachstum aufweisen als Unternehmen, die darauf verzichten

In der Weltautoindustrie hat sich das Produktmanagement zunächst in Japan verbreitet. Soweit in Europa und in den USA das Produktmanagement eingeführt wurde, hatte es bis zu Beginn der achtziger Jahre eine vergleichsweise schwache Stellung. Erst dann wurde vereinzelt dem Produktmanager so viel Kompetenz zugestanden, wie dies bei japanischen Automobilunternehmen seit Mitte der siebziger Jahre üblich ist. Diese Kompetenz liegt in der Macht der Koordination aller mit der Produktentwicklung eines neuen Automobiltyps betroffenen Funktionsbereiche (heavyweight product manager, der etwa dem Produktmanager der Abb. 12.6 entspricht) statt lediglich in der Koordination der Entwicklungsschritte (leightweight product manager) (Clark, Fujimoto [Product] 254 ff., 270).

Fehlt die Macht zur Koordination, so kann das Produktmanagement schwerlich effektvoll arbeiten. Das belegt der folgende Bericht: "... product managers have found it difficult to get the various specialists beneath them to act as proper teams. Instead, functional incomprehension and rivalry have persisted in many parts of the company, with the result not only that decision-making has been slow, but that actions decided early in the development process by one set of specialists have had to be revised at a later stage to take account of factors such as cost and ease of manufacture, or even target marketing - something that should have been defined correctly early in the development cycle" (o. V. [Philips 1987]).

Tab. 12.1: Empirische Befunde zu den Kontextbedingungen und zum Planungsverhalten des Produktmanagements

Kontext und Verhaltensmerkmale	Produkt-Management vorhanden (Angaben aus 207 Unter-nehmen)	Kein Produkt-Management vorhanden (Angaben aus 127 Unter-nehmen)	Signifi-kanz der Unter-schiede[1]
I. Umweltmerkmale			
1. Dynamik	0,09	-0,15	+ +
2. Komplexität	0,06	-0,11	+
3. Abhängigkeit	-0,07	0,115	+
II. Globale unternehmensinterne Merkmale			
Unternehmensgröße (hier nach Umsatz)	Nur unbedeutende (nicht signifikante) Unterschiede der beiden Klassen		
III: Merkmale der allgemeinen Organisationsgestaltung			
1. Spartenorganisation vorhanden	69,8%	30,2%	+ +
2. Keine Spartenorganisation vorhanden	55,7%	44,3%	+ +
3. Aufgabenformalisierung (durchschnittliche Faktorwerte)	0,16	-0,27	+ + +
4. Zusammenfassender Indikator für die Existenz unterstützender Abteilungen und die Kooperation mit diesen (addierte Ratings)	15,9	12,3	+ + +
IV. Planungsverhalten			
1. Indikator für die Intensität der Verwendung von Prognoseverfahren[2]	22,6	18,3	+ + +
2. Indikator für die Intensität der Verwendung mathematischer Entscheidungshilfen[3]	7,2	3,8	+ + +
3. Monetärer Indikator für Aktivitäten zur Bereitstellung von Marktforschungsinformationen[4]	707 TDM/ Jahr	319 TDM/ Jahr	+ + +
4. Intensität der Nutzung einzelner bereitstellbarer Informationstypen:			
- Deckungsbeitragsanalysen	höher		+
- Panelinformationen	höher		+
- Markttests	höher		+ +
- Storetests	höher		x
- Produkttests	höher		+
5. Planungszeitraum für die			
- laufende Absatzplanung	länger		+ +
- Planung spezieller absatzwirtschaftlicher Vorhaben	länger		+ +
6. Schriftliche Festlegung langfristiger Ziel- bzw. Plangrößen im Absatzbereich:			
- überhaupt nicht	8,2%	19,7%	+ +
- falls grundsätzlich ja	häufiger detaillierter		+ + + + +
V. Zufriedenheit mit der Informationsversorgung[5]	höher		n. s.

[1] + + + = hochsignifikant bei $p < 0{,}001$; + + = signifikant bei $p \leq 0{,}01$; + = signifikant bei $p < 0{,}05$; x = Ergebnis im Sinne einer Tendenzaussage; n. s. = nicht signifikant.
[2] Zur Bildung des Indikators vgl. im einzelnen Köhler, Uebele (1977) S. 98.
[3] Vgl. ebd., S. 136.
[4] Vgl. ebd., S. 146.
[5] Vgl. ebd., S. 210.

Quelle: Köhler [Unternehmenssituation] 269 f.

(b) Ständige oder ad hoc gebildete *Neuprodukt-Komitees* dienen insbesondere der Ideenfindung, der gegenseitigen Information und der Abstimmung. Sie werden häufig in Unternehmen mit Funktionsorganisation gebildet und umfassen dann Vertreter der verschiedenen Funktionsbereiche. In den Neuprodukt-Komitees kommen Mitglieder zusammen, die hierarchisch meist niedriger angeordnet sind als die Mitglieder von "product review committees", wie sie für die Produktelimination gebildet werden. Andernfalls ist zu befürchten, daß in Verantwortung für das Produktmanagement stehende Stellen die Elimination hinauszögern, sei es, weil Anschlußbeschäftigungen fehlen, sei es, weil mit der Elimination der Eindruck des Versagens verbunden sein kann, oder sei es, weil der Überblick über die Opportunitätskosten bei Weiterführung des Produktes fehlt. Bei der Mitentscheidung ist i. d. R. eine stärkere Beeinflussung der Eliminationsentscheidung aus dem Produktmanagement heraus möglich als bei der Lösung über eine Controlling-Abteilung. Dies kann sowohl den Vorteil der besseren Information haben als auch den Nachteil der parteiischen Einflußnahme.

(c) *Venture Teams* kommen in den zwei Formen des internen und des externen Venture Team vor. Das *interne Venture Team* ähnelt stark einem Profitcenter für eine neue Produktgruppe. Es wird häufig aus Mitarbeitern des Unternehmens gebildet, die Ergebnisverantwortung für die gesamte Produktentwicklung von der Idee bis zur Marktdurchsetzung übernehmen und selbst am Ergebnis beteiligt sind. Das *externe Venture Team* kommt häufig auf Initiative von Außenseitern zustande, die eine für ein etabliertes Unternehmen interessante, aber auch risikoreiche und ungewöhnliche Produktidee verfolgen. Dazu werden sie aus dem etablierten Unternehmen heraus mit Kapital und Management-Know-how unterstützt.

Ein Venture Team setzt sich anfangs z. B. aus einem Leiter, Mitarbeitern des Entwicklungsbereichs, Werbefachleuten und Marktforschern zusammen. Sind Prozesse zu entwickeln, so müssen auch entsprechende Experten dem Team angehören. Ein besonderer Vorteil des Venture Teams wird darin gesehen, daß es schnell und flexibel handelt. Hounshell, Smith ([Science] 548) beschreiben dies an einem Beispiel für DuPont.

Unabhängig von der Unterscheidung interner und externer Venture Teams werden ihnen in "gereiften Großunternehmen" (Servatius [Venture] 7) vier Aufgaben zugeschrieben:

(1) Öffnung gegenüber neuen technischen Entwicklungen durch Verbesserung der eigenen Know-How-Basis, was vorzugsweise externe Ventures voraussetzt.

(2) Verbesserte Umsetzung einzelner Innovationen durch leichtere Überwindung von Schnittstellen-Problemen, was vorzugsweise durch interne Ventures erreicht werden soll.

(3) Schaffung einer dezentral vernetzten Unternehmensorganisation, die durch eine Venture Division unterstützt wird. Das soll eine dauerhafte Verbesserung der Innovationsmöglichkeiten bewirken.

(4) Stimulierung von Lernprozessen und Revitalisierung des Unternehmens.

In den beiden letzten Fällen wären sowohl externe als auch interne Ventures angebracht.

Größe, Dauerhaftigkeit und Form interner Ventures können stark variieren, vom einzeln agierenden "Innovations-Champion" oder "Intrapreneur" über zeitlich begrenzte Gruppen (siehe dazu auch unten (4)) und dauerhafte Venture Teams bis zu rechtlich selbständigen Tochterunternehmen (Servatius [Venture] 186). Für die Leitung eines Venture ist es wichtig zu erkennen, daß hervorragende Leistungen in den Ingenieur- oder Naturwissenschaften noch keine Management-Erfolge herbeiführen. Der Rücktritt des Nobelpreisträgers Gilbert von der Geschäftsleitung der Firma Biogen in den USA wurde offen auf seine fehlenden Management-Fähigkeiten zurückgeführt (o. V. [Laureate]).

Das Konzept der Venture Teams wird vor allem in Großunternehmen angewendet. Es soll dort auf Initiative des Unternehmens hin (Initiativen einzelner Mitarbeiter führen zum verwandten "Product Champion"-Konzept) die Entwicklung und Einführung neuer Produkte von Barrieren routinisierter Geschäftsabwicklung befreien, ohne klare Verantwortlichkeiten aufzugeben (Nathusius [Venture Management]). Der letzte Gesichtspunkt wird durch den eher hierarchischen Aufbau von "Venture Teams", der in Europa relativ häufiger als in den USA realisiert zu werden scheint (Vernon [Venture]; Hill, Hlavacek [Venture Team]), stärker betont als durch einen Aufbau mit Verantwortungsstreuung bei Wahl der Aufgabenwahrnehmung durch Teammitglieder. Im übrigen wird ein "Venture Team" dadurch charakterisiert, daß es

(1) von der Mutterorganisation organisatorisch, u. U. auch geographisch getrennt arbeitet,

(2) multidisziplinär zusammengesetzt ist,

(3) Unterstützung durch die Unternehmensleitung der Muttergesellschaft genießt, ohne daß diese das gesamte Risiko abdeckt,

(4) marktorientiert, aber häufig ohne strenge Zeitvorgabe arbeitet, wobei häufig Diversifikationsprojekte zu behandeln sind (Pessemier [Product] 442),

(5) die Kapitalbeteiligung seiner Mitarbeiter am Objekt des "Venture Team" ermöglicht oder sogar voraussetzt (Hill, Hlavacek [Venture Team]) oder eine andere starke Erfolgsmotivation bietet, z. B. Aufstieg in der Muttergesellschaft (Jones, Oakley [Venture Management] 13) oder Ertragsbeteiligung, auch in Form von Optionen auf eigene Aktien (stock options).

Durch die fünfte Bedingung soll die zeitliche Kontinuität der Mitarbeit der Teammitglieder angeregt werden.

Besondere Schwierigkeiten sind allerdings zu erwarten, wenn ein oder mehrere Venture Teams in ein Mutterunternehmen zurückgegliedert werden müssen oder sollen, um synergetische Effekte für eine höhere Rendite zu nutzen. Die Art der zu erwartenden Schwierigkeiten wird in den folgenden Zitaten deutlich, die sich mit der Rückgliederung und Zusammenfassung von 15 Venture Firms des Mineralölkonzerns Exxon befassen.

Alle 15 Unternehmen arbeiteten auf dem Gebiet der Informationsverarbeitung. Ihre Zusammenfassung sollte zu einer schlagkräftigen Einheit unter dem Namen Exxon Information Systems (EIS) führen: "Creating a cohesive organization out of 15 independent, entrepreneurial companies that make up EIS is a formidable management task, however, no matter how much money a corporation has.

Exxon has invested $ 500 million or more in 15 ventures that are now being grouped together as EIS. Eight of the companies have products on the market, and one is about to make its commercial debut ... Six EIS companies are still in the development stage . . . Integrating products from 15 companies will be difficult enough (weil die angestrebte integrale Qualität zunächst nicht garantiert ist, d. V.), but integrating the independent-minded entrepreneurs into a single system company could prove to be the single largest obstacle that Exxon faces. The greater the degree of corporate integration, observers agree, the greater the risk that these managers on whom Exxon depends for technological innovation will resign. 'All of these companies are personality driven. It's going to take a while to change the entrepreneur to a middle manager, if at all.'

... three members of ... top management resigned after Exxon hat acquired the remaining 20% of the company that it had not owned. This left the executives with no equity stake in their company - a key motivation for entrepreneurs.

To help get its EIS management house in order, Exxon has been raiding its competitors ... for executive talent. In the past three months alone, it has hired 50 managers away from IBN, estimates one executive recruiter" (o. V. [Exxon 1980]).

Eine andere Quelle sieht Führungsprobleme bei der Exxon-Geschäftsleitung als möglichen Grund für Fehlschläge. Die Analytiker an der Wall Street fragten sich, ob die lebenslang dem Ölgeschäft zugewandten Manager die Flexibilität haben, um sich aus der Ölindustrie hinaus zu bewegen (o. V. [Times]). Diese Frage wurde Anfang 1985 beantwortet, als bekannt wurde, daß Exxon alle Aktivitäten im Bereich der Datenverarbeitung abgeben wolle und die außeramerikanischen Geschäftsteile an Olivetti SpA verkaufte (o. V. [Exxon 1985]).

Es zeigt sich generell, daß die Zusammenführung auch von verwandten Geschäften ungewöhnliche Probleme bietet und viel Zeit erfordert, um die vermuteten Synergien wenigstens erkennbar werden zu lassen. Zwei Jahre etwa dauerte dies bei den zur Philips Kommunikations Industrie AG zusammengeschlossenen Unternehmen, die etwa gleich groß waren und Kabel, Fernmeldeanlagen und EDV-Geräte produzierten (vgl. auch für amerikanische Unternehmen Chakrabarti, Souder [Technology]).

(d) Im Vergleich zum Venture Team ist das absatzwirtschaftliche *Projektmanagement* (Task Force) hierarchisch niedriger, d. h. regelmäßig unter der Abteilungs- oder Spartenleitung angesiedelt. Mitglieder dieser Gruppe sind selten unmittelbar am Ergebnis ihrer Arbeiten beteiligt. Sie können ihre Aufgabe auch auf die Betreuung einzelner, besonders kritischer Phasen in der Produktentwicklung beschränkt sehen.

In deutschen Großunternehmen ist festgestellt worden, daß "in einzelnen Unternehmen ... gewöhnlich mehrere verschiedene Organisationseinheiten gleichzeitig oder nacheinander für unterschiedliche Innovationsprojekte eingesetzt" werden (Köhler, Tebbe, Uebele [Einfluß] 145). Ein Beispiel für eine solche gemischte Organisationsstruktur beschreiben Johnson und Jones [Organize]: Eine relativ kleine Neuprodukt-Abteilung in Linienstellung unter der Geschäftsleitung leistet Kommunikations-, Produktüberwachungs- und Informationsfunktionen. Für die Ausführung der Arbeiten in den nach Funktionen gebildeten Abteilungen bedient sich die Neuprodukt-Abteilung des Projektmanagements bis zur abgeschlossenen Entwicklung und eines Produktkomitees in den anschließenden Phasen des Markttests und der Markteinführung. Den Mitgliedern der Task Forces und der Komitees gegenüber ist die Neuprodukt-Abteilung nur hinsichtlich ihrer Funktionserfüllung weisungsbefugt. Im übrigen bleiben die Unterstellungsverhältnisse unberührt. Es ist offensichtlich, daß sich hieraus Konflikte entwickeln können.

Die Durchsetzung der Produktpolitik erfordert besondere organisatorische Lösungen, da in einzelnen Phasen unterschiedliche Anforderungen auftreten und verschiedene Spezialfunktionen zusammenwirken müssen. Situation, generelle und produktbezogene Bedingungen führen zu unterschiedlich ausgeprägten Vor- und Nachteilen einzelner Organisationsformen. Als besonders wichtige Organisationsformen werden Produktmanagement, Neuproduktkomitees, Venture Teams und Projektmanagement hervorgehoben.

Aufgaben zu Abschnitt 12

Aufgabe 12.1

Entwickeln Sie Vorschläge, die die Integration der Manager von Venture Firms in ein Großunternehmen ermöglichen oder erleichtern, wenn diese Manager gewinnorientiert arbeiten.

Aufgabe 12.2

Stellen Sie dar, inwieweit Initiative und Produktelimination sich ergänzende oder einander widersprechende Aufgaben von Produktmanagern sein können. Analysieren Sie in diesem Zusammenhang die Ausführungen von Lorenz am Schluß des Abschn. 11.

Aufgabe 12.3

Welche Gründe sprechen dafür, die Aufgabe der Produktelimination in einer Spartenorganisation mit Gewinnzentren und in einer Produkt-Matrix-Organisation einer zentralen Stabsstelle zu übertragen?

Aufgabe 12.4

Die Darstellung des Abschn. 12 ist stark an den Bedürfnissen eines Herstellers von Konsumgütern orientiert. Überlegen Sie, welche besonderen Probleme sich für den Hersteller von Investitionsgütern aus seinen Interaktionen mit den Abnehmern ergeben können.

Aufgabe 12.5

Entwickeln Sie verschiedene Alternativen für die Überwindung von Kommunikations- und Motivationshindernissen in der Zusammenarbeit zwischen Absatz-, Forschungs- und Entwicklungsabteilungen eines Unternehmens. Beurteilen Sie die Lösungen.

Lösungen und Lösungshinweise zu einigen Aufgaben

Aufgabe 2.6

Kriterium	Raum objektiver Eigenschaften	Produktmarktraum
Basis	objektive Eigenschaft	Perzeptionen oder Präferenzen
Meßniveau	metrisch	ordinal
Dimensionierung	hoch	niedrig
Achsenbezeichnung	vorgegeben	zu ermitteln
Produktpolit. Alternativen	Produktentwicklung, Produktdifferenzierung, Produktvariation	Positionierung, Repositionierung
Veränderung von Positionen	durch technische Variationen	durch Produktpolitik oder Kommunikationspolitik
Beispiel	Leistung in kW, Abmessungen	Sportlichkeit, Geräumigkeit

Aufgabe 2.9

Flethner bietet ein Gerät mit überwiegend Erfahrungseigenschaften an. Er hat seinen Markteintritt u. a. bei Großkunden (die Referenzen geben könnten) dadurch erreicht, daß er erst nach einem Jahr sein System in Rechnung stellte. Dann wurden die Erfolge erkennbar.

Aufgabe 4.1

Wir vereinbaren zunächst, daß alle Wahrscheinlichkeits- und Zeitangaben mit Indizes versehen werden. Diese geben den Anfangs-, die Zwischen- und den Endknoten bei Kanten oder Wegen, das sind aufeinanderfolgende Kanten, an. Werden Nebenrechnungen von Kantenparametern nötig, so wird dies durch einen hochgestellten Index deutlich gemacht.

Schritt 1:

Beseitigung der Schleife auf den Wegen 1, 2, 3 und 1, 2, 5 nach der Regel 4.

$$p_{1,2,3} = \frac{p_{1,2} \cdot p_{2,3}}{1 - p_{1,2} \cdot p_{2,1}} = \frac{0{,}5 \cdot 0{,}5}{1 - 0{,}5 \cdot 0{,}4} = 0{,}3125$$

$$E(T)_{1,2,3} = t_{2,3} + \frac{t_{1,2} + p_{1,2} p_{2,1} t_{2,1}}{1 - p_{1,2} \cdot p_{2,1}}$$

$$= 0 + \frac{10 + 0{,}5 \cdot 0{,}4 \cdot 0}{1 - 0{,}5 \cdot 0{,}4} = 0{,}0625$$

$$p_{1,2,5} = \frac{p_{1,2} \cdot p_{2,5}}{1 - p_{1,2} \cdot p_{2,1}} = \frac{0{,}5 \cdot 0{,}1}{0{,}8} = 0{,}0625$$

$$E(T)_{1,2,5} = 12{,}5$$

Zwischenergebnis: Aus dem Knoten 1 führen nun Kanten zu den Knoten 3, 5 und 4. Für die letzteren müssen sich die Kantenparameter ändern, da die neu berechneten Werte

$$p_{1,2,3} + p_{1,2,5} = 0{,}375$$

für den neuen Parameter

$$p_{1,4}^{n} = 1 - p_{1,2,3} - p_{1,2,5} = 0{,}625$$

ergeben. Die Berechnung erfolgt auf der Grundlage der Regel 3, wobei der Weg 1,2,1 mit den Parametern

$$p_{1,2,1} = p_{1,2} \cdot p_{2,1}$$

und

$$E(T)_{1,2,1} = \frac{(t_{1,2} + t_{2,1}) \cdot p_{1,2} \cdot p_{2,1}}{1 - p_{1,2} \cdot p_{2,1}}$$

bewertet wird:

$$p_{1,4}^{n} = \frac{p_{1,4}}{1 - p_{1,2} p_{2,1}} = \frac{0{,}5}{1 - 0{,}5 \cdot 0{,}4} = 0{,}625$$

$$E(t)_{1,4}^{n} = t_{1,4} + \frac{(t_{1,2} + t_{2,1}) p_{1,2} p_{2,1}}{1 - p_{1,2} p_{2,1}} = 12 + 2{,}5 = 14{,}5$$

Der bisher erreichte Stand der Reduktion wird im folgenden abgebildet. Nicht bezeichnete Kanten haben noch die aus der Aufgabe bekannten Parameter.

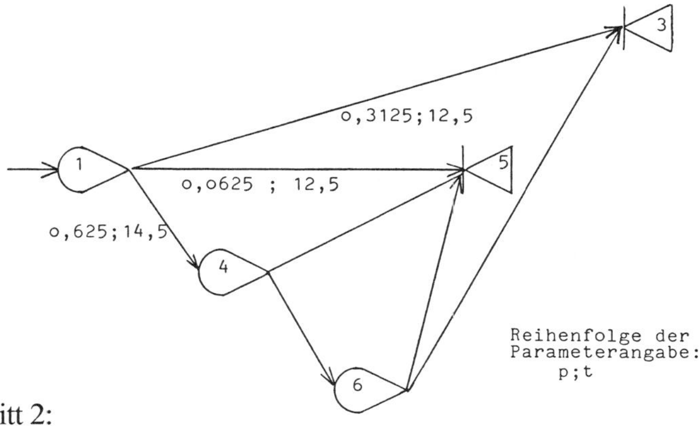

Schritt 2:
Eliminierung der Zwischen-Knoten nach der Regel 1.

$p_{1,4,5} = p_{1,4} \cdot p_{4,5} = 0{,}625 \cdot 0{,}2 = 0{,}125$

$E(T)_{1,4,5} = t_{1,4} + t_{4,5} = 14{,}5 + 0 = 14{,}5$

$p_{1,4,6} = p_{1,4} \cdot p_{4,6} = 0{,}625 \cdot 0{,}8 = 0{,}5$

$E(T)_{1,4,6} = t_{1,4} + t_{4,6} = 14{,}5 + 15 = 29{,}5$

$p_{1,4,6,5} = p_{1,4,6} \cdot p_{6,5} = 0{,}5 \cdot 0{,}3 = 0{,}15$

$E(T)_{1,4,6,5} = E(T)_{1,4,6} + t_{6,5} = 29{,}5 + 0 = 29{,}5$

$p_{1,4,6,3} = 0{,}5 \cdot 0{,}7 = 0{,}35$

$E(T)_{1,4,6,3} = 29{,}5$

Erreichter Stand der Reduktion:

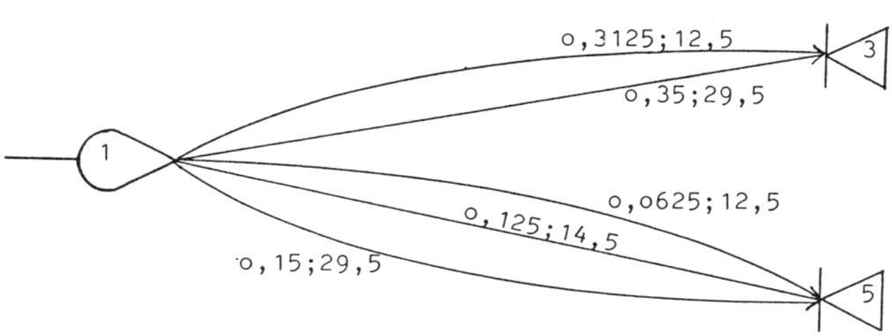

Schritt 3:
Eliminierung von Parallelkanten nach der Regel 2.

$$p_{1,3} = 0{,}3125 \cdot 0{,}35 = 0{,}6625$$

$$E(T)_{1,3} = \frac{0{,}3125 \cdot 12{,}5 + 0{,}35 \cdot 29{,}5}{0{,}3125 + 0{,}35} = 21{,}481$$

$$p_{1,5} = 0{,}0625 + 0{,}125 + 0{,}15 = 0{,}3375$$

$$E(T)_{1,5} = \frac{0{,}0625 \cdot 12{,}5 + 0{,}125 \cdot 14{,}5 + 0{,}15 \cdot 29{,}5}{0{,}3375} = 20{,}796$$

Endstand der Reduktion:

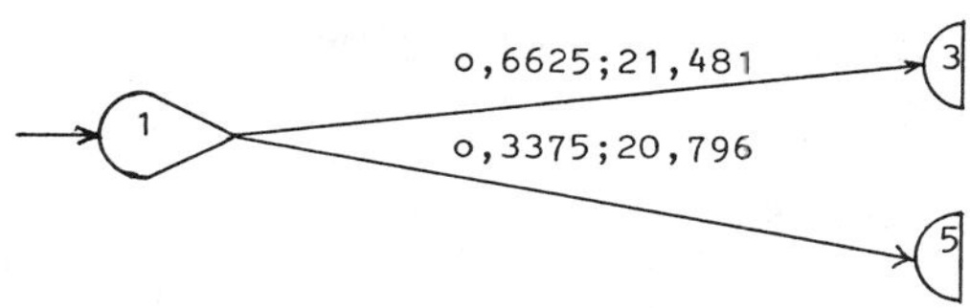

Auf dem Weg 1,3 wird die Wahrscheinlichkeit der erfolgreichen Lösung und die zugehörige Zeiterwartung angegeben, auf dem Weg 1,5 liegen entsprechende Angaben für einen Mißerfolg vor.

Aufgabe 5.1

Ergebnisse der linearen Regressionsrechnung nach einer logarithmischen Transformation der Gleichung für den Produktlebenszyklus:

$a = 19{,}550 \quad b = 2{,}701 \quad c = 0{,}235$

$(0{,}086) \; (0{,}012)$

$R^2 = 0{,}98977 \; F\text{–Wert} = 822{,}4$

Durbin–Watson–Wert $= 1{,}552$

(Standardabweichung der Parameter in Klammern)

Problem: a ist bei dieser Vorgehensweise nicht die beste erwartungstreue Schätzung.

Ergebnisse der nichtlinearen Regression nach dem Verfahren von Marquardt:

$a = 12{,}856 \; b = 3{,}084 \; c = 0{,}276$

$R^2 = 0{,}99869 \; \text{F–Wert} = 4078{,}6$

Durbin–Watson–Wert $= 1{,}399$

Zufälliger Start des Algorithmus von den Werten:
$\bar{a} = 342{,}045 \quad \bar{b} = 7{,}5017 \quad \bar{c} = 1{,}8140$
aus.

Problem: Unterschiedliche Startpunkte können zu Abweichungen der Parameterschätzungen führen. Bedeutende Abweichungen wurden hier nicht beobachtet.

Vergleichsprobleme zwischen den Ansätzen: Im ersten Fall werden die Zufallsfehler multiplikativ, im zweiten additiv mit der zu schätzenden Funktion verknüpft angenommen. Überlegen Sie weiter, welche Bedeutung die Logarithmierung bei Ausreißer-Werten hat.

Aufgabe 5.2

(a) Jeder Punkt im schraffierten Gebiet der folgenden Abbildung ist eine zulässige und optimale Lösung.

(b) Jeder Punkt im Kreis um die Idealproduktperzeption des dritten Käufers in der folgenden Abbildung ist eine zulässige und optimale Lösung.

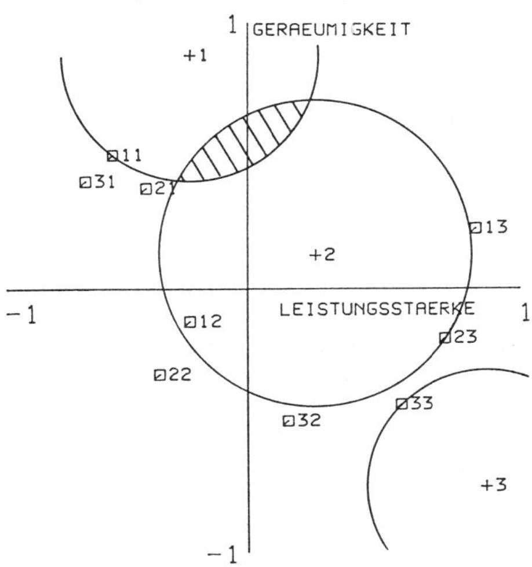

$+_k$: Idealproduktvorstellung des k-ten potentiellen Käufers

$\square_{ki}$: Realproduktvorstellung des k-ten potentiellen Käufers über das i-te Produkt

Aufgabe 5.3

Beachten Sie bei der Interpretation, daß die einzelnen potentiellen Käufer den Eigenschaften unterschiedliche Gewichte zulegen. Nur der Käufer 1 gewichtet die beiden Eigenschaften gleich stark.

Aufgabe 5.4 (c)

Die Produktpositionierung der Optimallösung erreicht elf Käufer, wenn die Koordinaten 0,102 bei der Eigenschaft 1 und - 0,012 bei der Eigenschaft 2 realisiert werden können.

Aufgabe 5.4 (g)

Die Optimallösung von (2) bis (4) erreicht acht Käufer mit einem Absatz von 21 Einheiten bei den Positionen 0,395 (Eigenschaftsausprägung 1) und 0,080 (Eigenschaftsausprägung 2).

Die Lösung von (1) ist für alternative Werte von b in der folgenden Tabelle angegeben:

b	Zielfunktionswert	Anzahl der erwarteten Käufer bei der Lösung für (1) nach dem Kaufkriterium (3)	Eigenschaftsausprägungen	
			1	2
1	19,28	5	0,300	0,00
2	17,02	6	0,302	0,081
3	15,92	6	0,344	0,073

Aufgabe 5.10 (a)

Die Projekte sind in eine Rangordnung nach dem Wert des Quotienten N_l/t_l zu bringen. Sie werden in absteigender Reihenfolge dieses Quotienten zur Realisierung vorgesehen, bis die kumulierte Summe der erforderlichen Entwicklungsleistungen die verfügbare Kapazität erschöpft.

Es ist möglich, daß dann ein Projekt an der Grenze nur teilweise realisiert werden kann, wenn man auf eine Ganzzahligkeitsbedingung verzichtet. Die Berücksichtigung der Ganzzahligkeitsbedingung erlaubt es nicht, das angegebene Verfahren zu wählen.

Aufgabe 5.10 (b)

Das zur Aufgabenlösung geeignete äquivalente Modell lautet:

$$\sum_{l=1}^{L} N_l x_l \rightarrow \max!$$

$$\sum_{l=1}^{L} t_l x_l \leq T,$$

$$0 \leq x_l \leq 1, l = 1,2,...,L.$$

Darin ist T die gesamte Entwicklungskapazität. Die Variable x_l ist eine Entscheidungsvariable. Ist ihr Wert Null, so wird das l-te Projekt nicht realisiert; ist der Wert Eins, so soll das l-te Projekt voll realisiert werden. Auch hier wird auf eine Ganzzahligkeitsbedingung verzichtet, wobei die in der vorigen Lösung aufgeführten Probleme auftreten können.

Wir setzen nun die neue Variable $y_l = t_l x_l$ und lösen:

$$\sum_{l=1}^{L} \frac{N_l}{t_l} y_l \rightarrow \max!$$

$$0 \leq y_l \leq t_l, l = 1,2,...,L,$$

$$\sum_{l=1}^{L} y_l \leq T.$$

Damit wird die Verwandtschaft zum Vorgehen in der Aufgabe (a) unmittelbar erkennbar.

Aufgabe 6.2

Pflichtenhefte werden für einzelne Projekte angelegt, von denen unklar ist, ob sie mit den darin niedergelegten Plänen in einer Programmplanung berücksichtigt werden können. Diese könnte nämlich einmal unter anderen Zielen stehen und hat zweitens die zielbezogen beste Verwendung der Ressourcen unter Berücksichtigung aller Projektvorschläge vorzusehen.

Aufgabe 7.2

Zunächst ist zu entscheiden, ob Blind- oder Volltests durchzuführen sind. Der Hinweis am Schluß der Aufgabe läßt die erste Möglichkeit vernünftig erscheinen. Dabei muß aber offen bleiben, ob spätere Einflüsse aus Verpackungsänderungen oder der Werbekonzeption die Ergebnisse verändern werden. Anschließend ist zu untersuchen, wie die drei Hauptverwendergruppen als Grundgesamtheiten abgegrenzt werden können und wie sie für eine Auswahl von Versuchspersonen erreicht werden können. Die Eile, mit der die Untersuchungen durchgeführt werden sollen, schließt es praktisch aus, in einer Voruntersuchung zu prüfen, ob die drei potentiellen Verwendergruppen gleiche Reaktionsweisen zeigen. Wäre dies der Fall, könnte u. U. der gesamte Stichprobenumfang bei gleicher Aussagengenauigkeit reduziert werden. Schließlich müssen repräsentative "Klebeaufgaben" ermittelt werden und Anordnungen für ihre Durchführung und Beurteilung gefunden werden. Die Verteilung der Aufgaben empfiehlt sich nach dem Muster des lateinischen Quadrats (T6) mit zufälliger Zuweisung der Versuchspersonen zu den Gruppen. Eine Beurteilung kann durch fallbezogene Interpretation der Aussagen in den Abbildungen 7.5 und 7.6 erfolgen.

Aufgabe 7.7

$p(s_1|b_1) = 0{,}1045$ $p(s_2|b_1) = 0{,}8358$ $p(s_3|b_1) = 0{,}0597$

$p(s_1|b_2) = 0{,}0909$ $p(s_2|b_2) = 0{,}4242$ $p(s_3|b_2) = 0{,}4848$

ET des Mini-Testmarkts = 3,740074

ET-EZ des Mini-Testmarkts = 0,140074

Aufgabe 7.7 (b)

Da nach Abzug der Kosten das Mini-Testmarkt-Experiment den höheren Nettowert hat, soll dieses Testinstrument eingesetzt werden.

$0{,}14 - 0{,}05 = 0{,}09 > 0{,}04 = 0{,}44 - 0{,}40$

Aufgabe 7.7 (c)

Repräsentativität, Störanfälligkeit, Zeitaufwand für die Untersuchungen und die Berichterstattung, Glaubwürdigkeit der $p(b_k|s_q)$.

Aufgabe 9.1

Klären Sie zunächst, ob "Ertrag" ein gutes Zielkriterium ist. Könnten andere Kriterien (Deckungsbeitrag, Erlös) vorzuziehen sein? Ist die Proportionalitätsannahme zwischen Stückzahl und "Ertrag" vernünftig?

Nach Festlegung des Zielkonzepts prüfen Sie, ob das Modellkonzept sinnvoll ist. Es wird eine feste Strategie der Produktvariationen unterstellt und ein Sonderkosten- oder Ertragsvergleich über lange Zeiträume hin angestellt (Frage der Diskontierung).

Schließlich prüfen Sie die Modellannahmen. Es fragt sich, ob die unterstellten Kurvenverläufe (Produktlebenszyklus?) und die Proportionalitätsbeziehungen plausibel sind. Was müßte angenommen werden, um facelifts im Rahmen des Modellkonzepts zu erklären (z. B. geringere Sonderkosten je zusätzlicher Ertragseinheit bei facelifts im Vergleich mit Modelländerungen)?

In seinem Artikel stellt der Verfasser weitere kritische Betrachtungen an.

Aufgabe 10.1

Wir kommen auf 96 Ausführungen.

Aufgabe 10.4

Die folgende Lösung konnte in unseren Rechnungen nicht mehr verbessert werden:

```
PRODUKT-NR.:                          1
ANZAHL DER ERREICHTEN KAEUFER:        9

PLAZIERUNG DES PRODUKTES:

EIGENSCHAFT    KOORDINATENWERT
     1             -.28915
     2              .18723


FOLGENDE KAEUFER WERDEN ERREICHT:
 23     24     12     14     9     8     15     13
 10

PRODUKT-NR.:                          2
ANZAHL DER ERREICHTEN KAEUFER:        6

PLAZIERUNG DES PRODUKTES:

EIGENSCHAFT    KOORDINATENWERT
     1              .34518
     2              .53712


FOLGENDE KAEUFER WERDEN ERREICHT:
 26     30     25     28     29     27
```

Aufgabe 11.1

Zielfunktionswert bei fünf Produkten: 4503 Einheiten.
Zielfunktionswert bei Elimination der Produkte 1 und 3: 3782 Einheiten.
Zielfunktionswert bei Elimination des Produktes 1:4469 Einheiten.
(Die optimalen Lösungen wurden durch das Programm QSPP (Quadratisches Set Partioning) von S. Albers errechnet.)

Literaturverzeichnis

Aaker, D. A.: [Brand] Managing Brand Equity. New York 1991.

Aaker, D. A., K. L. Keller: [Consumer] Consumer Evaluations of Brand Extensions. Journal of Marketing, Vol. 54, 1990, S. 27-41.

Abbott, L.: [Quality] Quality and Competition. New York 1955 (Deutsche Übersetzung: Qualität und Wettbewerb. München, Berlin 1958).

Abernathy, W. J.: [Dilemma] The Productivity Dilemma: Roadblock to Innovation in the Automobile Industry. Baltimore 1978.

Abernathy, W. J., B. S. Chakravarthy: [Intervention] Government Intervention and Innovation in Industry: A Policy Framework. Sloan Management Review, Vol. 20, Nr. 3, 1978/79, S. 3-18.

Abromeit, G.: [Erzeugnisplanung] Erzeugnisplanung und Produktionsprogramm. Wiesbaden 1955.

Achenbaum, A. A.: [Testing] Market Testing: Using the Marketplace as a Laboratory. In: R. Ferber: Handbook of Marketing Research. New York et al. 1974, S. 4-31 - 4-54.

Adler, L.: [Lag] Time Lag in New Product Development. Journal of Marketing Research, Vol. 3, 1966, S. 17-21.

Ahl, D. H.: [Forecasting] New Product Forecasting Using Consumer Panels. Journal of Marketing Research, Vol. 7, 1970, S. 160-167.

Akaah, I. P., P. K. Korgaonkar: [Empirical] An Empirical Comparison of the Predictive Validity of Self-Explicated, Huber-Hybrid, Traditional Conjoint, and Hybrid Conjoint Models. Journal of Marketing Research, Vol. 20, 1983, S. 187-197.

Albach, H.: [Sortimentskalkulation] Zur Sortimentskalkulation im Einzelhandel. In: Handelsbetrieb und Marktordnung. Festschrift für Carl Ruberg zum 70. Geburtstag. Wiesbaden 1962, S. 13-40.

Albach, H.: [Anforderungen] Anforderungen an eine langfristige Unternehmensplanung. Zeitschr. f. Betriebsw., 38. Jg., 1968, Ergänzungsheft II, S. 3-22.

Albach, H.: [Unternehmensplanung] Strategische Unternehmensplanung bei erhöhter Unsicherheit. Zeitschr. f. Betriebsw., 48. Jg., 1978, S. 702-715.

Albach, H., D. de Pay, R. Rojas: [Innovationen] Quellen, Zeiten und Kosten von Innovationen. Zeitschr. f. Betriebsw., 61. Jg., 1991, S. 309-324.

Albach, H., Hrsg.: [Umweltmanagement] Betriebliches Umweltmanagement. Wiesbaden 1990.

Albers, S.: [Multiple Products] A Mixed Integer Non-linear Programming Procedure for Simultaneously Locating Multiple Products in an Attribute Space. In: R. Henn et al., Hrsg.: Operations Research Verfahren. Bd. XXVI, Teil 2, Meisenheim 1977, S. 899-909.

Albers, S.: [Lösung] Zur Lösung des quadratischen Set-Partitioning-Problems. In: K. Brockhoff et al., Hrsg.: Proceedings in Operations Research 7. Würzburg, Wien 1978, S. 19-28.

Albers, S.: [Algorithm] An Extended Algorithm for Optimal Product Positioning. European Journal of Operational Research, Vol. 3, 1979, S. 222-231.

Albers, S.: [Program] PROPOPP - A Program Package for Optimal Product Positioning of a New Product in an Attribute Space. Journal of Marketing Research, Vol. 19, 1982, S. 606-608.

Albers, S.: [Neuproduktpositionierung] Gewinnorientierte Neuproduktpositionierung in einem Eigenschaftsraum. Zeitschr. f. betriebsw. Forschung, 41. Jg., 1989, S. 186-209.

Albers, S., K. Brockhoff: [Comparison] A Comparison of two Approaches to the Optimal Positioning of a New Product in an Attribute Space. Zeitschr. f. Operations Research, Bd. 23, 1979, S. 127-142.

Albers, S., K. Brockhoff: [Single Choice] Optimal Product Attributes in Single Choice Models. Journal of the Operational Research Society, Vol. 31, 1980, S. 647-655.

Albers, S., K. Brockhoff: [Gültigkeit] Die Gültigkeit der Ergebnisse eines Testmarktsimulators bei unterschiedlichen Daten und Auswertungsmethoden. Zeitschr. f. betriebsw. Forschung, 37. Jg., 1985, S. 191-217.

Albers, S., S. Eggers: [Gestaltung] Organisatorische Gestaltung von Produktinnovations-Prozessen. Führt der Wechsel des Organisationsgrades zum Innovationserfolg? Zeitschr. f. betriebsw. Forschung, 43. Jg., 1991, S. 44-64.

Albers, S., K. Kemnitz, St. Kurz: [Testmarktsimulator] Testmarktsimulator als Instrument des Produkttests für kleinere und mittlere Unternehmen. Zeitschr. f. Betriebsw., 55. Jg., 1985, S. 236-261.

Alpert, F. H., M. A. Kamins, J. L. Graham: [Examination] An Examination of Reseller Buyer Attitudes Toward Order of Brand Entry. Journal of Marketing, Vol. 56, 1992, S. 25-37.

Alpert, F. H., M. A. Kamins: [Brand] Pioneer brand advantage and consumer behavior: A conceptual framework and propositional inventory. Journal of the Academy of Marketing Science, Vol. 22, 1994, S. 244-253.

Amstutz, A. E.: [Simulation] Computer Simulation of Competitive Market Response. Cambrige/Mass. 1967.

Anderson, J. C.: [Effect] The Effect of Type of Representation on Judgements of New Product Acceptance. Industrial Marketing and Purchasing, Vol. 2, 1987, S. 29-46.

Ansoff, I. 0.: [Diversification] A Mode for Diversification. Management Science, Vol. 4, 1958, S. 392-414.

Ansoff, I., W. Kirsch, P. Roventa: [Unschärfenpositionierung] Unschärfenpositionierung in der strategischen Portfolio-Analyse. In: W. Kirsch, P. Roventa: Bausteine eines Strategischen Managements. Berlin, New York 1983, S. 237-264.

Aram, J. D., S. Javian: [Correlates] Correlates of Success on Customer-Initiated R & D Projects. IEEE Transactions on Engineering Management. Vol. EM 20, 1973, S. 108-113.

Arnold, U.: [Grundlagen] Die organisationstheoretischen Grundlagen des Produktmanager-Konzepts. Wirtschaftswissenschaftliches Studium, 13. Jg., 1984, S. 435-441.

Assmus, G.: [New Products] Newprod: The Design and Input Implementation of a New Product-Model. Journal of Marketing, Vol. 39, 1975, S. 16-23.

Assmus, G.: [Bayesian Analysis] Bayesian Analysis for the Evaluation of Marketing Research Expenditures. A Reassessment. Journal of Marketing Research, Vol. 14, 1977, S. 562-568.

Avlonitis, G. L.: [Ecology] The Techno-Economic Ecology of the Product Elimination Process. International Journal of Research in Marketing, Vol. 2, 1985, S. 175-184.

Avlonitis, G. L.: [Linking] Linking different types of product elimination decisions to their performance outcome: "Project Dropstrat". International Journal of Research in Marketing, Vol. 4, 1987, S. 43-57.

Ayers, D., R. Dahlstrom, S. J. Skinner: [Investigation] An Exploratory Investigation of Organizational Antecedents to New Product Success. Journal of Marketing Research, Vol. 34, 1997, S. 107-116.

Babbage, Ch.: [Economy] On the Economy of Machinery and Manufactures. London 1832.

Backhaus, K.: [Investitionsgütermarketing] Geschäftstypspezifisches Investitionsgütermarketing. In: W. Droege, K. Backhaus, R. Weiber: Strategien für Investitionsgütermärkte. Landsberg 1993, S. 100-109.

Baker, N. R., L. Langmeyer, D. J. Sweeney: [Idea Generation] Idea Generation: A Procrustean Bed of Variables, Hypotheses, and Implications. In: B. V. Dean, J. Goldhar: Management of Research and Innovation. Amsterdam, New York, Oxford 1980, S. 33-51.

Balachandra, R., J. R. Friar: [Analysis] Factors for Successful R & D Projects and New Product Innovation: A Contextual Framework, IEEE Transactions on Engineering Management, Vol. 44, 1997, S. 276-287.

Balakrishnan, P. V., V. S. Jacob [Algorithms]: Genetic Algorithms for Product Design, Management Science, Vol. 42, 1996, S. 1105-1117.

Balasubramanian, S. K., A. K. Ghosh: [Product] Classifying early product life cycle forms via a diffusion model: Problems and prospects. International Journal of Research in Marketing, Vol. 9, 1992, S. 345-352.

Balderjahn, I.: [Verpackungsverordnung] Betriebswirtschaftliche Aspekte der Verpackungsverordnung. Die Betriebswirtschaft, 54. Jg., 1994, S. 481-499.

Baldwin, W. L., G. L. Childs: [Fast Second] The Fast Second and Rivalry in Research and Development. Southern Economic Journal, Vol. 36, 1969, S. 18-24.

Bänsch, A.: [Planung] Die Planung der Lebensdauer von Konsumgütern im Hinblick auf ökonomische und ökologische Ziele. Jahrbuch der Absatz- und Verbrauchsforschung, 40. Jg., 1994, S. 232-256.

Bass, F. M.: [Expenditures] Marketing Research Expenditures: A Decision Model. In: E. A. Pessemier: New Product Decisions. An Analytical Approach. New York et al. 1966, S. 119-140.

Bass, F. M.: [Product] A New Product Growth Model for Consumer Durables. Management Science, Vol. 16, 1969, S. 215-227.

Bass, F. M., T. V. Krishnan, D. C. Jain: [Model] Why the Bass Model fits without Decision Variables. Marketing Science, Vol. 13, 1994, S. 203-223.

Bass, F. M., J. A. Norton: [Diffusion] Diffusion Theory Model of Adoption and Substitution for Successive Generations of High-Technology Products. Management Science, Vol. 33, 1987, S. 1069-1086.

Batsell, R. R., Y. Wind: [Product] Product testing: Current methods and needed developments. Journal of Market Research Society, Vol. 22, 1980, S. 115-139.

Bauer, E.: [Lösung] Die Lösung von produktgestalterischen "cost-saving"-Problemen bei häufig gekauften Haushaltsprodukten mit Hilfe von psycho-physisch verankerten Kostenfunktionen. Zeitschr. f. betriebsw. Forschung, 33. Jg., 1981, S. 231-244.

Bauer, E.: [Produkttests] Produkttests in der Marketingforschung. Göttingen 1981.

Bauer, H. H., U. Hannig: [Erfassung] Die Erfassung der Substitutionswirkung eines neuartigen Elektrowerkzeugs für den Heimwerker-Markt. Marketing ZFP, 9. Jg., 1987, S. 5-15.

Bauer, H. H., A. Herrmann: [Methode] Eine Methode zur Abgrenzung von Märkten. Zeitschr. f. Betriebsw., 62. Jg., 1992, S. 1341-1360.

Bauer, H. H., A. Herrmann, J. Gutsche: [Produktgestaltung] Grundprobleme und Perspektiven einer gewinnmaximalen Produktgestaltung mittels des Conjoint+Cost-Ansatzes. Zeitschr. f. Betriebswirtschaft, 65. Jg., 1995, S. 1443-1451.

Bauer, H. H., A. Herrmann, A. Mengen: [Produktgestaltung] Eine Methode zur gewinnmaximalen Produktgestaltung auf der Basis des Conjoint Measurement. Zeitschr. f. Betriebsw., 64. Jg., 1994, S. 81-94.

Baumgartner, B.: [Bewertung] Monetäre Bewertungen von Produkteigenschaften auf dem deutschen Automobilmarkt mit Hilfe hedonischer Modelle. Marketing ZFP, 19. Jg., 1997, S. 15-26.

Bayus, B. L.: [Speed] Speed-to-Market and New Product Performance Trade-offs, Journal of Product Innovation Management, Vol. 14, 1997, S. 485-497.

Bayus, B. L.: [Analysis] An analysis of Product Lifetimes in a Technologically Dynamic Industry. Management Science, Vol. 44, 1998, S. 763-775.

Beattie, D. W.: [Product] Marketing a New Product. Operational Research Quarterly, Vol. 20, 1969, S. 429-435.

Behrens, G., R. Schneider, P. Weinberg: [Messung] Messung der Qualität von Produkten - eine empirische Studie. In: E. Topritzhofer, Hrsg.: Marketing. Neue Ergebnisse aus Forschung und Praxis. Wiesbaden 1978, S. 131-143.

Behse, P.: [Auto] Das Auto von morgen auf dem Bildschirm von heute. Frankfurter Allgemeine, 7.8.1990.

Bengston, R., H. Brenner: [Test] Product Test Results Using Three Different Methodologies. Journal of Marketing Research, Vol. 2, 1964, S. 49-52.

Benkenstein, M., J. Güthoff: [Qualitätsdimensionen] Qualitätsdimensionen komplexer Dienstleistungen, Marketing ZFP, 19. Jg., 1997, S. 81-92.

Benson, G., J. Chasin: [Structure] The Structure of New Product Organization. New York 1976.

Berndt, R.: [Anwendungsmöglichkeiten] Anwendungsmöglichkeiten der Bayesschen Entscheidungsanalyse bei der Einführungsplanung eines neuen Produktes. Zeitschr. f. betriebsw. Forschung, 30. Jg., 1978, S. 146-167.

Berndt, R.: [Modelle] Modelle zur Planung der Produkteinführung mit Informationsbeschaffung. Zeitschr. f. Betriebsw., 48. Jg., 1978, S. 1061-1080.

Bettis, R. A., V. Mahajan: [Performance] Risk/Return Performance of Diversified Firms. Management Science, Vol. 31, 1985, S. 785-799.

Blattberg, R., J. Golanty: [Tracker] Tracker: An Early Test Market Forecasting and Diagnostic Model for New Product Planning. Journal of Marketing Research, Vol. 15, 1978, S. 192-202.

Böckenholt, U., W. R. Dillon: [Methods] Some New Methods for an old Problem: Modeling Preference Changes and Competitive Market Structures in Pretest Market Data. Journal of Marketing Research, Vol. 34, 1997, S. 130-142.

Böcker, F.: [Kaufverbundenheit] Die Bestimmung der Kaufverbundenheit von Produkten. Berlin 1978.

Böcker, F.: [Gattungsmarken] Gattungsmarken aus Verbrauchersicht. Markenartikel aus Verbrauchersicht. Markenartikel, 1984, S. 15-23.

Böcker, F.: [Präferenzforschung] Präferenzforschung als Mittel marktorientierter Unternehmensführung. Zeitschr. f. betriebsw. Forschung, 38. Jg., 1986, S. 543-574.

Böcker, F.: [Marketing] Marketing. 2. A., Stuttgart, New York 1987.

Böcker, F., H. Gierl: [Diffusion] Die Diffusion neuer Produkte - eine kritische Bestandsaufnahme. Zeitschr. f. betriebsw. Forschung, 40. Jg., 1988, S. 32-48.

Bonus, H.: [Ausbreitung] Die Ausbreitung des Fernsehens. Meisenheim 1967.

Booz, Allen & Hamilton, Inc.: [New Products] New Products Management for the 1980's. New York 1982.

Boyd, H. W. jr., W. F. Massy: [Marketing] Marketing Management. New York et al. 1972.

Brander, J. A., J. Eaton: [Rivalry] Productline Rivalry. American Economic Review, Vol. 74, 1984, S. 323-334.

Braun, H., K. Brockhoff: [PED] PED - Ein Programm zur Planung der Entwicklungsdauer. Zeitschr. f. betriebsw. Forschung, Sonderheft 23, 1988, S. 74-85.

Braun, M., V. Srinivasan: [Information] Amount of Information as a Determinant of Consumer Behavior Toward New Products. Combined Proceedings 1975. American Marketing Association, S. 373-378.

Breitschwert, W.: [Idee] Von der Idee zum Produkt. Forschung und Entwicklung im Großunternehmen. Manuskript/Stuttgart 1988.

Brentani, U. de, C. Dröge: [Determinants] Determinants of the New Product Screening Decision. A Structural Model Analysis. International Journal of Research in Marketing, Vol. 5, 1988, S. 91-106.

Brockhoff, K.: [Unternehmenswachstum] Unternehmenswachstum und Sortimentsveränderungen. Köln, Opladen 1966.

Brockhoff, K.: [Test] A Test for the Product Life Cycle. Econometrica, Vol. 35, 1967, S. 472-484.

Brockhoff, K.: [Wachstumspolitik] Wachstumspolitik, marktorientierte. In: B. Tietz, Hrsg.: Handwörterbuch der Absatzwirtschaft. Stuttgart 1974, Sp. 2139-2149.

Brockhoff, K.: [Produktpositionierung] Zur optimalen mehrperiodigen Produktpositionierung. Zeitschr. f. betriebsw. Forschung, 30. Jg. 1978, S. 257-265.

Brockhoff, K.: [Delphi] Delphi-Prognosen im Computerdialog. Tübingen 1979.

Brockhoff, K.: [Entwicklungsaufwendungen] Die realen Forschungs- und Entwicklungsaufwendungen der industriellen Unternehmen. Der Betrieb, 32. Jg., 1979, S. 2385 f.

Brockhoff, K.: [Wachstumsschwellen] Wachstumsschwellen und Forschungsschwellen. Zeitschr. für Betriebsw., 50. Jg., 1980, S. 475-499.

Brockhoff, K.: [Probleme] Probleme marktorientierter Forschungs- und Entwicklungspolitik. In: J. Mazanec, F. Scheuch: Marktorientierte Unternehmensführung. Wien 1984, S. 337-374.

Brockhoff, K.: [Schnittstellen-Management] Schnittstellen-Management. Abstimmungsprobleme zwischen Marketing und Forschung und Entwicklung. Stuttgart 1989.

Brockhoff, K.: [Funktionsbereichsstrategien] Funktionsbereichsstrategien, Wettbewerbsvorteile und Bewertungskriterien. Eine empirische Untersuchung am Beispiel der Biotechnologie. Zeitschr. f. Betriebsw., 60. Jg., 1990, S. 451-472.

Brockhoff, K.: [Entwicklungsdauer] Zur Optimierung der Entwicklungsdauer neuer Produkte. In: K.-P. Kistner, R. Schmidt: Unternehmensdynamik. Horst Albach zum 60. Geburtstag. Wiesbaden 1991, S. 19-32.

Brockhoff, K.: [Kunde] Der Kunde im Innovationsprozeß, Göttingen 1998.

Brockhoff, K.: [Forschung] Forschung und Entwicklung. Planung und Kontrolle. 5. A., München 1999.

Brockhoff, K., V. R. Rao: [Demand] Toward a demand forecasting model for preannounced new technological products. Journal of Engineering and Technology Management, Vol. 10, 1993, S. 211-228.

Broniarczyk, S. M., J. W. Alba: [Importance] The Importance of the Brand in Brand Extension. Journal of Marketing Research, Vol. 31, 1994, S. 214-228.

Bruhn, M., Hrsg.: [Markenartikel] Handbuch Markenartikel. Stuttgart 1994.

Bühner, R.: [Unternehmensdiversifikation] Portfolio-Risikoanalyse der Unternehmensdiversifikation von Industrieaktiengesellschaften. Zeitschr. f. Betriebsw., 53. Jg., 1983, S. 1023-1041.

Bühner, R.: [Auslandsdiversifikation] Rendite- und Risikovorteile der Auslandsdiversifikation. Zeitschr. f. betriebsw. Forschung, 37. Jg., 1985, S. 1019-1029.

Burger, Ph. C., H. Gundee, R. Lavidge: [COMP] COMP: A Comprehensive System for the Evaluation of New Products. In: Y. Wind, V. Mahajan, R. N. Cardozo: New Product Forecasting. Lexington, Toronto 1981, S. 181-204.

Burke, R. R.: [Laden] Der virtuelle Laden - Testmarkt der Zukunft? Harvard Business Manager, 18. Jg., 1996, S. 93-105.

Calantone, K., K. G. Cooper: [Scenarios] New Product Scenarios: Prospects for Success. Journal of Marketing, Vol. 45, 1981, 2/S. 48-60.

Call, G. [Entstehung]: Entstehung und Markteinführung von Produktneuheiten. Wiesbaden 1997.

Campbell, D. T.: [Reforms] Reforms as Experiments. American Psychologist, Vol. 24, 1969, S. 409-429.

Campbell, D. T., J. C. Stanley: [Designs] Experimental and Quasi-Experimental Designs for Research. 10. A., Chicago 1973. (Deutsche Übersetzung von E. Schwarz: Experimentelle und quasi-experimentelle Anordnungen in der Unterrichtsforschung. In: Ingenkamp, Parey, Hrsg.: Handbuch der Unterrichtsforschung, Teil 1. Weinheim 1970, S. 449-632.)

Capon, N., J. U. Farley, S. Hoenig: [Determinants] Determinants of Financial Performance. A Meta Analysis. Management Science, Vol. 36, 1990, S. 1143-1159.

Carmone, F.: [ACA] ACA System for Adaptive Conjoint Analysis. Journal of Marketing Research, Vol. 4, 1987, S. 325-327.

Carmone, F. J. Jr., C. M. Schaffer: [Review] Review: Adaptive Conjoint System (ACA) Version 4.0, 1994; Choice Based Conjoint System (CBC), 1994; Conjoint Value Analysis System (CVA) Version 1.1, 1994. Journal of Marketing Research, Vol. 32, 1995, S. 113-121.

Carpenter, G. S.: [Position] Perceptual Position and Competitive Brand Strategy in a Two-Dimensional, Two-Brand Market. Management Science, Vol. 35, 1989, S. 1029-1044.

Carpenter, G. S., K. Nakamoto: [Strategies] Competitive Strategies for Late Entry into a Market with a Dominant Brand. Management Science, Vol. 36, 1990, S. 1268-1278.

Carpenter, G. S., K. Nakamoto: [Reflections] Reflections on 'Consumer Preference Formation and Pioneering Advantage'. Journal of Marketing Research, Vol. 31, 1994, S. 570-573.

Carroll, J. D., G. De Soete, W. S. DeSarbo: [Choice] Two Stochastic Multidimensional Choice Models for Marketing Research. Decision Sciences, Vol. 21, 1990, S. 337-356.

Chakrabarti, A. K., W. E. Souder: [Technology] Technology, Innovation and Performance in Corporate Merges: A Managerial Evaluation. Technovation, Vol. 6, 1987, S. 103-114.

Charnes, A., et al.: [Demon] DEMON Mark II: An Extremal Equation Approach to New Product Marketing. Management Science, Vol. 14, 1968, S. A513-A524.

Chatterjee, R., J. Eliashberg, H. Gatignon, L. M. Lodish: [Approach] A Practical Bayesian Approach to Selection of Optimal Market Testing Strategies. Journal of Marketing Research, Vol. 5, 1988, S. 363-375.

Chmielewicz, K.: [Grundlagen] Grundlagen industrieller Produktgestaltung. Berlin 1968.

Choi, S. Ch., W. S. DeSarbo: [Product] A conjoint-based product designing procedure incorporating price competition. Journal of Product Innovation Management, Vol. 11, 1994, S. 451-459.

Choi, S. Ch., W. S. DeSarbo, P. T. Harker: [Positioning] Product Positioning under Price Competition. Management Science, Vol. 36, 1990, S. 175-199.

Christensen, C. M.: [Maturity] Industry Maturity and the Vanishing Rationale for Industrial Research and Development. Working Paper 94-659, Harvard Business School, 1994.

Christian, R. C. [Check List] A Check List for New Industrial Products. Journal of Marketing, Vol. 4, July 1959, S. 70-73.

Clancy, K. J., R. S. Shulman, M. M. Wolf: [Test] Simulated Test Marketing. Technology for Launching Successful New Products. New York, Toronto et al. 1994.

Clark, K. B., T. Fujimoto: [Product] The Power of Product Integrity. Harvard Business Review, Vol. 68, 1990, S. 107-118.

Clarke, D. G.: [Advertising] Strategic Advertising Planning: Merging Multidimensional Scaling and Econometric Analysis. Management Science, Vol. 4, 1978, S. 1687-1699.

Claycamp, H. J.: [New] New Product Investment Decisions and Management Science Techniques. Manuskript 1977 (zitiert nach Wind [Product]).

Claycamp, H. J., L. E. Liddy: [Prediction] Prediction of New Product Performance: An Analytical Approach. Journal of Marketing Research, Vol. 6, 1969, S. 414-420.

Clement, M., T. Litfin, S. Vanini: [Pionierrolle] Ist die Pionierrolle ein Erfolgsfaktor? Eine kritische Analyse der empirischen Forschungsergebnisse. Zeitschr. f. Betriebswirtschaft, 68. Jg., 1998, S. 205-226.

Coenenberg, A. G., et al.: [Umweltschutz] Unternehmenspolitik und Umweltschutz. Zeitschr. für betriebsw. Forschung, Jg. 46, 1994, S. 81-100.

Coenenberg, A. G., M. Prillmann: [Variantenvielfalt] Erfolgswirkungen der Variantenvielfalt und Variantenmanagement. Zeitschr. f. Betriebswirtschaft, 65. Jg., 1995, S. 1231-1253.

Cohen, M. A., J. Eliashberg, T.-H. Ito: [Product] New Product Development: The Performance and Time-to-Market Tradeoff. Management Science, Vol. 42, 1996, S. 173-186.

Conrad, S. A.: [Sampling] Sampling Information in New Product Marketing. Omega, Vol. 4, 1976, S. 93-96.

Cooper, R. G.: [Dimensions] The Dimensions of Industrial New Products Success and Failure. Journal of Marketing, Vol. 43, 1979, 3/S. 93-103.

Cooper, R. G.: [Predevelopment] Predevelopment Activities Determine New Product Success. Industrial Marketing Management, Vol. 17, 1988, S. 237-247.

Cooper, R. G.: [NewProd] The NewProd System: The Industry Experience. Journal of Product Innovation Management, Vol. 9, 1992, S. 113-127.

Cooper, R. G., et al.: [Products] What distinguishes the top performing new products in financial services. Journal of Product Innovation Management, Vol. 11, 1994, S. 281-299.

Cooper, L. G., E. J. Kleinschmidt: [Products] Major New Products: What Distinguishes the Winners in the Chemical Industry? Journal of Product Innovation Management, Vol. 10, 1993, S. 90-111.

Cooper, L. G., E. J. Kleinschmidt: [Benchmarking] Benchmarking the Firm's Critical Success Factors in New Product Development, Journal of Product Innovation Management, Vol. 12, 1995, S. 374-391.

Cooper, L. G., M. Nakanishi: [Logit] Two Logit Models for External Analysis of Preferences. Psychometrika, Vol. 38, 1983, S. 607-619.

Corstjens, M., P. Doyle: [Application] The Application of Geometric Programming to Marketing Problems. Journal of Marketing, Vol. 49, 1985, S. 137-144.

Crawford, C. M.: [Marketing Research] Marketing Research and the New Product Failure Rate. Journal of Marketing, Vol. 41, 1977, S. 51-61.

Crawford, C. M.: [Product] New Product Failure Rates: A Reprise. Research Management, Vol. 30, Nr. 4, 1987, S. 20-24.

Czayka, L.: [Graphentheorie] Die Bedeutung der Graphentheorie für die Forschungsplanung. Bericht 96 der Studiengruppe für Systemforschung Heidelberg. 2. A., München-Pullach, Berlin 1971.

Davidow, W. H.: [Marketing] Marketing High Technology. An Insider's View. New York, London 1986.

Davidson, W. H.: [Consumer Brands] Why Most New Consumer Brands Fail. Harvard Business Review, Vol. 54, 1976, S. 117-122.

Dawar, N., Ph. Parker: [Universals] Marketing Universals: Consumers' Use of Brand Name, Price, Physical Appearance, and Retailer Reputation as Signals of Product Quality. Journal of Marketing, Vol. 58, 1994, S. 81-95.

Day, G. S., A. D. Shocker, R. K. Srivastava: [Approaches] Customer-Oriented Approaches to Identifying Product Markets. Journal of Marketing, Vol. 43, 1979, S. 8-19.

Dennis, A. R., J. S. Valacich: [Group] Group, Sub-Group, and Nominal Group Idea Generation: New Rules for a New Media? Journal of Management, Vol. 20, Nr. 4, 1994, S. 723-736.

DeSarbo, W. S., D. L. Hoffmann: [Spaces] Constructing MDS Joint Spaces from Binary Choice Data: A Multidimensional Unfolding Threshold Model for Marketing Research. Journal of Marketing Research, Vol. 4, 1987, S. 40-54.

DeSarbo, W. S., V. R. Rao: [Unfolding] A Constrained Unfolding Methodology for Product Positioning. Marketing Science, Vol. 5, 1986, S. 1-19.

Deschamps, J.-P., P. R. Nayak: [Product] Product juggernauts: how companies mobilize to generate a stream of market winners. Boston/Mass. 1995.

Deuss, J.: [Packung] Die Packung in der betrieblichen Absatzpolitik. Göttingen 1985.

Deutsch, C.: [Risiken] Versteckte Risiken. WirtschaftsWoche Nr. 8, 14.2.1992.

Deutsches Patentamt: [Jahresberichte] Jahresberichte des DPA, diverse Jahrgänge.

Dichtl, E.: [Erfolgsträchtigkeit] Die Beurteilung der Erfolgsträchtigkeit eines Produktes als Grundlage der Gestaltung des Produktionsprogramms. Berlin 1970.

Dichtl, E.: [Dimensionen] Dimensionen der Produktqualität. Marketing ZFP, Bd. 13, 1991, S. 149-155.

Dichtl, E., R. Schobert: [Skalierung] Mehrdimensionale Skalierung. München 1979.

Dichtl, E., et al.: [Bestellverhalten] Faktisches Bestellverhalten als Grundlage einer optimalen Ausstattungspolitik bei PKW-Modellen. Zeitschr. f. betriebsw. Forschung, 35. Jg., 1983, S. 173-196.

Dietrich, O.: [Auswahl] Gemeinsame Auswahl von Forschungsprojekten und Absatzstrategien für Neuprodukte. Reinbek 1980.

Dobson, G., S. Kalish: [Positioning] Positioning and Pricing a Product Line. Marketing Science, Vol. 7, 1988, S. 107-125.

Dodson, E. N.: [Resource] Resource Analysis for R & D Programs. IEEE Transactions on Engineering Management, Vol. EM 19, 1972, S. 8-86.

Dolan, R. J.: [Henkel] Henkel Group: Umbrella Branding and Global Decisions. In: ders., Hrsg.: Managing the New Product Developing Process. Massachusetts 1993, S. 61-79.

Domsch, M., T. J. Gerpott, H. Gerpott: [Qualität] Qualität der Schnittstelle zwischen F&E und Marketing: Ergebnisse einer Befragung deutscher Industrieforscher. Zeitschr. f. betriebsw. Forschung, 43. Jg., 1991, S. 1048-1069.

Dreger, W.: [Lebensdauer] Gelenkte Lebensdauer verlängert die Produktnachfrage über neuen Ersatzbedarf. Maschinenmarkt, Bd. 85, 1979, S. 581-584.

Drexl, A.: [Nutzungsdauer] Nutzungsdauerentscheidungen bei Sicherheit und Risiko. Zeitschr. f. betriebsw. Forschung, 42. Jg, 1990, S. 50-66.

Dreysson, Ch.: [Ende] Ende der Dinosaurier. Wirtschaftswoche, 13.12.1991, S. 150-152.

Drucker, P.: [Innovation] Innovation and Entrepreneurship. Practice and Principles. London 1985.

Dunst, K.: [Portfolio-Management] Portfolio-Management-Konzeption für die strategische Unternehmensplanung. Berlin, New York 1979.

Dürr, H.: [Alt] Alt schlägt neu. Lebensmittelzeitung-Journal, 5, 2.2.1990, S. J 10.

Dwyer, L. M.: [Factors] Factors Affecting the Proficient Management of Product Innovation. International Journal of Technology Management, Vol 5, 1990, S. 721-730.

Easingwood, Ch. J.: [Product] Early product life cycle forms for infrequently purchased major products. International Journal of Research in Marketing, Vol. 4, 1987, S. 3-9.

Edmondson, G., et al.: [Philips] Philips Needs Laser Speed. Business Week, 6.6.1994, S. 18-19.

Eggers, Ch.: [Markenartikel] Vertikale vertragliche Vertriebssysteme für Markenartikel. Konstanz 1990.

Eisenführ, F., M. Weber [Entscheiden]: Rationales Entscheiden, Berlin et al. 1994.

Eliashberg, J., Th. S. Robertson: [Product] New Product Preannouncing Behavior: A Market Signaling Study. Journal of Marketing Research, Vol. 5, 1988, S. 282-292.

Ellinger, Th.: [Informationsfunktion] Die Informationsfunktion des Produktes. In: A. Moxter, D. Schneider, W. Wittmann, Hrsg.: Produktionstheorie und Produktionsplanung. Festschrift zum 65. Geburtstag von K. Hax. Köln, Opladen 1965, S. 253-336.

Elrod, T.: [Choice] Choice Map: Inferring a Product-Market Map from Panel Data. Marketing Science, Vol. 7, 1988, S. 21-40.

Engers, M.: [Signaling] Signaling with many Signals. Economtrica, Vol. 55, Nr. 3, S. 663-674.

Erichson, B.: [Prognose] Prognose für neue Produkte. Teil 1: Marketing, 1. Jg., 1979, S. 255-266.

Erichson, B.: [Tesi] Tesi: Ein Test- und Prognoseverfahren für neue Produkte. Marketing ZFP, 3. Jg., 1981, S. 201-207.

Ernst, H., T. Teichert: [Bias]: The R and D/Marketing interface and single informant bias in NPD research: an illustration of a benchmarking case study. Technovation, Vol. 18 (12), 1998, S. 721-739.

Eskin, G. J.: [Forecasts] Dynamic Forecasts of New Product Demand Using a Depth of Repeat Model. Journal of Marketing Research, Vol. 10, 1973, S. 115-129.

Fenneberg, G.: [Kostenabweichungen] Kosten- und Terminabweichungen im Entwicklungsbereich. Eine empirische Analyse. Berlin 1979.

Fenwick, I.: [Techniques] Techniques in Market Measurement: The Jackknife. Journal of Marketing Research, Vol. 16, 1979, S. 410-414.

Fern, E. F.: [Groups] Use of Focus Groups for Idea Generation: The Effects of Group Size, Acquaintanceship, and Moderator on Response Quantity and Quality. Journal of Marketing Research, Vol. 19, 1982, S. 1-13.

Fischerkoesen, H. M.: [Werbeerfolgsprognose] Experimentelle Werbeerfolgsprognose. Wiesbaden 1967.

Foster, R. N.: [Call] A Call for Vision in Managing Technology. Business Week, 24.5.1982, S. 14-18.

Fourt, L. A., J. W. Woodlock: [Prediction] Early Prediction of Market Success for New Grocery Products. Journal of Marketing, Vol. 4, 1960, S. 31-38.

Fraker, S.: [Speed] High Speed Management for the High-Tech Age. Fortune, 5.3.1984, S. 38-44.

Freimer, M., L. S. Simon: [Evaluation] The Evaluation of Potential New Product Alternatives. Management Science, Vol. 13, 1967, S. B279-B292.

Fritz, W.: [Umweltschutz] Umweltschutz und Unternehmenserfolg. Eine empirische Analyse. Die Betriebswirtschaft, Jg. 55, 1995, S. 347-357.

Fry, J. N.: [Family Branding] Family Branding and Consumer Brand Choice. Journal of Marketing Research, Vol. 4, 1967, S. 237-247.

Gatignon, H., E. Anderson, K. Helsen: [Reactions] Competitive Reactions to Market Entry: Explaining Interfirm Differences. Journal of Marketing Research, Vol. 6, 1989, S. 44-55.

Gatignon, H., B. Weitz, P. Bansal: [Introduction] Brand Introduction Strategies and Competitive Environments. Journal of Marketing Research, Vol. 7, 1990, S. 390-401.

Gaul, W., D. Baier, A. Apergis: [Verfahren] Verfahren der Testmarktsimulation in Deutschland: Eine vergleichende Analyse. Marketing ZFP, 18. Jg., 1996, S. 203-217.

Gavish, B., D. Horsky, K. Srikanth: [Approach] An Approach to the Optimal Positioning of a New Product. Management Science, Vol. 9, 1983, S. 1277-1297.

Gerstenfeld, A.: [Innovation] Innovation: A Study of Technological Policy. Washington/DC 1976.

Gerstenfeld, A.: [Regulations] Government Regulations and Innovation. In: A. Gerstenfeld, R. Brainard, Hrsg.: Technological Innovation: Government/Industry Cooperation. New York 1979, S. 176-185.

Geschka, H.: [Forschung] Forschung und Entwicklung als Gegenstand betrieblicher Entscheidungen. Meisenheim 1970.

Geschka, H.: [Problemlösungstechnik] Problemlösungstechnik Ideenfindung. Der Innovationsberater (Losebl.-Grundwerk) 1982.

GfK: [Behaviorscan] GfK-Behaviorscan, Experimenteller Mikro-Testmarkt mit Targetable TV zur Optimierung des Marketing-Mix - Detailbeschreibung. Nürnberg 1988.

Gierl, H.: [Leapfrogging] Neue Technologien und Leapfrogging der Nachfrager. Zeitschr. f. Betriebswirtschaft, 67. Jg., 1997, S. 1073-1091.

Gierl, H.: [Diffusionsforschung] Diffusionsforschung im praktischen Einsatz. Marketing ZFP, 10. Jg, 1988, S. 102-110.

Gold, J. A.: [Test] Testing Test Market Predictions. Journal of Marketing Research, Vol. 1, 1964, Nr. 3, S. 8-16.

Goldberg, W.: [Pflege] Die Pflege innovativer Ideen - Empirische Beobachtungen systematisiert. Die Betriebswirtschaft, 44. Jg., 1984, S. 565-577.

Golder, P. N., G. J. Tellis: [Pioneer] Pioneer Advantage: Marketing Logic or Marketing Legend? Journal of Marketing Research, Vol. 30, 1993, S. 158-170.

Goldstein, G.: [Integrating] Integrating Product and Process Design. Mechanical Engineering, April 1989, S. 48-50.

Green, D. H., D. W. Barclay, A. B. Ryans: [Strategy] Entry Strategy and Long-Term Performance: Conceptualization and Empirical Examination. Journal of Marketing, Vol. 59, 1995, S. 1-16.

Green, P. E., J. D. Carroll, St. M. Goldberg: [Approach] A General Approach to Product Design Optimization via Conjoint Analysis. Journal of Marketing, Vol. 45, 1981, S. 17-37.

Green, P. E., R. E. Frank, P. J. Robinson: [Cluster] Cluster Analysis in Test Market Selection. Management Science, Vol. 13, 1967, S. B387-B400.

Green, P. E., A. M. Krieger: [Contributions] Recent contributions to optimal positioning and buyer segmentation. European Journal of Operational Research, Vol. 41, 1989, S. 127-141.

Green, P. E., A. M. Krieger: [Design] Product Design Strategies for Target-Market Positioning. Journal of Product Innovation Management, Vol. 8, 1991, S. 189-202.

Green, P. E., A. M. Krieger: [Application] An Application of a Product Positioning Model to Pharmaceutical Products. Marketing Science, Vol. 11, 1992, S. 117-132.

Green, P. E., A. M. Krieger: [Approach] A simple approach to target market advertising strategy. Journal of the Market Research Society, Vol. 35, 1993, S. 161-170.

Green, P. E., et al.: [Adaptive] Adaptive Conjoint Analysis: Some Caveats and Suggestions; Comment. Journal of Marketing Research, Vol. 28, 1991, S. 215-222.

Green, P. E., V. Srinivasan: [Conjoint Analysis] Conjoint Analysis in Consumer Research: Issues and Outlook. Journal of Consumer Research, Vol. 5, 1978, S. 103-123.

Green, P. E., V. Srinivasan: [Developments] Conjoint Analysis in Marketing: New Developments with Implications for Research and Practice. Journal of Marketing, Vol. 54, 1990, S. 3-19.

Griffin, A.: [Effect] The Effect of Project and Process Characteristics on Product Development Cycle Time. Journal of Marketing Research, Vol. 34, 1997, S. 24-35.

Griffin, A., J. R. Hauser: [Voice] The Voice of the Customer. Marketing Science, Vol. 12, 1993, S. 1-27.

Griffin, A., A. L. Page: [Report] An interim report on measuring product development success and failure. Journal of Product Innovation Management, Vol. 10, 1993, S. 291-308.

Grosche, K.: [Produktionsprogramm] Das Produktionsprogramm, seine Änderungen und Ergänzungen. Berlin 1967.

Grover, R., V. Srinivasan: [Approach] A Simultaneous Approach to Market Segmentation and Market Structuring. Journal of Marketing Research, Vol. 4, 1987, S. 139-153.

Gümbel, R.: [Sortimentspolitik] Die Sortimentspolitik in den Betrieben des Wareneinzelhandels. Köln, Opladen 1963.

Günter, B.: [Großanlagen] Das Marketing von Großanlagen. Strategieprobleme des Systems Selling. Berlin 1979.

Gupta, A. K., D. L. Wilemon: [Connection] The Credibility-Cooperation Connection at the R & D-Marketing Interface. Journal of Product Innovation Management, Vol. 5, 1988, S. 20-31.

Gupta, A. K., D. L. Wilemon: [Accelerating] Accelerating the Development of Technology-Based New Products. California Management Review, Vol. 32, Winter 1990, S. 24-44.

Gutenberg, E.: [Absatz] Grundlagen der Betriebswirtschaftslehre. Bd. 2.: Der Absatz. 15. Aufl., Berlin, Heidelberg, New York 1976.

Haedrich, G., T. Tomaczak: [Markenführung] Strategische Markenführung. Bern 1990.

Hamann, M.: [Produktgestaltung] Die Produktgestaltung. Rahmenbedingungen, Möglichkeiten, Optimierung. Würzburg, Wien 1975.

Hamelmann, P. W., E. M. Mazze: [Abandonment] Improving Product Abandonment Decisions. Journal of Marketing, Vol. 36, 1972, S. 20-26.

Hannig, R.: [Robustheit] Robustheit von Produktpositionierungsalgorithmen. Diss., Kiel 1988.

Hansen, H. R.: [Checklist] Checklist zur Auswahl neuer Produkte. Absatzwirtschaft, Nr. 24, 1968, S. 26.

Hansen, H. R., A. Thabor: [Marketing-Modelle] Marketing-Modelle. Berlin, New York 1973.

Hansen, U.: [Verpackung] Verpackung und Konsumentenverhalten. Marketing ZFP, 8. Jg., 1986, S. 5-12.

Hansen, U., S. Kull: [Öko-Label] Öko-Label als umweltbezogenes Informationsinstrument: Begründungszusammenhänge und Interessen. Marketing ZFP, 16. Jg., 1994, S. 265-274.

Hansen, U., E. Leitherer: [Produktpolitik] Produktpolitik. 2. A., Stuttgart 1984.

Hanssen, R. A., M. Schneider: [Integration] Geschäftsfeldübergreifende Integration. In: R. A. Hanssen, W. Kern, Hrsg.: Integrationsmanagement für neue Produkte. Zeitschr. f. betriebsw. Forschung, Sonderheft 30, 1992, S. 103-117.

Hättig, H.: [Markentransfer] Der Markentransfer. Heidelberg 1989.

Hauschildt, J.: [Innovationsmanagement] Innovationsmanagement. 2. A., München 1997.

Hauser. J. R., D. Clausing: [House] The House of Quality. Harvard Business Review, Vol. 66, 1988, 3/S. 63-73.

Hauser, J. R., P. Simmie: [Profit] Profit Maximizing Perceptual Positions: An Integrated Theory for the Selection of Product Features and Price. Management Science, Vol. 27, 1981, S. 33-56.

Hayes, R. H., W. J. Abernathy: [Managing] Managing Our Way to Economic Decline. Harvard Business Review, Vol. 58, 1980, S. 67-77.

Hayes, R. H., S. C. Wheelwright, K. B. Clark: [Dynamic] Dynamic Manufacturing. New York 1988.

Helber, C.: [Einführung] Einführung neuer Produkte mit GERT. Der Markt, Nr. 63, 1977, S. 62-73.

Hendricks, K. B., V. R. Singhal [Consequences]: Delays in New Product Introductions and the Market Value of the Firm: The Consequences of Being Late to Market. Management Science, Vol. 43, 1997, S. 422-436.

Henkel & Cie. GmbH, Hrsg.: [Persil] 90 Jahre Persil - Die Geschichte einer Marke. Düsseldorf 1997.

Herrmann, A.: [Produktwahlverhalten] Produktwahlverhalten: Erläuterung und Weiterentwicklung von Modellen zur Analyse des Produktwahlverhaltens aus marketingtheoretischer Sicht. Stuttgart 1992.

Hertz, D. B.: [Risk] Risk Analysis in Capital Investment. Harvard Business Review, Vol. 42, 1964, S. 95-106.

Hess, J.: [Autoindustrie] Bei mehr als 1,20 DM pro Liter Super wird es für die Autoindustrie 1980 kritisch. Handelsblatt, No. 48, 7.12.1979, S. 10.

Hill, R. M., J. D. Hlavacek: [Venture Team] The Venture Team: A New Concept in Marketing Organisation. Journal of Marketing, Vol. 36, 1972, S. 44-50.

Hinterhuber, H. H.: [Unternehmungsführung] Strategische Unternehmungsführung. Berlin, New York 1977.

Hippel, E. von: [Lead Users] Lead Users: Source of Novel Product Concepts. Management Science, Vol. 32, 1986, S. 791-805.

Hirsch, V.: [Bewertungsprofile] Bewertungsprofile bei der Planung neuer Produkte. Zeitschr. f. betriebsw. Forschung, 20. Jg, 1968, S. 291-303.

Hisrich, R. D., M. P. Peters: [Marketing] Marketing a New Product: Its Planning, Development, and Control. Menlo Park/Cal. et al. 1978.

Hoffmann, F., R. Bühner: [Arbeitnehmererfindungen] Die Vergütung von Arbeitnehmererfindungen aus betriebswirtschaftlicher Sicht. Die Betriebswirtschaft, 39. Jg., 1979, S. 573-583.

Hoffritz, J.: [Schlucker] Arme Schlucker. Wirtschaftswoche, 25.4.1996, S. 128-131.

Höfner, K.: [Markttest] Der Markttest für Konsumgüter in Deutschland. Stuttgart 1966.

Hopfenbeck, W.: [Management] Umweltorientiertes Management und Marketing-Konzepte. Landsberg 1990.

Hopkins. D. S.: [Options] Options in New Product Organization. New York 1974.

Horsky, D., P. Nelson: [Brand] New Brand Positioning and Pricing in an Oligopolistic Market. Marketing Science, Vol. 11, 1992, S. 133-153.

Hough, E. A.: [Communication] Communication of Technical Information between Overseas Markets and Head Office Laboratories. R & D Management, Vol. 3, 1972, S. 1-6.

Hounshell, D. A., J. K. Smith, jr.: [Science] Science and Corporate Strategy. Cambridge 1989.

Hruschka, H.: [Folgegeschäfte] Folgegeschäfte. Zur Bestimmung der Umsatzverbundenheit von Haupt- und Zusatzprodukten mit Hilfe der Polynominal-Lag-Regression. Marketing ZFP, 5. Jg., 1983, S. 165-169.

Hruschka, H.: [Zusammenhang] Der Zusammenhang zwischen paarweisen Verbundbeziehungen und Kauftakt- bzw. Käuferstrukturmerkmalen. Zeitschr. f. betriebsw. Forschung, 37. Jg., 1985, S. 218-231.

Hruschka, H.: [Kaufverbundenheit] Bestimmung der Kaufverbundenheit mit Hilfe eines probabilistischen Meßmodells. Zeitschr. f. betriebsw. Forschung, 43. Jg, 1991, S. 418-434.

Huber, J.: [Preferences] Predicting Preferences on Experimental Bundles of Attributes: A Comparison of Models. Journal of Marketing Research, Vol. 12, 1975, S. 290-297.

Hultink, E. J., H. S. J. Robben: [Success] Measuring New Product Success: The Difference that Time Perspectives Make. Journal of Product Innovation Management, Vol. 12, 1995, S. 392-405.

Huppert, E.: [Konsumentenpanels] Scanning: Elektronische Handels- und Konsumentenpanels. In: J. Zentes, Hrsg.: Neue Informations- und Kommunikationstechnologien in der Marktforschung. Berlin, Heidelberg 1984, S. 18-41.

Hüttner, M.: [Informationen] Informationen für Marketing-Entscheidungen. München 1979.

Isenson, R. S.: [Coupling] Coupling Technical Information Generators and Exploiters. R & D Management, Vol. 5., 1975, S. 127-131.

Isermann, H.: [Verpackungsplanung] Verpackungsplanung im Spannungsfeld zwischen ökologischen und ökonomischen Anforderungen an die Verpackung. OR Spektrum, Bd. 13, 1991, S. 173-188.

Ittner, C. D., D. F. Larcker: [Product] Product Development Cycle Time and Organizational Performance. Journal of Marketing Research, Vol. 34, 1997, S. 13-23.

Jackson, B. B., B. P. Shapiro: [Product Line] New Way to make Product Line Decisions. Harvard Business Review, Vol. 57, 1979, 3/S. 139-149.

Jacobs, S.: [Erfolgsfaktoren] Strategische Erfolgsfaktoren der Diversifikation. Wiesbaden 1991.

Jain, A. K., et al.: [Comparison] A Comparison of the Internal Validity of Alternative Parameter Estimation Methods in Decompositional Multiattribute Preference Models. Journal of Marketing Research, Vol. 16, 1979, S. 313-322.

Jain, D., F. M. Bass, Y.-M. Chen: [Estimation] Estimation of Latent Class Models with Heterogeneous Choice Probabilities: An Application to Market Structuring. Journal of Marketing Research, Vol. 27, 1990, S. 94-101.

Jedidi, K., R. Kohli, W. S. DeSarbo: [Consideration] Consideration Sets in Conjoint Analysis. Journal of Marketing Research, Vol. 33, 1996, S. 364-372.

Jehle, E.: [Kreativitätsstrategie] Eine Kreativitätsstrategie für das Unternehmen. In: E. Zahn: Technologie- und Innovationsmanagement. Berlin 1986, S. 71-97.

Johne, F. A.: [Substance] Substance versus Trappings in New Product Management. Journal of Marketing Management, Vol. 1, 1986, S. 91-301.

Johne, F. A., P. A. Snelson: [Factors] Success Factors in Product Innovation - A Selective Review of the Literature. Journal of Product Innovation Management, Vol. 5, 1988, S. 114-128.

Johne, F. A., P. A. Snelson: [Development] Successful Product Development. Management Practices in Large US and UK Firms. Oxford 1990.

Johnson, R. M.: [Comment] Comment on "Adaptive Conjoint Analysis: Some Caveats and Suggestions". Journal of Marketing Research, Vol. 28, 1991, S. 223-225.

Johnson, S. C., C. Jones: [Organize] How to Organize for New Products. Harvard Business Review, Vol. 35, 1957, S. 49-62.

Jones, W. H., M. H. Oakley: [Venture Management] A Case Study in Venture Management. Omega, Vol. 7, 1979, S. 9-13.

Josten, F. A.: [Determinanten] Determinanten von Product-Management-Strukturen. Eine empirische Untersuchung in den USA. Frankfurt, Bern, Las Vegas 1979.

Kaas, K. P.: [Verfahren] Ein Verfahren zur Messung von Produktpräferenzen durch Geldäquivalente. In: E. Topritzhofer, Hrsg.: Marketing. Neue Ergebnisse aus Forschung und Praxis. Wiesbaden 1978, S. 115-130.

Kaas, K. P., A. Busch: [Inspektionseigenschaften]: Inspektions-, Erfahrungs- und Vertrauenseigenschaften von Produkten. Theoretische Konzeption und empirische Validierung. Marketing ZFP, 18. Jg., 1996, S. 243-252.

Kalish, S., G. L. Lilien: [Entry] A Market Entry Timing Model for New Technologies. Management Science, Vol. 32, 1986, S. 194-205.

Kalyanaram, G., W. T. Robinson, G. L. Urban: [Order] Order of market entry: Established empirical generalizations, emerging empirical generalizations, and future research. Marketing Science, Vol. 14, 1995, S. G212-G221.

Kamakura, W. A., R. K. Srivastava: [Choice Model] An Ideal-Point Probabilistic Choice Model for Heterogeneous Preferences. Marketing Science, Vol. 5, 1986, S. 199-218.

Kardes, F. R., G. Kalyanaram: [Effects] Order-of-Entry Effects on Consumer Memory and Judgement: An Information Integration Perspective. Journal of Marketing Research, Vol. 29, 1992, S. 343-357.

Karger, D. W., R. G. Murdick: [Product] New Product Venture Management. New York, London, Paris 1972.

Karmarkar, U. S., R. C. Pitbladdo: [Quality] Quality, Class and Competition. Management Science, Vol. 43, 1997, S. 27-39.

Katahira, H.: [Mapping] Perceptual Mapping Using Ordered Logit Analysis. Marketing Science, Vol. 9, 1990, S. 1-17.

Kaufer, E.: [Kostendämpfung] Die Kostendämpfung bei Arzneimitteln. Ein Weg zur Verschärfung der Finanzierungskrise im Gesundheitswesen. Baden-Baden 1979.

Kawlath, A.: [Qualitätspolitik] Theoretische Grundlagen der Qualitätspolitik. Wiesbaden 1969.

Keeney, R. L., G. L. Lilien: [Design] New Industrial Product Design and Evaluation Using Multiattribute's Value Analysis. Journal of Product Innovation Management, Vol. 4, 1987, S. 185-198.

Kekre, S., K. Srinivasan: [Line] Broader Product Line: A Necessity to Achieve Success? Management Science, Vol. 36, 1990, S. 1216-1231.

Keller, K. L.; D. A. Aaker: [Effects] The Effects of Sequential Introductions of Brand Extensions. Journal of Marketing Research, Vol. 29, 1992, S. 35-50.

Kerin, R. A., P. R. Varadarajan, R. A. Peterson: [Advantage] First-Mover Advantage: A Synthesis, Conceptual Framework, and Research Propositions. Journal of Marketing, Vol. 56, 1992, S. 33-52.

Kieser, A., H. Kubicek: [Organisation] Organisation. Berlin, New York 1977.

Kihlstrom, R. E., M. H. Riordan: [Advertising] Advertising as a Signal. Journal of Political Economy, Vol. 92, 1984, S. 427-450.

Kilger, W.: [Produktionsplanung] Optimale Produktions- und Absatzplanung. Opladen 1973.

Kirzner, I. M.: [Wettbewerb] Competition and Entrepreneurship. Chicago 1973. (Deutsche Übersetzung: Wettbewerb und Unternehmertum, Tübingen 1978.)

Klemperer, P.: [Equilibrium] Equilibrium product lines; Competing head-to-head may be less competetive. American Economic Review, Vol. 82, 1992, S. 740-755.

Klenger, F., J. Krautter: [Simulation] Simulation des Käuferverhaltens, Teil 1: Werbewirkung und Käuferverhalten. Wiesbaden 1972.

Koch, H.: [Programmplanung] Zum Verfahren der strategischen Programmplanung. Zeitschr. f. betriebsw. Forschung, Bd. 31, 1979, S. 145-161.

Köhler, R.: [Organisation] Organisation des Produkt-Management. In: E. Grochla, Hrsg.: Handwörterbuch der Organisation. 2. A., Stuttgart 1980, Sp. 1923-1942.

Köhler, R.: [Unternehmenssituation] Unternehmenssituation, Organisationsstruktur und Planungsverhalten. Dargestellt am Beispiel des betrieblichen Absatzbereiches. In: H. Bergner, Hrsg.: Planung und Rechnungswesen in der Betriebswirtschaftslehre. Berlin 1981, S. 243-281.

Köhler, R., K. Tebbe, H. Uebele: [Einfluß] Der Einfluß objektorientierter Organisationsformen auf die Gestaltung absatzpolitischer Entscheidungsprozesse. Man. Köln 1983.

Kohli, C. S.: [Signaling] Signaling New Product Introductions: A Frameword Explaining the Timing of Preannouncements. Diss., Indiana University 1992.

Kohli, R., R. Krishnamurthi: [Approach] A Heuristic Approach to Product Design. Management Science, Vol. 33, 1987, S. 1523-1533.

Kohli, R., R. Sukumar: [Heuristics] Heuristics for Product-Line Design Using Conjoint Analysis. Management Science, Vol. 36, 1990, S. 1464-1478.

Koppelmann, U.: [Produktmarketing] Grundlagen des Produktmarketing: Zum qualitativen Informationsbedarf von Produktmanagern. Stuttgart, Berlin, Köln, Mainz 1978.

Koppelmann, U.: [Produktmarketing, 2. A.] Produktmarketing. 2. A., Stuttgart et al. 1987 (5. A., 1997, Berlin et al.).

Kotler, Ph.: [Strategies] Competitive Strategies for New Products over the Life Cycle. Management Science, Vol. 12, 1965, S. B104-B119.

Kotler, Ph.: [Marketing] Marketing Decision Making. A Model Building Approach. New York et al. 1971

Kotler, Ph.: [Management] Marketing Management, Planning, Analysis, Control. 2. A., Englewood Cliffs, N. J. 1972. (Deutsche Übersetzung: Kotler, Bliemel: Marketing Management. 7. A., Stuttgart 1992.)

Kotler, Ph.: [Shortage] Marketing During Periods of Shortage. Journal of Marketing, Vol. 38, 1974, S. 20-29.

Kreikebaum, H.: [Potentialanalyse] Die Potentialanalyse und ihre Bedeutung für die Unternehmensplanung. Zeitschr. f. Betriebsw., 41. Jg., 1971, S. 257-272.

Kreikebaum, H.: [Kehrtwende] Kehrtwende zur Zukunft. Stuttgart 1988.

Krishnamurthi, L., D. R. Wittink: [Value] The Value of Idiosyncratic Functional Forms in Conjoint Analysis. International Journal of Research in Marketing, Vol. 8, 1991, S. 301-313.

Kroeber-Riel, W.: [Konsumentenverhalten] Konsumentenverhalten. 2. A., München 1980 (5. A., München 1992).

Krueger, R. A.: [Groups] Focus Groups. A Practical Guide for Applied Research. 2. A., Thousand Oaks/Cal. 1994.

Kruskal, S.: [Scaling] Multidimensional Scaling by Optimizing Goodness of Fit to a Nonmetric Hypothesis. Psychometrika, Vol. 29, S. 1-27.

Kupsch, P., et al.: [Struktur] Die Struktur von Qualitätsurteilen und das Informationsverhalten von Konsumenten beim Kauf langlebiger Gebrauchsgüter. Opladen 1978.

Laberenz, H., B. Orth: [Einstellungsmodelle] Multiattributive Einstellungsmodelle und die Vorhersage von Konsumentenverhalten. Marktforschung & Management, 32. Jg., 1988, S. 83-86.

Lambert, D. M., J. U. Sterling: [Identifying] Identifying and Eliminating Weak Products. Business (College of Business Administration, Georgia State University), Vol. 38, 1988, 3/S. 3-10.

Lambkin, M.: [Pioneering] Pioneering New Markets: A Comparison of Market Share Winners and Losers. International Journal of Research in Marketing, Vol. 9, 1992, S. 5-22.

Lancaster, K.: [Demand] Consumer Demand. A New Approach. New York, London 1971.

Larréché, J.-C., V. Srinivasan: [Stratport] Stratport: A Decision Support System for Strategic Planning. Journal of Marketing, Vol. 45, 1981, S. 39-52.

Lauglaug, A. S.: [Research] Technical-Market Research - Get Customers to Collaborate in Developing Products. Long Range Planning, Vol. 26, 1993, S. 78-82.

Laux, H.: [Grundfragen] Grundfragen der Organisation. Delegation, Anreiz und Kontrolle. Berlin, Heidelberg, New York 1979.

Lee, J., H. Kim: [Determinants] Determinants of New Product Outcome in a Developing Country: A Longitudinal Analysis. International Journal of Research in Marketing, Vol. 3, 1986, S. 143-156.

Leptien, C.: [Anreizsysteme] Anreizsysteme in Forschung und Entwicklung. Wiesbaden 1996.

Levinthal, D. A., D. Puroleit: [Goods] Durable Goods and Product Obsolescence. Marketing Science, Vol. 11, 1989, S. 35-56.

Lienert, G. A.: [Testaufbau] Testaufbau und Testanalyse. Weinheim 1961.

Linde, F.: [Entwicklung] Die wirtschaftliche Entwicklung des gesamten Unternehmens. In: 50 Jahre Kältetechnik 1879-1929, Geschichte der Gesellschaft für Linde's Eismaschinen A.G. Wiesbaden. Wiesbaden 1929.

Linde, R.: [Produktqualität] Untersuchungen zur ökonomischen Theorie der Produktqualität. Tübingen 1977.

Lisowsky, A.: [Qualität] Qualität und Betrieb. Ein Beitrag zum Problem des wirtschaftlichen Wertens. Stuttgart 1928.

Locander, W. B., R. W. Scannell: [Elimination] Modeling the Product Elimination Decision. Omega, Vol. 4, 1976, S. 741-742.

Loken, B., D. R. John: [Beliefs] Diluting Brand Beliefs: When Do Brand Extensions Have a Negative Impact? Journal of Marketing, Vol. 57, 1993, S. 71-84.

Loosschilder, et al.: [Stimuli] Pictorial stimuli in conjoint analysis - To support product styling decisions. Journal of the Market Research Society, Vol. 37, 1995, S. 17-34.

Lorenz, G.: [Flexibilität] Größere Flexibilität durch Innovation. Zeitschr. f. betriebsw. Forschung, 37. Jg., 1985, S. 138-143.

Lücke, W.: [Qualitätsprobleme] Qualitätsprobleme im Rahmen der Produktions- und Absatztheorie. In: H. Koch, Hrsg.: Zur Theorie des Absatzes. Festschrift zum 75. Geburtstag von Erich Gutenberg. Wiesbaden 1973, S. 263-299.

Luhmer, A.: [Begründung] Eine theoretische Begründung der Albach-Brockhoff-Formel des Produkt-Lebenszyklus. Zeitschr. f. Betriebsw. 48. Jg., 1978, S. 666-671.

Lutz, N. A.: [Warranties] Warranties as signals under consumer moral hazard. RAND Journal of Economics, Vol. 20, 1989, S. 239-255.

Lynch, J. G. jr., Th. E. Buzas, S. V. Berg: [Measurement] Regulatory Measurement and Evaluation of Telephone Service Quality. Management Science, Vol. 40, 1994, S. 169-194.

MacCrimmon, K. R., C. Wagner: [Ideas] Simulating Ideas through Creativity Software. Management Science, Vol. 40, Nr. 11, 1994, S. 1514-1532.

MacDonald, K. H.: [Strategy] Business Strategy Development, Alignment, and Redesign. In: M. S. Scott Morton: The Corporation of the 1990's, Information Technology and Organizational Transformation. New York, Oxford 1991, S. 159-186.

Macharzina, K.: [Unternehmensführung] Unternehmensführung. Wiesbaden 1993.

Mahajan, V., E. Muller: [Behavior] Innovative Behavior and Repeat Purchase Diffusion Models. In: Proceedings. American Marketing Association, 1982, S. 456-460.

Mahajan, V., E. Muller, F. M. Bass: [Models] New Product Diffusion Models in Marketing: A Review and Directions for Research. Journal of Marketing, Vol. 54, 1990, S. 1-26.

Mahajan, V., E. Muller, F. M. Bass: [Diffusion] Diffusion of New Products: Empirical Generalizations and Managerical Uses. Marketing Science, Vol. 14, 1995, S. G79-G88.

Mahajan, V., E. Muller, S. Sharma: [Comparison] An Empirical Comparison of Awareness Forecasting Models of New Product Introduction. Marketing Science, Vol. 3, 1984, S. 179-197.

Mahajan, V., V. R. Rao, R. K. Srivastava: [Assessment] Assessment of the Importance of Brand Strength in Acquisition Decisions. Manuskript, Juli 1991.

Mahajan, V., J. Wind: [Product] New Product Models: Practice Shortcomings and Desired Improvements. Journal of Product Innovation Management, Vol. 9, 1992, S. 128-139.

Mansfield, E.: [Imitation] Technical Change and the Rate of Imitation. Econometrica, Vol. 29, 1961, S. 741-766.

Marks, U. G.: [Neuproduktpositionierung] Neuproduktpositionierung in Wettbewerbsmärkten. Wiesbaden 1994.

Marschak, J.: [Theory] Towards an Economic Theory of Organization and Information. In: R. M. Thrall, C. H. Coombs, R. L. Davis, Hrsg.: Decision Processes. New York 1954, S. 187-220.

Mason, Ch. H.: [Product] New Product Entries and Product Class Demand. Marketing Science, Vol. 9, 1990, S. 58-73.

Massy, W. F.: [Forecasting] Forecasting the Demand for New Convenience Goods. Journal of Marketing Research, Vol. 6, 1969, S. 405-412.

Mauthe, K.-D., P. Roventa: [Versionen] Versionen der Portfolio-Analyse auf dem Prüfstand. Ein Ansatz zur Auswahl und Beurteilung strategischer Analysemethoden. In: W. Kirsch, P. Roventa: Bausteine eines Strategischen Managements. Berlin, New York 1983, S. 109-139.

May, J. H., A. D. Shocker, D. Sudharshan: [Locations] On Optimal New Product Locations, with a Simulation Comparison of Methods. Working Paper, University of Pittsburgh, 1980. (Siehe: Sudharshan, May, Shocker.)

Mayer, A., R. U. Mayer: [Imagetransfer] Imagetransfer. Hamburg 1987.

Mazanec, J.: [Meßverfahren] Probabilistische Meßverfahren in der Marktforschung. Ein empirischer Anwendungsversuch zur Planung absatzpolitischer Strategien des Imagetransfers. Marketing, 1. Jg. 1979, S. 174-186.

Mazanec, J., O. J. Wiegele: [Produktpolitik] Zum praktischen Einsatz von Positionierungsmodellen in der Produktpolitik. In: R. Köhler, H. J. Zimmermann: Entscheidungshilfen im Marketing. Stuttgart 1977, S. 46-60.

McBride, R. D., F. S. Zufryden: [Approach] An Integer Programming Approach to the Optimal Product Line Selection Problem. Marketing Science, Vol. 7, 1988, S. 126-140.

McFadden, D.: [Logit Analysis] Conditional Logit Analysis of Qualitative Choice Behavior. In: P. Zarembka: Economic Theory and Mathematical Economics. New York, London 1974, S. 105-142.

McGrath, R. G., I. C. MacMillan, M. L. Tushman: [Role] The Role of Executive Team Actions in Shaping Dominant Designs: Towards the Strategic Shaping of Technological Progress. Strategic Management Journal, Vol. 13, 1992, S. 137-161.

Meffert, H.: [Markenstrategien] Markenstrategien im Wettbewerb. In: ders., Hrsg.: Strategische Unternehmensführung und Marketing. Wiesbaden 1988, S. 115-138.

Meffert, H.: [Marketing] Grundlagen marktorientierter Unternehmensführung. Konzepte - Instrumente - Praxisbeispiele. 8. A., Wiesbaden 1998.

Meffert, H., G. Heinemann: [Operationalisierung] Operationalisierung des Imagetransfers. Marketing ZFP, 12. Jg., 1990, S. 5-10.

Mesak, H. I., W. D. Berg: [Replacement] Incorporating Price and Replacement Purchases in New Product Diffusion Models for Consumer Durabels. Decision Sciences, Vol. 26, Nr. 4, 1995, S. 425-449.

Meyer, R., E. J. Johnson: [Generalizations] Empirical Generilizations in the Modeling of Consumer Choice. Marketing Science, Vol. 14, 1995, S. G180-G189.

Michael, M.: [Produktideen] Produktideen und "Ideenproduktion". Wiesbaden 1973.

Mickwitz, G: [Marketing] Marketing and Competition. Helsingfors 1959.

Milgram, P., J. Roberts: [Price] Price and Advertising: Signals of Product Quality. Journal of Political Economy, Vol. 94, 1986, S. 796-821.

Montoya-Weiss, M. M., R. Calantone: [Determinants] Determinants of New Product Performance: A Review and Meta-analysis. Journal of Product Innovation Management, Vol. 11, 1994, S. 397-417.

Moore, W. L., E. A. Pessemier: [Product] Product Planning and Management, New York et al. 1993.

Moore, W. L., R. S. Winer: [Method] A Panel-Data Based Method for Merging Joint Space and Market Response Function Estimate. Marketing Science, Vol. 6, 1987, S. 25-42.

Moorthy, K. S., I. P. L. Png: [Segmentation] Market Segmentation, Cannibalization, and the Timing of Product Introductions. Management Science, Vol. 38, 1992, S. 345-359.

Müller, G., P. Roventa, Th. Lückenrath: [Bewertung] Die Bewertung der Marktattraktivität - Ein offenes Problem der Strategischen Analyse. In: W. Kirsch, P. Roventa: Bausteine eines Strategischen Managements. Berlin, New York 1983, S. 163-203.

Müller, S., P. Kesselmann: [Preisbereitschaft] Die Preisbereitschaft von Konsumenten bei umweltfreundlich verpackten Produkten - Ergebnisse einer Conjoint-Analyse. Zeitschr. f. betriebsw. Forschung, 46. Jg., 1994, S. 260-278.

Müller, S., F. Lohmann: [Dienstleistungsqualität] Qualitative oder quantitative Erfassung von Dienstleistungsqualität? Die Critical Incident Technique und die Gap-Analyse im Methodenvergleich. Zeitschr. f. betriebsw. Forschung, Bd. 49, 1997, S. 973-989.

Müller-Hagedorn, L.: [Nachfrageverbund] Das Problem des Nachfrageverbundes in erweiterter Sicht. Zeitschr. f. betriebsw. Forschung, Bd. 30, 1978, S. 181-193.

Nair, S. K., L. S. Thakur, K.-W. Wen: [Solutions] Near Optimal Solutions for Product Line Design and Selection: Beam Search Heuristics. Management Science, Vol. 41, 1995, S. 767-785.

Nakanishi, M.: [Response] Advertising and Promotion Effects on Consumer Response to New Products. Journal of Marketing Research, Vol. 10, 1973, S. 242-249.

Narayana, Ch. L., R. J. Markin: [Behavior] Consumer Behavior and Product Performance. An Alternative Conceptualization. Journal of Marketing, Vol. 39, 1975, Nr. 4, S. 1-6.

Nathusius, K.: [Venture Management] Venture Management. Ein Instrument zur innovativen Unternehmungsentwicklung. Berlin 1979.

Nelson, Ph.: [Information] Information and Consumer Behavior. Journal of Political Economy, Vol. 78, 1970, S. 311-329.

Nenning, M., E. Topritzhofer, U. Wagner: [Produktrelaunch] Zur empirischen Überprüfung behaupteter Produktrelaunch-Effekte. Ein interventionsanalytischer Ansatz. Zeitschr. f. betriebsw. Forschung, 31. Jg., 1979, S. 926-932.

Newhall, B.: [Geschichte] Geschichte der Photographie. München 1989.

Nieschlag, R., E. Dichtl, H. Hörschgen: [Marketing] Marketing. 8. A., Berlin 1975 (17. A., Berlin 1994).

Nitsch, R. von, M. Weber: [Bestimmung] Bandbreiten-Effekte bei der Bestimmung von Zielgewichten. Zeitschr. f. betriebsw. Forschung, 43. Jg., 1991, S. 971-986.

Nobeoka, K., M. A. Cusumano: [Strategy] Multi-Project Strategy and Market-Share Growth: The Benefits of Rapid Design Transfer in New Product Development. Sloan School of Management, Working Paper 105-94, 1994.

Norstrøm, C. J.: [Decision] The Abandonment Decision under Uncertainty. Swedish Journal of Economics, Vol. 72, 1970, S. 124-129.

Olthuis, G. P. H.: [Produkt] Product creation process at Philips Electronics, R & D Management, Vol. 27, 1997, S. 213-224.

Padmanabhan, V., Rajiv, S., Srinivasan, K.: [Products] New Products, Upgrades, and New Releases: A Rationale for Sequential Product Introduction. Journal of Marketing Research, Vol. 34, 1997, S. 456-472.

Page, A. L., H. F. Rosenbaum: [Concept] Developing an Effective Concept Testing Program for Consumer Durables. Journal of Product Innovation Management, Vol. 9, 1992, S. 267-277.

Parfitt, J. H., B. J. K. Collins: [Prediction] Use of Consumer Panels for Brand Share Prediction. Journal of Marketing Research, Vol. 5, 1968, S. 131-145. (Deutsche Übersetzung: Prognose des Marktanteils eines Produktes auf Grund von Verbraucherpanels. In: W. Kroeber-Riel, Hrsg.: Marketingtheorie. Köln 1972, S. 171-207.)

Parker, P. M.: [Models] Aggregate Diffusion Forecasting Models in Marketing: A critical Review. International Journal of Forecasting, Vol. 10, 1994, S. 353-380.

Parker, P. M., H. Gatignon: [Effects] Specifying competetive effects in diffusion models: An empirical analysis. International Journal of Research in Marketing, Vol. 11, 1994, S. 17-39.

Pavia, T. M., J. A. Costa: [Number] The Winning Number: Consumer Perceptions of Alpha-Numeric Brand Names. Journal of Marketing, Vol. 57, 1993, S. 85-98.

Pay, D. de: [Informationsmanagement] Informationsmanagement von Innovationen. Wiesbaden 1994.

Peacock, P., H. L. Davis: [Alphabet] The Alphabet as an Independent Variable: A Reply to J. Douglas McConnell. Journal of Business, Vol. 43, 1970, S. 205-209.

Penny, J. C., I. M. Hunt, W. A. Twyman: [Product] Product testing methodology in relation to marketing problems - a review. Journal of the Market Research Society, Vol. 14, 1972, S. 1-29.

Perillieux, R.: [Technologietiming] Technologietiming. In: E. Zahn, Hrsg.: Handbuch Technologiemanagement. Stuttgart 1995, S. 267-284.

Pesendorfer, W.: [Design] Design Innovation and Fashion Cycles. American Economic Review, Vol. 85, 1995, S. 771-793.

Pessemier, E. A.: [Product] Product Management, Strategy and Organization. Santa Barbara et al. 1977.

Pessemier, E., et al.: [Laboratory] Using Laboratory Brand Preference Scales to Predict Consumer Brand Purchases. Management Science, Vol. 17, 1971, S. B371-B385.

Peters, T. J., R. H. Waterman: [Search] In Search of Excellence: Lessons from America's Best Run Companies. New York 1982.

Pfeiffer, W.: [Qualität] Integrale Qualität und Absatzpolitik bei hochautomatisierten Fertigungsanlagen. Zeitschr. f. Betriebsw. 35 Jg., 1965, Ergh., S. 109-124.

Pläcking, J.: [Kommunikation] Die integrierte Kommunikation zur Einführung der A-Klasse. Signale aus der WHU Koblenz, März 1998, S. 17-20.

Poensgen, O. H.: [Geschäftsbereichsorganisation] Geschäftsbereichsorganisation. Opladen 1973.

Power, Ch.: [Flops] Flops. Business Week, 16.8.1993, S. 34-39.

Preukschat, U.: [Vorankündigung] Die Vorankündigung neuer Produkte. Diss., Kiel 1992.

Pringle, L. G., R. D. Wilson, E. I. Brody: [News] News: A Decision-Oriented Model for New Product Analysis and Forecasting. Marketing Science, Vol. 1, 1982, S. 1-29.

Qualls, W., R. W. Olshavsky, R. E. Michaels: [Shortening] Shortening of the PLC - an empirical test. Journal of Marketing, Vol. 45, Fall 1981, S. 76-80.

Rabino, S., T. E. Moore: [Announcements] Managing New-Product Announcements in the Computer Industry. Industrial Marketing Management, Vol. 18, 1989, S. 35-43.

Raffée, H., G. Fritz: [Warentest] Wirkungen vergleichender Warentests in Industrie und Handel. Jahrbuch der Absatz- und Verbrauchsforschung, 30. Jg., 1984, S. 303-318.

Raffée, H., K. Wiedmann: [Obsoleszenzkontroverse] Die Obsoleszenzkontroverse - Versuch einer Klärung. Zeitschr. f. betriebsw. Forschung, 32. Jg., 1980, S. 149-172.

Raithel, H.: [Small] Small is useful. manager magazin, 4/1990, S. 246-253.

Ramaswamy, R., K. Ulrich: [Design] Combining Customer and Engineering Information for Preliminary Design. MIT-Sloan School Working Paper 3302-91-MSA, 1991.

Recht, P., S. Zeisel: [Sortimentserfolgsrechnung] Unterstützung von verbundorientierten Sortimentsentscheidungen durch eine Sortimentserfolgsrechnung. Zeitschr. f. betriebsw. Forschung, 50. Jg., 1998, S. 462-478.

Reddy, S. K., S. L. Holak, S. Bhat: [Extend] To Extend or Not to Extend: Success Determinants of Line Extensions. Journal of Marketing Research, Vol. 31, 1994, S. 243-262.

Rehder, H. K. K.: [Produktmarktstrukturierung] Mehrdimensionale Produktmarktstrukturierung. Meisenheim am Glan 1975.

Rehorn, J.: [Markttests] Markttests. Neuwied 1977.

Rehorn, J.: [Simulanten] Die Simulanten kommen. Absatzwirtschaft, 32. Jg., 1989, 6/S. 84-91.

Reinmuth, J. E., D. I. Hawkins: [Selection] Qualitative Variable Discriminant Analysis and its Use in Product Version Selection. Decision Sciences, Vol. 8, 1977, S. 478-488.

Reinöhl, E.: [Produkteliminierung] Probleme der Produkteliminierung. Diss., Bonn 1981.

Reißinger, L.: [Vorschlagswesen] Das Betriebliche Vorschlagswesen (BVW) als Informationsquelle für Forschung und Entwicklung. In: H. Moll et al.: RKW-Handbuch Forschung, Entwicklung, Konstruktion. Berlin 1978, Ziffer 4800.

Rickards, T., et al., Hrsg.: [Creativity] Creativity and Innovation: Learning from Practice. Drachten 1991.

Rieger, H.: [Güterbegriff] Der Güterbegriff in der Theorie des Qualitätswettbewerbs. Berlin 1962.

Robertson, T. S., J. Eliashberg, T. Rymon: [Announcement] New product announcement signals and incumbent reactions. Journal of Marketing, Vol. 59, 1995, S. 1-15.

Robinson, P. J.: [Comparison] Comparison of Pre-Test-Market New Product Forecasting Models. In: Y. Wind, V. Mahajan, R. N. Cardozo: New-Product Forecasting. Lexington, Toronto 1981, S. 181-204.

Rotemberg, J. J., G. Saloner: [Competition] Interfirm Competition and Collaboration. In: M. S. Scott Morton: The Corporation of the 1990's, Information Technology and Organizational Transformation. New York, Oxford 1991, S. 95-121.

Rothe, J. T.: [Elimination] The Product Elimination Decision. MSU Business Topics, Vol. 18, 1970, 4/S. 45-52.

Rothwell, R.: [Characteristics] The Characteristics of Successful Innovators and Technically Progressive Firms. R & D Management, Vol. 7, 1977, S. 191-206.

Ruberg, C.: [Sortiment] Sortiment und Sortimentspolitik im Handel. In: H. Seischab, K. Schwantag, Hrsg.: Handwörterbuch der Betriebswirtschaft. 3. A., 3. Bd., Stuttgart 1960, Sp. 4906-4910.

Rühli, E.: [Sortimentsplanung] Optimale Sortimentsplanung mit linearer Programmierung. Zürich 1963.

Saaty, T.: [Hierarchy] The Analytic Hierarchy Process. New York 1980.

Sabel, H.: [Produktpolitik] Produktpolitk in absatzwirtschaftlicher Sicht. Wiesbaden 1971.

Sanchez, R., D. Sudharshan: [Research] Real Time Market Research: Learning-by-doing in the Development of New Products. In: Ch. Karlsson, Hrsg.: International Product Development Management Conference. New Approaches to Development and Engineering. Brüssel 1992, S. 515-529.

Sander, M.: [Bestimmung] Die Bestimmung und Steuerung des Wertes von Marken - Eine Analyse aus Sicht des Markeninhabers. Heidelberg 1994.

Sartorius, B.: [Exportmarketing] Exportmarketing für neuartige Gebrauchsgüter auf verbundenen Märkten. Eine computergestützte Simulationsanalyse. Diss., Passau 1983.

Sattler, H.: [Gütezeichen] Herkunfts- und Gütezeichen im Kaufentscheidungsprozeß. Stuttgart 1991.

Sattler, H.: [Validität] Die Validität von Produkttests. Ein empirischer Vergleich zwischen hypothetischer und realer Produktpräsentation. Marketing ZFP, 16. Jg., 1994, S. 31-41.

Sattler, H.: [Markenbewertung] Markenbewertung. Zeitschr. f. Betriebswirtschaft, 65. Jg., 1995, S. 663-682.

Sattler, H. [Millionenspiel]: Das Millionenspiel. Absatzwirtschaft, 1997, Heft 12, S. 86-90.

Sattler, H. [Beurteilung]: Beurteilung der Erfolgschancen von Markentransfers, Zeitschr. f. Betriebswirtschaft, 68. Jg., 1998, S. 475-495.

Sattler, H., K. Schirm [Einfluß]: Der Einfluß von Marken auf die Glaubwürdigkeit von Produkt-Vorankündigungen. Ein internationaler empirischer Vergleich. Diskussionspapier 9806, Jena 1998.

Saunders, J., D. Jobber: [Deletion] Product Replacement: Strategies for Simultaneous Product Deletion and Launch. Journal of Product Innovation Management, Vol. 11, 1994, S. 433-450.

Sawitzki, P.: [Planung] Planung von Entwicklungsvorhaben. In: VDI-Zeitung, Bd. 112, 1970, S. 1133-1135.

Scheer, A.-W.: [Projektsteuerung] Projektsteuerung. Wiesbaden 1978.

Schelker, Th.: [Problemlösungsmethoden] Problemlösungsmethoden im Produkt-Innovations-Prozeß. Ergebnisse einer empirischen Untersuchung. Bern, Stuttgart 1976.

Schiebel, W.: [Artikelnummer] Die Europäische Artikelnummer (EAN). Wien 1987.

Schirm, K.: [Glaubwürdigkeit] Die Glaubwürdigkeit von Produktvorankündigungen. Wiesbaden 1995.

Schlegel, H.: [Produktdifferenzierung] Betriebswirtschaftliche Konsequenzen der Produktdifferenzierung - dargestellt am Beispiel der Variantenvielfalt im Automobilbau. Wirtschaftswissenschaftliches Studium, 6. Jg., 1978, S. 65-73.

Schlegel, H.: [Produktvariation] Produktvariation bei Automobilen. Zur Zweckmäßigkeit von Facelifts während der Modellaufzeit. Marketing, 1. Jg., 1979, S. 194-198.

Schlicksupp, H.: [Ideenfindung] Kreative Ideenfindung in der Unternehmung. Methoden und Modelle. Berlin, New York 1977.

Schmalen, H.: [Marketing-Mix] Marketing-Mix für neuartige Gebrauchsgüter. Wiesbaden 1979.

Schmalen, H., F.-M. Binninger, H. Pechtl: [Diffusionsmodelle] Diffusionsmodelle als Entscheidungshilfe zur Planung absatzpolitischer Maßnahmen bei Neuprodukteinführungen. Die Betriebswirtschaft, 53. Jg., 1993, S. 513-528.

Schmalen, H., H. Pechtl: [Innovationseigenschaften] Die Rolle der Innovationseigenschaften als Determinanten im Adoptionsverhalten. Zeitschr. f. betriebsw. Forschung, 48. Jg., 1996, S. 816-836.

Schmalen, H., C. Wiedemann: [Erfolgsdeterminanten] Erfolgsdeterminanten von Neuprodukten deutscher Hochtechnologie-Unternehmen. Zeitschr. f. Betriebsw., Erg.Heft 1/99, S. 69-89.

Schmalensee, R., J.-F. Thisse: [Maps] Perceptual Maps and the Optimal Location of New Products: An Integrative Essay. International Journal of Research in Marketing, Vol. 5, 1988, S. 225-249.

Schmidt, R.: [Konzeptfindung] Marktorientierte Konzeptfindung für langlebige Gebrauchsgüter: Messung und QFD-gestützte Umsetzung von Kundenforderungen und Kundenurteilen. Wiesbaden 1996.

Schmitt-Grohé, J.: [Produktinnovation] Produktinnovation. Verfahren und Organisation der Neuproduktplanung. Wiesbaden 1972.

Schmitz, W.: [Stern] Anderer Stern. Wirtschaftswoche, 46 / 6.11.1992, S. 207-208.

Schmookler, J.: [Invention] Invention and Economic Growth. Cambridge/Mass. 1966.

Schmorte, S.: [Premiere] Premiere in Plastik, Focus, 35/1998, S. 204.

Schobert, R.: [Dynamisierung] Die Dynamisierung komplexer Marktmodelle mit Hilfe von Verfahren der Mehrdimensionalen Skalierung. Berlin 1979.

Schuler, R. S., L. F. Blank: [Relationships] Relationships Among Types of Communication, Organizational Level, Employee Satisfaction and Performance. IEEE Transactions on Engineering Management, EM-23, 1976, S. 124-128.

Schuster, F.: [Gegengeschäfte] Gegen- und Kompensationsgeschäfte als Marketing-Instrumente im Investitionsgüterbereich. Berlin 1979.

Schweiger, G.: [Imagetransfer] Imagetransfer. Marketing Journal, 1982, S. 321-332.

Seiler, A.: [Marketing] Marketing - Impulsgeber für F+E? Die Unternehmung, 39. Jg., 1985, S. 289-307.

Servatius, H.-G.: [Venture] New Venture Management. Wiesbaden 1988.

Sever, M.: [Marktanteil] Der Marktanteil als Kriterium für die Produkteliminierung. Diss., Frankfurt 1984.

Shocker, A. D., W. G. Hall: [Models] Pre-Test-Market Models: Critical Evaluation. Journal of Product Innovation Management, Vol. 3, 1986, S. 89-104.

Shocker, A. D., V. Srinivasan: [Identification] A Consumer-Based Methodology for the Identification of New Product Ideas. Management Science, Vol. 20, 1974, S. 921-937.

Shocker, A. D., V. Srinivasan: [Approaches] Multiattribute Approaches for Product Concept Evaluation and Generation: A Critical Review. Journal of Marketing Research, Vol. 16, 1979, S. 159-160.

Shugan, St.: [Brand] Estimating Brand Positioning Maps Using Supermarket Scanning Data. Journal of Marketing Research, Vol. 24, 1987, S. 1-18.

Siegwart, H.: [Produktentwicklung] Produktentwicklung in der industriellen Unternehmung. Bern, Stuttgart 1974.

Silk, A. J., G. L. Urban: [Evaluation] Pre-Test-Market Evaluation of New Packaged Goods: A Model and Measurement Methodology. Journal of Marketing Research, Vol. 15, 1978, S. 171-191.

Simon, H.: [Goodwill] Goodwill und Marketingstrategie. Wiesbaden 1985.

Simon, H., E. Kucher, K.-H. Sebastian: [Scanner-Daten] Scanner-Daten in Marktforschung und Marketingentscheidung. Zeitschr. f. Betriebsw., 52. Jg., 1982, S. 555-579.

Sloan, A. P., jr.: [General Motors] My Years with General Motors. New York 1965.

Smith, C.: [Identifikation] Zur Identifikation von Marktsegmenten in der Automobilindustrie. Diss., Bonn 1988.

Smith, D. C., C. W. Park: [Effects] The Effects of Brand Extensions on Market Share and Advertising Efficiency. Journal of Marketing Research, Vol. 29, 1992, S. 296-313.

Song, X. M., M. E. Parry: [Japanese] What Separates Japanese New Product Winners from Losers. Journal of Product Innovation Management, Vol. 13, 1996, S. 422-439.

Souder, W. E., A. K. Chakrabarti: [Interface] The R & D/Marketing Interface: Results from an Empirical Study of Innovation Projects. IEEE Transactions on Engineering Management, Vol. EM 25, 1978, S. 88-93.

Spence, A. M.: [Consumer] Consumer Misperception, Product Failure and Producer Liability. Review of Econometric Studies, Vol. 44, 1977, S. 561-572.

Spiegel, B.: [Meinungsverteilung] Die Struktur der Meinungsverteilung im sozialen Feld. Das psychologische Marktmodell. Bern, Stuttgart 1961.

Staudt, E., J. Bock, P. Münchmeyer: [Information] Information und Kommunikation als Erfolgsfaktoren für die betriebliche Forschung und Entwicklung. Die Betriebswirtschaft, 50. Jg., 1990, S. 759-773.

Stefflre, V.: [Products] New Products: Organizational and Technical Problems and Opportunities. In: A. D. Shocker, Hrsg.: Analytic Approaches to Product and Marketing Planning. Cambridge/Mass. 1979, S. 415-480.

Stoffels, J.: [Minitestmarkt] Der elektronische Minitestmarkt. Wiesbaden 1989.

Strebel, H.: [Forschungsplanung] Forschungsplanung mit Scoring-Modellen. Baden-Baden 1975.

Sudharshan, D., J. H. May, Th. Gruca: [Diffstrat] Diffstrat: An Analytical Procedure for Generating Optimal New Product Concepts for a Differentiated-Type Strategy. European Journal of Operational Research, Vol. 36, 1988, S. 50-65.

Sudharshan, D., J. H. May, A. D. Shocker: [Simulation] A Simulation Comparison of Methods for New Product Location. Marketing Science, Vol. 6, 1987, S. 182-201.

Sullivan, M.: [Brand] Brand Extensions: When to Use them. Management Science, Vol. 38, 1992, S. 793-806.

Szymanski, D. M., L. C. Troy, S. G. Bharadwaj: [Entry] Order of Entry and Business Performance: An Empirical Synthesis and Reexamination. Journal of Marketing, Vol. 59, 1995, S. 17-33.

Tauber, E. M.: [Brand] Brand Leverage: Strategy for Growth in a Cost-Controlled World. Journal of Advertising Research, Vol. 28, 1988, S. 26-30.

Tebbe, K.: [Organisation] Die Organisation von Produktinnovationsprozessen. Stuttgart 1990.

Teichert, T.: [Validität] Zur Validität der in Conjoint-Analysen ermittelten Nutzenwerte. Zeitschr. f. betriebsw. Forschung, 46. Jg., 1994, S. 610-629.

Thom, N.: [Vorschlagswesen] Vorschlagswesen, betriebliches. In: W. Kern, Hrsg.: Handwörterbuch der Produktionswirtschaft. Stuttgart 1979, Sp. 2223-2236.

Tietz, B., J. Zentes: [Sortimentsoptimierung] Sortimentsoptimierung auf der Basis empirisch verfügbarer Information. In: R. Köhler, H. J. Zimmermann, Hrsg.: Entscheidungshilfen im Marketing. Stuttgart 1977, S. 87-120.

Trommsdorff, V.: [Messung] Die Messung von Produktimages für das Marketing. Köln et al. 1975.

Trommsdorff, V.: [Imageforschung] Multivariate Imageforschung und strategische Marketingplanung. In: A. Hermanns, V. Flegel: Handbuch des Electronic Marketing. München 1992, S. 321-337.

Uebele, H.: [Praxis] Zur Praxis der Kreativitätstechniken - Anwendungserfahrungen bei der Produktinnovation. Die Betriebswirtschaft, 48. Jg., 1988, S. 777-785.

Unger, F., Hrsg.: [Konsumentenpsychologie] Konsumentenpsychologie und Markenartikel. Heidelberg, Wien 1986.

Updike, E. H., K. Kerwin: [Cavalier] Is Cavalier Japanese for Edsel? Business Week, June 24, 1996, S. 31.

Urban, G. L.: [Sprinter] SPRINTER: A Tool for New Product Decision Makers. Industrial Management Review, Vol. 8, Spring 1967, S. 43-54.

Urban, G. L.: [Modellansatz] A Mathematical Modeling Approach to Product Line Decisions. Journal of Marketing Research, Vol. 6, 1969, S. 40-47. (Deutsche Übersetzung: Ein mathematischer Modellansatz für Produktlinienentscheidungen. In: R. Köhler, H. J. Zimmermann, Hrsg.: Entscheidungshilfen im Marketing. Stuttgart 1977, S. 414-430.)

Urban, G. L., J. R. Hauser: [Design] Design and Marketing of New Products. Englewood Cliffs 1980.

Urban, G. L., J. R. Hauser, J. H. Roberts: [Forecasting] Pre-launch Forecasting of New Automobiles. Management Science, Vol. 36, 1990, S. 401-421.

Urban, G. L., J. S. Hulland, B. D. Weinberg: [Forecasting] Premarket Forecasting for New Consumer Durable Goods: Modeling Categorization, Elimination, and Consideration Phenomena. Journal of Marketing, Vol. 57, 1993, S. 47-63.

Urban, G. L., G. M. Katz: [Models] Pre-Test-Market Models: Validation and Managerial Implications. Journal of Marketing Research, Vol. 20, 1983, S. 221-234.

Urban, G. L., B. Weinberg, J. R. Hauser: [Forecasting] Premarket Forecasting of Really-New Products. Journal of Marketing, Vol. 60, 1995, S. 47-60..

Urban, G. L., et al.: [Information] Information Accelaration: Validation and Lessons From the Field. Journal of Marketing Research, Vol. 34, 1997, S. 143-153.

Uttal, B.: [Computer] TI's Home Computer Can't Get in the Door. Fortune, Vol. 101, Nr. 12, 1980, S. 139-140.

Valacich, J. S., A. R. Dennis, T. Connolly: [Generation] Idea Generation in Computer-Based Groups: A New Ending to an Old Story. Organizational Behavior & Human Decision Processes, Vol. 57, Nr. 3, 1994, S. 448-467.

Van den Bulte, C., G. L. Lilien [Bias]: Bias and Systematic Change in the Parameter Estimates of Macro-Level Diffusion Models, Marketing Science, Vol. 16, 1997, S. 338-353.

Van der Werft, P. A., J. F. Mahon: [Meta-Analysis] Meta-Analysis of the Impact of Research Methods on Findings of First-Mover Advantage, Management Science, Vol. 43, 1997, S. 1510-1519.

Vernon, A.: [Venture] A New Business Venture. R & D Management, Vol. 4, 1973-74, S. 85-88.

Vershofen, W.: [Handbuch] Handbuch der Verbrauchsforschung. 1. Bd., Berlin 1940.

Verzarin, P.: [Countertrade] Countertrade, Barter, Offsets. New York et al. 1985.

Vogel, F.: [Anmerkungen] Einige Anmerkungen zur Anwendung der "Wroclaw Taxonomy" auf Input-Output-Tabellen. Statistische Hefte, 19. Jg., 1978, S. 45-51.

Voigt, R. W.: [Diagnose] Die Diagnose und Kontrolle des Einführungserfolges neuer Konsumgüter im Lebensmittelhandel. Bochum 1983.

Völzgen, H.: [Netzwerkverfahren] Stochastische Netzwerkverfahren und deren Anwendungen. Berlin, New York 1971.

Vriens, M., M. Wedel, T. Wilms: [Segmentation] Metric Conjoint Segmentation Methods: A Monte Carlo Comparison. Journal of Marketing Research, Vol. 33, 1996, S. 73-85.

Wagner, Ch., J. Maier: [Decision] Decision Support in the New Product Development Process: Improving Time to Market by Developing the Right Products. In: I. Zigurs, Hrsg. DSS-91: Transactions. Eleventh International Conference on Decision Support Systems, 1991, S. 109-117.

Waldeck, B. O.: [Sensitivity] The Sensitivity of a Multidimensional Unfolding Technique: A Simulation Study of PREFMAP-2 (Phase 2). Diss., Kiel 1982 (Univ. Microfilms 83-07421).

Weber, M.: [Bewertung] Subjektive Bewertung strategischer Geschäftseinheiten im Rahmen der Portfolioanalyse. Die Betriebswirtschaft, 46. Jg., 1986, S. 160-173.

Weber M., F. Eisenführ, D. von Winterfeldt: [Effects] Effects of Splitting Attributes on Weights in Multiattribute Utility Measurement. Management Science, Vol. 34, 1988, S. 431-445.

Weiber, R., J. Adler: [Typologisierung] Informationsökonomisch begründete Typologisierung von Kaufprozessen. Zeitschrift für betriebswirtschaftliche Forschung, 47. Jg., 1995, S. 43-65.

Weiber, R., A. Pohl: [Leapfrogging] Leapfrogging-Behavior - Ein adoptionstheoretischer Erklärungsansatz. Zeitschr. f. Betriebsw., 66. Jg., 1996, S. 1203-1222.

Weigelt, K., C. Camerer: [Reputation] Reputation and Corporate Strategy: A Review and Recent Theory and Applications. Strategic Management Journal, Vol. 9, 1988, S. 443-454.

Weinberg, P.: [Entscheidungsverhalten] Das Entscheidungsverhalten der Konsumenten. Paderborn 1981.

Weisenfeld, U.: [Einflüsse] Einflüsse von Verfahrensvariation und Typen der Kaufentscheidung auf die Reliabilität von Conjoint Measurement. Berlin 1989.

Weisweiler, F. J.: [Unternehmensgeschichte] Unternehmensgeschichte in der Produkt-Portfolio-Analyse - dargestellt am Beispiel des Hauses Mannesmann. Zeitschr. f. betriebsw. Forschung, 34. Jg., 1982, S. 281-289.

Wessel, H. A.: [Kontinuität] Kontinuität im Wandel, 100 Jahre Mannesmann 1890-1990. Düsseldorf 1990.

Wheelwright, St., W. E Sasser, jr.: [Map] The New Product Development Map. Harvard Business Review, Vol. 67, 1989, 3/S. 112-127.

Wild, J.: [Product Management] Product Management. Ziele, Kompetenzen und Arbeitstechniken des Produktmanagers. München 1972.

Wille, H., K. Gewald, H. D. Weber: [Netzplantechnik] Netzplantechnik. Methoden zur Planung und Überwachung von Projekten. Bd. l, München, Wien 1966.

Wilson, L. O., J. A. Norton: [Entry] Optimal Entry Timing for a Product Line Extension. Marketing Science, Vol. 8, 1989, S. 1-17.

Wind, J., V. Mahajan: [Issues] Issues and Opportunities in New Product Development: An Introduction to the Special Issue. Journal of Marketing Research, Vol. 34, 1997, S. 1-12.

Wind, Y.: [Product] Product Policy: Concepts, Methods, Strategy. Reading/Mass. et al. 1982.

Wind, Y., V. Mahajan: [Marketing Hype] A New Perspective for New Product Research and Introduction. Journal of Product Innovation Management, Vol. 4, 1987, S. 43-49.

Wind, Y., V. Mahajan, D. J. Swire: [Comparison] An Empirical Comparison of Standardized Portfolio Models. Journal of Marketing, Vol. 47, 1983, S. 89-99.

Wirz, W.: [Logik] Zur Logik des Qualitätsbegriffs. Jahrbücher für Nationalökonomie und Statistik, Teil 1, Bd. 104, 1915, S. 1-11.

Wiswede, G.: [Motivation] Motivation und Verbraucherverhalten. 2. A., München 1973.

Wittink, D. R., Ph. Cattin: [Update] Commercial Use of Conjoint Analysis: An Update. Journal of Marketing, Vol. 53, 1989, S. 91-96.

Wittink, D. R., M. Vriens, W. Burhenne: [Commercial Use] Commercial use of conjoint analysis in Europe: Results and critical reflections. International Journal of Research in Marketing, Vol. 11, 1994, S. 41-52.

Xie, J., et al.: [Filter] Kalman Filter-Estimation of New Product Diffusion Models. Journal of Marketing, Vol. 34, 1997, S. 378-393.

Yankelovich, Skelly and White, Inc.: [LTM] LTM Estimating Procedures. In: Y. Wind, V. Mahajan, R. N. Cardozo: New-Product Forecasting. Lexington, Toronto 1981, S. 249-267.

Zangemeister, Ch.: [Nutzwertanalyse] Nutzwertanalyse in der Systemtechnik. Eine Methodik zur multidimensionalen Bewertung und Auswahl von Projektalternativen. 2. A., München 1971.

Zeithaml, V. A.: [Consumer] Consumer Perceptions of Price, Quality, and Value: A Means-End Model and Synthesis of Evidence. Journal of Marketing, Vol. 52, 1988, S. 2-22.

Zeleny, M.: [Attitude] The Attribute-dynamic Attitude Model (ADAM). Management Science, Vol. 23, 1976, S. 12-26.

Zeph, Y. Ch.: [Design] Design of Market Quality for an Airline Product: The SIA Approach. In: Y. Feng, Ch. Wee, Hrsg.: Proceedings of the 10th Acadamy of International Business Southeast Asia Regional Conference on Asia-Pacific Business Year 2000. Beijing 1994, S. 452-458.

Zinnes, J. L., D. B. McKay: [Scaling] Probabilistic Multidimensional Scaling: Complete and Incomplete Data? Psychometrika, Vol. 27, 1983, S. 27-48.

Zirger, B. J.: [Innovation] New Product Innovation: A Study of Success and Failure in the US Electronics Industry. PhD Diss., Stanford Univ. 1991.

Zufryden, F.: [Conjoint] A Conjoint Measurement-Based Approach for Optimal New Product Design and Market Segmentation. In: A. D. Shocker: Analytic Approaches to Product and Market Planning. Cambridge/Ma. 1977, S. 100-114.

Zufryden, F.: [Zipmap] ZIPMAP - A zero one integer Programming model for market segmentation and product positioning. The Journal of the Operational Research Society, Vol. 30, 1979, S. 63-70.

o. V.: [Exxon 1980] Exxon's Next Prey: IBM and Xerox. Business Week, 28.4.1980.

o. V.: [Times] Tough Times for the Exxon Tiger. Time, 2.8.1982, S. 35.

o. V.: [Zeitschriften] Nur wenige Zeitschriften finden einen Platz auf dem Markt. Frankfurter Allgemeine, 30.12.1982.

o. V.: [Software] Software, The New Driving Force. Business Week, 27.2.1984, S. 54-71.

o. V.: [Laureate] A Laureate in Science - but not in Business. Business Week, 31.12.1984, S. 34-36.

o. V.: [Exxon 1985] Exxon verkauft Computerbereich. Frankfurter Allgemeine, 26.1.1985.

o. V.: [Tod] Tod im Regal. Eine Analyse der Lebensmittel-Zeitung zur Me-too-Problematik bei der Einführung neuer Produkte. o. O. (Frankfurt) 1985.

o. V.: [Aigner] Aigner-Kollektion drastisch reduziert. Frankfurter Allgemeine, 27.6.1986, S. 17.

o. V.: [Sarotti] Sarotti hat das Sortiment gestrafft. Frankfurter Allgemeine, 5.2.1987, S. 19.

o. V.: [Philips 1987] Philips learns to field a united team. Financial Times, 3.7.1987.

o. V.: [Marken] Marken - How Much in Dollar? Absatzwirtschaft, 32. Jg., 1989, 8/S. 50-54.

o. V.: [Nachfolger] Kommt der Nachfolger des Volvo 300 zu früh? Frankfurter Allgemeine, 5.6.1989.

o. V.: [Philips 1989] Philips demonstriert das Selbstbewußtsein der Europäer. Frankfurter Allgemeine, 26.8.1989.

o. V.: [Umweltmanagement] Umweltmanagement. So wird es gemacht. manager (magazin) spezial, September 1991.

o. V.: [Management] Ein junges Management hat Muelhens wieder auf Trab gebracht. Frankfurter Allgemeine, 12.2.1992, S.18.

o. V.: [HDW] HDW wird Mitgesellschafter bei zwei Schiffsneubauten. Frankfurter Allgemeine, 6.6.1992, S. 16.

o. V.: [Wettbewerbswind] Der Wettbewerbswind schüttelt die bunten Blätter. Frankfurter Allgemeine, 29.8.1992, S. 12.
o. V.: [Produkt-Philosophie] Neue Produkt-Philosophie bei der amerikanischen Compaq. Frankfurter Allgemeine, 17.10.1992, S. 16.
o. V.: [Hause] Bleibt zu Hause und tapeziert. Frankfurter Allgemeine, 26.7.1993, S. 14.
o. V.: [Jungheinrich] Jungheinrich spürt Impulse aus dem Ausland. Frankfurter Allgemeine, 18.4.1994.
o. V.: [Apollinaris] Mit Apollinaris und Schweppes läßt sich viel Geld verdienen. Frankfurter Allgemeine, 19.7.1995, S. 14.
o. V.: [Premiere] Vor der Premiere muß alles stimmen. Handelsblatt, 20./21.12.1996.
o. V.: [Wahl] Virtuelle Wahl des Wunschautos. Daimler Benz High Tech Report '98, Stuttgart 1998.

Fundstellen für Fallstudien:

Intercollegiate Bibliography: Cases in Business Administration. Intercollegiate Case Clearing House, Soldiers Field, Boston/Ma. 02163.
Volumes I-X, 1967,
Volumes XI-XIII, 1970,
Volumes XIV-XV, 1972.
The European Case Clearing House (ECCH), Cranfield University, Wharley End, Bedford MK43OJR, England.
Internet Adresse: http://www.cranfield.ac.uk/ecch/
E-mail: ECCH@cranfield.ac.uk
Brockhoff, K., Hrsg.: [Fallstudien] Management von Innovationen: Planung und Durchsetzung; Erfolge und Mißerfolge; Fallstudien mit Lösungen. Wiesbaden 1996.
Trommsdorff, V.: [Fallstudien] Fallstudien zum Innovationsmarketing. München 1995.

PC-gestützte Simulation / Software:

Hauser, J. R.: Applying Marketing Management. Palo Alto/Ca. 1986.
Rangaswamy, A., G. L. Lilien: [Software] Software Tools for New Product Development. Journal of Marketing Research, Vol. 34, 1997, S. 177-184.

Bibliographie:

Johne, F. A., D. Brown: Product Innovation. An Annotated Bibliography. (Product Development & Management Association) Indianapolis/In. 1989.

Sachwortverzeichnis